普通高等学校应用型教材·财税

税收筹划

第十版

SHUISHOU CHOUHUA

主　编　梁俊娇
副主编　王怡璞　王文静

TAX

中国人民大学出版社
·北京·

出版说明

中国人民大学出版社组织编写的“经济管理类课程教材·税收系列”（以下简称“税收系列教材”）自 2001 年出版至今，已经超过 20 年。在这 20 多年中，我们通过对优秀教材的不断修订再版与教材种类结构的优化，现已形成了层次分明、内容完善、教学配套资源齐全以及课程体系全面的系列教材，并以高品质荣获众多奖项，一些教材多次入选国家级规划教材，马海涛教授主编的《中国税制》（第十版）荣获首届全国教材建设奖全国优秀教材二等奖。

党的十八届三中全会提出“财政是国家治理的基础和重要支柱，科学的财税体制是优化资源配置、维护市场统一、促进社会公平、实现国家长治久安的制度保障”。习近平总书记多次强调要发挥税收在国家治理中的基础性、支柱性、保障性作用。

党的十八大以来，按照“税种科学、结构优化、法律健全、规范公平”的要求，我国不断深入推进税制改革，加快推进减税降费。例如，我国正在持续深化增值税改革，优化消费税与企业所得税制度，初步建立了综合与分类相结合的个人所得税制度，同时推进资源、环境税制改革，健全地方税体系，不断完善现代税收体系。迄今为止，我国的财税改革与发展均取得了巨大成就。

回顾这些年的发展历程，税收系列教材中的每一本每一版都在努力适应税制改革和教育环境的变化，尽可能地满足高校教师教学与学生学习的需要，在不断寻求突破的道路上前行，出版社和作者都努力将税收系列教材打造成适应时代要求的精品教材。

习近平总书记指出，坚持和发展中国特色社会主义，必须高度重视哲学社会科学，结合中国特色社会主义伟大实践，加快构建中国特色哲学社会科学。2021 年 10 月 12 日，全国教材工作会议暨首届全国教材建设奖表彰会提出，要加快形成中国特色高质量教材体系。教材建设要充分体现党和国家意志，坚定文化自信，深入推进习近平新时代中国特色社会主义思想进教材，用中国理论解读中国实践，形成中国特色的话语体系。

基于此，中国人民大学出版社积极开展调查研究，广泛搜集读者的意见和建议，撰写了税收系列教材并进行全面修订再版，使这套教材能够立足中国实际，解决中国问题，不断融入马克思主义理论研究新成果与我国税收治理现代化的新理论、新实践、新道路、新经验。与此同时，各教材在编写和修订中深挖思政元素，不仅全面推进社会主义核心价值观进教材，而且在教材大纲、教学指南、教学内容的编写中也融入思政内容，培养学生正确的价值观、职业观，为课程思政提供行动指南，切实发挥教材的育人功能。

这套教材倾注了专家和教授的心血与汗水，是集体智慧的结晶。与同类教材相比，这套教材具有很高的准确性、实用性、针对性和前沿性。我们希望全国各高等院校经济管理专业的广大教师继续关心和支持这套教材的出版及修订工作，同时将在使用教材过程中遇到的问题和改进建议向各位主编或者出版社编辑及时反馈，以便我们在今后的修订中不断完善。

中国人民大学出版社

第十版前言

伴随着增值税、消费税和个人所得税等税收制度的重大调整以及国际税收发展的最新趋势，为了满足学生对税收筹划知识的最新需求，我们在上一版教材的基础上对本教材进行了及时更新和完善，修订了增值税筹划、消费税筹划、个人所得税筹划、国际税收筹划等相关内容，以满足广大学生的要求。与其他同类教材相比，本教材最鲜明的特点有：

1. 融入思政元素，实现教材思政与课堂思政相衔接

习近平总书记在2016年的全国高校思想政治工作会议上明确提出，“把思想政治工作贯穿教育教学全过程，实现全程育人、全方位育人，努力开创我国高等教育事业发展新局面”①。本次修订遵循“立德树人”的宗旨和“思政育人”理念，将思政内容植于教材之中，补充了税制改革的思政元素，增加了“时雨课堂”思政专栏，实现思想政治教育元素的“潜入式”融入，在学习税收筹划知识的同时实现对学生的价值观引导，实现知识传授、价值塑造和能力培养的多元统一。

2. 教材定位明确，注重科学性和规范性

本教材的出版目的在于为本科生与研究生提供一部比较权威的税收筹划学习用书。我们在本教材内容体系的设计上采用按税种划分与按业务划分相结合的模式，对每种税收筹划方式都从筹划原理与筹划要点两个角度入手。其中，筹划原理侧重于理论分析，筹划要点强调实践手段的应用。这种全新的分类方式的优点为：一是符合本科生与研究生的认知特点，能够使其快速理解税收筹划的内涵；二是加强了税收筹划理论与现实经济生活的联系，极大地增强了学生的学习兴趣；三是突出了各税种在进行税收筹划设计时的不

---

① 习近平在全国高校思想政治工作会议上强调 把思想政治工作贯穿教育教学全过程 开创我国高等教育事业发展新局面．人民日报，2016-12-09.

同原理与筹划要点。

3. 内容更新及时，体现最新的税收政策

我国的税收政策不断变化，这就会对企业的经营产生不同的影响。本教材在总结与回顾税收筹划实务最新进展的基础上，对税收筹划在实践过程中遇到的新情况和新问题进行了分析与研究，对税收新政策以及因为这些政策而引起的税收筹划新思路和方法进行了归纳与提炼。本教材涵盖了最新的《中华人民共和国城市维护建设税法》《中华人民共和国契税法》《中华人民共和国印花税法》等内容。

4. 完善税收筹划案例的分析体系，增强了税收筹划案例的实用性

本教材从快速变迁的税收筹划市场中精选和提炼出五个综合案例，并对它们进行了逻辑梳理和深度分析。每个综合案例不仅涵盖税收筹划的基本理论、模型和分析方法，以及对多种核心知识的实际运用，而且涉及与企业多元化经营、并购和境外投资等有关的税收筹划内容。本教材通过对税收筹划综合案例进行分析，尽可能扩大相关的税收筹划知识量，以便学生更好地理解和掌握税收筹划知识。

5. 体系完整，内容全面，重点、难点突出

为保证学生全面理解和掌握税收筹划知识，本教材还涉及出口退税业务筹划以及资产重组过程中的企业分立、企业合并、股权收购、资产收购、境内外股权和资产收购等税收筹划内容，使本教材的体系更加全面和完整。另外，本教材还以二维码链接的形式补充了大量的税收法规，以方便学生查阅和学习。

6. 增加了课后阅读延伸材料，增强了税收筹划教材的趣味性

在多年的税收筹划教学过程中，如何让学生将抽象的税收筹划理论与现实生活相结合一直是难以解决的教学难题。基于此，针对学生的认知规律，本教材从生活实践中精选和提炼了一些课后阅读延伸材料，并对它们进行了税法解释和评析，尽量做到材料的故事性和知识性相统一。通过将较为枯燥的税收政策寓于故事情节中，这些阅读材料在教学实践中取得了良好的效果，不仅能够促进学生在阅读材料时理解和掌握税收筹划知识，而且能引发其对税收筹划案例的实时性、科学性与合法性的深刻思考。

7. 教学资源丰富，有利于学生的全面学习

本教材力争实现教学资源共享，并根据不同的学习生命周期开发了三种类型的教学资源：

(1) 数字资源，旨在满足教师的备课需要与学生的课堂练习与扩展阅读需要。数字资源包括知识点与关键词解释、教学指南、教学大纲、习题集、教学案例与扩展阅读。教学指南和教学大纲对课程的教学计划与教学的重点、难点进行了系统安排。在日常教学中，教师还可以直接根据习题库中各习题所列的知识点与难度水平组卷，并实现系统自动批阅。

(2) 教材 PPT 课件与案例说明等教辅资料，旨在为教师的日常备课提供全方位支持。课件设计重点突出，实现了文字、案例、图片、视频等多元化融合。历年教辅资料都会在中国人民大学出版社的网站上进行及时更新，使用教材的各院校老师可以免费订阅。

(3) 学习指导书，定位于知识的巩固与练习，实现了教学资源与教学内容的有机整合。学习指导书的题量较为丰富，包括单选题、多选题、名词解释、简答题、案例分析题

与论述题等多种题型，确保从不同角度与层面考查学生对税收政策的理解。每道习题都附有答案解释和说明，便于广大师生与感兴趣的社会人士使用。

8. 高水平、专业化的教师编写团队

本教材的作者包括北京市教学名师、北京市青年教师教学基本功大赛一等奖获得者，她们长期从事教学一线工作，具有丰富的教学方法创新经验，能根据课堂教学中学生的认知特点对教材结构和内容进行不断的完善与调整，能够为提高教学效果提供有力的教材保障。

9. 教学名师的公开示范课，增强课程吸引力和改进学习效果

为了增强课程吸引力和改进教学效果，本教材的作者特别录制了教学视频，示范如何在课程中体现思政元素，如何进行课堂的创新，如何对课程体系进行把握，以及如何进行课程重点和难点的理解及掌握等。该示范课由中国人民大学出版社税收系列丛书编委会免费提供。

本次修订工作由梁俊娇、王怡璞、王文静、申宝宁完成，斯绎霏、朴美珊参加了本教材的资料收集和整理工作。感谢各位读者对本教材的喜爱、关心和支持，真诚希望广大读者提出宝贵意见，以便我们进一步修订和完善。

编者

目　录

第 1 章　税收筹划概述/1

1.1　税收筹划的概念/2
1.2　税收筹划产生的原因/9
1.3　税收筹划的种类/16
1.4　税收筹划的方法/20
1.5　税收筹划的原则和步骤/29
1.6　税收筹划的意义及应该注意的问题/35

第 2 章　增值税的税收筹划/40

2.1　增值税概述/41
2.2　增值税筹划原理/46
2.3　企业设立业务中的增值税筹划/67
2.4　企业销售业务中的增值税筹划/70
2.5　企业租赁业务中的增值税筹划/82
2.6　企业采购业务中的增值税筹划/88

第 3 章　消费税的税收筹划/96

3.1　消费税概述/97
3.2　消费税筹划原理/100
3.3　企业设立业务中的消费税筹划/105
3.4　企业销售业务中的消费税筹划/107

3.5 企业加工业务中的消费税筹划/113

第 4 章 企业所得税的税收筹划/118

4.1 企业所得税概述/118
4.2 企业所得税筹划原理/128
4.3 企业设立业务中的所得税筹划/137
4.4 企业投资业务中的所得税筹划/142
4.5 企业融资业务中的所得税筹划/145
4.6 企业销售业务中的所得税筹划/152
4.7 企业采购业务中的所得税筹划/154
4.8 企业经营过程中的所得税筹划/154
4.9 企业研发业务中的所得税筹划/165
4.10 企业重组业务中的所得税筹划/166

第 5 章 个人所得税的税收筹划/188

5.1 个人所得税概述/189
5.2 个人所得税筹划原理/202
5.3 工资、薪金的个人所得税筹划/215
5.4 稿酬所得的个人所得税筹划/226
5.5 财产转让所得的个人所得税筹划/227
5.6 利息、股息、红利的个人所得税筹划/229

第 6 章 其他税种的税收筹划/233

6.1 土地增值税的税收筹划/234
6.2 资源税的税收筹划/243
6.3 房产税的税收筹划/247
6.4 城镇土地使用税的税收筹划/250
6.5 印花税的税收筹划/253
6.6 车船税的税收筹划/256
6.7 车辆购置税的税收筹划/258
6.8 契税的税收筹划/260
6.9 关税的税收筹划/263

第 7 章 国际税收筹划/269

7.1 国际税收筹划概述/270
7.2 境外组织架构的税收筹划/277

7.3 境外所得来源地的税收筹划/283
7.4 投资汇回与投资退出的税收筹划/288

第 8 章 税收筹划综合案例与解析/296

8.1 税收筹划咨询案例/296
8.2 网络游戏公司并购与重组税收筹划案例/315
8.3 YL 实业集团股份有限公司并购税收筹划案例/320
8.4 房地产公司的融资方式与组织架构税收筹划案例/325
8.5 苹果公司税收筹划案例/329

参考文献/333

第1章 税收筹划概述

［学习提示］ 本章是本书的基础章节，主要介绍税收筹划的基本理论、基本方法。通过本章的学习，学生应掌握税收筹划的概念，明确税收筹划与偷税、欠税及骗税的区别以及违法行为应承担的法律责任，了解税收筹划产生的原因、税收筹划的种类以及税收筹划的工作步骤等，熟悉税收筹划的一般方法，为进一步学习税收筹划操作技巧、提升税收筹划实务操作能力奠定基础。

案例导入

王先生有100 000元计划投资于债券市场，现有两种债券可供选择：一种债券是年利率为5%的国债，另一种债券是年利率为6%的企业债券。王先生应如何选择？

【解析】

王先生在选择债券时，如果仅从票面利率上看，企业债券的利率（6%）高于国债的利率（5%），但由于国家对这两种债券的税收政策不同，因此必然会影响到它们的税后收益率。对王先生来说，税后收益率才是他的净收益率。

国债的税后收益率＝5%①

企业债券的税后收益率＝6%×(1－20%)＝4.8%②

因此，王先生应购买国债以获得较大的投资回报。王先生的这种选择行为就是利用税收优惠政策对自己的投资活动进行合理安排，从而实现了较大的税后收益。

税收既能影响投资的税前收益率，又能影响投资的税后收益率。税前收益率是指在缴纳所得税之前的收益率，即税前利润与投资额的比例。

---

① 根据《中华人民共和国个人所得税法》（以下简称《个人所得税法》）第四条第二款的规定，国债和国家发行的金融债券利息免征个人所得税。

② 根据《中华人民共和国个人所得税法》第三条第三款及第六条第六款的规定，企业债券利息的个人所得税税率为20%，在计算个人所得税时以每次收入额为应纳税所得额。

由于纳税人从事的经营行为类型不同，因而会带来适用增值税税率的差异。例如，从事货物销售的经营行为会被课征 13%的增值税，从事建筑业的经营行为会被课征 9%的增值税。另外，纳税人的经营组织形式以及经营地点的不同也会带来所得税的差异，比如有限责任公司的所得税税率为 25%，而合伙企业的自然人合伙人却适用 5%～35%的五级超额累进税率；与此同时，位于避税地国家或地区的纳税人也会面临较低的所得税税率等。以上这些税收差异都会影响到纳税人的税后收益率。①

由于不同国家、不同地区、不同行业、不同行为等的涉税政策不同，企业或个人在涉税行为的安排上会面临不同的选择。纳税人如何根据税收政策对自己的涉税行为进行合理的安排，以实现税后利益最大化，这是每一个纳税人迫切希望知道的答案。

1.1 税收筹划的概念

1.1.1 税收筹划的含义

从历史上看，税收筹划活动由来已久，尤其是在西方发达国家，它们对税收筹划的研究日趋深入，对税收筹划的概念也有不尽相同的描述。下面列出了几种颇具代表性的观点。

荷兰国际财政文献局编写的《国际税收词典》对税收筹划是这样描述的：税收筹划是指纳税人通过对经营活动或对个人事务活动的安排，以达到缴纳最低税收之目的。

印度税务专家 N. J. 雅萨斯威在《个人投资和税收筹划》一书中认为：税收筹划是纳税人通过对财务活动的安排，以充分利用税收法规所提供的包括减免税在内的一切优惠，从而获得最大的税收利益。

美国南加利福尼亚大学的 W. B. 梅格斯博士在与他人合著的、已出版了多个版次的《会计学》中对税收筹划做了如下阐述：人们合理而又合法地安排自己的经营活动，缴纳可能最低的税收。他们使用的方法可被称为税收筹划……少纳税和递延缴纳税款是税收筹划的目标所在。另外，他还说，在纳税发生之前，有系统地对企业的经营或投资行为做出事先安排，以达到尽量少缴纳所得税的目的，这个过程就是税收筹划。税收筹划主要是选择企业的组织形式和资本结构、投资采用租用还是购入的方式以及交易的时间等。

近年来，我国学术界也开始对税收筹划进行研究。有的学者认为：税务筹划是纳税人依据所涉及的现行税法（不限一地一国），遵循税收国际惯例，在遵守税法的前提下，运

① 税收筹划的税后收益率与纳税人的边际税率息息相关。假如一个纳税人的税前收益率为 10%，边际税率是 15%，则其税后收益率为 8.5% [=税前收益率×(1−边际税率)=10%×(1−15%)]。假定另一个纳税人的边际税率是 25%，在税前收益率相同的情况下，其税后收益率为 7.5% [=10%×(1−25%)]。

用纳税人的权利，根据税法中“允许”、“不允许”以及“非不允许”的项目、内容等，对企业组建、经营、投资、筹资等活动进行的旨在减轻税负、有利于财务目标实现的谋划与对策。[①] 税收筹划应包括一切采用合法和非违法手段进行的纳税方面的策划及有利于纳税人的财务安排，主要包括节税筹划、避税筹划、转退筹划和实现涉税零风险。[②] 税收筹划是指纳税人在税法许可的范围内，通过对投资、经营、理财活动进行事前筹划和安排，尽可能节约税收成本的理财活动，包括投资税收筹划、经营税收筹划和分配税收筹划。[③] 还有的学者认为：税收筹划是指纳税人在取得税收法律制度支持和税务机关认可的前提下，运用科学的技术方法，通过参与经营策划，使经济活动能够沿着最低税负方向和延期纳税结果运行的一系列谋划活动。它是企业经营管理策划的重要组成部分，是立足于取得税收利益的经营管理策划。[④]

综上所述，本书认为，税收筹划是指在纳税行为发生之前，在税法允许的范围内，通过对纳税主体的经营活动或投资行为等涉税事项做出事先安排，以达到少缴纳和递延缴纳税款，并降低税收风险，最终实现企业价值最大化目的的一系列谋划活动。

税收筹划早已被美国法庭认可。例如，在著名的 1947 年法庭判决书中，法官勒尼德·汉德（Learned Hand）陈述道（类似的陈述也出现在其他国家的官方文件中）[⑤]：

> 法庭一再重申，（纳税人）出于尽可能将税负降到最低的目的而安排活动并无不当。所有纳税义务人都有权这样做，无论贫富，没有人应当承担多于法律要求的社会义务；税收是强制的征收，而不是自愿的捐献。以道德的名义要求缴纳更多的税收仅仅是形而上学的说教之词。[⑥]
>
> ［税收委员会诉纽曼案，159F. 2d8489CA—2，1947］

1.1.2 税收筹划的特点

1. 合法性

税收筹划的合法性是指税收筹划必须在税收法律许可的范围内。这里的合法性具有两层含义：一是遵守税法；二是不违反税法。任何违反法律规定、逃避纳税责任的行为都不属于税收筹划的范围。在有多种纳税方案可供选择时，纳税人做出采用较低税负方案的决策是纳税人的正当权利。用道德的名义要求纳税人选择高税负，不是税收法律的本意。

---

① 盖地．税务筹划．4 版．北京：高等教育出版社，2011.
② 张中秀．纳税筹划宝典．3 版．北京：机械工业出版社，2004.
③ 倪俊喜．税收筹划学．天津：天津大学出版社，2007.
④ 王树锋．纳税筹划．上海：立信会计出版社，2007.
⑤ 迈伦·斯科尔斯，等．税收与企业战略．2 版．北京：中国财政经济出版社，2004.
⑥ 这一段引文是法庭诉讼的标准范本。关于法庭诉讼引用证据的格式的更详细资料，参见 Pope，Anderson and Kremer（2001），chapter 15，especially page 1722。

2. 事先性

税收筹划的事先性是指税收筹划是在纳税义务发生之前对涉税事项所做的规划和安排。在经济活动中，纳税义务通常具有滞后性。企业在交易行为发生之后才产生流转税纳税义务，在收益实现或分配之后才产生所得税纳税义务，在财产取得之后才产生财产税纳税义务等，这就为纳税人在纳税义务发生之前进行税收筹划提供了可能性。如果纳税义务已经发生，纳税人再通过种种手段减少应纳税款，则被认定是违法行为。

3. 风险性

由于税收筹划是在纳税义务发生之前进行的，这就使未来的结果带有一定的不确定性：有可能由于国家宏观经济形势的变化，纳税人的经营行为未取得预期的效果；也有可能由于国家税收政策的调整，使得本来的最优方案变成次优方案。另外，纳税人在税收筹划时由于对税收政策理解不透彻（税法在某些条款上具有模糊性）等而面临违法及纳税调整的风险等。

【小思考】进行税收筹划会遇到哪些风险？

【知识点提醒】根据《中华人民共和国宪法》，中华人民共和国公民有依照法律纳税的义务。

1.1.3 税收筹划与偷税、欠税、骗税、避税的区别

1. 税收筹划与偷税

（1）偷税的法律界定及法律责任。偷税是指纳税人伪造、变造、隐匿、擅自销毁账簿和记账凭证，或者在账簿上多列支出或者不列、少列收入，或者经税务机关通知申报而拒不申报或进行虚假的纳税申报，不缴或者少缴应纳税款的行为。对纳税人偷税的，由税务机关追缴其不缴或少缴的税款、滞纳金，并处不缴或少缴的税款50%以上5倍以下的罚款；构成犯罪的，依法追究刑事责任。

扣缴义务人采取前述所列手段，不缴或者少缴已扣、已收税款，由税务机关追缴其不缴或者少缴的税款，并处不缴或少缴的税款50%以上5倍以下的罚款；构成犯罪的，依法追究刑事责任。

《中华人民共和国刑法》（以下简称《刑法》）第二百零一条规定，纳税人采取欺骗、隐瞒手段进行虚假纳税申报或者不申报，逃避缴纳税款数额较大并且占应纳税额百分之十以上的，处三年以下有期徒刑或者拘役，并处罚金；数额巨大并且占应纳税额百分之三十以上的，处三年以上七年以下有期徒刑，并处罚金。扣缴义务人采取前款所列手段，不缴或者少缴已扣、已收税款，数额较大的，依照前款的规定处罚。对多次实施前两款行为，未经处理的，按照累计数额计算。有第一款行为，经税务机关依法下达追缴通知后，补缴应纳税款，缴纳滞纳金，已受行政处罚的，不予追究刑事责任；但是，五年内因逃避缴纳税款受过刑事处罚或者被税务机关给予二次以上行政处罚的除外。

（2）税收筹划与偷税的区别。是否违法是税收筹划与偷税之间最本质的区别，偷税是触犯了国家相关税收法律的行为，将构成违法甚至犯罪，偷税的纳税人要承担相应的法律责任，构成逃避缴纳税款罪的，还要承担刑事责任；而税收筹划则是在不触犯国家法律情

况下的一种涉税行为，纳税人在进行税收筹划时所涉及的收入、支出等的安排，都是在税法不禁止的框架下进行的。

［案例 1－1］

税收筹划与偷税

某纳税人新购进一项固定资产，假如按照税法的规定既可以采用直线折旧法，又可以采用加速折旧法。该纳税人根据自己未来生产经营情况预计，未来所适用的所得税边际税率将会上升，因此纳税人选择了直线折旧法，平均每年计提折旧，以享受折旧抵税所带来的所得税节税效应。纳税人因折旧方法的选择而引起的应纳税款的减少属于税收筹划的范围。如果该纳税人将购买固定资产的资本性支出作为费用性支出一次性在所得税前扣除（国家另有特殊规定，允许一次性扣除的情况除外），以加大当期费用扣除的金额，则属于偷税的行为。

【解析】

第一，折旧方法的合理选择。纳税人根据税法的规定所做的折旧方法的选择并未违反税法的规定，因此该行为属于税收筹划的范围。纳税人之所以做出这种选择，是因为当边际税率上升时，费用的抵税效应会更大。假设该项固定资产的原价为 3 000 万元，折旧年限为 3 年，净残值为 0。采取直线折旧法，则每年的折旧费用为 1 000 000 元；若采取加速折旧法，假设第一年的折旧费用为 1 500 000 元，第二年的折旧费用为 1 000 000 元，第三年的折旧费用为 500 000 元。假设该纳税人预计第一、二年的所得税税率为 20%，第三年的所得税税率将上升为 25%，则（在不考虑货币时间价值的情况下）：

采用直线折旧法将产生的抵税金额＝1 000 000×2×20%＋1 000 000×25%
＝650 000（元）

采用加速折旧法将产生的抵税金额＝1 500 000×20%＋1 000 000×20%
＋500 000×25%
＝625 000（元）

采用直线折旧法比采用加速折旧法节税的金额＝650 000－625 000＝25 000（元）

因此，在预计边际税率会上升时，纳税人会选择能得到最大抵税效果的费用计算方法，以享受费用抵税的节税收益。

第二，资本性支出费用化。根据《中华人民共和国企业所得税法》（以下简称《企业所得税法》）的规定，固定资产的支出作为资本性支出，不得一次性在税前扣除，按照规定计算的固定资产折旧准予在税前扣除。企业把资本性支出作为费用性支出，加大了当期的费用扣除金额，属于多列支出的行为（国家另有规定的情况除外），该行为是违反税法规定的，属于偷税的行为。

2. 税收筹划与欠税

（1）欠税的法律界定及法律责任。欠税是指纳税人、扣缴义务人超过税收法律、法规规定或税务机关依照税收法律、法规规定的纳税期限，未缴或少缴税款的行为。纳税人、扣缴义务人欠缴应纳税款，采取转移或者隐匿财产的手段，妨碍税务机关追缴欠缴的税款的，由税务机关追缴欠缴的税款，并处罚款；构成犯罪的，依法追究刑事责任。

欠缴税款数额较大的纳税人在处分其不动产或者大额资产之前，应当向税务机关报告。其中，欠缴税款数额较大，是指欠缴税款 5 万元以上。① 欠缴税款的纳税人因怠于行使到期债权，或者放弃到期债权，或者无偿转让财产，或者以明显不合理的低价转让财产而受让人知道该情形，对国家税收造成损害的，税务机关可以依照《中华人民共和国民法典》（以下简称《民法典》）的规定行使代位权、撤销权。

税务机关依照前款规定行使代位权、撤销权的，不免除欠缴税款的纳税人尚未履行的纳税义务和应承担的法律责任。

欠缴税款的纳税人或者其法定代表人在出境前未按照规定结清应纳税款、滞纳金或者提供纳税担保的，税务机关可以通知出入境管理机关阻止其出境。阻止出境的具体办法由国家税务总局会同公安部制定。②

县级以上各级税务机关应当将纳税人的欠税情况，在办税场所或者广播、电视、报纸、期刊、网络等新闻媒体上定期公告。③

《刑法》规定，纳税人欠缴应纳税款，采取转移或者隐匿财产的手段，致使税务机关无法追缴欠缴的税款，数额在一万元以上不满十万元的，处三年以下有期徒刑或者拘役，并处或者单处欠缴税款一倍以上五倍以下罚金；数额在十万元以上的，处三年以上七年以下有期徒刑，并处欠缴税款一倍以上五倍以下罚金。

对于单位犯有前述规定之罪的，对单位判处罚金，并对其直接负责的主管人员和其他直接责任人员，依照前述规定处罚。

（2）税收筹划与欠税的区别。欠税是指纳税人超过税务机关核定的纳税期限而发生的拖欠税款行为。例如，根据增值税法律制度的规定，增值税的计税期间分别为十日、十五日、一个月、一个季度或半年。纳税人的具体计税期间由主管税务机关根据纳税人应纳税额的大小分别核定；自然人不能按照固定期限纳税的，可以按次纳税。纳税人以一个月、一个季度或者半年为一个计税期间的，自期满之日起十五日内申报纳税；以十日或者十五日为一个计税期间的，自期满之日起五日内预缴税款，于次月一日起十五日内申报纳税并结清上月应纳税款。假设某纳税人被主管税务机关核定的增值税计税期间为一个月，则该纳税人必须在次月十五日内申报纳税，缴纳增值税税款。如果该纳税人在次月十五日内尚未缴纳或未足额缴纳税款，则构成欠税行为。

与欠税不同，税收筹划是指通过不违法的筹划手段实现少缴税款或递延缴纳税款的行为。通过实施税收筹划方案，可使某项涉税行为免于应税义务，或产生较小的应税义务，或推迟其纳税义务发生时间等，而欠税是指已经发生了应税义务而未按期履行缴纳税款的行为。

---

① 《中华人民共和国税收征收管理法实施细则》（以下简称《税收征收管理法实施细则》）第七十七条。

② 《税收征收管理法实施细则》第七十四条。

③ 《税收征收管理法实施细则》第七十六条。

［案例 1－2］

税收筹划与欠税

某洗衣机厂为一般计税方法纳税人（增值税计税期间为一个月），其在 6 月[①]销售 10 台洗衣机给某电器商店，货物已经发出，货款在 10 月该电器商店将洗衣机销售出去后才收到。如果该纳税人采取直接收款方式，则其应在 7 月 15 日之前对该销售行为申报缴纳增值税，否则就构成欠税行为。如果该纳税人经过税收筹划，在得知电器商店不能及时偿付货款的情况下，把销售合同由直接收款合同改为委托代销合同，则其纳税义务发生时间就推迟到 11 月 15 日之前，该推迟缴纳税款的行为不属于欠税的范围。

【解析】

(1) 直接收款方式销售行为。根据增值税法律制度的有关规定，纳税人发生应税交易，纳税义务发生时间为收讫销售款项或者取得索取销售款项凭据的当天；先开具发票的，为开具发票的当天。[②] 采取直接收款方式销售货物，不论货物是否发出，均为收到销售款或者取得索取销售款凭据的当天。[③] 在本例中，该洗衣机厂在 6 月虽未收到货款，但已发生了税法规定的纳税义务，所以应按税法规定的计税期间申报纳税，否则便构成欠税。

(2) 委托代销行为。根据增值税法律制度的有关规定，纳税人委托其他纳税人代销货物，其纳税义务发生时间为收到代销单位的代销清单或者收到全部或者部分货款的当天。未收到代销清单及货款的，为发出代销货物满 180 天的当天。[④] 纳税人以委托代销方式销售货物，在收到代销清单前已收到全部或部分货款的，其纳税义务发生时间为收到全部或部分货款的当天。因此，洗衣机厂在 6 月发生的这笔业务尚未形成纳税义务，在 10 月收到电器商店的代销清单或代销款项时，洗衣机厂才发生纳税义务。

3. 税收筹划与骗税

(1) 骗税的法律界定与法律责任。骗税是指纳税人用假报出口或者其他欺骗手段，骗取国家出口退（免）税款的行为。纳税人以假报出口或者其他欺骗手段，骗取国家出口退（免）税款的，由税务机关追缴其骗取的退（免）税款，并处骗取税款一倍以上五倍以下的罚款；构成犯罪的，依法追究刑事责任。

对骗取国家出口退（免）税款的，税务机关可以在规定期间内停止为其办理出口退税。《刑法》规定，纳税人以假报出口或者其他欺骗手段，骗取国家出口退税款，数额较大的，处五年以下有期徒刑或者拘役，并处骗取税款一倍以上五倍以下罚金；数额巨大或者有其他严重情节的，处五年以上十年以下有期徒刑，并处骗取税款一倍以上五倍以下罚金；数额特别巨大或者有其他特别严重情节的，处十年以上有期徒刑或者无期徒刑，并处

① 本教材中的案例，若非特别说明，均为 2019 年。

② 《中华人民共和国增值税暂行条例》（以下简称《增值税暂行条例》）第十九条。

③ 《中华人民共和国增值税暂行条例实施细则》第三十八条第一款。

④ 《中华人民共和国增值税暂行条例实施细则》第三十八条第五款。

骗取税款一倍以上五倍以下罚金或者没收财产。

纳税人在缴纳税款后，采取前述规定的欺骗方法，骗取所缴纳的税款的，依照《刑法》第二百零一条[①]的规定定罪处罚；骗取税款超过所缴纳的税款部分，依照前述规定处罚。

对于单位犯有前述规定之罪的，对单位判处罚金，并对其直接负责的主管人员和其他直接责任人员，依照前述规定处罚。

(2) 税收筹划与骗税的区别。税收筹划与骗税的区别比较明显，骗税是采取弄虚作假和欺骗手段，虚构本来没有发生的应退（免）税行为，以骗取国家的出口退（免）税款。

4. 税收筹划与避税

(1) 避税的定义。避税是纳税人在熟知法律及其规章制度的基础上，在不触犯税收法律的前提下，通过对筹资活动、投资活动、经营活动等一系列涉税行为的安排，达到规避或减轻税负目的的活动。避税的最大特点是非违法性，它包括利用合法手段，如各种特定税收条款或税法中缺乏的某些条款（即税法漏洞）而引起应税义务的减少。[②]

从法律角度分析，避税分为顺法意识避税和逆法意识避税两种类型。顺法意识避税又称积极性避税，它顺应税法的立法意图，不会影响或削弱税法的法律地位，也不会影响或削弱税收的职能作用。例如，纳税人利用税收的起征点避税，或者利用高新技术企业适用的低税率以规避高税率等。再如，在对烟酒实行高税率政策的背景下，纳税人通过减少烟酒的消费量以达到少纳税的目的，这是一种顺法意识的避税行为，与国家的税收政策导向一致。逆法意识避税又称消极性避税，是与税法的立法意图相违背的，甚至是利用税法漏洞进行的规避税负行为。例如，纳税人通过转让定价手段把高税率子公司的利润转移到低税率子公司等。

【小思考】 *逆法意识避税是否属于违法行为？*

应用避税最广泛的领域是国际税收领域，避税者利用各国税收管辖权的差异及不同国家或地区税收制度的差异，采用避税港及转让定价等各种手段，以达到减轻税负的目的。国际避税会导致避税者所在国的税收收入减少，其原因是一部分税收转化成避税者的超额利润，另一部分税收转化为低税率国家或地区的税收收入，即引起税收收入在国家或地区间的转移。鉴于此，世界上任何国家或地区都有损失和受益两种可能。对于受益大于损失的国家或地区，其可能不仅不反对避税，而且给国际避税提供种种方便，这也造成了世界各国政府对避税的态度不一致，有些国家采取比较宽松的态度，而有些国家则有严格的反避税条款，对避税行为采取了各种防范措施。因此，某项避税行为是否违法，各国之间存在很大的不同。所以，纳税人在进行避税行为选择时，首先要弄清楚该国对这项行为是否

---

① 《刑法》第二百零一条规定，纳税人采取欺骗、隐瞒手段进行虚假纳税申报或者不申报，逃避缴纳税款数额较大并且占应纳税额百分之十以上的，处三年以下有期徒刑或者拘役，并处罚金；数额巨大并且占应纳税额百分之三十以上的，处三年以上七年以下有期徒刑，并处罚金。扣缴义务人采取前款所列手段，不缴或者少缴已扣、已收税款，数额较大的，依照前款的规定处罚。对多次实施前两款行为，未经处理的，按照累计数额计算。有第一款行为，经税务机关依法下达追缴通知后，补缴应纳税款，缴纳滞纳金，已受行政处罚的，不予追究刑事责任；但是，五年内因逃避缴纳税款受过刑事处罚或者被税务机关给予二次以上行政处罚的除外。

② Royal Commission on Taxation，1966，p. 538.

有反避税条款，一旦存在相应的反避税条款，则这种避税行为便构成违法行为，要承担相应的法律责任。

(2) 税收筹划与避税的区别。税收筹划充分利用国家的各种税收优惠政策以及不同涉税行为的税法规定，通过事先的筹划安排，以达到减轻税负的目的。由于税收筹划以遵守税法规定为前提，故具有合法性；由于税收筹划多以选择最优方案的方式来实现税后利益最大化，故又具有合理性。而大量的避税行为则是纳税人利用税收法律的疏忽、漏洞，采取一定的技术手段，设法使其经济活动或经济行为绕过或避过法律政策的规定，达到少纳税甚至不纳税的目的。

【即学即用】 在下列行为中，属于违法行为的有（　　）。

A. 偷税　　B. 骗税　　C. 避税　　D. 税收筹划

答案： AB

解析： 避税的最大特点是非违法性。税收筹划以遵守税法规定为前提，具有合法性。

1.2 税收筹划产生的原因

1.2.1 税收制度因素

(1) 各国税收制度的不同为国际税收筹划提供了空间。由于各国的自然资源禀赋不同，生产力发展水平差异较大，不同国家必将采取不同的税收政策。各国之间税收制度的差异主要表现在以下几个方面。

第一，税种的差异。从世界各国来看，每个国家开征的税收种类不尽相同，并且各个税种在整个税收体系中所处的地位也相差很远。例如，有的国家开征了遗产税和赠予税，并且税率很高，有的国家却没有开征；有的国家以所得税为主体，尤其是个人所得税在整个税收收入中所占的比重很大，而有的国家以流转税为主体，个人所得税在该国的税收收入中只占很小的一部分。纳税人可以利用这个差异，把某种涉税活动安排在没有对此行为征税或者税率较低的国家或地区，以避开此类涉税行为所产生的纳税义务。

第二，税基的差异。一般来说，税基包括三种情况：对收入课税的税基为纯收入或总收入；对财产课税的税基为财产的实物量或价值量；对商品与劳务课税的税基是商品和劳务额。例如，许多国家都开征了增值税，但在增值税税基的规定上，各国不尽相同。有的国家实行消费型增值税，与生产、销售产品有关的一切购进都允许抵扣，而有的国家实行生产型增值税，购入的与生产、销售产品有关的原材料、辅助材料、低值易耗品、动力等可以抵扣，而购入的固定资产等则不允许抵扣。纳税人在进行税收筹划时，可以选择税基较窄的国家，以趋轻避重、降低税收负担。

第三，税率的差异。税率是税收制度中的核心要素。在实行相同税种的国家，由于各国的经济发展水平不同以及各国所追求的政策目标不一致，各国之间的税率也存在很大的差异。税率低的国家或地区自然成为纳税人进行投资活动和经营活动的首选之地。

第四，税收优惠的差异。为吸引更多的国外资金和先进技术，各国竞相采取了大量的税收优惠政策和措施，有的国家采取了直接减免税政策，有的国家给予了一定程度的税前扣除等，这些税收优惠政策在广度、深度以及优惠方法上存在很大的差别。各种税收优惠政策的直接后果是导致实际税率远低于名义税率，并使纳税人的实际税收负担大大降低。纳税人可以根据各国税收优惠政策的不同，选择税收优惠幅度最大的国家或地区进行投资。

【即学即用】 各国之间税收制度的差异主要有（　　）。

A. 税种的差异　　　　B. 税基的差异

C. 税率的差异　　　　D. 税收优惠的差异

答案： ABCD

解析： 各国之间税收制度的差异主要表现为税种、税基、税率和税收优惠等方面的差异。

（2）各国税收制度的弹性为纳税人的税收筹划提供了空间。经济活动是复杂多变的，纳税人的经营方式也是多种多样的。就某一国家来说，其税收制度不可能包罗万象，也不可能根据经济形势的变化及时进行调整（税收政策需要保持相对的稳定性），这就要求税收政策具有一定的弹性，以应对复杂多变的经济活动，而这种弹性给纳税人的税收筹划提供了可能。

第一，纳税人身份的可转换性。任何一种税都要对其纳税人进行法律界定，如企业所得税的纳税人不包括个人独资企业和合伙企业，增值税的纳税人又分为一般计税方法纳税人和简易计税方法纳税人。纳税人通过事先筹划，使自己避免成为某种税的纳税人或设法使自己符合低税负税种纳税人的条件，就可以降低应纳税款。

【小思考】 怎样理解税收制度的弹性？

［案例 1-3］

转换纳税人身份（1）

某企业是一般计税方法纳税人，由于可抵扣金额较小、应纳增值税税额较大，该企业想转变成简易计税方法纳税人。请问一般计税方法纳税人和简易计税方法纳税人之间能够进行身份的转换吗？

【解析】

简易计税方法纳税人是指年销售额在规定标准以下，并且会计核算不健全，不能按规定报送有关税务资料的增值税纳税人。会计核算不健全是指不能正确核算增值税的销项税额、进项税额和应纳税额。按照现行增值税相关法规的规定，简易计税方法纳税人的销售额标准统一为：年应征增值税销售额 500 万元及以下。

年应税销售额超过简易计税方法纳税人上述标准的自然人，按简易计税方法纳税人纳税。非企业性单位、应税行为年销售额超过规定标准但不经常发生应税行为的单位和个体工商户，可选择按照简易计税方法纳税人纳税。年应税销售额未超过标准的企业和企业性单位，账簿健全，能准确核算并提供销项税额、进项税额，并能按规定报送有关税务资料的，可以向主管税务机关办理一般计税方法纳税人资格登记。

增值税纳税人可以通过企业合并或分立，使自己的年应税销售额符合税法规定的标准，或者通过设置账簿、健全财务核算资料，在一般计税方法纳税人和简易计税方法纳税人之间进行身份转换。

需要注意的是，除国家税务总局另有规定外，纳税人一经登记为一般计税方法纳税人后，不得转为简易计税方法纳税人。如果企业计划由一般计税方法纳税人转变成简易计税方法纳税人，必须在法律形式上进行改变。

[案例1-4]

转换纳税人身份（2）

王先生、李先生和张女士三人准备成立一家从事服装生产加工的企业，他们可以通过选择不同的企业组织形式来改变企业纳税人的身份，在企业所得税纳税人与个人所得税纳税人之间进行转换。

【解析】

如果三人选择有限责任公司的形式，则该企业成为企业所得税纳税人；如果三人选择合伙企业的形式，则该企业成为个人所得税纳税人。① 根据《企业所得税法》第一条的规定，在中华人民共和国境内，企业和其他取得收入的组织（以下统称“企业”）为企业所得税的纳税人，依照该法的规定缴纳企业所得税。个人独资企业、合伙企业不适用该法。个人独资企业和合伙企业每一纳税年度的收入总额减除成本、费用以及损失后的余额，作为投资者个人的经营所得，适用5%～35%的五级超额累进税率，计算征收个人所得税。

第二，计税依据金额上的可调整性。税额的计算关键取决于两个因素：一是征税对象的金额；二是适用税率。纳税人在税率既定的前提下，计税依据越小，应纳税额也就越少。税法对不同税种的计税依据都做了严格的规定，但由于税种的性质不同，各税种计税依据的计算复杂程度也不相同。越是计算复杂的税种，其计税依据的调整空间也越大。一般来说，所得税的计税依据——应纳税所得额的计算比较复杂，企业经营活动的每一个环节都会影响到企业的应纳税所得额，因此纳税人可以采取多种有利于节税的收入、成本及费用计算方法，以达到节约税款或递延纳税的筹划目标。

① 《财政部、国家税务总局关于合伙企业合伙人所得税问题的通知》（财税〔2008〕159号）规定，合伙企业以每一个合伙人为纳税义务人。合伙企业合伙人是自然人的，缴纳个人所得税；合伙人是法人和其他组织的，缴纳企业所得税。

［案例 1-5］

调整计税依据金额

某股份有限公司计划对一栋办公楼进行改建、装修，已知该办公楼的原值为 5 000 万元，董事会决定这次维修的费用预算为 2 500 万元左右。如果把维修费用支出控制在 2 500 万元以下，则其维修支出可以一次性计入当年费用，并减少当年应纳税所得额。

【解析】

根据《企业所得税法》及其实施条例的规定，企业发生的固定资产的大修理支出作为长期待摊费用，按照固定资产尚可使用年限分期摊销的，准予在计算应纳税所得额时扣除。固定资产的大修理支出是指同时符合以下两个条件的支出：一是修理支出达到取得固定资产时的计税基础 50%以上；二是修理后固定资产的使用年限延长两年以上。

根据税法的上述规定，如果该公司的维修费用超过 2 500 万元，并且该栋办公楼的使用年限延长两年以上，则该笔维修费用属于固定资产的大修理支出，其维修支出应作为长期待摊费用，按照该办公楼尚可使用的年限分期摊销。与分期摊销相比，一次性计入费用可实现递延纳税的节税利益。

［案例 1-6］

利用计税依据规定差异的筹划

杨先生是一位业界颇负盛名的撰稿人，年收入预计在 50 万元左右。他与某报社的可选合作方式有以下三种：调入报社；兼职专栏作家；自由撰稿人。对杨先生的 50 万元收入来说，在这三种合作方式下对应的收入都属于个人所得税中的综合所得，但所适用的扣除费用是完全不同的。

【解析】

杨先生与该报社三种合作方式的税负比较如下：

(1) 调入报社。在这种合作方式下，杨先生的收入属于工资、薪金所得，无额外扣除项目。

(2) 兼职专栏作家。在这种合作方式下，杨先生的收入属于劳务报酬所得，以收入减除 20%费用后的余额为收入额。

(3) 自由撰稿人。在这种合作方式下，杨先生的收入属于稿酬所得，以收入减除 20%费用后的余额为收入额，同时稿酬所得的收入额减按 70%计算。

如果仅从杨先生个人税负的角度考虑，那么当杨先生选择自由撰稿人的合作方式时，其应纳税所得额最低，也就是应纳税额最少、相对税负最低。

第三，税率上的差异性。税收规则之所以广泛影响着纳税人的行为决策，是因为它们可以影响行为活动的税后收益率。税收筹划是一种节税活动，因为税收筹划的费用可以税前扣除，所以纳税人的边际税率越高，税收筹划的收益也就越高。因此，税率的高低直接决定了应纳税额的大小。当计税依据一定时，税率越高，应纳税额就越多。税率的形式有比例税率、累进税率和定额税率。一般来说，累进税率特别是全额累进税率对纳税人进行税收筹划的吸引力较大。纳税人可以通过事先安排，尽量使自己的涉税行为适用低税率，以取得节税效果。

第四，税收优惠。税收作为宏观调控的主要手段之一，通常被政府用来鼓励（甚至是刺激）纳税人从事有利于公共利益的各种经济活动。税收优惠反映了政府意图，它是通过政策导向影响人们的生产与消费偏好来实现的，所以也是国家调控经济的重要杠杆。常见的例子包括给予下列机构或活动的税收优惠，如慈善机构、教育机构、与能源相关的投资活动、研发活动、农业生产活动、出口活动及退休金等。为实现社会目标而对各种行为实施的不同税收政策必然会刺激社会个体进行税收筹划活动。税收优惠的范围越广、差别越大、方式越多、内容越丰富，纳税人进行税收筹划的活动空间就越广阔，节税的潜力也就越大。

［案例 1-7］

税收优惠的筹划

某机械制造企业计划对现有设备进行更新换代，现有两种方案可供选择：一是购买一套普通设备，价款为2 000万元；二是购买一种节能设备，价款为2 300万元。与普通设备相比，节能设备每年可节能20万元，该设备的预计使用年限为10年。哪一种方案更节税？（暂不考虑货币的时间价值，该企业适用的所得税税率为25%。）

【解析】

（1）购买普通设备共支出2 000万元。

折旧抵税：

2 000×25%=500（万元）

购买普通设备的净支出：

2 000-500=1 500（万元）

（2）购买节能设备共支出2 300万元。

折旧抵税：

2 300×25%=575（万元）

投资额抵税：

2 300×10%=230（万元）

每年节能20万元，10年共计节能：

20×10=200（万元）

节能净收益：

200×(1-25%)=150（万元）

购买节能设备的净支出：

2 300－575－230－150＝1 345（万元）

购买节能设备比购买普通设备节约支出：

1 500－1 345＝155（万元）

因此，该机械制造企业选择购买节能设备，这样可以充分享受购买节能设备的税收优惠政策，同时实现财务利益最大化。

根据《企业所得税法》第三十四条的规定，企业购置用于环境保护、节能节水、安全生产等专用设备的投资额，可以按一定比例实行税额抵免。根据《中华人民共和国企业所得税法实施条例》（以下简称《企业所得税法实施条例》）第一百条的规定，税额抵免是指企业购置并实际使用《环境保护专用设备企业所得税优惠目录》、《节能节水专用设备企业所得税优惠目录》和《安全生产专用设备企业所得税优惠目录》规定的环境保护、节能节水、安全生产等专用设备的，该专用设备投资额的10%可以从企业当年的应纳税额中抵免；当年不足抵免的，可以在以后5个纳税年度结转抵免。

1.2.2 国家间税收管辖权的差别

税收管辖权是国家管辖权的派生物，是主权国家在征税方面拥有的权利。国际公认的税收管辖权大致可分为两大类：一是根据属地原则确立的收入来源地税收管辖权，又称地域管辖权。其基本含义是，收入来源国有权对任何国家的居民或公民取得的来源于该国领域内的所得课税。也就是说，对于非本国居民或公民，一国有权对其来源于境内的所得课税，但不能对其来源于境外的所得课税。二是根据属人原则确立的居民（公民）税收管辖权。其基本含义是，国家有权对居住在其境内的所有居民或具有该国国籍的公民取得的来源于世界范围的所得课税。也就是说，一国有权对其管辖的居民或公民行使税收管辖权，而不论该国居民所从事的经济活动是否发生在本国领域，或该国公民是否居住在境内，即一国对其居民或公民来源于世界范围的所得均有课税的权利。

每个国家由于国体或政体不同，其管理国家的方式和方法也有所不同，反映在税收的管理上，各国对税收管辖权的规定往往也不相同。第一，在两个国家实行不同税收管辖权的情况下（比如有的国家行使单一的地域管辖权，有的国家行使单一的居民管辖权），就会带来重复征税或“税收真空”。第二，在两个国家同时行使地域管辖权的情况下，由于各国确定所得来源的标准不同（比如有的国家根据所得支付地确定，有的国家根据交易或劳务发生地确定），也会带来重复征税或“税收真空”。第三，在两个国家同时行使居民管辖权的情况下，由于各国确定居民的标准不同（比如有的国家采用住所标准确定，有的国家采用时间标准确定，还有的国家采用意愿标准确定等），也会带来重复征税或“税收真空”。正是由于各国行使的税收管辖权不同，就可能对纳税人的跨国经营或投资活动等形成重复征税或“税收真空”，从而给纳税人的税收筹划带来很大的空间。

【小思考】我国对税收管辖权是如何规定的？

［案例 1-8］

税收管辖权带来的“税收真空”

A、B两国均实行单一的地域管辖权，C国实行单一的居民管辖权。约翰先生是一名作家，在A国拥有习惯性住所，被认定为A国的税收居民，他计划将自己新著的一本小说在B国或C国出版。如何选择出版地?

【解析】

假如仅从税收角度分析，则约翰先生应选择在C国出版，主要是因为这笔稿酬可以免缴所得税。因为A国实行的是地域管辖权，而约翰先生的这笔收入不是在A国取得，所以A国无权对该笔所得征税。C国实行的是居民管辖权，约翰先生不是C国的居民，所以C国也无权对这笔收入征税。

1.2.3 自我利益驱动机制

在现代经济社会，企业和个人作为“理性经济人”，必然追求自我利益最大化。现代企业财务管理的目标是企业价值或股东财富最大化，要实现这一目标，企业不仅要受内部管理决策的制约，而且要受外部环境的影响。外部环境是企业内部管理决策难以改变的，但企业的财务管理活动可以主动适应其要求及变化。企业经营者在其财务管理过程中，可以根据税收法律的规定，通过对企业筹资、投资、经营和股利分配等财务活动的安排，使企业避开某些特定条款，尽可能地减轻税收负担。企业经营者也可以利用国家的税收优惠等特殊政策，最大限度地争取税收利益等，以实现企业税后利益最大化这一目标。

企业进行税收筹划，必然会带来成本支出，但如果筹划得好，也会给企业带来巨大的税收利益。① 假定一个纳税人将10 000元投资于一年期、税前年收益率为10%的企业债券，如果纳税人适用的边际税率为25%，则其税后收益率为7.5%［=10%×(1－25%)］。相应地，假定该纳税人将10 000元投资于税收筹划活动（包括聘请税收专家筹划或通过培训学习获得相关技能后自己进行筹划等），当年实现节税11 000元，其净节税额为1 000元（=11 000－10 000），收益率为10%$\left(=\frac{1\ 000}{10\ 000}\times 100\%\right)$，考虑到进行税收筹划活动的费用支出可在税前列支，故又可抵税2 500元（=10 000×25%），则该税收筹划活动的净支出为7 500元（=10 000－2 500），因此其税后收益率为13.33%$\left(=\frac{1\ 000}{7\ 500}\times 100\%\right)$。

① 米尔斯、埃里克森和梅杜（1998）估计，大公司用于税收筹划的每1美元支出平均能够节税4美元。因此，税收筹划不仅是一个巨大的行业，而且投资于税收筹划的回报也十分可观。

1.2.4 货币所具有的时间价值

货币的时间价值是在没有风险和通货膨胀条件下的社会平均资金利润率。由于存在竞争，市场经济中各部门投资的利润率趋于平均化，每个企业在投资某个项目时，至少要取得社会的平均利润率。正是由于货币具有时间价值，纳税人产生了递延纳税的需求。在实际工作中，税收筹划的事项涉及的年度往往不止一年，目前获得 5 万元的税收利益与 5 年后获得 5 万元的税收利益，其价值显然是不相同的。

1.3 税收筹划的种类

根据不同的划分标准，税收筹划可以分为不同的种类。下面介绍几种主要的分类方法。

1.3.1 按节税原理进行分类

按节税的基本原理进行分类，税收筹划可分为绝对节税和相对节税。

1. 绝对节税

绝对节税是指直接或间接使纳税绝对总额减少。绝对节税的原理很简单：在各种可供选择的纳税方案中，选择应纳税额最少的方案。绝对节税又分为直接节税和间接节税。

（1）直接节税。直接节税是指直接减少某个纳税人税收绝对额的节税。在进行方案比较时，要以不同方案下的净节税额为标准，因为筹划方案可能会使某些税种的应纳税额减少，但同时可能会使某些税种的应纳税额增加。

[案例 1－9]

直接节税

某生产加工型企业年不含税销售额在 400 万元左右，每年购进货物所产生的进项税额在 30 万元左右。在增值税纳税人的身份上，该企业有两种方案可供选择：一是申请作为一般计税方法纳税人，适用税率为 13%，进项税额可以进行抵扣；二是作为简易计税方法纳税人，适用征收率为 3%，进项税额不能进行抵扣。哪个方案更节约增值税？

【解析】

在这两种方案下的应纳税额如下。

方案一：

应纳增值税税额＝400×13%－30＝22（万元）

方案二：

应纳增值税税额＝400×3%＝12（万元）

在上面两种方案中，由于税率的降低，方案二可以节税 40 万元［＝400×(13%－3%)］，但由于简易计税方法不能抵扣进项税额，因而增加税负 30 万元，所以净节税效果只有 10 万元（＝40－30）。

此案例用到了增值税纳税人身份的选择，这将在本书第 2 章中具体阐述。

---

(2) 间接节税。间接节税是指某纳税人的税收绝对额没有减少，但间接减少了其他关联纳税人的税收绝对额。

［案例 1－10］

间接节税

假设一个老人有财产 2 000 万元，现有两种遗产继承方案可供选择（假设遗产税税率为 50%）。

方案一：老人将财产遗赠给儿子，儿子再遗赠给孙子。

方案二：老人直接将财产遗赠给孙子。

请问哪个方案更节税？

【解析】

方案一：

共计应纳遗产税＝2 000×50%＋(2 000－2 000×50%)×50%＝1 500（万元）

方案二：

共计应纳遗产税＝2 000×50%＝1 000（万元）

方案二与方案一相比，虽然老人遗赠时所纳的遗产税相同，均为 1 000 万元，但由于方案二减少了遗赠环节，所以从家庭角度考虑减少了遗产税 500 万元。

【小思考】 企业采用在前期多计提折旧额的加速折旧法是否会起到绝对节税的效果？

2. 相对节税

相对节税是指在一定时期内的纳税绝对总额并没有减少，但因各个纳税期纳税额的变化而使税收的相对总额（即现值）减少。相对节税主要考虑的是货币的时间价值。货币的时间价值是指货币在周转使用中因时间因素而形成的增值，又称资金的时间价值。

［案例 1－11］

固定资产折旧方法的选择

假设企业的固定资产折旧既可以采用直线折旧法，又可以采用加速折旧法。企业应选择哪种固定资产折旧方法？

【解析】

在不同的折旧方法下，企业的年度折旧费用不同，进而影响到各年度的利润额以及各年度的所得税税额。需要注意的是，这一影响只是年度之间的分布不同，影响的只是相对额，但从整个固定资产折旧期来看，并不影响费用、利润及所得税绝对总额。两种不同折旧方法下的年度折旧费用、利润及所得税情况见表 1-1（假定固定资产的原价为 300 万元，折旧不考虑净残值，不考虑折旧情况下的利润均为每年 300 万元，所得税在年末缴纳）。

表 1-1　折旧费用、利润、所得税比较表

折旧方法	年度	折旧费用（万元）	利润（万元）	税率	所得税（万元）	贴现率	所得税现值（万元）
直线折旧	1	100	200	25%	50	10%	45.45
	2	100	200		50		41.32
	3	100	200		50		37.57
合计		300	600		150		124.34
加速折旧	1	150	150	25%	37.5	10%	34.09
	2	100	200		50		41.32
	3	50	250		62.5		46.96
合计		300	600		150		122.37

在直线折旧法与加速折旧法的情况下，企业在三年内的应纳所得税总额相同，均为 150 万元，但考虑了货币的时间价值后，加速折旧法可实现相对节税 1.97 万元（=124.34-122.37）。

【即学即用】 在下列做法中，可以起到绝对节税作用的有（　　）。

A. 通过降低固定资产的维修费用，以使其一次性计入费用在企业所得税前扣除

B. 合理控制企业的应纳税所得额规模，以享受小型微利企业的低税率优惠政策

C. 通过合理选择一般计税方法纳税人和简易计税方法纳税人的身份以节税

D. 在票面利率相同的情况下，企业选择投资于国债，而非企业债券

答案：BCD

解析：通过降低固定资产的维修费用，以使其一次性计入费用在企业所得税前扣除，可以起到相对节税的效果。

1.3.2　按筹划区域进行分类

按税收筹划所涉及的区域，可将税收筹划分为国内税收筹划和跨国税收筹划。

国内税收筹划是指国内企业在本国范围内，通过对投资、生产经营等的安排，以降低企业税收负担的税收筹划行为。国内税收筹划主要立足于国内税制，通过对不同经营方式、组织方式、投资方式所带来的税收差异进行比较，尽可能寻求纳税最少、税后利益最多的方案。

跨国税收筹划是指跨国纳税人利用各国之间的税收差异，对跨国经营活动所做的税收筹划安排。随着全球经济一体化进程的深入，跨国经营活动日趋频繁，因此跨国税收筹划已成为跨国纳税人进行跨国经营活动时所考虑的主要问题之一。跨国投资者在进行跨国投资的可行性研究或选择最优投资方案时，通常要把有关国家（或地区）的税负作为确定其

资本投向的一个重要因素。另外，各国（地区）政府通常给予跨国投资活动某些特殊的税收优惠待遇。因此，各国（地区）在征税范围、税率以及征管水平上的差异就有可能为跨国投资者进行跨国税收筹划提供机会。

1.3.3 按企业经营过程进行分类

按企业经营过程进行分类，税收筹划可分为企业投资决策中的税收筹划、企业生产经营过程中的税收筹划、企业成本核算中的税收筹划以及企业成果分配中的税收筹划等。

企业投资决策中的税收筹划是指企业在投资活动中充分考虑税收的影响，从而选择税负最轻的投资方案的行为。企业为了获得更多的利润，总会不断地扩大再生产，进行投资，而不同的投资方案显然会面临不同的税收待遇。因此，企业就有了对多种投资方案进行选择比较的机会。具体地说，企业投资决策中的税收筹划包括企业组织形式的选择、投资行业和投资地区的选择、投资规模的确定等。

企业生产经营过程中的税收筹划是指企业在生产经营过程中充分考虑税收因素，从而选择最有利于自身生产经营方案的行为。企业生产经营过程中的税收筹划主要是通过产品价格的确定、产业结构的决定、生产经营方式的选择来达到生产经营效果最理想的状态。在生产经营过程中，企业要事先预计各种经营方式所承担的税收负担，再做出生产经营决策。

企业成本核算中的税收筹划是指企业通过对经济形势的预测及其他因素的综合考虑，选择恰当的会计处理方式，以获得税收利益的行为。在对税收产生重要影响的会计方法中，主要有固定资产折旧方法和存货计价方法等。例如，存货计价方法有先进先出法、个别计价法和加权平均法。在物价下降的趋势下，采用先进先出法可使前期耗用存货的成本增大、应纳税所得额减少，从而降低前期应纳税额，实现递延纳税的税收利益。

【小思考】存货计价方法的选择能否实现绝对节税？

企业成果分配中的税收筹划是指企业在对经营成果进行分配时应充分考虑各种方案的税收影响，选择税负最轻的分配方案的行为，它主要通过合理归属所得年度来实现。合理归属所得年度是指利用合理手段，将所得归属在税率最低的年度里，从而达到减轻税负或递延纳税的目的。

1.3.4 按税种进行分类

按税种进行分类，税收筹划可分为增值税筹划、消费税筹划、企业所得税筹划、个人所得税筹划及其他税种筹划等。在分税种税收筹划中，应针对每一税种的计税特点及特殊的减免税规定，寻求各自的税收筹划空间，进而做出相应的税收筹划方案。比如对于增值税来说，由于该税种的特点是普遍征收、多环节征收，只要产品的最后售价相同，无论中间经过多少环节，该产品所缴纳的增值税是相同的。因此，关联企业之间转让定价的税收筹划方案只会实现相对节税，而绝对税额是保持不变的。针对消费税选择性征收及一次性征收的特点，通过降低出厂销售环节的价格便可以实现绝对节税。

【小思考】如何认识税收筹划的分类？

1.4 税收筹划的方法

1.4.1 纳税人的筹划

1. 纳税人

纳税人又称纳税义务人，是指税法规定的直接负有纳税义务的单位和个人，有时又称纳税主体。纳税人可以是法人，也可以是自然人。每一种税都有关于纳税人的规定，如果纳税人不履行纳税义务，就应由该行为当事人承担法律责任。纳税人是税制的一个基本要素。

代扣代缴义务人又称扣缴义务人，是指根据税法的规定，有义务从其持有的纳税人收入中扣除应纳税款并代为缴纳的企业或单位。代扣代缴义务人必须严格履行扣缴义务。

代收代缴义务人是指经济活动中有义务在收取款项时向纳税人收取应纳税款并代为缴纳的单位和个人。

负税人是一个与纳税人紧密联系但又相互区别的概念。纳税人是税法规定的直接负有纳税义务的单位和个人，其直接向税务机关缴纳税款。负税人是实际负担税款的单位和个人。纳税人不一定是负税人。如果纳税人能够通过一定途径把税款转嫁或转移出去，那么纳税人就不是负税人；否则，纳税人同时是负税人。在通常情况下，个人所得税和企业所得税的纳税人同时是负税人，但增值税和消费税等流转税的纳税人不是负税人。

2. 纳税人进行税收筹划的一般原理与方法

(1) 纳税人进行税收筹划的一般原理。纳税人进行税收筹划的实质是对纳税人身份的合理界定或转化，使纳税人承担的税收负担尽量减少或降低到最小限度，或者是避免成为某税种的纳税人。纳税人进行税收筹划可以合理降低税收负担，并且方法简单、易于操作。

纳税人进行税收筹划的关键是准确把握纳税人的内涵和外延，合理确定纳税人的范围。例如，表 1-2 对增值税、消费税等流转税的纳税人进行了比较。

表 1-2 货物和劳务税纳税人的比较

税种	纳税人	备注
增值税	在中华人民共和国境内发生应税交易且销售额达到增值税起征点的单位和个人，以及进口货物的收货人，为增值税的纳税人。	按纳税人经营规模大小及会计核算健全与否，把增值税纳税人划分为简易计税方法纳税人和一般计税方法纳税人。
消费税	在中华人民共和国境内销售、委托加工和进口应税消费品的单位和个人，为消费税的纳税人。	消费税是对特定消费品和特定消费行为征税，一般选择特定环节征税，通常是生产、加工或零售环节。 在通常情况下，消费税的纳税人又是增值税的纳税人。

（2）纳税人进行税收筹划的一般方法。纳税人的税收筹划与税收制度有紧密联系，不同的税种有不同的税收筹划方法。总体而言，纳税人进行税收筹划一般包括以下方法。

1）对纳税人类型的选择。从纳税人类型的角度分析，现阶段我国有多种不同性质的纳税人，如个体工商户、个人独资企业、合伙企业和公司制企业等。不同性质的纳税人所适用的税收政策存在很大差异，这给税收筹划提供了广阔空间。

［案例1-12］

选择纳税人类型的筹划

王某拟成立一家企业，预计每年生产、经营所得为40万元。在考虑企业组织形式的时候，王某有两个方案可以选择：方案一是投资成立一家一人有限责任公司，方案二是投资成立一家个人独资企业。一人有限责任公司和个人独资企业在所得税方面是否存在区别？

【解析】

自2000年1月1日起，对个人独资企业停止征收企业所得税，其投资者的生产、经营所得比照经营所得征收个人所得税。将个人独资企业每一纳税年度的收入总额减除成本、费用以及损失后的余额，作为投资者个人的经营所得，比照《中华人民共和国个人所得税法》（以下简称《个人所得税法》）的“经营所得”应税项目，适用5%～35%的五级超额累进税率，计算征收个人所得税。因此，可知：

每年应缴纳的个人所得税＝(400 000－60 000)×30%－40 500＝61 500（元）

税后净利润＝400 000－61 500＝338 500（元）

按照《中华人民共和国公司法》（以下简称《公司法》）的规定，一人有限责任公司是指只有一个自然人股东或者一个法人股东的有限责任公司。一人有限责任公司作为一种特殊的有限责任公司，是企业法人，有独立的法人财产，享有法人财产权。按照《中华人民共和国企业所得税法》（以下简称《企业所得税法》）的规定，在中华人民共和国境内，企业和其他取得收入的组织为企业所得税的纳税人，应当依照规定缴纳企业所得税。因此，一人有限责任公司属于企业所得税的纳税人。这意味着王某如果选择投资成立一家一人有限责任公司，那么就需要缴纳企业所得税，但根据小微企业所得税优惠政策，从2019年1月1日至2021年12月31日，对小微企业年应纳税所得额不超过100万元的部分，减按25%计入应纳税所得额，按20%的税率缴纳企业所得税。因此，可知：

每年应缴纳的企业所得税＝400 000×5%＝20 000（元）

另外，需要注意的是，成立一人有限责任公司还会涉及个人所得税问题，当一人有限责任公司将税后净利润分配给投资者时还需要缴纳个人所得税。根据《个人所得税法》的规定，投资者从被投资企业分得的股息、红利所得属于个人所得税的应税所得，适用20%的比例税率缴纳个人所得税。这意味着如果王某投资成立的是一家一人有限责任公司，那么当公司将缴纳企业所得税之后的利润分配给王某的时候，还需要代扣代缴个人所得税。假设公司将所有税后利润都分配给王某，那么应当缴纳的个人所得税为76 000元［＝(400 000－

20 000)×20%]。综上所述，成立一人有限责任公司应当缴纳的所得税合计 96 000 元（=20 000+76 000），王某最终获得的收益为 304 000 元（=400 000−96 000），小于成立个人独资企业的税后净收益 338 500 元。

2）不同纳税人之间的转化。由于不同纳税人之间存在税负差异，因而可以采取转变纳税人身份的办法合理节税。

根据税法的规定，增值税纳税人分为一般计税方法纳税人和简易计税方法纳税人。这两类纳税人在征收增值税时，其计税方法和征管要求不同。现行税法规定，年应税销售额超过简易计税方法纳税人标准的自然人按简易计税方法纳税，对于非企业性单位以及不经常发生应税行为的企业，可以选择按简易计税方法纳税。年应税销售额未超过标准的纳税人，若账簿健全，能准确核算并提供销项税额、进项税额，并能按规定报送有关税务资料的，可作为一般计税方法纳税人。一般计税方法实行进项税额抵扣制，而简易计税方法必须按照适用的征收率计算增值税，不实行进项税额抵扣制。

在一般情况下，简易计税方法纳税人的税负略重于一般计税方法纳税人，其原因是选择一般计税方法纳税人可以抵扣进项税额，尤其是当应税销售额增值率较小时，一般计税方法纳税人的税负明显低于简易计税方法纳税人。但这也不是绝对的，简易计税方法纳税人的税负不一定在任何情况下都比一般计税方法纳税人重，这需要比较两类纳税人的应税销售额增值率与税负平衡点的关系，合理合法地选择税负较轻的纳税人身份。关于税负平衡点的计算和具体税收筹划，请参阅本书增值税筹划部分，这里不再赘述。

3）避免成为纳税人。纳税人可以通过灵活运作，使得企业不符合某税种纳税人的条件，从而彻底规避税收。例如，在企业内部设立的一些内部组织或附属组织不属于纳税人，不具有独立法人资格的分公司或分支机构也不是企业所得税的纳税人，但具备独立法人资格的子公司则属于企业所得税的纳税人。

［案例 1-13］

避免属于征税范围的业务的筹划

甲公司是一家餐饮店，主要为乙公司提供餐饮服务。甲公司每年的营业额（不含税）为 500 000 元，发生的总费用为 200 000 元。如何避免缴纳增值税？

【解析】

由于甲公司的年销售额低于 500 万元，因而符合简易计税方法纳税人的标准。

在现方案下，甲公司缴纳的增值税为：

500 000×3%=15 000（元）

如果甲、乙双方进行税收筹划，由乙公司对甲公司进行兼并，那么兼并之后双方之间原本存在的服务行为就变成了企业内部行为，而这种内部行为是不需要缴纳增值税的。因此，甲公司的这项业务就不再属于增值税的征税范围，从而节约了税金 15 000 元。

避免成为纳税人的另一种办法是，通过税收筹划安排，使纳税人发生的经济业务不属于某些税的征税范围，因而该经济业务就无须纳税。我国税法对征税范围有明确的界定，在一定条件下合理安排经营活动和纳税事项，避免其进入征税范围，就可以彻底免除纳税义务。

考虑征税范围的税收筹划方法是逆向思维，即反其道而行之，目的是找出不属于征税范围的业务内容。例如，《个人所得税法》规定，个人将财产出租给承租人在中国境内使用而取得的所得才属于来源于中国境内的财产租赁所得，才负有个人所得税的纳税义务，才需要缴纳个人所得税。如果个人将财产出租给承租人在境外使用，那么取得的财产租赁所得就不属于来源于中国境内的所得，从而不需要缴纳个人所得税。我国现行消费税的征税范围比较窄，仅对15类消费品征税，因此在征税范围方面可以进行税收筹划，即企业在做投资决策时，可避开上述消费品，而选择投资其他符合国家产业政策且未征收消费税的产品进行投资。实际上，很多高档消费品并没有被纳入消费税的征税范围，在市场前景看好的情况下，企业可以优先考虑选择这类项目投资，以规避消费税。

1.4.2 计税依据的筹划

计税依据又称税基，计税依据是计算税款的基本依据。不同税种的计税依据大不相同，税法对计税依据做出了明确规定。

1. 增值税的计税依据

销售额是指纳税人发生应税交易取得的与之相关的对价，包括全部货币或者非货币形式的经济利益，不包括按照一般计税方法计算的销项税额和按照简易计税方法计算的应纳税额。

（1）销售货物。凡随同销售货物收取的价外费用，无论其会计制度如何核算，均应并入销售额计算应纳税额。

【小思考】在货物购销过程中，销售方因违约而向采购方支付违约金，采购方因此收取的违约金是否需要缴纳增值税？采购方应该如何进行税务处理？

纳税人销售货物的价格明显偏低且无正当理由的，以及单位和个体工商户发生的视同应税交易货物行为（如将自产、委托加工或购买的货物无偿赠予他人等），在作为视同应税交易处理时无法获得销售额的，按组成计税价格确定其销售额。

（2）销售服务、无形资产或不动产。凡随同销售服务、无形资产、不动产收取的价外费用，无论其会计制度如何核算，均应并入销售额计算应纳税额。

纳税人发生应税行为的价格明显偏低或者偏高且不具有合理商业目的的，以及视同发生应税行为而无销售额的，按组成计税价格确定销售额。

2. 消费税的计税依据

（1）从价计税的计税依据。采用从价计税方法征收消费税的计税依据为应税消费品的销售额。销售额是指纳税人销售应税消费品取得的与之相关的对价，包括全部货币或者非货币形式的经济利益。实行从价计税方法计算消费税的计税依据与增值税的计税依据基本相同。

【小思考】对于从价计税的应税消费品来说，其消费税的计税依据与增值税的计税依据是否存在不一致的情况?

(2) 从量计税的计税依据。从量计税的计税依据是应税消费品的销售数量，适用定额税率。

销售数量是指纳税人生产、委托加工和进口应税消费品的数量。

3. 企业所得税的计税依据

企业所得税的计税依据为应纳税所得额，即

$$\text{应纳税所得额}=\text{收入总额}-\text{不征税收入}-\text{免税收入}-\text{准予扣除项目}-\text{以前年度允许税前弥补的亏损}$$

4. 计税依据的筹划原理和方法

计税依据的筹划是指纳税人通过控制计税依据的方式来减轻税收负担的筹划方法。

(1) 计税依据的筹划原理。计税依据是计税的基础，通常被称为税基。在税率一定的情况下，应纳税额的大小与计税依据的大小成正比，即税基越小，纳税人负担的纳税义务越轻。大部分税种都采用计税依据与适用税率的乘积来计算应纳税额。对应纳税额的控制是通过对计税依据的控制来实现的，这就是计税依据的筹划原理。

(2) 计税依据的筹划方法。计税依据是影响税收负担的直接因素，对不同的税种进行计税依据的筹划需要从不同的角度入手。对计税依据的筹划一般从以下三个方面切入。

1) 控制和安排税基的实现时间。这种税收筹划方法主要分为三种情况:

第一，税基总量不变，合法推迟税基的实现时间。税基推迟可以实现递延纳税。在通货膨胀的环境下，税基推迟实现的效果更为明显，能够降低未来支付税款的购买力。

第二，税基总量不变，税基在各个纳税期间均衡实现。在适用累进税率的情况下，这可实现边际税率的最小化，从而大幅降低税负。

第三，税基总量不变，税基合法提前实现。在减免税期间，税基提前实现可以享受更多的税收减免额。

2) 合理分解税基。合理分解税基就是把税基进行合理分解，使税基从税负较重的形式转化为税负较轻的形式。例如，把适用不同税率的应税货物和应税服务分开核算，避免从高适用税率。

3) 实现税基最小化。税基最小化就是将税基总量合法降低，从而减少应纳税额或者避免多缴税。这是个人所得税、企业所得税和增值税筹划常用的方法。

1.4.3 税率的筹划

1. 税　率

税率是应纳税额与计税依据之间的比例，是计算应纳税额的尺度，体现着税收的深度。税法明确规定了各个税种适用的税率。在现实经济生活中，税率的类型主要有比例税率、累进税率、定额税率三种。

(1) 比例税率是对同一征税对象或税目，不论其数额大小，都规定按同一比例计算应纳税额的税率。目前，我国绝大部分税种都采用比例税率，如企业所得税的税率为25%，增值税的税率为13%、9%、6%，车辆购置税的税率为10%等。

（2）累进税率是随着征税对象或税目数额的增大而逐级递增的税率，按累进税率结构的不同，又可分为以下三类：

1）全额累进税率，即依征税对象的数额设计逐级递增的税率。在每次征税时，按与征税对象总额相对应的最高一级税率计算应纳税额。

2）超额累进税率，即依征税对象的数额设计逐级递增的税率。在每次征税时，将征税对象的全部数额分级次按其相应等级的税率计算应纳税额后汇总征收，如个人所得税的综合所得适用七级超额累进税率。

3）超率累进税率。它与超额累进税率在原理上是相同的，不过，其税率累进的依据是销售利润率或资金率的高低，比如土地增值税采用四级超率累进税率。

（3）定额税率是按单位征税对象直接规定一定数量的税额，这是税率的一种特殊形式，一般适用于从量征收，比如消费税中的黄酒、啤酒和成品油税目采用的都是定额税率。

2. 税率筹划的原理和方法

（1）税率筹划的原理。税率筹划是指纳税人通过降低适用税率的方式来减轻税收负担的筹划方法。在计税依据一定的情况下，应纳税额与税率呈现正向变化关系，即降低税率就等于降低了税收负担。在税前利润一定的情况下，税率低，应纳税额少，税后利润就多。

不同的税种适用不同的税率，纳税人可以利用征税对象界定上的含糊性进行筹划。即使是同一税种，适用的税率也会因税基或其他假设条件不同而发生相应的变化，纳税人可以通过改变税基分布调整适用的税率，从而达到降低税收负担的目的。

（2）税率筹划的一般方法。

1）比例税率的筹划。针对同一税种对不同征税对象实行不同的税率政策，分析产生差距的原因及对税后利益的影响，可以寻找实现税后利益最大化的最低税负点或最佳税负点。例如，我国增值税有13%、9%和6%多档税率，对简易计税方法纳税人规定的征收率为3%。对上述比例税率进行筹划，可以寻找到最低税负点或最佳税负点。消费税、个人所得税、企业所得税等税种都存在多种不同的比例税率，纳税人可以通过筹划，尽量使用较低的税率以实现节税。

2）累进税率的筹划。各种形式的累进税率都存在一定的筹划空间，累进税率筹划的主要目标是防止税率的爬升。其中，适用全额累进税率的纳税人的税率筹划效果最佳。

我国个人所得税中的综合所得以及个体工商户的经营所得等分别适用不同的超额累进税率，采用税率筹划方法可以取得较好的筹划效果。

1.4.4 税收优惠政策的筹划

税收优惠政策是指国家为了支持某个行业或针对某一特殊时期，经常出台一些包括减免税在内的优惠性规定或条款。税收优惠政策是在一定时期内国家的税收导向，纳税人可以充分利用这些税收优惠政策来依法节税。

1. 税收优惠政策的形式

（1）免税。免税是国家对特定的地区、行业、企业或特定的纳税人、应税项目等给予完全免税的照顾或奖励措施。免税属于国家的税收照顾方式，同时也是国家出于政策需要的一种税收奖励方式。它是贯彻国家政治、经济和社会政策的重要手段，也是采用免税政策依法节税的法律依据。我国对从事农、林、牧、渔业生产经营的企业给予免税待遇，就属于一种行业性照顾或激励。

对于免税优惠，纳税人应考虑以下操作技巧：第一，在合理合法的前提下，尽量争取更多的免税待遇。免征的税收越多，节减的税收也越多。第二，在合理合法的情况下，尽量使免税期最长化。许多免税都有期限规定，免税期越长，节税越多。

（2）减税。减税是对某些纳税人或征税对象给予鼓励或照顾的一种特殊措施。减税与免税类似，实质上也相当于一种财政补贴。政府主要给予纳税人两类减税办法：一是出于税收照顾目的的减税。例如，国家对遭受自然灾害地区企业、残疾人企业等的减税。这类减税是一种税收照顾，是国家对纳税人因各种不可抗力造成的损失进行补偿。二是出于税收奖励目的的减税。例如，对产品出口企业、高科技企业、环境保护项目等的减税。这类减税是一种税收奖励，是政府对纳税人贯彻国家政策的一种奖励。

（3）免征额。免征额又称扣除额，是指在征税对象全部数额中免予征税的数额。它是按照一定标准，从征税对象全部数额中预先扣除的数额。免征额部分不征税，只对超过免征额的部分征税。

（4）起征点。起征点又称征税起点，是根据征税对象的数量规定一个标准，达到这个标准就征税，未达到这个标准就不征税。

（5）退税。退税是指国家按规定对纳税人已纳税款的退还，即国家为鼓励纳税人从事或扩大某种经济活动而给予的税款退还。在国际贸易中，退税是鼓励出口的一种有效措施。

（6）优惠税率。优惠税率是指对符合条件的产业、企业或项目课以较低的税率。优惠税率有利于吸引外部投资、加快该优惠产业的发展。

（7）税收抵免。国家在对纳税人的境内外全部所得计征所得税时，准予在税法规定的限度内以其国外已纳税款抵减其应纳税款，以避免重复课税。

【小思考】我国现行税法中属于“免征额”的税收优惠政策有哪些？

2. 优惠政策的筹划原理与方法

优惠政策体现了国家对某些产业或领域的税收照顾。对优惠政策的筹划可以使纳税人轻松地享受低税负待遇。其关键是寻找合适的优惠政策并把它运用在纳税实践中，在一些情况下还表现为创造条件去享受优惠政策，以获得税收负担的降低。

优惠政策多表现为行业性、区域性优惠政策或特定行为、特殊时期的优惠政策，如福利企业的减免税政策，软件企业的税收优惠政策，环保、节能节水项目的税收优惠政策，鼓励科技发展的税收优惠政策等。

《企业所得税法》第二十七条规定，企业的下列所得，可以免征、减征企业所得税：

（1）从事农、林、牧、渔业项目的所得。

（2）从事国家重点扶持的公共基础设施项目投资经营的所得。

（3）从事符合条件的环境保护、节能节水项目的所得。

(4) 符合条件的技术转让所得。

[案例 1-14]

优惠政策的筹划

八方建设集团公司是一家以建筑施工为主的工程施工企业。自 2018 年起，八方建设集团公司从传统的商品房建筑装修逐渐转向国家重点扶持的公共基础设施项目的建设施工，主要是港口码头、机场、铁路、公路、水利等项目的工程施工。八方建设集团公司应如何利用税收优惠政策进行筹划?

【解析】

《中华人民共和国企业所得税法实施条例》第八十七条规定，企业从事国家重点扶持的公共基础设施项目的投资经营所得，自项目取得第一笔生产经营收入所属纳税年度起，第一年至第三年免征企业所得税，第四年至第六年减半征收企业所得税。

按照上述税收政策，自 2018 年起，八方建设集团公司所从事的公共基础设施的建设施工业务收入可以享受企业所得税“三免三减半”的优惠政策，即享受 2018 年、2019 年、2020 年免征企业所得税，2021 年、2022 年、2023 年减半征收企业所得税的优惠。这一税收优惠可以为企业节约大笔税款。

1.4.5 会计政策的筹划

会计政策是在会计核算时所遵循的基本原则以及所采纳的具体处理方法和程序，不同的会计政策必然会形成不同的财务结果，也必然会导致不同的税收负担。

会计政策在形式上表现为会计核算过程中的一种技术规范，但其本质是社会经济和政治利益的博弈规则及制度安排。企业选择不同的会计政策会导致不同的财务结果和纳税结果，同时也会对利益相关者产生不同的影响。当企业存在多种可供选择的会计政策时，选择税后收益最大化的会计政策也是税收筹划的基本方法。

1. 分摊筹划法

对于一项费用，如果涉及多个分摊对象，那么分摊依据的不同就会造成分摊结果的不同。对于一项拟摊销的费用，如果摊销期限和摊销方法不相同，则摊销结果也不相同。分摊的处理会影响企业的损益计量和资产计价，进而影响到企业的实际税负。

分摊筹划法涉及的主要会计事项有无形资产摊销、待摊费用摊销、固定资产折旧、存货计价方法选择以及间接费用的分配等。

例如，存货计价方法也会对企业纳税造成影响。在会计实务中，存货计价方法主要有先进先出法、月末一次加权平均法、移动加权平均法、个别计价法等。在不同的经济形势下，应根据存货市场价格的变动趋势合理选择存货计价方法。表 1-3 给出了不同情况下选择存货计价方法的基本规律。

表 1-3　存货计价方法的选择

项目	比例税率			累进税率
价格变动趋势	物价上涨	物价下跌	物价波动	物价波动
存货计价方法	加权平均法	先进先出法	加权平均法	加权平均法
选择理由	多计发出存货成本，少计期末存货成本，减少当期所得税支出	提高本期发出存货成本，减少当期收益，减轻所得税负担	避免各期利润忽高忽低及企业各期应纳所得税上下波动，有利于企业资金的安排与管理	使计入成本的存货价格比较均衡，进而使各期利润比较均衡，避免因适用较高的税率而加重税负

2. 会计估计筹划法

由于企业生产经营中存在诸多不确定因素，一些项目不能精确计量，往往只能估计，因此在会计核算中，对尚在延续中、仍未确定结果的交易或事项需要估计入账。这种会计估计会影响计入特定会计期间的收益或费用的数额，进而影响到企业的税收负担。

会计估计筹划法涉及的主要会计事项有折旧年限估计、固定资产净残值估计、无形资产使用寿命估计等。

1.4.6 税负转嫁的筹划

在市场经济环境下，由于利益机制的驱动，纳税人会通过种种途径和方式将税负部分或全部转移给他人，因此税负转嫁行为可视为市场主体之间的一种博弈行为。

1. 税负转嫁的筹划原理

税负转嫁筹划的基本操作原理是利用价格浮动、价格分解来转移或规避税收负担。税负转嫁筹划能否通过价格浮动实现，关键取决于商品的供给弹性与需求弹性的大小。

税负转嫁意味着税负的实际承担者不是直接纳税人，而是背后的隐匿者或潜在的替代者。在不违法的情况下，税款的直接纳税人通过将税负转嫁给他人，自己不承担纳税义务，充当了税务部门与实际纳税人之间的中介。

2. 税负转嫁的筹划方法

(1) 税负顺转筹划法。纳税人将其负担的税款通过提高商品或生产要素价格的方式转移给购买者或最终消费者承担，是最典型、最具普遍意义的税负转嫁形式。例如，对于在生产环节课征的税收，生产企业可以通过提高商品出厂价格而把税负转嫁给批发商，批发商再以类似的方式转嫁给零售商，零售商最终将税负转嫁给最终消费者。税负顺转筹划法一般适用于市场紧俏的生产要素或知名品牌的商品。

(2) 税负逆转筹划法。税负逆转筹划法多与商品和劳务有关，纳税人通过降低生产要素购进价格、压低工资或其他转嫁方式，将其负担的税收转移给提供生产要素的企业。纳税人的已纳税款因种种原因不能转嫁给购买者和消费者，而是转嫁给货物的供给者和生产者。例如，一个批发商纳税后，因为商品价格下降，已纳税款难以加在商品价格上转移给零售商，于是批发商就要求向厂家退货或要求厂家承担全部或部分已纳税款，此时就会发生税负逆转。税负逆转筹划法一般适用于生产要素或商品积压时的买方市场。

1.4.7 递延纳税的筹划

1. 递延纳税的筹划原理

递延纳税可以获取资金的时间价值，相当于获得了一笔无息贷款的资助，这给纳税人带来的好处是不言而喻的。《国际税收词汇》对延期纳税条目做了精辟的阐述。递延纳税的好处有：有利于资金周转，节省利息支出，以及由于通货膨胀的影响，延期以后缴纳的税款币值下降，从而降低了实际纳税额。

2. 递延纳税的筹划方法

纳税环节、抵扣环节、纳税时间、纳税地点是递延纳税的关键。纳税人可以通过合同控制、交易控制及流程控制延缓纳税时间，也可以合理安排进项税额的抵扣时间，以及企业所得税预缴、汇算清缴的时间及额度，从而合理推迟纳税。

由于税收的重点是流转税以及所得税，而流转税的计税依据是收入，所得税的计税依据是应纳税所得额（即纳税人的收入减去费用后的余额），所以递延纳税的本质是推迟收入或应纳税所得额的确认时间，可以采用的筹划方法有很多，但概括起来主要有两个：一是推迟收入的确认；二是费用应当尽早确认。

税法对不同销售行为的纳税义务发生时间做出了明确的法律规定。对于纳税人采用的不同收款方式，纳税义务发生时间差别很大。如果纳税人合理利用这些具体规定，就可以签订对自己有利的销售合同。例如，企业可采取委托代销方式实现递延纳税。在委托代销方式下，委托方先将商品交给受托方，受托方应根据合同要求，将商品出售后给委托方开具代销清单，而委托方收到代销清单后才确认销售收入的实现。① 按照这一原理，如果企业的产品销售对象是商业企业，并且产品以销售后付款结算方式销售，则可以采用委托代销结算方式，根据实际收到的货款分期计算销项税额，从而延缓纳税时间。

1.5 税收筹划的原则和步骤

1.5.1 税收筹划的原则

1. 法律原则

（1）合法性原则。在税收筹划中，必须严格遵守合法性原则，任何违反法律的手段都不属于税收筹划的范畴。税收法律是政府以征税方式取得财政收入的法律规范，用以调整税收征纳双方的征纳关系，形成征纳双方各自的权利和义务，征纳双方都必

① 纳税人委托其他纳税人代销货物，其纳税义务发生时间为收到代销单位的代销清单或者收到全部或者部分货款的当天；未收到代销清单及货款的，其纳税义务发生时间为发出代销货物满180天的当天。

须遵守。纳税人只有严格按照税法规定充分地履行其义务，享有其权利，才符合法律原则。

（2）规范性原则。税收筹划方案除了涉及税收问题外，还涉及财务、会计、金融等各个方面，这就要求税收筹划要遵循各领域、各行业的制度和标准，比如在财务会计方面要遵循财务通则、会计准则等，企业的筹资行为要遵循国家的金融管理制度等。

2. 财务原则

（1）财务利益最大化。税收筹划的最主要目的是使纳税人的财务利益最大化。纳税人的财务利益最大化除了要考虑降低税收外，还要考虑使纳税人的综合经济利益最大化；不仅要考虑纳税人现在的财务利益，而且要考虑纳税人未来的财务利益；不仅要考虑纳税人的所得增加，而且要考虑纳税人的资本增值。在一般情况下，税收负担的减轻意味着纳税人股东权益的增加，但在某些情况下，税负的降低并不会带来纳税人股东权益的最大化。例如，由于税法规定纳税人的借款利息可以在所得税前扣除，因此纳税人为了利用财务杠杆追求节税效应，就要进行负债经营，当负债利率低于息税前的资金利润率时，利用负债融资就可以提高所有者权益的利润率；反之，利用负债融资反而会降低所有者权益的利润率，所有者权益的利润率会随负债比例的升高而下降。所以，纳税人在进行税收筹划时不能只以税负轻重作为选择纳税方案的唯一标准，而应着眼于实现纳税人的财务利益最大化。

［案例 1-15］

资本结构对税收的影响

建华公司计划筹资 1 000 万元用于一种新产品的生产，并制定了甲、乙、丙三种方案。假设在这三种方案中，公司的资本结构（长期负债与权益资本的比例）分别为 0：100、20：80、60：40。这三种方案的利率都是 10%，企业所得税税率均为 25%。假设企业的息税前利润预计为 300 万元，则企业为达到节税目的应选择何种方案？

【解析】

经计算可知，在扣除利息支出后，这三种方案的税前利润分别为 300 万元、280 万元、240 万元，应纳税额分别为 75 万元、70 万元、60 万元，税后利润分别为 225 万元、210 万元、180 万元，税前投资利润率（权益资本）分别为 30%、35%、60%，税后投资利润率（权益资本）分别为 22.5%、26.25%、45%。

由此可知，随着债务与资本比例的加大，企业的应纳税额呈现递减趋势，从 75 万元减为 70 万元，再减为 60 万元，表明债务筹资具有节税功能。因此，仅从税收角度考虑，丙方案为纳税最少的方案。从财务利益最大化原则来看，甲方案的税后净利润最大；从投资利润率（权益资本）来看，丙方案的投资利润率最高。

本案例表明，当投资利润率大于负债利率时，债务资本在投资中所占的比例越高，对企业的权益资本越有利。

（2）稳健性。税收筹划在追求纳税人的财务利益最大化时，还必须注意稳健性原则。一般来说，纳税人的节税收益越大，风险也越大。各种降低税收的方式和方法都有一定的风险，节税收益与税制变化、市场风险、利率风险、债务风险、通货膨胀风险等紧密联系在一起。税收筹划要尽量使风险最小化，要在节税收益与节税风险之间进行必要的权衡，以获取稳健的财务收益。

（3）综合性。在进行税收筹划时，必须站在纳税人整体财务管理目标的高度，综合考虑规划，以使纳税人的整体税负水平最低。在进行一种税的筹划时，还要考虑与之有关的其他税种的税负效应，进行整体规划、综合衡量，力求整体税负最低。因此，纳税人在做税收筹划时，不能只盯着个别税种的税负高低，一种税少缴了，另一种税很可能就要多缴，因而要着眼于整体税负的轻重。

【即学即用】 税收筹划的财务原则包括（　　）。

A. 财务利益最大化　　B. 稳健性

C. 综合性　　D. 风险性

答案：ABC

解析：税收筹划的财务原则包括财务利益最大化、稳健性和综合性。

[案例 1-16]

税收筹划的综合性原则

A、B两企业位于某市，并且都属于某集团下的全资子公司。A企业由于业务规模扩大需要扩充办公场所，而B企业正好有一栋闲置办公楼。在集团的统一安排下，现有两个方案可供选择：

方案一：A企业购买B企业的办公楼，B企业按同类房产的市场价格转让给A企业。

方案二：A企业租用B企业的办公楼，A企业按市场价格支付给B企业租金。

在对这两个方案进行设计时，需要考虑哪些税种？

【解析】

在进行方案选择时，要考虑不同方案下的总体税收负担。各方案所涉及的税种情况如下。

1. 方案一

(1) A企业。

契税：契税税率为3%～5%。

印花税：在购买过程中要涉及印花税，印花税的税率为0.05%（产权转移书据）。

房产税：按房产余值计税，税率为1.2%。

折旧抵缴所得税：固定资产的折旧作为费用支出，可以抵减应纳税所得额。

增值税进项税额抵缴增值税：购进的不动产进项税额可在当年全部抵扣。

(2) B企业。

印花税：在转让过程中要涉及印花税，印花税的税率为0.05%（产权转移书据）。

增值税、城市维护建设税及教育费附加：固定资产（不动产）在转让过程中需要按增值额缴纳9%的增值税[①]，按应纳增值税税额缴纳7%的城市维护建设税、3%的教育费附加和2%的地方教育附加等。

土地增值税：如果有增值额，还需要缴纳土地增值税，土地增值税的税率适用30%～60%的四级超率累进税率。

企业所得税：在转让过程中转让净所得部分需要缴纳企业所得税。

2. 方案二

(1) A企业。

印花税：房屋租赁合同需要缴纳印花税，税率为0.1%。

增值税进项税额抵缴增值税：租金支出的进项税额可以抵扣。

租金支出抵缴所得税：房屋的租金支出作为企业的费用支出，可以抵减企业应纳税所得额。

(2) B企业。

印花税：房屋租赁合同需要缴纳印花税，税率为0.1%。

房产税：按租金收入的12%计算缴纳房产税。

增值税、城市维护建设税及教育费附加：不动产在出租过程中需要按租金收入缴纳9%的增值税（或者5%的征收率）[②]，按应纳增值税税额缴纳7%的城市维护建设税、3%的教育费附加和2%的地方教育附加等。

企业所得税：租金净所得需要并入企业应纳税所得额计算缴纳企业所得税。

折旧抵缴所得税：由于固定资产的产权没有发生转移，B企业仍可按规定计提该项房产的折旧，其折旧费用作为B企业的费用支出，可以抵缴企业所得税。

由于方案一、方案二所涉及的税种较多，因此在做方案设计及方案选择时，应综合考

---

① 根据《纳税人转让不动产增值税征收管理暂行办法》（国家税务总局公告2016年第14号），一般纳税人转让其取得的不动产，按照以下规定缴纳增值税：

一般纳税人转让其2016年4月30日前取得（不含自建）的不动产，可以选择适用简易计税方法计税，以取得的全部价款和价外费用扣除不动产购置原价或者取得不动产时的作价后的余额为销售额，按照5%的征收率计算应纳税额。

一般纳税人转让其2016年4月30日前自建的不动产，可以选择适用简易计税方法计税，以取得的全部价款和价外费用为销售额，按照5%的征收率计算应纳税额。

一般纳税人转让其2016年4月30日前取得（不含自建）的不动产，选择适用一般计税方法计税的，以取得的全部价款和价外费用为销售额计算应纳税额。

一般纳税人转让其2016年4月30日前自建的不动产，选择适用一般计税方法计税的，以取得的全部价款和价外费用为销售额计算应纳税额。

一般纳税人转让其2016年5月1日后取得（不含自建）的不动产，适用一般计税方法，以取得的全部价款和价外费用为销售额计算应纳税额。

② 根据《纳税人提供不动产经营租赁服务增值税征收管理暂行办法》（国家税务总局公告2016年第16号），一般纳税人出租不动产，按照以下规定缴纳增值税：

一般纳税人出租其2016年4月30日前取得的不动产，可以选择适用简易计税方法，按照5%的征收率计算应纳税额。

一般纳税人出租其2016年5月1日后取得的不动产，适用一般计税方法计税。

一般纳税人出租其2016年4月30日前取得的不动产适用一般计税方法计税的，按照上述规定执行。

虑各方案的总体税负。例如，与方案二相比，方案一会节约房产税，但可能带来土地增值税等其他税负的增加等。

3. 经济原则

(1) 便利性。纳税人可选择的节税方式和方法有很多，在选择各种节税方案时，应是越容易操作、越简便易懂、未来的不可预测性越易控制的方案越好，凡是能够用简单方法的，尽量不要采用复杂方法。简单易行的方案同时也会节约税收筹划费用，带来税收筹划成本的降低。

(2) 节约性。税收筹划无论是聘请外部税务筹划专家还是由内部的财务人员进行，都要有一定的税收筹划费用支出。如果是聘请外部税务专家进行税收筹划，则要支付相应的劳务费用。如果由企业内部财务人员进行税收筹划，则要支付购买相关书籍、搜集相关法律资料以及财务人员进行税收筹划学习培训的费用等。作为企业的财务管理目标之一，应尽可能控制成本与费用支出，使税收筹划的成本效益比最小。

1.5.2 税收筹划的步骤

1. 全面了解纳税人的情况

纳税人是税收筹划的主体，任何税收筹划活动都是围绕纳税人进行的。因此，在进行税收筹划之前，全面了解纳税人的情况十分有必要。

(1) 基本情况。企业的基本情况包括企业的组织形式、成立日期、经营范围、经营规模、关联关系和股权架构等。企业的组织形式、经营范围不同，其缴纳的税种也不尽相同。如果企业是股份有限公司，其取得收入后除了要缴纳流转税外，还要缴纳企业所得税。如果企业是个人独资企业或合伙企业，则不需要缴纳企业所得税，只需要由个人投资者缴纳个人所得税（法人合伙人需要缴纳企业所得税）。了解了企业的基本情况后，可以做到心中有数，以便抓住主要税种进行税收筹划。

(2) 财务情况。企业的税收筹划要合法地节税，只有在全面和详细了解纳税人财务情况的基础上，才能制订出针对纳税人的税务计划，使税收筹划方案切实可行。

(3) 风险态度。节税与风险并存，节税越多的方案往往也是风险越大的方案，两者的权衡取决于多种因素，包括纳税人对风险的厌恶和偏好程度。了解纳税人对风险的态度及对风险的承受程度，可以更好地按纳税人的要求进行税收筹划方案的设计。

2. 分析纳税人的现行纳税情况

在全面了解纳税人情况的基础上，进一步分析其现行纳税情况对于发现税收筹划空间和设计税收筹划方案是至关重要的。企业的纳税情况主要包括涉及的税种、纳税人的类型、计税方式、适用税率、纳税申报、纳税金额、税负状况、减免税情况以及历史上是否存在违反税法的情况等，这对税收筹划方案的制定具有很大的借鉴作用。

3. 熟练掌握税收相关法律规定

进行税收筹划是在税法允许的范围内，选择少缴、免缴或递延缴纳税款的行为。由于税法的内容相当复杂又经常修订，而纳税人的自身条件也在不断发生变化，所以要想有效地运用税收筹划策略实现节税目标，必须了解并熟练掌握税收法规。除此之外，纳税人还要具备投资、生产、销售、财务、会计等方面的法律知识，懂得合法与违法的界限，从而确保税收筹划行为的合法性。

需要注意的是，了解主管部门对税收筹划行为“合法”的界定也是极为重要的。理解法律精神，掌握政策尺度，在着手进行税收筹划之前，首先学习和掌握国家税法精神，全面了解税务机关对“合法”纳税的法律解释和执法实践，是重要的税收筹划前提工作。不同国家或地区对同一种税收筹划行为是否“合法”存在不同的看法。有些国家或地区的执法偏于宽松，没明确禁止的即合法；有些国家或地区的执法偏于严格，法律规定没有明确可以做的都视为违法。因此，纳税人在进行税收筹划时只能根据法律条文和法律实践做出判断。就中国的法律环境来看，由于税法规定过于笼统、概括，税务机关存在相当大的“自由裁量权”，在某些地方被认为“合法”的税收筹划行为可能在其他地方是行不通的。因此，对税收筹划来说，熟悉税法的执法环境非常重要。纳税人可以从税务机关组织和管理税收活动及对税法纠纷的裁决来理解税法的尺度，通过税法执行过程中若干有代表性的案例来把握执法的界限，将其用于税收筹划的实施过程中。

4. 制定并选择税收筹划方案

应在前期所做的准备工作基础之上，梳理相关税收法律法规，结合纳税人的实际生产经营状况寻求税收筹划空间。分析纳税人所处的行业、从事的业务以及应该缴纳的税种是否存在享受税收优惠的可能性；分析纳税人现在的采购、销售结算方式是否可以进一步优化，进而是否存在提前确认成本与费用、延后确认收入的可能性；分析纳税人现在的商业行为模式是否可以合理合法地转化以规避相关税种的纳税义务等。

在一般情况下，需要制定出几套备选筹划方案以供企业选择，这实际上也是由税收法规的差异性和税收优惠政策的多样化决定的。税收筹划方案的内容应包括税收筹划的具体步骤、方法、应注意的事项、税收筹划所依据的税收法律法规、税收筹划预期能够实现的效果以及在税收筹划过程中可能面临的风险等。

在筛选税收筹划方案的过程中应充分考虑税收筹划方案实施的可行性，听取相关人员意见，并不断调整和修改，从而形成最优税收筹划方案，即最终税收筹划方案。

5. 税收筹划方案的实施与反馈

在确定最终税收筹划方案之后，最关键的一步就是将税收筹划方案付诸实践，只有将方案落到实处，才能实现节税的目的。在税收筹划方案的实施过程中，可能会遇到很多问题和阻碍，比如税收筹划方案执行不到位，或者税收法规在税收筹划方案实施的过程中发生变动，这不仅会使税收筹划的效果大打折扣，而且会导致税收筹划方案完全失效。因此，在税收筹划方案的实施过程中，还要定期通过一定的信息反馈渠道了解税收筹划方案的执行情况，以保证税收筹划方案的顺利进行并取得预期的税收筹划效果。当反馈信息表明税收筹划方案有不足之处或者与最新税收政策之间存在偏差时，应及时进行修订、调整和完善。纳税人在经营中出现新的情况时，应及时开展研究并判断是否改变、调整原有的税收筹划方案等。

【小思考】怎样进行税收筹划？税收筹划的步骤有哪些？

1.6 税收筹划的意义及应该注意的问题

1.6.1 税收筹划的意义

税收筹划就像一把双刃剑，对纳税人熟知税法，更好地利用、遵守税法有很好的促进作用，同时也有利于税收法律法规的不断完善。

1. 维护纳税人的合法权利

追求税后利益最大化是市场经济条件下企业生存与发展的客观要求，纳税人在法律许可的范围内进行税收筹划，有利于维护自身的合法权利。

税收筹划是纳税人的一项基本权利，在法律允许的前提下，纳税人有从事经济活动、获取收益的权利。税收筹划是纳税人对其资产、收益的正当维护，属于纳税人应有的经济权利。

税收筹划除了可以实现节税的功能外，还可以防止纳税人落入税法陷阱。税法陷阱是税法漏洞的对称。税法漏洞的存在给纳税人提供了避税的机会，而税法陷阱的存在又让纳税人容易落入看似漏洞、实为陷阱的圈套之中，这也是政府反避税的措施之一。纳税人一旦落入税法陷阱，就要缴纳更多的税款，从而影响纳税人正常的收益。税收筹划可防止纳税人落入税法陷阱，从而维护其正当权益。

2. 促进纳税人依法纳税

税收筹划要求纳税人必须在法律许可的范围内进行涉税事项的事先安排，这就要求纳税人必须熟知税法，并在法律框架范围内行事，以避免税收违法行为的发生，从而促进纳税人依法纳税的自觉性。

税收筹划有助于提高纳税人的纳税意识，抵制偷逃税等违法行为。社会经济发展到一定水平、一定规模后，企业开始重视税收筹划，税收筹划与纳税意识的增强一般具有客观一致性和同步性的关系。税收筹划与纳税意识的一致性关系体现在以下几个方面：

第一，税收筹划是企业纳税意识提高到一定阶段的表现，是与经济体制改革发展到一定水平相适应的。只有在税制改革与税收征管改革成效显著的情况下，税收的权威性才能得到体现；否则，如果对偷逃税等违法行为的查处率较低，无疑会助长偷逃税等违法行为。在这种情况下，企业的纳税意识淡薄，不必进行税收筹划就能取得较大的税收利益。

第二，企业提高纳税意识与企业进行税收筹划具有共同的要求。税收筹划所安排的经济行为要求合乎税法规定或不违反税法规定，而依法纳税更是企业提高纳税意识的必然要求。

第三，依法设立完整、规范的财务会计账表和正确进行会计处理是企业进行税收筹划的基本前提，同时依法建账也是企业依法纳税的基本要求。

3. 促进税制不断完善

税收筹划是在合法或不违法的框架下寻求低税负，低税负的产生除了因为国家鼓励某一行为所给予的优惠外，还有可能是因为税收法规存在缺失或不合理。这些不完善的税制往往通过纳税人的税收筹划行为暴露出来。国家通过对纳税人的税收筹划行为进行分析和判断，从而发现税制存在的问题，并促进税制的不断完善。

税收筹划是纳税人对国家税法及有关税收经济政策的反馈行为，同时也是对政府政策导向的正确性、有效性和国家现行税法完善性的检验。国家可以利用纳税人税收筹划行为反馈的信息，改进有关税收政策并完善现行税法，从而促进国家税制建设向更高层次迈进。

4. 促进国家税收政策目标的实现

从某一角度看，企业的税收筹划行为也是企业对国家税法和政府税收政策的反馈行为。如果政府的税收政策导向正确，税收筹划行为将会对社会经济产生良性的、积极的正面作用。在市场经济条件下，追求经济利益是企业经营的目标所在，企业通过税收筹划降低自身的税收支出，从而增大自身的财务利益。由于企业自身具有强烈的节税欲望，国家才可能利用税收杠杆来调节、诱导纳税人的行为，从而实现国家的税收政策目标。例如，国家为了鼓励研发，对研发费用实行加计扣除。如果企业通过税收筹划成立了研发部门，则该企业在享受国家这一税收优惠政策、节约企业所得税的同时，还实现了国家鼓励企业研发这一税收政策目标。

1.6.2 税收筹划应该注意的问题

1. 综合考虑对交易各方的税收影响

在市场经济条件下，企业作为市场经济中的一个参与者，其利益的得失往往影响其他市场交易者。企业通过税收筹划降低了自己的税收负担，但有可能造成其他交易方税收负担的上升，从而引发交易成本的提高，进而影响企业自身的经营行为或使交易费用增加，最终降低企业的经营利润。因此，在税收筹划时，应设计、选择使其他交易方税收负担保持不变甚至降低的税收筹划方案，因为只有这种使其他交易方利益不受损的方案才是切实可行的方案。

2. 税收只是众多经营成本中的一种

在税收筹划过程中必须考虑到所有成本，实施某些税收筹划方案可能会带来极大的商业重组成本。在交易成本①高昂的社会里，税负最小化策略的实施可能会因非税因素而引发大量成本。例如，预期雇主的税率下一期会上升，而雇员的税率保持不变，雇主将雇员的报酬递延到下一期支付能够节约雇主的税收支出。但在这种情况下，一旦公司破产，雇员将面临无法获得支付的风险。雇员可能据此要求一个额外的报酬（风险报酬），以补偿其额外承担的风险。因此，税负最小化策略可能并不尽如人意。②

① 市场中发生的交易成本又称摩擦，这些成本使实施某种特定的税收筹划策略需要付出一定的代价。

② 迈伦·斯科尔斯，等．税收与企业战略．2版．北京：中国财政经济出版社，2004.

企业税收筹划的目的是减轻税收负担。但是，税收负担的减轻是以企业整体收益增长为前提的，税收负担的减轻并不等于企业总体利益最大化，也就是纳税最少的方案并不一定是财务利益最大化的方案。因此，企业在进行税收筹划时，不能只从税收角度考虑，还应结合自身业务的发展，以利润不断增长为最终目标。

3. 关注税收法律的变化

税收筹划是在特定的法律背景下进行的，有一定的局限性，随着法律法规的调整与变化，原先不违法甚至是合法的行为有可能变为违法行为。

第一，当税法中存在的缺陷被纠正或税法中不明确的地方被明确后，企业相应的税收筹划权利就会转换成纳税义务。例如，某种税收由全额累进税率改为比例税率时，利用累进级距的不同税率实施税收筹划的条件就不存在了。

第二，当国家或政府对税法或税收条例中的某项（些）条款或内容重新解释并更改适用范围时，纳税人原有的税收筹划权利就可能转变成纳税义务。

4. 正视税收筹划的风险性

税收筹划需要在企业涉税行为发生之前做出安排。环境及其他因素的变化使得税收筹划带有很多不确定因素，有可能达不到税收筹划所预期的效果。另外，税法中某些比较模糊的地方有可能导致税务当局与纳税人的理解产生分歧，纳税人认为不违法的行为在税务当局看来，有可能被认定为违法行为。因此，任何纳税主体在进行税收筹划时，不但要掌握税收筹划的基本方法，还必须了解征税主体对其税收筹划行为的认定和判断。

本章小结

税收筹划是指在纳税行为发生之前，在税法允许的范围内，通过对纳税主体的经营活动或投资行为等涉税事项做出事先安排，以达到少缴税或递延缴纳税收的一系列谋划活动。

税收筹划具有合法性、事先性、风险性的特点，与偷税、欠税、骗税等违法行为有着本质的区别。国家间税收管辖权及各国税收制度的不同以及各种税收制度定义上的可变通性为税收筹划提供了空间。根据不同的划分标准，税收筹划可以分为不同种类。税收筹划应遵循法律原则、财务原则和经济原则。在税收筹划方案制定之前，应熟练掌握有关法律规定，了解纳税人的情况和税收筹划要求，并在税收筹划方案实施过程中不断根据情况变化对方案进行适时修正和调整。

税收筹划方法主要有纳税人的筹划、计税依据的筹划、税率的筹划、税收优惠政策的筹划和其他税收筹划方法等。

税收筹划不仅可以实现纳税人财务利益的最大化，而且可以提高纳税人的纳税意识，促进税制的不断完善以及国家政策目标的实现等。

在进行税收筹划时，应考虑到税收筹划对交易各方税负的影响，时刻关注税收法律的变化，正视税收筹划风险等。

关键术语

税收筹划　偷税　欠税　骗税　法律责任
财务利益最大化　绝对节税　相对节税　税收优惠政策　会计政策的筹划
税负转嫁的筹划　递延纳税的筹划

思考题

1. 为什么有效的税收筹划和税负最小化不同?

2. 为什么税收筹划者不仅要知道某特定交易对其本身的税收影响，而且要知道对其他交易方的税收影响? 请举例说明。

3. 你认为税后收益总是低于税前收益吗? 请举例说明。

4. 请举例说明税收筹划、避税与逃税的区别。

5. 进行税收筹划应注意哪些问题?

6. 税负转嫁筹划法和递延纳税筹划法能否最终降低应纳税额? 为什么?

习　题

1. 名词解释

税收筹划　逃避缴纳税款

2. 简答题

(1) 税收筹划的特点是什么?

(2) 简述逃避缴纳税款的法律界定及法律责任。

(3) 简述欠税的法律界定及法律责任。

(4) 简述骗税的法律界定及法律责任。

3. 下列哪种说法准确地描述了有效税收筹划?

(1) 高税率的投资者应进行政府债券的投资。

(2) 免税的投资者应进行企业债券的投资。

(3) 预期税率在未来会下降时，雇员更喜欢推迟接受他们的报酬（假设这一行为成功地推迟了应税收入）。

(4) 租用耐用的经营性资产比持有它们更有利（假设该项资产允许加速折旧）。

4. 纳税人A购买了100 000元的公司债券，年利率为10%。纳税人B购买了100 000元的政府债券，年利率为8%。这两种债券的到期日和风险相同。这两个纳税人获得的税后收益率是多少?（A、B均适用25%的所得税税率。）

5. 某纳税人正在考虑以下两种方案：方案一是以20 000元雇用一名税务会计师来研

究税收筹划方案。如果成功，方案一可为他节税 22 000 元，成功的概率估计是 70%。方案二是以 18 000 元雇用一家市场策划公司，该公司的任务是为产品制订市场拓展计划。如果成功，方案二可为该纳税人节约广告费 20 000 元，而且不影响销售收入，方案二的成功概率为 80%。如果税率为 15%，该纳税人应选择哪一种方案？如果税率为 25%，该纳税人应选择哪一种方案？

6. 一家大公司聘请你作为税务顾问，这家公司有累积的税收亏损，并预计以后几年会维持这种状况。该公司打算在外地设立一家新的配送工厂。估计该工厂的成本为 1 000 万元。公司正在考虑三种备选方案：方案 A，公司借入 1 000 万元购买这一工厂；方案 B，公司发行普通股筹款 1 000 万元购买这一工厂；方案 C，公司向当前所有者租用这一工厂。公司要求你准备一份简要的报告，描述出每种方案的税收结果。在该报告中，请你从税收角度推荐最有效的方案。

7. 王丽打算成立一家经营文具生产业务的企业，预计每年可以实现利润 350 000 元（假设不存在税收和会计差异，无须进行纳税调整）。在企业组织形式上，现有以下两个方案可供选择。

方案一：成立一人有限责任公司。

方案二：成立个人独资企业。

从税收角度考虑，你认为王丽应当选择哪一个方案？

8. 论述题

（1）论述税收筹划的意义。

（2）论述税收筹划应注意的问题。

课后阅读延伸材料

虽死犹活，规避遗产税①

在这个世界上，只有死亡和纳税不可避免。

——本杰明·富兰克林

虽死犹活，规避遗产税

① 本阅读材料根据南楠发表于《恋爱婚姻家庭（纪实）》2010 年第 9 期的《美国富豪虽死犹活，规避 20 亿遗产税》改编。

第2章

增值税的税收筹划

［学习提示］ 本章介绍增值税的筹划。增值税是我国第一大税种，它的覆盖面广、制度较为复杂、涉及法规较多，增值税筹划是纳税人比较关注的税种之一。本章将对增值税的筹划原理及方法做较为系统的介绍，针对具体业务提出税收筹划的思路并辅以案例分析，以便学生理解和掌握增值税的筹划方法。通过本章的学习，学生应掌握增值税筹划的主要原理和方法，并能针对具体问题制定筹划方案。

案例导入

某农业生产企业为一般计税方法纳税人，除销售自产的初级农产品外，还从事外购农产品的销售。10月，该企业共实现销售额100万元（不含税），产生的进项税额为3万元（均属于外购农产品产生的进项税额）。经内部核算，该企业自产的初级农产品销售额为30万元。由于财务管理原因，该企业未能准确划分自产农产品和外购农产品的销售额。按照该企业当年的销售情况，缴纳的增值税为6万元（=100×9%−3）。

请问该企业的涉税处理是否达到了缴纳增值税最少的目标？

【解析】

该企业销售的自产农产品属于增值税免税项目，在企业未对自产农产品销售额与外购农产品销售额进行分别核算时，该项目的销售额不能享受应有的免税待遇，所以要一并计算缴纳增值税。另外，外购农产品的增值率比较高，若按一般计税方法纳税人的计税方法纳税，则所缴增值税比较多。

如果该企业将销售自产农产品的部门分离出来，设立独立的企业，并且实行独立核算，则此方案的结果为：第一，新成立的专门销售自产农产品的企业可以享受免税待遇。第二，在分立后，销售外购农产品的企业年销售额未达到500万元，可以作为简易计税方法纳税人并计算缴纳增值税，全年应缴增值税2.1万元［=(100−30)×3%］。

由此可见，在做出上述调整后，该企业每年可少缴增值税3.9万元（=6−2.1）。企业这种根据增值税法的相关规定，对自身组织形式、生产经营方式及核算方式做出调整，从而减少增值税税款缴纳的做法就是增值税的筹划。

2.1 增值税概述①

增值税是以商品（含应税服务、无形资产、不动产和金融商品）在流转过程中产生的增值额作为计税依据而征收的一种流转税。

现行增值税法律制度

2.1.1 纳税人

在中华人民共和国境内（以下简称“境内”）发生应税交易且销售额达到增值税起征点的单位和个人，以及进口货物的收货人，为增值税的纳税人。单位，是指企业、行政单位、事业单位、军事单位、社会组织和其他单位；个人，是指个体工商户和自然人。

增值税起征点为季销售额 45 万元。

销售额未达到增值税起征点的单位和个人，不是增值税的纳税人；销售额未达到增值税起征点的单位和个人，可以自愿选择依照税法规定缴纳增值税。

我国增值税实行税款抵扣制度，对增值税纳税人会计核算是否健全，以及是否能够准确核算销项税额、进项税额以及应纳税额有较高要求。为方便增值税的征收管理，保证对增值税专用发票的正确使用和安全管理，我国将增值税纳税人按照其经营规模及会计核算是否健全划分为一般计税方法纳税人和简易计税方法纳税人。

1. 一般计税方法纳税人与简易计税方法纳税人的销售额标准

自 2018 年 5 月 1 日起，简易计税方法纳税人的销售额标准统一为年应征增值税销售额 500 万元及以下。

年应税销售额超过上述规定标准的纳税人为一般计税方法纳税人。需要注意的是，年应税销售额超过标准的自然人按简易计税方法纳税；非企业性单位、年应税销售额超过规定标准但不经常发生应税行为的单位和个体工商户，可选择按照简易计税方法纳税。年应税销售额未超过标准的纳税人会计核算健全，能够提供准确税务资料的，可以向主管税务机关办理一般计税方法纳税人登记。

纳税人在年应税销售额超过规定标准的月份（或季度）的所属申报期结束后 15 日内，按规定办理一般计税方法纳税人登记手续；未按规定时限办理的，主管税务机关应当在规定的时限结束后 5 日内制作《税务事项通知书》，告知纳税人应当在 5 日内向主管税务机关办理相关手续；逾期仍不办理的，次月起按销售额依照增值税税率计算应纳税额，不得

① 根据《中华人民共和国增值税法（征求意见稿）》修订。

抵扣进项税额，直至纳税人办理相关手续为止。

2. 计税方法

除了一些特殊情况适用简易计税方法计税外，一般计税方法纳税人发生应税交易适用一般计税方法，即以当期销项税额抵扣当期进项税额后的余额为应纳税额。其中，销项税额为应税销售额乘以适用税率；进项税额是指纳税人购进货物、接受应税劳务，或者购进应税服务、无形资产与不动产所支付或者承担的增值税税额，但只有税法规定准予抵扣的进项税额才可以在计算应纳税额时从销项税额中抵扣。

简易计税方法纳税人采用简便易行的计算和征收管理办法，适用简易计税方法计税，即以其全部销售额乘以税率（征收率）为应纳税额。

2.1.2 征税对象

1. 销售货物

销售货物是指有偿转让货物的所有权。其中，货物是指有形动产，包括电力、热力、气体在内。

2. 进口货物

根据增值税法律制度的规定，申报进入中华人民共和国海关境内的货物均应缴纳增值税。

3. 销售服务、无形资产、不动产和金融商品

（1）销售服务，是指提供加工、修理修配服务，交通运输服务，邮政服务，电信服务，建筑服务，金融服务，现代服务，生活服务。

加工、修理修配服务中的加工是指受托加工货物，即委托方提供原料及主要材料，受托方按照委托方的要求制造货物并收取加工费的业务。修理修配是指受托对损伤和丧失功能的货物进行修复，使其恢复原状和功能的业务。单位或者个体工商户聘用的员工为本单位或者雇主提供的加工、修理修配服务不包括在内。

（2）销售无形资产，是指转让无形资产所有权或者使用权的业务活动。无形资产是指不具有实物形态，但能带来经济利益的资产，包括技术、商标、著作权、商誉、自然资源使用权和其他权益性无形资产。

（3）销售不动产，是指转让不动产所有权的业务活动。不动产是指不能移动或者移动后会引起性质、形状改变的财产，包括建筑物、构筑物等。

（4）销售金融商品，是指有偿转让金融商品所有权的业务活动。

2.1.3 税　率

增值税法中设置了多档税率，包括13%、9%、6%、3%和0，其中的3%实际上是指征收率。税率的具体适用范围如下所示：

1. 基本税率

一般计税方法纳税人销售或者进口货物，销售加工、修理修配服务和有形动产租赁服务，税率一律为13%，这就是通常所说的基本税率。

2. 低税率

(1) 一般计税方法纳税人销售或者进口下列货物，按低税率9%计征增值税。

1) 农产品①、食用植物油、食用盐。

2) 自来水、暖气、冷气、热水、煤气、石油液化气、天然气、二甲醚、沼气、居民用煤炭制品。

3) 图书、报纸、杂志、音像制品、电子出版物。

4) 饲料、化肥、农药、农机、农膜。

(2) 一般计税方法纳税人销售交通运输、邮政、基础电信、建筑、不动产租赁服务，转让土地使用权及销售不动产，适用税率为9%。

(3) 一般计税方法纳税人销售增值电信服务、金融服务、现代服务（租赁服务除外）、金融商品、生活服务及转让土地使用权以外的其他无形资产，适用税率为6%。

3. 零税率

纳税人出口货物、提供财政部和国家税务总局规定的应税服务，税率为零，但国务院另有规定的除外。例如，境内的单位和个人提供的国际运输服务、向境外单位提供的研发服务和设计服务，适用增值税零税率。

【小思考】 增值税零税率与免税有什么不同?

4. 征收率

简易计税方法纳税人销售货物，加工、修理修配服务和销售应税服务、无形资产，适用的征收率为3%。简易计税方法纳税人（自然人除外）销售自己使用过的固定资产（不动产除外）和旧货，减按2%的征收率征收增值税；销售自己使用过的除固定资产以外的物品，按3%的征收率征收增值税。

【小思考】 一般计税方法纳税人销售适用征收率的货物，能否开具增值税专用发票?

2.1.4 增值税计税方法

增值税的计税方法包括一般计税方法和简易计税方法。一般计税方法纳税人的应税交易适用一般计税方法计税，若一般计税方法纳税人发生财政部和国家税务总局规定的销售货物及特定应税行为，可以选择适用简易计税方法计税，但一经选择，36个月内不得变更；简易计税方法纳税人适用简易计税方法计税。

1. 一般计税方法

一般计税方法的应纳税额是指当期销项税额抵扣当期进项税额后的余额。应纳税额的计算公式为：

应纳税额＝当期销项税额－当期进项税额

在当期销项税额小于当期进项税额不足抵扣时，其不足部分可以结转下期继续抵扣。

① 农产品是指种植业、养殖业、林业、牧业、水产业生产的各种植物、动物的初级产品。具体征税范围按照《财政部、国家税务总局关于印发〈农业产品征税范围注释〉的通知》（财税字［1995］52号）及现行相关规定执行。

按照《财政部、税务总局、海关总署关于深化增值税改革有关政策的公告》(财政部、税务总局、海关总署公告2019年第39号)的规定，自2019年4月1日至2021年12月31日，允许生产、生活性服务业纳税人按照当期可抵扣进项税额加计10%，抵减应纳税额。

以上所称生产、生活性服务业纳税人，是指提供邮政服务、电信服务、现代服务、生活服务取得的销售额占全部销售额的比重超过50%的纳税人。

纳税人应按照当期可抵扣进项税额的10%计提当期加计抵减额。按照现行规定不得从销项税额中抵扣的进项税额，不得计提加计抵减额；已计提加计抵减额的进项税额，按规定作进项税额转出的，应在进项税额转出当期，相应调减加计抵减额。当期计提加计抵减额的计算公式如下：

当期计提加计抵减额＝当期可抵扣进项税额×10%

当期可抵减加计抵减额＝上期末加计抵减额余额＋当期计提加计抵减额－当期调减加计抵减额

根据《财政部、税务总局关于明确生活性服务业增值税加计抵减政策的公告》(财政部、税务总局公告2019年第87号)的规定，允许生活性服务业纳税人按照当期可抵扣进项税额加计15%，抵减应纳税额。2022年3月3日，《财政部、税务总局关于促进服务业领域困难行业纾困发展有关增值税政策的公告》(财政部、税务总局公告2022年第11号)规定，延续实施生产、生活性服务业增值税加计抵减政策至2022年12月31日。

2. 简易计税方法

简易计税方法的应纳税额是指按照销售额和增值税征收率计算的增值税税额，不得抵扣进项税额。应纳税额的计算公式为：

应纳税额＝销售额×征收率

简易计税方法的销售额不包括其应纳税额，纳税人采用销售额和应纳税额合并定价方法的，按照下列公式计算销售额：

销售额＝含税销售额÷(1＋征收率)

知识链接

扣缴义务人应扣缴税额的计算

中华人民共和国境外(以下简称"境外")单位和个人在境内发生应税交易，以购买方为扣缴义务人。扣缴义务人在扣缴税款时，应按照销售额乘以税率计算应扣缴税额。应扣缴税额的计算公式为：

应扣缴税额＝销售额×税率

例如，某境外广告公司为我国A企业提供广告设计服务，销售价款为300万元(含税)，则

A企业应扣缴增值税税额＝300÷(1＋6%)×6%＝16.98(万元)

【知识点提醒】在计算应扣缴的增值税税额时，无论购买方支付的价款是否超过500万元的一般计税方法纳税人标准，并且无论扣缴义务人是一般计税方法纳税人还是简易计税方法纳税人，一律按照境外单位或者个人发生应税行为的适用税率予以计算。

2.1.5 增值税纳税义务发生时间

纳税义务发生时间是指纳税人发生应税交易应当承担纳税义务的起始时间。

1. 销售货物

纳税人销售货物，其纳税义务发生时间为收讫销售款项或者取得索取销售款项凭据的当天；先开具发票的，为开具发票的当天。其中，收讫销售款项或者取得索取销售款项凭据的当天，按销售结算方式的不同，具体分为：

（1）采取直接收款方式销售货物的，不论货物是否发出，均为收到销售款项或者取得索取销售款项凭据的当天。

纳税人在生产经营活动中采取直接收款方式销售货物的，已将货物移送对方并暂估销售收入入账，但既未取得销售款项或取得索取销售款项凭据，又未开具销售发票的，其增值税纳税义务发生时间为取得销售款项或取得索取销售款项凭据的当天；先开具发票的，为开具发票的当天。

（2）采取托收承付和委托银行收款方式销售货物的，为发出货物并办妥托收手续的当天。

（3）采取赊销和分期收款方式销售货物的，为书面合同约定的收款日期的当天；无书面合同的或者书面合同没有约定收款日期的，为货物发出的当天。

（4）采取预收货款方式销售货物的，为货物发出的当天，但生产销售生产工期超过 12 个月的大型机械设备、船舶、飞机等货物，为收到预收款或者书面合同约定的收款日期的当天。

（5）委托其他纳税人代销货物的，为收到代销单位的代销清单或者收到全部或者部分货款的当天；未收到代销清单及货款的，为发出代销货物满 180 天的当天。

（6）纳税人发生视同应税交易货物行为的，为视同发生应税交易行为完成的当天。

2. 进口货物

纳税人进口货物，其纳税义务发生时间为报关进口的当天。

3. 销售服务、无形资产和不动产以及金融商品的纳税义务发生时间

（1）销售服务、无形资产和不动产。

1）纳税人销售服务、无形资产和不动产的纳税义务发生时间为销售服务、无形资产和不动产并收讫销售款项或者取得索取销售款项凭据的当天；先开具发票的，为开具发票的当天。其中，收讫销售款项是指纳税人销售服务、无形资产和不动产过程中或者完成后收到款项；取得索取销售款项凭据的当天是指书面合同确定的付款日期当天；未签订书面合同或者书面合同未确定付款日期的，为服务、无形资产转让完成的当天或者不动产权属变更的当天。

2）纳税人发生视同提供应税交易行为的，其纳税义务发生时间为服务、无形资产转让完成的当天或者不动产权属变更的当天。

3）纳税人提供租赁服务采取预收款方式的，其纳税义务发生时间为收到预收款的当天。

(2) 纳税人从事金融商品转让。纳税人从事金融商品转让的纳税义务发生时间为金融商品所有权转移的当天。

4. 扣缴义务发生时间

增值税的扣缴义务发生时间为纳税人增值税纳税义务发生的当天。

2.1.6 税收优惠

免税项目主要包括以下几类:

(1) 农业生产者销售的自产农产品。

(2) 避孕药品和用具。

(3) 古旧图书。

(4) 直接用于科学研究、科学试验和教学的进口仪器、设备。

(5) 外国政府、国际组织无偿援助的进口物资和设备。

(6) 由残疾人的组织直接进口供残疾人专用的物品。

(7) 自然人销售的自己使用过的物品。

(8) 托儿所、幼儿园、养老院、残疾人福利机构提供的育养服务，婚姻介绍，殡葬服务。

(9) 残疾人员个人提供的服务。

(10) 医院、诊所和其他医疗机构提供的医疗服务。

(11) 学校和其他教育机构提供的教育服务，学生勤工俭学提供的服务。

(12) 农业机耕、排灌、病虫害防治、植物保护、农牧保险以及相关技术培训业务，家禽、牲畜、水生动物的配种和疾病防治。

(13) 纪念馆、博物馆、文化馆、文物保护单位管理机构、美术馆、展览馆、书画院、图书馆举办文化活动的门票收入，宗教场所举办文化、宗教活动的门票收入。

(14) 境内保险机构为出口货物提供的保险产品。

【小思考】税法规定纳税人销售货物、应税服务适用免税规定的，可以放弃免税，按规定缴纳增值税。纳税人在什么情况下会选择放弃免税权?

出口退税

2.2 增值税筹划原理

增值税是目前我国第一大税种，其征收制度纷繁复杂。尤其是“营改增”以后，增值税税率多档化、优惠政策多样化，这就为增值税的税收筹划提供了一定的空间。增值税分为一般计税方法纳税人和简易计税方法纳税人，由于这两类纳税人实行不同的计税方法，纳税人可以根据自己的具体情况进行纳税人身份的选择。从增值税的计税原理来看，增值税是对增值额进行征税，销售额和可抵扣金额直接决定应纳税额，因此企业可以通过采购、销售等关键环节的增值税涉税活动安排进行税收筹划，以降低税收负担。

2.2.1 纳税人的税收筹划

在对纳税人的税收筹划上，可以从两个层面入手：一是一般计税方法纳税人与简易计税方法纳税人身份的选择；二是避免成为增值税纳税人。

1. 纳税人身份的选择

（1）筹划原理。我国现行的增值税制度将增值税纳税人划分为一般计税方法纳税人和简易计税方法纳税人，并规定对这两类纳税人实行不同的税收待遇。一般来说，一般计税方法纳税人采用一般计税方法，可以领购和使用增值税专用发票，凭借发票进行进项税额抵扣；简易计税方法纳税人采用简易计税方法，不得使用增值税专用发票进行进项税额抵扣。税收政策的差异客观上使得一般计税方法纳税人和简易计税方法纳税人在计税方法、适用税率以及发票使用等方面存在诸多差异，这些差异的存在为增值税纳税人通过选择不同的纳税人身份进行税收筹划提供了可能性。

1）增值率。在销售收入相同的情况下，究竟是一般计税方法纳税人比简易计税方法纳税人多缴税，还是简易计税方法纳税人比一般计税方法纳税人多缴税？从上述税法规定可以看出，在销售额既定的情况下，简易计税方法纳税人的应缴税款就已经确定了，但一般计税方法纳税人的应缴税款还需要根据可抵扣的进项税额来确定，即可抵扣的进项税额越大，应缴税款越少；反之，则应缴税款越多。或者说，其增值率越高，应缴税款越多。在一般计税方法纳税人与简易计税方法纳税人进行税负比较时，增值率就是一个关键因素。在一个特定的增值率下，一般计税方法纳税人与简易计税方法纳税人应缴的税款数额相同，我们把这个特定的增值率称为“无差别平衡点增值率”。当增值率低于此值时，一般计税方法纳税人的税负低于简易计税方法纳税人；当增值率高于此值时，一般计税方法纳税人的税负高于简易计税方法纳税人。

设 X 为增值率，S 为含税销售额，P 为含税购进额，并假定一般计税方法纳税人的适用税率为13%，简易计税方法纳税人的征收率为3%。

$$纳税人的增值率\ X=\frac{S-P}{S}$$

$$\begin{aligned}一般计税方法纳税人应纳增值税&=S\times\frac{13\%}{1+13\%}-P\times\frac{13\%}{1+13\%}\\&=S\times X\times\frac{13\%}{1+13\%}\end{aligned}$$

$$简易计税方法纳税人应纳增值税=S\times\frac{3\%}{1+3\%}$$

当这两种纳税人的纳税额相等时，即

$$S\times X\times\frac{13\%}{1+13\%}=S\times\frac{3\%}{1+3\%}$$

可得：

$X=25.32\%$

当增值率低于无差别平衡点增值率25.32%时，一般计税方法纳税人的税负低于简易计税方法纳税人，即作为一般计税方法纳税人可以节税。当增值率高于无差别平衡点增值率25.32%时，一般计税方法纳税人的税负高于简易计税方法纳税人，即作为简易计税方法纳税人可以节税。企业可以按照实际购销情况，根据以上标准做出选择。

同理，可计算出一般计税方法纳税人销售（发生）税率为9%或6%的产品（应税行为）与简易计税方法纳税人销售（发生）征收率为3%的产品（应税行为）的无差别平衡点增值率，见表2-1。

表2-1　无差别平衡点增值率（含税销售额，%）

一般计税方法纳税人的税率	简易计税方法纳税人的征收率	无差别平衡点增值率
13	3	25.32
9	3	35.28
6	3	51.46

纳税人可以计算出本企业产品的增值率，并按适用的税率及销售额查表。若增值率高于无差别平衡点增值率，可以通过企业分立成为简易计税方法纳税人；若增值率低于无差别平衡点增值率，可以通过企业合并成为一般计税方法纳税人。

不含税销售额无差别平衡点增值率的计算

2）抵扣率。对于一般计税方法纳税人与简易计税方法纳税人的缴税孰多孰少这一问题，还可以从抵扣率的角度来分析。在销售额既定的情况下，简易计税方法纳税人应缴税款已经确定。一般计税方法纳税人可抵扣的进项税额越多，即抵扣率越大，其应缴税款越少，反之亦然。在一个特定的抵扣率下，一般计税方法纳税人与简易计税方法纳税人应缴税额相同，我们把这个特定的抵扣率称为“无差别平衡点抵扣率”。当抵扣率低于这个点时，一般计税方法纳税人的税负高于简易计税方法纳税人；当抵扣率高于这个点时，一般计税方法纳税人的税负低于简易计税方法纳税人。

设Y为抵扣率，S为含税销售额，P为含税购进额，并假定一般计税方法纳税人适用的税率为13%，简易计税方法纳税人适用的征收率为3%。

$$\text{一般计税方法纳税人的抵扣率 } Y=\frac{P}{S}$$

$$\begin{aligned}\text{一般计税方法纳税人应纳增值税} &= S\times\frac{13\%}{1+13\%}-P\times\frac{13\%}{1+13\%}\\ &= S\times(1-Y)\times\frac{13\%}{1+13\%}\end{aligned}$$

$$\text{简易计税方法纳税人应纳增值税}=S\times\frac{3\%}{1+3\%}$$

当这两种纳税人的纳税额相等时，即

$$S\times(1-Y)\times\frac{13\%}{1+13\%}=S\times\frac{3\%}{1+3\%}$$

可得：

$Y=74.68\%$

当抵扣率低于无差别平衡点抵扣率 74.68%时，一般计税方法纳税人的税负高于简易计税方法纳税人，即作为简易计税方法纳税人可以节税。当抵扣率高于无差别平衡点抵扣率 74.68%时，一般计税方法纳税人的税负低于简易计税方法纳税人，即作为一般计税方法纳税人可以节税。企业可以按照实际购销情况，根据以上情况做出选择。

用同样的方法可以计算出，一般计税方法纳税人的税率为 13%、9%或 6%与简易计税方法纳税人的征收率为 3%时含税销售额的无差别平衡点抵扣率，见表 2-2。

表 2-2　无差别平衡点抵扣率（含税销售额，%）

一般计税方法纳税人的税率	简易计税方法纳税人的征收率	无差别平衡点抵扣率
13	3	74.68
9	3	64.72
6	3	48.54

（2）筹划要点。增值税纳税人应根据自身业务增值率或抵扣率的情况判断哪种身份会减轻增值税税负。

不含税销售额无差别平衡点抵扣率的计算

1）增值率高或抵扣率低的企业可选择简易计税方法纳税人身份。若企业所从事业务的增值率较高或抵扣率较低，则选择做简易计税方法纳税人的税负较轻。纳税人可以通过企业拆分等手段，使自己符合简易计税方法纳税人的资格要求。

2）增值率低或抵扣率高的企业可选择一般计税方法纳税人身份。若企业所从事业务的增值率较低或抵扣率较高，则选择做一般计税方法纳税人的税负较轻。纳税人可以通过企业合并以及提高自身财务核算水平等手段，使自己符合一般计税方法纳税人的资格要求。

（3）纳税人的税收筹划应注意的问题。在进行一般计税方法纳税人与简易计税方法纳税人身份的税收筹划时，还需要注意以下问题：

第一，税法对一般计税方法纳税人的登记要求。根据现行税法的规定，对符合一般计税方法纳税人条件，但未在规定期限内向主管税务机关办理一般计税方法纳税人登记手续的纳税人，应按照销售额乘以增值税税率计算应纳税额，不得抵扣进项税额，也不得使用增值税专用发票。

第二，企业财务利益最大化要求。企业经营的目标是追求利润最大化，这就要求企业根据市场需求不断扩大生产经营规模。这种情况限制了企业选择成为简易计税方法纳税人的空间。另外，一般计税方法纳税人要有健全的会计核算制度，因而需要培养和聘用专业会计人员，这样就会增加企业的财务核算成本；一般计税方法纳税人的增值税征收管理制度复杂，需要投入的财力、物力和精力也多，这会增加纳税人的纳税成本等。

第三，企业产品的性质及客户的类型。企业产品的性质及客户的要求决定了企业进行税收筹划的空间大小。如果企业产品的销售对象多为一般计税方法纳税人，将使企业受到进项税额抵扣问题的制约，因此该企业必须选择成为一般计税方法纳税人才有利于产品的销售。如果企业客户多为简易计税方法纳税人或者消费者个人，不受进项税额抵扣的限制，则税收筹划的空间较大。

【小思考】税法规定，自2019年4月1日至2021年12月31日，允许生产、生活性服务业纳税人按照当期可抵扣进项税额加计抵减应纳税额。请问在这种情况下，纳税人应该如何计算上述无差别平衡点？

2. 避免成为增值税纳税人

（1）筹划原理。凡在境内发生应税交易且销售额达到增值税起征点的单位和个人，以及进口货物的收货人，为增值税的纳税人。其中，单位是指企业、行政单位、事业单位、军事单位、社会组织及其他单位；个人是指个体工商户和自然人。境内的具体含义是指：

1）销售货物的，货物的起运地或者所在地在境内。

2）销售服务、无形资产（自然资源使用权除外）的，销售方为境内单位和个人，或者服务、无形资产在境内消费。

3）销售不动产、转让自然资源使用权的，不动产、自然资源所在地在境内。

4）销售金融产品的，销售方为境内单位和个人，或者金融产品在境内发行。

5）进口货物，是指货物的起运地在境外，目的地在境内。

应税服务的提供方或者接受方在境内，但下列情形不属于在境内提供应税服务：

① 境外单位或者个人向境内单位或者个人提供完全在境外消费的应税服务。例如，境外单位或者个人为出境的函件、包裹在境外提供邮政服务和收派服务，因而属于完全在境外消费的应税服务，不征收增值税。

② 境外单位或者个人向境内单位或者个人出租完全在境外使用的有形动产。

下列情形不属于在境内销售服务或者无形资产：

① 境外单位或者个人向境内单位或者个人销售完全在境外发生的服务。

② 境外单位或者个人向境内单位或者个人销售完全在境外使用的无形资产。

③ 境外单位或者个人向境内单位或者个人出租完全在境外使用的有形动产。

④ 财政部和国家税务总局规定的其他情形。

【知识点提醒】境外单位或者个人向境内单位或者个人销售的未完全在境外使用的无形资产，属于在境内销售无形资产。例如，境外C公司向境内D公司转让一项专利技术，该技术同时用于D公司在境内和境外的生产线。

应税交易发生在境内时才需要缴纳增值税。境外单位或者个人向境内单位或者个人销售的未完全在境外发生的服务，属于在境内销售服务，因而属于增值税的征税范围，须缴纳增值税。如果纳税人销售或者进口货物，销售服务、无形资产、不动产和金融商品不发生在境内，则不属于我国增值税的纳税人。

例如，境外一咨询公司与境内某公司签订咨询合同，就这家境内公司开拓境内、境外市场进行实地调研并提出合理化管理建议，境外咨询公司提供的咨询服务同时在境内和境外发生，属于在境内销售服务。如果分别就境内、境外市场实地调研并签订咨询合同，则境外咨询合同收入属于境外发生的服务，不属于我国增值税的征税范围。

（2）筹划要点。筹划要点在于应税交易行为的发生地是否处于境内。如果应税交易行为同时在境内与境外发生，最好将这两种经济业务分别签订合同。

2.2.2 计税依据的税收筹划

1. 销项税额的税收筹划

（1）销售方式的税收筹划。为适应市场竞争的需要，企业会采用多种不同的产品销售方式，而税法对不同销售方式规定的计税方法是不同的。因此，企业在采用不同方式销售产品时需要注意销售方式的差别对自身税负的影响。

1）折扣销售与销售折扣。

第一，筹划原理。折扣销售与销售折扣是两种不同性质的折扣方式，只有符合税法规定的折扣才能抵减销售额，因此纳税人应尽量使所采取的折扣方式符合税法可以抵减销售额的规定。折扣额的抵减会降低纳税人的销项税额，但同时也会带来购货方进项税额的减少。因此，折扣方式的税收筹划在购货方为简易计税方法纳税人或个人（不需要进项税额抵扣）的情况下，税收筹划效果更好。

折扣销售是指销货方在发生销售货物等应税行为时，因购货方购货数量较大等原因而给予购货方的价格优惠。例如，购买50件产品，销售价格折扣为10%；购买100件产品，销售价格折扣为20%等。由于折扣是在实现销售的同时发生的，因此税法规定：如果销售额和折扣额在同一张发票的“金额”栏中分别注明，可将折扣后的余额作为销售额计算增值税；如果未在同一张发票的“金额”栏中注明折扣额，而仅在发票的“备注”栏中注明折扣额或者将折扣额另开发票，不论其在财务上如何处理，均不得从销售额中减除折扣额。此外，关于折扣销售的这项规定仅限于现金形式的折扣，如果销货方将自产、委托加工和购买的货物用于实物折扣，则该实物款项不能从货物销售额中减除，该实物应按“视同应税交易货物”① 下的“赠送他人”计算征收增值税。

销售折扣是指销货方在销售货物、应税服务、无形资产、不动产后（在赊销的情况下），为了鼓励购货方及早偿还货款而协议许诺给予购货方的一种折扣优惠。例如，10天内付款，货款折扣为2%；20天内付款，贷款折扣为1%；30天内全价付款。销售折扣发生在销货之后，是一种融销售与融资为一体的行为，销售折扣实际上是一种融资的财务费用，因此销售折扣不得从销售额中减除。

【即学即用】 某服装厂为一般计税方法纳税人，向某批发企业销售服装100件，每件不含税售价为500元。该厂对销售服装的折扣销售规定为：一次购买10件，折扣为10%；一次购买50件，折扣为20%；一次购买100件，折扣为30%。该服装厂开具的增值税专用发票的“金额”栏中分别注明了销售额和折扣额，则该服装厂销售服装的销项税额是（　　）元。

A. 8 000　　B. 7 200　　C. 4 550　　D. 5 600

答案： C

解析：

该服装厂销售服装的销项税额＝100×500×(1－30%)×13%＝4 550（元）

---

① 实物折扣是否视同应税交易，各地税务机关的政策规定不一致。

第二，筹划思路。企业在使用折扣销售时（折扣额应在“金额”栏中注明，在“备注”栏中注明的，折扣额不得在销售额中减除），切记要把销售额和折扣额开在同一张发票上，这样可以将折扣后的余额作为销售额计算增值税。根据《国家税务总局关于纳税人折扣折让行为开具红字增值税专用发票问题的通知》（国税函［2006］1279号）的规定，对纳税人销售货物并向购买方开具增值税专用发票后，由于购买方在一定时期内累计购买货物达到一定数量，或者由于市场价格下降等原因，纳税人给予购买方相应的价格优惠或补偿等折扣折让行为，纳税人可按有关规定开具红字增值税专用发票。

企业应明确折扣销售与销售折扣的不同，以免将可以扣减的折扣额计算到应缴增值税的销售额中。从企业税负角度考虑，折扣销售方式优于销售折扣方式。如果企业面对的是一个信誉良好的客户，销售货款回收风险较小，那么企业可以考虑通过修改销售合同，将销售折扣方式转化为折扣销售方式。

企业应尽量将实物折扣转化为折扣销售。由于实物折扣按规定是要视同应税交易的，但如果将实物折扣转化为折扣销售，则可为企业减轻税负。例如，某客户购买了10件产品，应给予2件产品的折扣，在开发票的时候按12件产品开具销售数量和金额，然后在同一张发票上的另一行用红字开具2件产品的折扣金额。这样，按照税法的规定，折扣的部分在计税时就可以从销售额中扣减，不需要计算增值税，从而节约了税款支出。

2）手续费代销与视同买断代销。

第一，筹划原理。代理销售有两种不同的方式：一是收取手续费方式，即受托方以代理销售产品的全价与委托方结算，然后收取一定金额的手续费。如果受托方是一般计税方法纳税人，这笔代理服务收入应按6%的税率计算缴纳增值税。二是视同买断方式，即委托方以较低价格将产品交由受托方代销，受托方加价后向市场销售，受托方应按其获得的增值额计算缴纳增值税，适用税率为13%（或9%）。

在受托方收到的代理服务收入（不含税）与视同买断取得的差额收入（不含税）相同的情况下，由于两种不同代销方式下委托方、受托方的税务处理不同，因而这两种代销方式下的各自税负也不相同。对于受托方来说，收取手续费方式适用的增值税税率低于视同买断方式适用的增值税税率，因此收取手续费方式的增值税税负较低。对于委托方来说，收取手续费方式下的代销价格高于视同买断方式下的代销价格，因此收取手续费方式的增值税税负较高。从委托方、受托方两者合计税负来看，在两种代销方式下的税负完全相同，只是由于不同的代销方式影响了两者各自承担的税负份额。

第二，筹划思路。从税负的角度来看，委托方应尽量采用视同买断方式，而受托方应尽量采用收取手续费方式。为平衡两者税负的差异，税负较低的一方可以给予税负较高的一方一定的价格补偿。

（2）销售价格的税收筹划。

1）筹划原理。销售价格的税收筹划重点在价外费用上。增值税法规定，价外费用是指价外向购买方收取的手续费、补贴、基金、集资费、返还利润、奖励费、违约金（延期付款利息）、包装费、包装物租金、储备费、优质费、运输装卸费、代收款项、代垫款项及其他各种性质的价外收费。价外收费视为含税收入，应当换算为不含税销售额后征收增值税。因此在税收筹划中，应尽量避免将价外费用纳入增值税的税收筹划范围。

2）筹划要点。以包装费为例，产品在带包装物销售的情况下，尽量不要让包装物作价随同产品一起销售，而应采取收取包装物押金的方式，并且包装物押金应单独核算。

2. 进项税额的税收筹划

（1）进货渠道的税收筹划。

1）筹划原理。由于税法规定以增值税专用发票为抵扣凭证，所以一般计税方法纳税人的进货渠道不同，可抵扣的比例就不同，从而影响其实际税收负担。一般计税方法纳税人采购物品的渠道主要有以下两种选择：一是选择一般计税方法纳税人为供货单位，其可以开具应税项目适用税率的增值税专用发票；二是选择简易计税方法纳税人为供货单位，其只能开具应税项目适用征收率的增值税专用发票。

价格优惠
临界点的筹划

2）筹划要点。

第一，对于购买方为一般计税方法纳税人的，在含税采购价格相同的情况下，应选择从一般计税方法纳税人处采购，这样可使可抵扣进项税额高、不含税采购成本低；如果简易计税方法纳税人的含税采购价格低于一般计税方法纳税人的含税采购价格，就要比较简易计税方法纳税人的价格折扣程度是否能够弥补其因进项税额较低而产生的差额，进而决定供货方。

第二，对于购买方为简易计税方法纳税人的，选择含税价格较低的一方为供货方。

（2）购进固定资产、无形资产与不动产用途的筹划。

1）筹划原理。根据增值税法律制度的规定，用于简易计税方法计税项目、免征增值税项目、集体福利或者个人消费的购进货物、服务、无形资产、不动产和金融产品对应的进项税额，不得从销项税额中抵扣。其中，涉及的固定资产、无形资产、不动产仅指专用于上述项目的固定资产、无形资产（不包括其他权益性无形资产）、不动产。也就是说，对于固定资产、无形资产（不包括其他权益性无形资产）与不动产，兼用于允许抵扣项目和上述不允许抵扣项目情况的，其进项税额准予全部抵扣。与此同时，纳税人购进其他权益性无形资产，无论是专用于简易计税方法计税项目、免征增值税项目、集体福利或者个人消费，还是兼用于上述不允许抵扣项目，均可以抵扣进项税额。

2）筹划要点。一般计税方法纳税人在购入固定资产、无形资产、不动产后，只要不是专门用于简易计税方法计税项目、免征增值税项目、集体福利或者个人消费，就可以得到全部增值税的抵扣。比如企业购进一栋楼房全部用于职工食堂，则其进项税额不能抵扣，但如果企业在职工食堂中设定一定的场所用于存放库存产品或者设立会议室，就可以抵扣全部进项税额。

（3）兼营简易计税方法计税项目、免税项目进项税额核算的税收筹划。

1）是否准确划分简易计税方法计税项目或免税项目进项税额的选择。

① 筹划原理。一般计税方法纳税人兼营简易计税方法计税项目或免征增值税项目，应当正确划分其不得抵扣的进项税额。应税项目与简易计税方法计税项目或免征增值税项目的进项税额可以划分清楚的，用于生产应税项目产品的进项税额可按规定进行抵扣；用于生产简易计税方法计税项目或免征增值税项目产品的进项税额不得抵扣。

不能准确划分进项税额的，按下列公式计算不得抵扣的进项税额：

$$\text{不得抵扣的进项税额}=\begin{matrix}\text{当期无法划分的}\\\text{全部进项税额}\end{matrix}\times\frac{\begin{matrix}\text{当期简易计税方法}\\\text{计税项目销售额}\end{matrix}+\begin{matrix}\text{免征增值税}\\\text{项目销售额}\end{matrix}}{\text{当期全部销售额}}$$

纳税人可将按照上述公式计算出的不得抵扣的进项税额与实际简易计税方法计税项目或免征增值税项目不得抵扣的进项税额进行对比。如果前者大于后者，则应准确划分两类不同的进项税额，并按规定转出进项税额；如果前者小于后者，则无须准确划分，而是按公式计算结果并确定不得抵扣的进项税额。

② 筹划要点。纳税人应根据简易计税方法计税项目与免税项目的销售额占全部销售额的比重来判定会计核算的方式。需要注意的是，如果纳税人选择分开核算，还应保存好相关的财务资料，以备税务机关审查。

［案例 2－1］

是否准确划分简易计税方法计税项目或免征增值税项目进项税额核算的税收筹划

某网球馆（一般计税方法纳税人）既销售网球相关器械，又提供网球场地及器械以供网球爱好者活动。某月，该球馆从体育器械公司购进网球相关器械，取得的增值税专用发票上注明的价款为 100 万元、增值税税额为 13 万元。当月，该批器械的 50%用于销售，取得不含税收入 200 万元；另外 50%用于网球爱好者的活动，取得含税收入 900 万元。如何核算才能减轻增值税税负？（暂不考虑增值税进项税额加计扣除政策。）

【解析】

一般计税方法纳税人销售文化体育服务，可以选择简易计税方法计税，适用 3%的征收率。

1. 如果对于该项文化体育服务选择一般计税方法计税，进项税额可以全部抵扣。

$$\text{应纳增值税}=900\times\frac{6\%}{1+6\%}+200\times13\%-13=63.94\text{（万元）}$$

2. 如果对于该项文化体育服务选择简易计税方法计税，则根据进项税额是否准确划分来确定不得抵扣的进项税额的金额。

(1) 不能准确划分不得抵扣进项税额的，不得抵扣进项税额为：

$13\times900\div(1+3\%)\div[200+900\div(1+3\%)]=10.58$（万元）

$$\text{应纳增值税}=900\times\frac{3\%}{1+3\%}+200\times13\%-(13-10.58)=49.79\text{（万元）}$$

(2) 能够准确划分不得抵扣进项税额的，不得抵扣进项税额为：

$13\times50\%=6.5$（万元）

$$\text{应纳增值税}=900\times\frac{3\%}{1+3\%}+200\times13\%-(13-6.5)=45.71\text{（万元）}$$

由此可见，若准确划分两类不同项目的进项税额，则可以节省 4.08 万元（＝10.58－6.5）。之所以会出现这种结果，是因为用于出售的器械占购进器械的 50%，而这部分收入只占 18.63%。如果出售器械的收入所占比例提高，则结果相反。另外，无论进项税额是否分开核算，选择简易计税方法均比选择一般计税方法节税。

2）兼营简易计税方法计税项目、免税项目进项税额核算方式的税收筹划。根据增值税法律制度的相关规定，一般计税方法纳税人对用于简易计税方法计税项目、免税项目的进项税额可以在其用于该类用途时，从原来在购进时已做抵扣的进项税额中通过“应交税费——应交增值税（进项税额转出）”科目转出，即转入相关资产或产品成本。在实践中，有不少企业为避免进项税额核算出现差错，便通过设立“其他材料”等科目单独计算用于简易计税方法计税项目、免税项目的进项税额，将其直接计入材料成本。

在一般情况下，材料从购进到领用存在一个时间差，对简易计税方法计税项目、免税项目进项税额的不同核算方法决定了企业能否充分利用这个时间差。如果单独设立相关科目直接计算该类进项税额，直接计入材料成本，则说明在原材料购入时未做进项税额抵扣，该期缴纳了增值税；反之，如果在材料购进时并不做区分，而是与应税项目的进项税额一并做抵扣，直到领用原材料用于简易计税方法计税项目、免税项目时再做进项税额转出，则会产生递延缴纳增值税的效果。

［案例 2-2］

兼营简易计税方法计税项目、免税项目进项税额核算方式的税收筹划

某大型煤炭生产企业设有医院、食堂、宾馆、浴池、学校、工会、物业管理等常设非独立核算的单位和部门，还有一些在建工程项目和日常维修项目。这些单位、部门及项目耗用的外购材料金额较大，为了保证正常的生产经营，必须不间断地购进材料来补充被领用的部分，以保持一个相对平衡的余额。假设企业购买这部分材料的平均金额为 1 130 万元，如果单独设立“其他材料”科目记账，将取得的进项税额直接计入材料成本，就不存在进项税额转出的问题，从而简化了财务核算。但是，如果所有材料都不单独记账，而是准备用于增值税应税项目，在取得增值税专用发票时就可以申报并从销项税额中抵扣进项税额，而领用时再做进项税额转出。虽然核算复杂了一些，但企业在生产经营中能有一部分税款向后递延。该企业应如何进行税收筹划？

【解析】

假如上述单位、部门及项目耗用的材料不间断地被购进、领用，形成一条滚动链，始终保持 1 130 万元的余额，这样就可以申报抵扣进项税额 130 万元，少缴增值税 130 万元、城市维护建设税 9.1 万元、教育费附加 3.9 万元。显然，当这部分资金作为税款缴纳时，企业如需流动资金，就需要向金融机构贷款，以贷款年利率 9%计算，要增加财务费用 12.87 万元［=(130+9.1+3.9)×9%］。

由此可见，对简易计税方法计税项目、免税项目的进项税额采用不同的核算方式就会产生递延缴纳税款的效应，并可使企业获得递延缴纳税款的资金的时间价值。

资料来源：蔡昌．最优纳税方案设计．北京：中国财政经济出版社，2007.

（4）发票的筹划。

1）筹划原理。从财务角度分析，增值税专用发票是进行增值税进项税额抵扣的重要凭证。若采购方没有取得增值税专用发票，采购方就无法进行抵扣。因此，若采购方及时取得增值税专用发票，则能及早得到抵扣，减少前期应纳税额。

2）筹划要点。在采购产品或者接受劳务服务时，采购方必须向供应商索取合规发票，不符合规定的发票坚决不得入账。与此同时，采购方在风险可控的情况下应该及时取得发票以做进项税额的抵扣，获取抵扣款的货币时间价值。

2.2.3 计税方法的筹划

1. 筹划原理

增值税的计税方法包括一般计税方法和简易计税方法。对于一般计税方法纳税人来说，销售货物、服务、不动产以及转让无形资产和金融产品适用一般计税方法计税，但一般计税方法纳税人销售特定货物或提供财政部和国家税务总局规定的特定应税服务等，可以选择适用简易计税方法计税，但一经选择，36个月内不得变更。例如，《国家税务总局关于药品经营企业销售生物制品有关增值税问题的公告》（国家税务总局公告2012年第20号）规定，属于一般计税方法纳税人的药品经营企业销售生物制品，可以选择简易计税方法按照生物制品销售额和3%的征收率计算缴纳增值税；再如，“营改增”税收政策规定，一般计税方法纳税人销售服务、无形资产或者不动产，可以选择简易计税方法计税的有：公共交通运输服务；经认定的动漫企业为开发动漫产品提供的动漫脚本编撰、形象设计、背景设计、分镜、动画制作、摄制、描线、上色、画面合成、配音、配乐、音效合成、剪辑、字幕制作、压缩转码（面向网络动漫、手机动漫格式适配）服务，以及在境内转让动漫版权（包括动漫品牌、形象或者内容的授权及再授权）；电影放映服务、仓储服务、装卸搬运服务、收派服务和文化体育服务；以纳入“营改增”试点之日前取得的有形动产为标的物提供的经营租赁服务；在纳入“营改增”试点之日前签订的尚未执行完毕的有形动产租赁合同；以清包工方式提供的建筑服务；为甲供工程提供的建筑服务；销售2016年4月30日前取得的不动产；房地产开发企业销售2016年4月30日前自行开发的房地产老项目；出租2016年4月30日前取得的不动产等。其中，按照简易计税方法计税的销售不动产、不动产经营租赁服务（除“营改增”试点前开工的高速公路的车辆通行费），征收率为5%，其他情况的征收率为3%。根据国家最新优惠政策，自2018年5月1日起，一般计税方法纳税人生产销售和批发、零售抗癌药品，可选择按照简易计税方法依照3%的征收率计算缴纳增值税。自2019年3月1日起，一般计税方法纳税人生产销售和批发、零售罕见病药品，可选择按照简易计税方法依照3%的征收率计算缴纳增值税。

一般计税方法纳税人采用一般计税方法，将销项税额减去进项税额后的余额作为增值税应纳税额。选择简易计税方法的，按照征收率计算缴纳增值税。不同的计税方法会给企业带来不同的纳税义务，所以存在纳税筹划的空间。纳税人可以充分利用税法赋予的计税方法自主选择权，事先测算并比较两种计税方法下的税负，选择税负较轻的计税方法以实现节税的目的。

2. 筹划要点

纳税人可以通过比较自身的增值率与无差别平衡点增值率（具体内容可参见本章的相

关介绍）来选择有利的计税方法。如果自身的增值率高于无差别平衡点增值率，选择简易计税方法较有利；如果自身的增值率低于无差别平衡点增值率，选择一般计税方法更有利。

［案例 2-3］

计税方法选择的税收筹划

甲公司为建筑业一般计税方法纳税人。甲公司以清包工方式为乙公司提供建筑服务，取得价款 1 000 万元（含税），采购辅助材料取得进项税额 20 万元。甲公司应该如何进行税收筹划以减轻增值税税负？

【解析】

根据税法的规定，一般计税方法纳税人以清包工方式提供的建筑服务可以选择适用简易计税方法，按照 3%的征收率缴纳增值税。

如果甲公司采用一般计税方法，则

$$应缴纳增值税税额=1\,000\times\frac{9\%}{1+9\%}-20=62.57（万元）$$

如果甲公司采用简易计税方法，则

$$应缴纳增值税税额=1\,000\times\frac{3\%}{1+3\%}=29.13（万元）$$

显然，甲公司采用简易计税方法比采用一般计税方法节约了增值税 33.44 万元（=62.57-29.13），因此甲公司应选择简易计税方法以降低增值税税负。

需要注意的是，一般计税方法纳税人发生财政部和国家税务总局规定的特定应税行为，可以选择适用简易计税方法计税，但一经选择，36 个月内不得变更。因此，纳税人应当权衡利弊、综合考虑，慎重选择更有利的计税方法。

2.2.4 销售结算方式的税收筹划

1. 筹划原理

企业产品的具体销售形式是多种多样的，但总体上有两种类型：现销方式和赊销方式。不同结算方式的纳税义务发生时间是不同的，不仅会涉及税款的时间价值，而且会对企业的现金流产生影响。增值税法规定，企业采取直接收款方式销售的，不论货物是否发出，均为收到销售款项或者取得索取销售款项凭据的当天；先开具发票的，为开具发票的当天。这意味着在销售货物的时候，如果卖方与买方办理了货款结算手续，或者为对方开具了增值税专用发票，无论对方是否提货，都要计算缴纳增值税。如果企业在销售货物时改变了结算方式，比如采用赊销或分期收款的方式，则可在合同约定的收款日期开具增值税专用发票，这样可以避免提前纳税，获得该税款的时间价值。与此同时，对于买方来说，他只能在合同约定的收款日期得到增值税专用发票的抵扣，所以可以促使买方及时付款。

若采取委托代销方式，委托方先将产品交付给受托方，受托方应根据合同要求，将产品出售后给委托方开具代销清单。此时，委托方才可以确认销售收入的实现。[①] 按照这一原理，如果企业的产品销售对象是商业企业，并且产品以销售后付款结算方式销售，则可以采用委托代销结算方式，根据实际收到的货款分期计算销项税额，从而延缓纳税时间。

相反，如果销货方采取托收承付和委托银行收款方式销售产品，根据增值税法的规定，其纳税义务发生时间为发出产品并办妥托收手续的当天，这样就会出现销货方未收货款而提前垫付税款的情况。

2. 筹划要点

企业应在充分考虑销售风险的情况下，选择有利于企业延缓税款缴纳、充分利用货币时间价值的结算方式。

企业在销售时就应该考虑到风险的存在，在购销合同中进行有效的事先防范：第一，强调销货方风险的存在，求得采购方的配合与谅解。第二，在求得采购方谅解的基础上，采用货款不到不开发票的方式，达到推迟纳税的目的。第三，避免采用托收承付和委托收款结算的方式销售产品，防止垫付税款，尽可能采用支票、银行本票和汇兑结算的方式销售产品。第四，采用赊销方式，分期收款结算，收多少款，开多少发票。

3. 结算方式选择应该注意的问题

（1）购买方的情况。购买方的情况主要包括购买方所在的行业、购买方购买产品的去向、购买方对以往合同的履行情况和付款情况、购买方今后的发展态势及现金流转情况、购买方所购买的产品数量及金额在企业产品销售中所占的地位等。企业可以根据在生产经营过程中所签订合同的履行情况以及财务中应收账款的情况，构建客户关系数据库。通过建立数据库，企业可以根据不同客户的情况采取不同的收款方式。如果购买方的资信、现金流转、以往合同的履行情况等比较好，企业就可以采用现款方式或银行托收的方式销售产品；如果购买方的资信、以往合同的履行情况等比较好，只是近期现金流转有一定的问题，则企业可以采用分期收款方式销售产品；如果购买方以往合同的履行情况比较差，则企业在销售过程中可以考虑采用降低销售价格、预收货款或及时结清的方式销售产品。

（2）考虑产品市场的整体走势。产品市场的整体走势不同，企业所面临的销售压力不同，结算方式就不同。当市场行情火爆时，可以采用预收货款的结算方式，这样不仅可以完全避免其他结算方式下潜在的税收损失，而且可以确保企业货款的回收，同时可以达到占用购买方货款、获得资金时间价值的目的。

（3）做好合同管理工作。在签订合同时要做好签约前的准备工作，明确合同条款，特别是明确结算方式以及准确的收款时间。需要注意的是，企业销售结算方式的税收筹划在一定程度上会影响企业的会计账面利润。很多企业在进行绩效考核时，往往以利润额作为

① 纳税人委托其他纳税人代销货物，其纳税义务发生时间为收到代销单位的代销清单或者收到全部或者部分货款的当天；未收到代销清单及货款的，其纳税义务发生时间为发出代销货物满 180 天的当天。

主要的考核指标，这就会在一定程度上影响销售结算方式的税收筹划。

［案例 2－4］

销售结算方式的税收筹划

甲企业销售一台机床，价值2 000万元，产品成本为1 500万元，适用13%的增值税税率。因为购货企业的资金周转困难，所以货款无法一次收回。如何签订收款协议才能减轻甲企业的增值税税负？

【解析】

如果按照直接收款方式销售产品，甲企业实现的该机床的销项税额为260万元；如果甲企业与购货企业达成分期收款协议，协议中注明10个月收回货款，每月30日前购货企业支付货款200万元，则每个月的销项税额为26万元。显然，采用分期收款方式能使企业实现分期纳税，减轻企业的税收压力，使增值税税负趋于均衡。

2.2.5 进项税额抵扣时间的税收筹划

1. 筹划原理

增值税进项税额实行凭合法的抵扣凭证进行抵扣制度。纳税人购进货物或者应税服务，未按照规定取得并保存增值税扣税凭证，或者增值税扣税凭证上未按照规定注明增值税税额及其他有关事项的，其进项税额不得从销项税额中抵扣。纳税人应尽早取得合法抵扣凭证，实现进项税额抵扣的极早化和极大化。

2. 筹划要点

首先，在采购时尽量做到分期付款、分期取得发票。一般企业在采购过程中应采用款项付清后取得发票的方式，如果材料已实际验收入库，但货款尚未全部付清，则销货方企业不予开具增值税专用发票。在这种情况下，企业无法及时抵扣进项税额，将造成增值税税负增大。因此，在原材料购买环节中，应采用分期付款取得增值税专用发票的方式，以便及时抵扣进项税额，缓解税收压力，提高企业的资金利用率。

其次，在采购时应尽早取得增值税专用发票。采购结算方式可分为赊购和现金采购。一般来说，销售结算方式由销售方自主决定，采购结算方式的选择权取决于采购方与销售方两者之间的谈判。如果产品供应量充足甚至过剩，再加上采购方信用度高、实力强，在结算方式的谈判中，采购方往往可以占据主动地位，可在付款前先取得对方开具的发票，以实现进项税额的提前抵扣。

2.2.6 关联企业的税收筹划

1. 筹划原理

销售价格的税收筹划主要是利用关联企业之间的转让定价，目的是使企业的总税负最低。税法规定，关联企业是指与企业有以下关系之一的公司、企业和其他经济组织：在资金、经营、购销等方面存在直接或间接的拥有或者控制关系；直接或间接地同为第三者拥有或控制；其他利益上相关联的关系。转让定价又称转移定价，是指在经济活动中有经济联系的企业各方（可为两方或多方）为均摊利润或转移利润而在产品交换或买卖过程中，不依照市场买卖规则和市场价格进行交易，而是根据其共同利益或最大限度地维护其利益进行的产品或非产品转让。在这种转让中，产品的转让价格根据双方的意愿，可高于或低于市场上供求关系决定的价格。利用转让定价对增值税进行税收筹划可以起到递延税款缴纳的作用。

2. 筹划要点

一方面，关联企业各方可以通过压低前期环节销售价格的方式，把增值额累积在最后的销售环节，以实现增值税的递延纳税。与此同时，结合关联各方进项税额的情况，通过制定合理的关联转让价格，使各方的留抵税额最小化。另一方面，关联企业可以利用不同地区所得税税率水平之间的差异，通过前后环节销售价格的差异，将利润部分尽可能地保留在低税率地区。

2.2.7 增值税税率的税收筹划

1. 筹划原理

我国现行增值税中设置了多档税率，包括13%、9%、6%、3%和0。其中，3%的税率实际上是指征收率。当企业销售或兼营不同税率的产品或者服务时，就会面临适用何种税率的问题。

纳税人的一项应税交易涉及两个以上税率或者征收率的，从主适用税率或者征收率。

如果一项应税交易涉及两个以上税率或者征收率，则为混合交易。从事货物的生产、批发或者零售的单位和个体工商户的混合交易行为，按照销售货物缴纳增值税；其他单位和个体工商户的混合交易行为，按照销售服务缴纳增值税。

纳税人发生适用不同税率或者征收率的应税交易，应当分别核算适用不同税率或者征收率的销售额；未分别核算的，从高适用税率。如果混合交易和兼营行为均涉及不同税率（征收率）的货物、劳务、服务、无形资产或者不动产从高适用税率的问题，纳税人应通过业务分拆、分开核算等方式，避免从高适用税率。

2. 筹划要点

（1）业务分拆。对于涉及两个以上税率的销售行为且按照销售货物缴纳增值税的企业，平均适用税率会被提高，可以考虑将低税率的业务分拆出去单独成立公司，独立核算。例如，商贸企业甲公司每年销售货物5 000万元，在销售货物的同时提供货物运输服务300万元，该行为属于混合交易行为，应一并按13%的税率计算缴纳增值税。甲公司应当将货物运输服务业务分拆出去单独成立公司并独立核算，从而适用9%的运输服务税率，以达到降低增值税税负的目的。

[案例 2-5]

对增值税税率的税收筹划

某交通运输企业为一般计税方法纳税人。该公司采用水路运输方式为某钢铁厂运送一批钢材，并以自己的名义办理船舶进港手续，共收取价款 1 200 万元（含税）。该企业如何进行税收筹划才能减轻增值税税负？

【解析】

该项业务属于水路运输服务，适用 9%的税率，故

$$销项税额=1\ 200\times\frac{9\%}{1+9\%}=99.08\ (万元)$$

如果该企业单独成立货物运输代理公司 A 公司，并与钢铁厂协商，由 A 公司以钢铁厂的名义办理船舶进港手续，钢铁厂向 A 公司支付 200 万元（含税），向该交通运输公司支付 1 000 万元（含税），则销项税额为 93.89 万元$\left(=200\times\frac{6\%}{1+6\%}+1\ 000\times\frac{9\%}{1+9\%}\right)$，节税 5.19 万元（=99.08−93.89）。

（2）分开核算。为了避免兼营行为从高适用税率或征收率而加重税收负担的情况，兼有不同税率或征收率的销售货物，以及提供服务、无形资产、不动产或金融产品的企业，一定要分别核算各自的销售额。

例如，某商店既销售各类日用百货，又销售农药、农具、农膜等农业生产用品。如果该商店将这两类产品的销售额分别核算，则日用百货的销售额按 13%计税；农药、农具、农膜等农业生产用品的销售额按 9%计税。如果不能分别核算，后者也会一并按 13%的高税率计税。显然，分别核算两类产品的销售额可以降低税负。

2.2.8 增值税税收优惠政策的税收筹划

增值税的税收优惠政策包括起征点、税率优惠、税收减免等规定，纳税人应充分利用税收优惠政策的规定，以实现节税目标。

1. 农产品免税优惠政策的税收筹划

农业生产者销售自产农产品免缴增值税，一般计税方法纳税人向农业生产者购买的免税农产品或向简易计税方法纳税人购买的农产品，准予按扣除率计算进项税额，从当期销项税额中扣除。根据《财政部、税务总局关于简并增值税税率有关政策的通知》（财税[2017] 37 号）、《财政部、税务总局、海关总署关于深化增值税改革有关政策的公告》（财政部、税务总局、海关总署公告 2019 年第 39 号），自 2019 年 4 月 1 日起，纳税人购进农产品，原适用 10%扣除率的，扣除率调整为 9%。纳税人购进用于生产或者委托加工 13%税率货物的农产品，按照 10%的扣除率计算进项税额。如果一个企业的产品生产流程既包括农业生产活动，又包括工业生产活动，对于企业整体而言，很难划分哪一部分价值是由农业生产活动创造，哪一部分价值是由工业生产活动创造，因而在计征增值税时，所

有价值都会作为工业产品价值一并纳入征税范围。如果企业将加工后仍是农产品的业务独立出来，设立一个农产品生产单位，由这个新设单位进行农产品直接收购或初级加工，加工企业再从该企业购入所需原料，那么既可以享受农产品的免税优惠政策，又可以进行进项税额抵扣。例如，若纳税人有属于自己的农业生产基地，可以将该农业生产基地独立出来成立一个企业，这样不仅该农业生产基地可以享受农业生产者销售自产农产品免缴增值税的优惠，加工企业也可根据农业生产基地开具的普通发票（或者收购凭证）计算、抵扣进项税额，实现降低税负的目的。

在实际操作过程中，要特别注意农产品生产单位与加工企业存在的关联关系。首先，农产品生产单位必须按照独立企业之间的正常售价销售产品给加工企业，而不能一味地为增加企业的进项税额擅自抬高售价；其次，设立单位所增加的费用必须小于或远远小于所带来的收益。总之，企业在考虑成本-收益的前提下，通过新设立独立核算单位进行原料收购及初加工活动，有利于增加进项税额，降低增值税税负。

［案例 2－6］

农产品免税优惠政策的税收筹划

B市茶叶生产公司的主要生产流程如下：通过种植茶树来生产茶叶，将生产出来的初制茶叶经过风选、拣剔、碎块、干燥和匀堆等工序进一步加工精制成精制茶，再将精制茶销售给各大商业公司，或直接通过销售网络转销给B市及其他地区的居民。按照现行增值税法的相关规定，精制茶适用的增值税税率为13%。该公司的进项税额主要有两部分：一是购进农业生产资料的进项税额；二是公司水费、电费和修理用配件等按规定可以进行抵扣的进项税额。与销项税额相比，这两部分进项税额的比例很小。经过一段时间的运营，该公司的增值税税负高达9%。该公司应如何进行税收筹划以减轻税收负担？（暂不考虑地方教育附加。）

【解析】

从该公司的客观情况来看，税负高的原因在于可抵扣的进项税额比例太低。因此，该公司进行税收筹划的关键在于如何增加进项税额的抵扣。围绕进项税额，该公司可以采取以下税收筹划方案：将整个生产流程分成两部分，即在茶叶种植园种植茶树和生产茶叶，以及在精制茶加工厂对初制茶叶进行精加工后再销售。茶叶种植园和精制茶加工厂均实行独立核算。在将整个生产流程分成两部分后，茶叶种植园属于农产品生产单位，它生产销售的初制茶叶按规定可以免征增值税，精制茶加工厂从茶叶种植园购入的初制茶叶可以抵扣10%的进项税额。

在税收筹划方案实施前，假定每年该公司购进农业生产资料允许抵扣的进项税额为12万元，其他水电费、修理用配件等的进项税额为8万元，全年精制茶不含税销售收入为500万元，则

应纳增值税税额＝销项税额－进项税额＝500×13%－(12＋8)＝45（万元）

$$税负率=\frac{45}{500}\times 100\%=9\%$$

在税收策划方案实施后，独立出来的茶叶种植园销售自产的初制茶叶免征增值税，假定茶叶种植园销售给精制茶加工厂的初制茶叶售价为350万元，其他资料不变，则有

应纳增值税＝销项税额－进项税额＝500×13%－(350×10%＋8)＝22（万元）

$$税负率=\frac{22}{500}\times100\%=4.4\%$$

由此可见，该税收筹划方案的实施取得了良好的收益，在税收筹划方案实施后比实施前节省增值税税额23万元（＝45－22），节省城市维护建设税和教育费附加合计2.3万元[＝23×(7%＋3%)]，税收负担下降了4.6%（＝9%－4.4%）。

需要注意的是，由于茶叶种植园与精制茶加工厂存在关联关系，农产品生产单位（即茶叶种植园）必须按照独立企业之间的正常售价销售产品给精制茶加工厂，不能一味地为增加精制茶加工厂的进项税额而擅自抬高售价，否则税务机关将依法调整精制茶加工厂的原材料购进价和进项税额。

---

2. 增值税起征点的税收筹划

根据税法的相关规定，发生应税行为的销售额未达到增值税起征点的，免征增值税；达到起征点的，全额计算缴纳增值税。增值税起征点为季销售额30万元。①

因此，简易计税方法纳税人需要注意让自己的月不含税销售额不超过10万元，以享受增值税免税政策；月不含税销售额超过10万元的，可考虑将企业分拆。

[案例 2-7]

增值税起征点的税收筹划（1）

佳和机械维修店从事维修业务，每月销售额为90 000～110 000元。佳和机械维修店应如何进行税收筹划，才能实现减轻增值税税负的目标？(增值税起征点为100 000元/月。)

【解析】

由于增值税起征点为100 000元/月，此处的销售额为不含税销售额，如果销售额是含税销售额，在确定销售额临界点时，应将不含税销售额换算为含税销售额，即

100 000×(1＋3%)＝103 000（元）

所以，对月含税销售额不超过103 000元的简易计税方法纳税人，免征增值税。②

佳和机械维修店的月销售额为103 000～110 000元，那么是不是说在这个区间内，销售额越多，可以获得的税后收入越高？对上述增值税税收优惠政策的分析如下所示：

第一，若月含税销售额在103 000元（含）以下，由于不超过免征增值税的销售额临界点，因而不用缴纳增值税，所以收入越多越好。

第二，若月含税销售额超过103 000元，则要考虑应负担的税收情况。由于超过103 000

---

① 自2021年4月1日至2022年12月31日，对月销售额15万元以下（含本数）的简易计税方法纳税人，免征增值税。

② 自2022年4月1日至2022年12月31日，简易计税方法纳税人适用3%征收率的应税销售收入，免征增值税。

元要全额征税（同时，依增值税征收率征收7%的城市维护建设税及3%的教育费附加，暂不考虑地方教育附加，故综合税率为3.3%），这里就存在一个节税点问题。

第三，计算月含税销售额为多少时会使其税后收益与取得103 000元销售额的免税收益相等。设税后收益相等时的销售额为X，即

$$X-\frac{X}{1+3\%}\times 3.3\%=103\ 000$$

$$X=106\ 409.23\text{（元）}$$

也就是说，当纳税人的月含税销售额为106 409.23元时，其税后收益为103 000元。当月含税销售额为103 000～106 409.23元时，其税后收益小于103 000元。在这种情况下，纳税人应选择月含税销售额103 000元。当月含税销售额大于106 409.23元时，其税后收益大于103 000元。在这种情况下，含税销售额越大，其税后收益越大。

[案例2-8]

增值税起征点的税收筹划（2）

从事交通运输业的某个体工商户提供交通运输服务，每月含税销售额约为106 000元，假设当地财政厅和国家税务总局规定的增值税起征点为100 000元。请计算该个体工商户年应纳增值税税额，并提出增值税税收筹划方案。

【解析】

该个体工商户每年的应纳增值税税额为：

$$106\ 000\times\frac{3\%}{1+3\%}\times 12=37\ 048.54\text{（元）}$$

不考虑其他税费，该个体工商户每年的收入为：

$$106\ 000\times 12-37\ 048.54=1\ 234\ 951.46\text{（元）}$$

如果该个体工商户进行税收筹划，将每月含税销售额降至103 000元以下，则每月不含税销售额起征点为：

$$103\ 000\div(1+3\%)=100\ 000\text{（元）}$$

该销售额没有达到增值税起征点，不需要缴纳增值税。不考虑其他税费，该个体工商户每年的收入为：

$$103\ 000\times 12=1\ 236\ 000\text{（元）}$$

由此可见，虽然该个体工商户每月的销售收入降低了，但全年收入反而增加了1 048.54元。

3. 放弃减免税的税收筹划

纳税人发生的应税行为适用减免税规定的，可以放弃减免税，依照相关规定缴纳增值税，纳税人放弃减免税后，36个月内不得再申请减免税。

税法规定，纳税人购进专用于免税项目的货物、应税服务、无形资产或者不动产取得的增值税扣税凭证，一律不得抵扣。因此，若该免税项目的销项税额小于专用于该免税项

目的物资等的进项税额，显然纳税人放弃减免税优惠可以节税，更有利于利润最大化。

若未来3年的进项税额过大，纳税人可以选择放弃减免税优惠政策。这种情况多发生于企业刚成立时或企业将购置大量资产设备开拓新业务时，此时有大量的进项税额可以抵扣，而收入相对很少。属于“高抵低征”行业的纳税人最好也选择放弃减免税，因为他们需要较高的增值率才能使销项税额与进项税额持平，而一般情况下该类企业达不到这样的增值率。

［案例2-9］

放弃减免税的税收筹划（1）

某小型航空运输企业将在未来3年内加大航空器材的投入，用于开拓货物运输业务，每年增加的进项税额比较多，而货物运输收入相对不高。经统计，该企业购买航空器材花费1亿元，取得增值税进项税额1 300万元，消耗航空油料以及后勤的进项税额为700万元，取得航空货物运输收入1 000万元（不含税），从事国际货物运输代理服务取得收入555万元。该企业应如何进行增值税税收筹划?

【解析】

（1）如果该企业对从事国际货物运输代理服务收入选择免税[①]：

国际货物运输代理服务收入应分摊的进项税额＝(1 300＋700)×555÷(1 000＋555)
＝713.83（万元）

企业应纳增值税税额＝1 000×9%－(1 300＋700－713.83)＝－1 196.17（万元）

（2）如果该企业对从事国际货物运输代理服务收入选择放弃免税：

销项税额＝555÷(1＋6%)×6%＝31.42（万元）

企业应纳增值税税额＝1 000×9%＋31.42－1 300－700＝－1 878.58（万元）

由此可以看出，该企业选择放弃免税，可以节税682.41万元（＝1 878.58－1 196.17或713.83－31.42）。由于该企业在未来3年还要进行硬件投入，也就是进项税额比较大，而国际货物运输收入不会增加很多，所以在3年内放弃免税比较合理。

知识链接

纳税人销售自己使用过的固定资产，适用简易计税方法依照3%的征收率减按2%征收增值税政策的，可以放弃减税，按照简易计税方法依照3%的征收率缴纳增值税，并可以开具增值税专用发票。

一般计税方法纳税人销售自己使用过的固定资产，适用简易计税方法依照3%的征收率减按2%征收增值税政策的，应开具普通发票，不得开具增值税专用发票。

一般计税方法纳税人销售自己使用过的固定资产，属于以下两种情形的，可以按照简易计税方法依照3%的征收率减按2%征收增值税，同时不得开具增值税专用发票：

① 纳税人提供的直接或者间接国际货物运输代理服务，免征增值税。

1）纳税人在购进或者自制固定资产时为简易计税方法纳税人，在其被认定为一般计税方法纳税人后销售该固定资产。

2）一般计税方法纳税人发生按照简易计税方法征收增值税的应税行为，销售其按照规定不得抵扣且未抵扣进项税额的固定资产。

筹划思路：若购买方为一般计税方法纳税人，销售方放弃减免税优惠后，购买方可以凭增值税专用发票抵扣进项税额，从购销双方的税收总负担来看，放弃减税（即按3%征收增值税）是最优方案。若购买方为简易计税方法纳税人或自然人，选择减税方案（即按2%征收增值税）是最优方案。

［案例 2-10］

放弃减免税的税收筹划（2）

某大米加工厂收购稻谷100万公斤，收购单价为每公斤2.6元，支付收购金额260万元，计提进项税额23.4万元。该厂生产并销售大米52万公斤、细米14万公斤、细糠10万公斤、粗壳22万公斤，加工消耗电力3.39万元，进项税额为0.39万元，大米的销售单价为5元/公斤，细米及细糠的销售单价均为4.5元/公斤，粗壳的销售单价为2元/公斤。该大米加工厂应如何进行增值税税收筹划？

【解析】

根据相关规定，糠麸属于单一大宗饲料，为免税产品，大米加工厂可以选择免税。

（1）如果该大米加工厂选择免税[①]：

细糠应转出进项税额＝45÷(45＋260＋63＋44)×(23.4＋0.39)＝2.60（万元）

（2）如果该大米加工厂放弃免税：

$$细糠收入增值税销项税额=4.5\times10\times\frac{9\%}{1+9\%}=3.72（万元）$$

由此可以看出，企业选择免税，可以节税1.12万元（＝3.72－2.60）。

需要注意的是，企业选择放弃免税，就可以开具增值税专用发票，其下游企业可以凭发票进行抵扣，从而在销售中处于有利地位。因此，企业在决定是否选择免税时，要综合加以考虑。

---

① 根据《财政部、国家税务总局关于饲料产品免征增值税问题的通知》的规定，五类饲料产品可免缴增值税：一是单一大宗饲料，是指以一种动物、植物、微生物或矿物质为来源的产品或其副产品。其范围仅限于糠麸、酒糟、鱼粉、草饲料、饲料级磷酸氢钙及除豆粕以外的菜籽粕、棉籽粕、向日葵粕、花生粕等粕类产品；二是混合饲料，是指由两种以上单一大宗饲料、粮食、粮食副产品及饲料添加剂按照一定比例配置，其中单一大宗饲料、粮食及粮食副产品的掺兑比例不低于95%的饲料；三是配合饲料，是指根据不同的饲养对象、饲养对象的不同生长发育阶段的营养需要，将多种饲料原料按饲料配方经工业生产后，形成的能满足饲养动物全部营养需要（除水分外）的饲料；四是复合预混料，是指能够按照国家有关饲料产品的标准要求量，全面提供动物饲养相应阶段所需微量元素（4种或以上）、维生素（8种或以上），由微量元素、维生素、氨基酸和非营养性添加剂中任何两类或两类以上的组分与载体或稀释剂按一定比例配置的均匀混合物；五是浓缩饲料，是指由蛋白质、复合预混料及矿物质等按一定比例配制的均匀混合物。

4. 免税或零税率选择的税收筹划

我国税法规定，境内的单位或个人销售适用增值税零税率的服务或无形资产的，可以放弃适用增值税零税率，选择免税或按规定缴纳增值税。放弃适用增值税零税率后，36个月内不得再申请适用增值税零税率。

知识链接

境内的单位或个人销售的下列服务和无形资产，适用增值税零税率：①国际运输服务；②航天运输服务；③向境外单位提供的完全在境外使用的服务，如研发服务、合同能源管理服务、设计服务、广播影视节目（作品）的制作和发行服务、软件服务、电路设计及测试服务、信息系统服务、业务流程服务、离岸服务外包业务、转让技术；④财政部和国家税务总局规定的其他服务。

对于上述应税行为，纳税人是应该适用零税率，还是选择免税？实际上，零税率比免税更为优惠。免税只是在销售环节不征收增值税，其相应的进项税额不能抵扣，也不能退还；而零税率不仅在销售环节不征收增值税，其相应的进项税额还可以抵扣，使得应税行为完全不含增值税。

［案例 2-11］

免税或零税率选择的税收筹划

某航空运输企业（一般计税方法纳税人）购买航空器材花费 1 000 万元，取得增值税进项税额 130 万元，消耗航空油料以及后勤的进项税额为 13 万元。国际运输服务取得不含税收入 6 000 万元，国内运输服务取得不含税收入 4 000 万元。如何选择才能使增值税税收负担最小？

【解析】

如果选择国际运输服务收入适用零税率，可抵扣进项税额为 143 万元（＝130＋13）。

如果选择国际运输服务收入适用免税政策，可抵扣进项税额为 57.2 万元［＝143×4 000÷(4 000＋6 000)］。

在这两种情况下的销项税额均相同，都为 240 万元（＝4 000×6％），因此适用零税率可以节税 85.8 万元（＝143－57.2）。

2.3 企业设立业务中的增值税筹划

不同类型的纳税人享受的差别化税收政策，为企业通过纳税人类型的选择进行税收筹划提供了可能。对增值税纳税人身份的选择，可以通过比较相同情况下企业选择成为一般计税方法纳税人和简易计税方法纳税人身份时净利润的高低来筹划。在销售价格、货物成本、期间费用保持不变的情况下，可以利用增值税的无差别平衡点增值率和抵扣率来判断税负高低。

【知识点提醒】一般计税方法纳税人和简易计税方法纳税人的划分标准。

销售额标准见表 2－3。

表 2－3　一般计税方法纳税人和简易计税方法纳税人销售额标准划分

类别	一般计税方法纳税人	简易计税方法纳税人
年应税销售额标准	年应税销售额＞500 万元（不含税销售额）	年应税销售额≤500 万元（不含税销售额）

年应税销售额超过简易计税方法纳税人标准的自然人按简易计税方法纳税人纳税；非企业性单位和不经常发生应税行为的企业可自行选择是否按简易计税方法纳税人纳税。

年应税销售额未超过标准以及新开业的纳税人有固定的经营场所，会计核算健全，能准确提供销项税额、进项税额的，可作为一般计税方法纳税人。

［案例 2－12］

增值税纳税人身份的选择（1）

某食品零售企业的年零售含税销售额为 900 万元，其会计核算制度比较健全，符合一般计税方法纳税人的条件，适用 13％的税率。该企业的年购货金额为 480 万元（不含税），可取得增值税专用发票。该企业如何进行增值税纳税人身份的税收筹划才能减轻增值税税负？

【解析】

该企业购进食品价税合计＝480×(1＋13％)＝542.4（万元）

销售食品价税合计＝900（万元）

应缴纳增值税$=900\times\frac{13\%}{1+13\%}-480\times13\%=41.14$（万元）

税后利润$=\frac{900}{1+13\%}-480=316.46$（万元）

增值率（含税）$=\frac{900-542.4}{900}\times100\%=39.73\%$

该企业的增值率较高，超过无差别平衡点增值率 25.32％（含税增值率），所以成为简易计税方法纳税人可比一般计税方法纳税人减少增值税税款缴纳。因此，该企业可以分设成两个零售企业，均设为独立核算单位。假定分设后两个企业的年销售额均为 450 万元（含税销售额），它们都符合简易计税方法纳税人的条件，适用 3％的征收率。

此时，有

两个企业购入食品价税合计＝480×(1＋13％)＝542.4（万元）

两个企业销售食品价税合计＝900（万元）

两个企业共应缴纳增值税$=900\times\frac{3\%}{1+3\%}=26.21$（万元）

增值税纳税人身份的选择 a

分设后两个企业的税后净利润合计$=\frac{900}{1+3\%}-542.4=331.39$（万元）

通过纳税人身份的转变，该企业的净利润增加了14.93万元。

[案例2-13]

增值税纳税人身份的选择（2）

某汽车配件生产企业的年销售额为600万元（含税），会计核算制度健全，符合一般计税方法纳税人的条件。该企业的年购货金额为240万元（含税），可取得增值税专用发票。该企业如何进行纳税人身份的税收筹划才能实现节约增值税的目标？

【解析】

该企业应纳增值税$=(600-240)\times\frac{13\%}{1+13\%}=41.42$（万元）

销售毛利$=600-240-41.42=318.58$（万元）

抵扣率$=240\div600\times100\%=40\%$

查表2-2可知，该企业的抵扣率低于无差别平衡点抵扣率74.68%（含税抵扣率），所以该企业成为简易计税方法纳税人更有利。我们可以将该企业分拆为两个独立企业分别核算。假定分拆后两个企业的年销售额均为300万元（含税），符合简易计税方法纳税人的条件，适用3%的征收率。

此时，

两家企业共缴纳增值税$=600\times\frac{3\%}{1+3\%}=17.48$（万元）

分拆后两家企业销售毛利合计$=600-240-17.48=342.52$（万元）

经过纳税人身份的转变，企业销售毛利增加23.94万元。

增值税纳税人身份的选择 b

[案例2-14]

增值税纳税人身份的选择（3）

A企业为某市生产型企业，预计年不含税销售额为50万元，其会计核算制度不健全。若企业健全会计制度，需要每年多花费3万元支出用于企业的会计制度建设，才能符合一般计税方法纳税人的申请条件。A企业的原材料是从一般计税方法纳税人处购进的，原材料不含税进货价格为32万元，其他费用为6万元。A企业的城市维护建设税税率为7%、教育费附加率为3%，暂不考虑地方教育附加。

如何筹划才能使税后净利润最大化？

【解析】

如果企业通过选择一般计税方法纳税人或简易计税方法纳税人身份而带来销售价格、销售成本或其他费用的变化，比如通过选择一般计税方法纳税人身份而增加财务核算成本等，在进行税收筹划时就不能简单以无差别平衡点增值率或抵扣率进行判断了，而是要综合所有因素，从净利润角度进行比较和选择。

A企业预计应纳税额、净利润的计算见表2-4。

表2-4 A企业预计应纳税额、净利润的计算

一般计税方法纳税人	简易计税方法纳税人
应纳增值税税额=50×13%-32×13%=2.34（万元）	应纳增值税税额=50×3%=1.5（万元）
城市维护建设税及教育费附加=2.34×(7%+3%)=0.234（万元）	城市维护建设税及教育费附加=1.5×(7%+3%)=0.15（万元）
净利润=(增值税不含税销售额-增值税不含税购进金额-其他费用-健全会计制度支出额-城市维护建设税及教育费附加)×(1-企业所得税税率)=(50-32-6-3-0.234)×(1-25%)=6.57（万元）	净利润=(增值税不含税销售额-增值税含税购进金额-其他费用-城市维护建设税及教育费附加)×(1-企业所得税税率)=[50-32×(1+13%)-6-0.15]×(1-25%)=5.77（万元）

因此，A企业成为一般计税方法纳税人更有利。

需要注意的是，在所得税税率相同的情况下，比较税前利润指标就可做出选择。

2.4 企业销售业务中的增值税筹划

2.4.1 涉及不同税率的应税交易

1. 混合交易

如果一项应税交易涉及不同税率，企业应当明确区分提供的不同货物和服务对应的税率。如果经营主业的税率高于其他经营项目，可建立子公司进行税收筹划；如果经营主业的税率低于其他经营项目，则可按照主业的低税率纳税。

[案例2-15]

混合交易行为中纳税人身份的选择

某有限责任公司（甲公司）下设两个非独立核算的业务经营部门——供电器材销售部和工程安装施工队。供电器材销售部主要负责销售输电设备等货物，工程安装施工队主要负责输电设备的调试等工程。甲公司取得不含税销售收入2 800万元，提供设备调试服务取得的不含税收入为2 200万元，购买生产用原材料2 000万元，可抵扣的进项税额为260万元。甲公司为一般计税方法纳税人，税务机关对其发生的混合交易行为一并征收增值税。甲公司如何筹划才能降低增值税税负？

【解析】

在现行方案下，甲公司应纳税额的计算如下所示：

增值税销项税额=(2 800+2 200)×13%=650（万元）

增值税进项税额=260（万元）

增值税应纳税额=650−260=390（万元）

$$税收负担率=\frac{390}{5\ 000}\times 100\%=7.8\%$$

经过分析，甲公司的实际增值率为 28.57% $\left(=\frac{2\ 800-2\ 000}{2\ 800}\times 100\%\right)$，即增值税负担较高。通过进一步分析可以发现，甲公司的设备调试收入比例较高，但没有相应的进项税额可以抵扣。在进行税收筹划后，甲公司将负责设备调试的工程安装施工队单独组建成一个乙公司，并独立核算，自行缴纳税款。设备调试收入适用的税率为 9%。在税收筹划后，甲、乙两个公司的纳税情况如下所示：

甲公司应缴纳增值税=2 800×13%−260=104（万元）

乙公司应缴纳增值税=2 200×9%=198（万元）

合计应纳税额=198+104=302（万元）

$$税收负担率=\frac{302}{2\ 800+2\ 200}\times 100\%=6.04\%$$

与税收筹划前相比，甲公司的增值税税收负担率降低了 1.76 个百分点。

---

2. 兼营行为

为了避免出现从高适用税率或征收率而加重税收负担的情况，兼有不同税率或征收率的销售货物、服务、无形资产或者不动产的企业一定要将各自的销售额分别核算。例如，商店既销售各类日用百货，又销售农药、农具、农膜等农业生产用品。如果该商店将这两类产品的销售额分别核算，则日用百货的销售额按 13%的税率计税；农药、农具、农膜等农业生产用品的销售额按 9%的税率计税。如果不能分别核算，后者也会一并按 13%的高税率计税。显然，分别核算这两类产品的销售额对该商店来说是至关重要的税收筹划思路。

［案例 2-16］

兼营行为中纳税人的核算选择（1）

某物流有限公司为一般计税方法纳税人，它在提供装卸搬运服务的同时，还为一家体育器械公司提供一部分交通运输服务。某月，该公司取得交通运输收入 100 万元（含税），装卸搬运服务收入 50 万元（含税）。该公司应如何进行税收筹划才能减轻增值税税负？

【解析】

其应纳税额的计算如下。

(1) 未分别核算的情况。

交通运输业适用的增值税税率为 9%，装卸搬运服务适用的税率为 6%。如果未分别核算，则从高适用税率。

$$应纳增值税=(100+50)\times \frac{9\%}{1+9\%}=12.39（万元）$$

（2）分别核算的情况。

$$应纳增值税=100\times \frac{9\%}{1+9\%}+50\times \frac{6\%}{1+6\%}=11.09（万元）$$

因此，分别核算可以节税 1.30 万元（=12.39−11.09）。

[案例 2-17]

兼营行为中纳税人的核算选择（2）

甲公司是一家化肥生产企业，为一般计税方法纳税人，该企业除了生产销售化肥之外，还将空置的仓库用于提供仓储服务。甲公司取得化肥销售收入 1 000 万元（不含税），仓储服务收入 400 万元（不含税）。当年可抵扣的增值税进项税额为 50 万元。根据相关规定，销售化肥适用的税率为 9%，仓储服务适用的税率为 6%。假设上述收入均不含税。甲公司如何核算才能减轻增值税税负？

【解析】

如果甲公司在进行会计核算时未对这两类收入分别核算，则

应纳增值税税额=(1 000+400)×9%−50=76（万元）

如果甲公司在进行会计核算时对这两类收入分别核算，则

应纳增值税税额=1 000×9%+400×6%−50=64（万元）

由此可见，甲公司分别核算这两类收入要比未分别核算这两类收入少缴增值税 12 万元（=76−64）。因此，当纳税人兼有不同税率或者征收率的销售货物、应税劳务或者应税行为时，要完善自己的财务核算，对不同收入进行分类核算，避免从高适用税率或征收率而增加不必要的税收负担。

2.4.2 折扣销售

对于不同的折扣方案，企业应该根据不同的促销方式测算税后净利润，并依据测算结果进行税收筹划安排。

[案例 2-18]

折扣销售的税收筹划

某企业与客户签订的合同约定，不含税销售额为 200 000 元，合同中约定的付款期为 50 天。如果对方可以在 25 天内付款，则给予对方 3%的折扣，即 6 000 元。由于企业采取的是销售折扣的方式，因而折扣额不能从销售额中扣除，该企业应该按照 200 000 元的销

售额计算增值税销项税额。这样，增值税销项税额为26 000元（=200 000×13%）。请提出该企业的税收筹划方案。

【解析】

该企业可以选择以下两种方案实现税收筹划。

方案一：企业在承诺给予对方3%折扣的同时，将合同中约定的付款期限缩短为25天，这样就可以在给对方开具增值税专用发票时，将折扣额与销售额开在同一张发票上，使企业按照折扣后的销售额计算销项税额。增值税销项税额为：

200 000×(1−3%)×13%=25 220（元）

这样，企业的收入没有降低，但节省了780元的增值税。当然，这种方法也有缺点。如果对方企业没有在25天内付款，企业就会遭受损失。

方案二：企业主动压低该批货物的价格，将合同金额降到194 000元，相当于给予对方3%折扣后的金额。与此同时，在合同中约定，对方企业超过25天付款，将加收6 780元的延期付款滞纳金（相当于6 000元的销售额和780元的增值税）。这样，企业的收入并没有受到实质影响，而且节省了780元的增值税。如果对方在25天之内付款，可以按照194 000元的价款给对方开具增值税专用发票，并计算25 220元的增值税销项税额。如果对方没有在25天内付款，企业可向对方收取6 780元延期付款滞纳金，并以“全部价款和价外费用”200 000元计算销项税额，此举也符合税法的要求。

知识链接

房地产企业在批量销售房屋时，有时候会给予买方一定的优惠政策，比如买房赠送家用电器等礼品或者直接在价格上给予一定折扣。由于赠送礼品有可能面临按照视同应税交易来计算缴纳增值税，这样就会加大企业增值税的纳税负担，所以企业可以直接采用折扣销售方式，用以减少销项税额的计税依据。

2.4.3 买一赠一

根据增值税法律制度的规定，企业将自产、委托加工或购买的货物无偿赠送他人，应作为视同应税交易货物计算增值税。

对于不同的买一赠一方案，企业应该根据不同的方案进行总税负或者税后净利润的测算，并依据测算结果进行筹划安排。

[案例2-19]

买一赠一的税收筹划（1）

某服装经销公司为庆祝建厂10周年，决定在春节期间开展一次促销活动，现有两种方案可供选择：方案一，打8折，即按现价折扣20%销售，原100元产品以80元售出；方案二，赠送购货价值20%的礼品，即购买100元产品，可获得20元礼品（暂不考虑城市维护建设税及教育费附加，产品的毛利率为30%，以上价格均为含税价格）。请问应选择哪种方案？

【解析】

在不同的促销方案下，该公司的税后净利润如下所示。

（1）方案一。

$$应纳增值税=80\times\frac{13\%}{1+13\%}-70\times\frac{13\%}{1+13\%}=1.15（元）$$

$$企业利润额=\frac{80}{1+13\%}-\frac{70}{1+13\%}=8.85（元）$$

应缴企业所得税=8.85×25%=2.21（元）

税后净利润=8.85−2.21=6.64（元）

（2）方案二。

$$应纳增值税①=100\times\frac{13\%}{1+13\%}-70\times\frac{13\%}{1+13\%}-14\times\frac{13\%}{1+13\%}=1.84（元）$$

$$企业利润额②=\frac{100}{1+13\%}-\frac{70}{1+13\%}-\frac{14}{1+13\%}=14.16（元）$$

应缴企业所得税=14.16×25%
=3.54（元）

税后净利润=14.16−3.54
=10.62（元）

这两种方案的相关数据见表2-5。

表2-5 两种方案的相关数据

单位：元

	8折销售	赠送礼品
应纳增值税	1.15	1.84
企业利润额	8.85	14.16
应缴企业所得税	2.21	3.54
税后净利润	6.64	10.62

① 根据《四川省国家税务局关于买赠行为增值税处理问题的公告》（四川省国家税务局公告2011年第6号）第一条的规定，“买物赠物”方式是指在销售货物的同时赠送同类或其他货物，并且在同一项销售货物行为中完成，赠送货物的价格不高于销售货物收取的金额。对纳税人的该种销售行为，按其实际收到的货款申报缴纳增值税，但应按照《国家税务总局关于确认企业所得税收入若干问题的通知》（国税函［2008］875号）第三条的规定，在账务上将实际收到的销售金额，按销售货物和随同销售赠送货物的公允价值的比例来分摊确认其销售收入，同时应将销售货物和随同销售赠送的货物品名、数量以及按各项商品公允价值的比例分摊确认的价格和金额在同一张发票上注明。需要注意的是，在目前的实际征管中，各地税务机关对“买一赠一”的具体规定存在差异，也有的地区将“买一赠一”视同应税交易。

② 根据《国家税务总局关于确认企业所得税收入若干问题的通知》（国税函［2008］875号）的规定，企业以买一赠一等方式组合销售本企业商品的，不属于捐赠，应将总的销售金额按各项商品的公允价值的比例来分摊确认各项商品的销售收入。

由上表计算的税后净利润可知，应选择方案二。

需要注意的是，在企业所得税税率相同的情况下，在做方案选择时比较企业利润额指标即可。

知识链接

企业向个人赠送礼品，属于下列情形之一的，取得该项所得的个人应依法缴纳个人所得税，税款由赠送礼品的企业代扣代缴：

(1) 企业在业务宣传、广告等活动中，随机向本单位以外的个人赠送礼品，对个人取得的礼品所得，按照偶然所得项目，全额适用20%的税率缴纳个人所得税。

(2) 企业在年会、座谈会、庆典以及其他活动中向本单位以外的个人赠送礼品，对个人取得的礼品所得，按照偶然所得项目，全额适用20%的税率缴纳个人所得税。

(3) 企业对累积消费达到一定额度的顾客，给予额外抽奖机会，个人的获奖所得按照偶然所得项目，全额适用20%的税率缴纳个人所得税。

[案例2-20]

买一赠一的税收筹划（2）

某洗衣粉厂在进行洗衣粉促销时有两种方案：一是买5 000克的洗衣粉再送1 000克；二是“加量不加价”，6 000克洗衣粉卖5 000克的价钱。试问哪种方案更有利于洗衣粉厂？

【解析】

该洗衣粉厂采取“买5 000克的洗衣粉再送1 000克”的促销政策，免费赠送部分是否缴纳增值税，各地规定不一，面临视同应税交易缴纳增值税的风险。而采取“加量不加价”的促销模式，相当于6 000克洗衣粉卖5 000克的价钱，数量增加，价格不变，相当于洗衣粉的折扣销售，因而该洗衣粉厂只需要按照销售价格计算缴纳增值税。从税收筹划的角度分析，“加量不加价”是一种很好的促销方式，其实质是折扣销售，也可以看成“商业赠送”的替代方式。

【知识点提醒】 企业在采取买一赠一方式促销时，应避免被视为无偿销售并缴纳增值税。

第一，企业可以在发票上同时体现主货物、赠品两种产品，并将赠品的价值作为主货物的折扣反映在发票上。需要注意的是，销售额与折扣额必须同时反映在发票的“金额”栏中。

第二，可以将总的销售金额按各产品公允价值的比例来分摊确认各产品的销售收入，对主货物和赠品分别开具发票。

第三，可以将主货物和赠品重新包装成一个新的产品，按主货物的价格确定。

第四，产品的价格需要控制在合理的范围内。如果税务机关认为企业的产品价格明显偏低且无正当理由，税务机关可以进行核定调整。

2.4.4 关联企业销售价格

由于纳税义务发生时间不同以及不同行业和不同纳税人身份适用不同的税率，企业可利用关联企业转让定价的方式进行税收筹划。

［案例 2－21］

关联企业销售价格的税收筹划

某集团公司下设三个独立核算的企业甲、乙、丙，彼此存在购销关系：甲企业为乙企业提供原材料，乙企业生产的产品是丙企业的半成品，丙企业进一步加工后向市场销售。请比较不同结算价格下的增值税税负。甲、乙、丙三企业的销售情况见表 2－6。

表 2－6 甲、乙、丙三企业的销售情况

企业名称	增值税税率（%）	销售数量（件）	正常市场价（元）	转移价格（元）	所得税税率（%）
甲	13	1 000	500	400	25
乙	13	1 000	600	500	25
丙	13	1 000	700	700	25

注：以上价格均为含税价格。

【解析】

假设甲企业的进项税额为 40 000 元，如果三个企业均按正常市场价结算货款，则应纳增值税税额为：

$$甲企业应纳增值税=500\times\frac{13\%}{1+13\%}\times1\ 000-40\ 000=57\ 522.12-40\ 000$$

$$=17\ 522.12（元）$$

$$乙企业应纳增值税=600\times\frac{13\%}{1+13\%}\times1\ 000-57\ 522.12=69\ 026.55-57\ 522.12$$

$$=11\ 504.43（元）$$

$$丙企业应纳增值税=700\times\frac{13\%}{1+13\%}\times1\ 000-69\ 026.55=80\ 530.97-69\ 026.55$$

$$=11\ 504.42（元）$$

集团公司合计应纳增值税＝17 522.12＋11 504.43＋11 504.42＝40 530.97（元）

如果三个企业采用转移价格销售，则应纳增值税情况如下：

$$甲企业应纳增值税=400\times\frac{13\%}{1+13\%}\times1\ 000-40\ 000=46\ 017.70-40\ 000$$

$$=6\ 017.70（元）$$

$$乙企业应纳增值税=500\times\frac{13\%}{1+13\%}\times1\ 000-46\ 017.70=57\ 522.12-46\ 017.70$$

$$=11\ 504.42（元）$$

$$丙企业应纳增值税=700\times\frac{13\%}{1+13\%}\times 1\,000-57\,522.12=80\,530.97-57\,522.12$$
$$=23\,008.85（元）$$

$$集团公司合计应纳增值税=6\,017.70+11\,504.42+23\,008.85=40\,530.97（元）$$

如果从静态总额看，前后应纳的增值税是完全一样的，但考虑到税款的支付时间，两者的税额便存在差异。由于三个企业的生产有连续性，这使得本应由甲企业当期应缴的增值税税款相对减少 11 504.42 元（=17 522.12－6 017.70），即递延至第二期缴纳（通过乙企业）；乙企业原应缴纳的税款又通过转移价格递延至第三期并由丙企业缴纳。如果考虑到折现因素，则集团公司的整体税负相对下降。

目前，关联企业避税问题已成为热点问题，日益被税务机关所关注。关联企业间业务往来的类型及内容主要包括有形资产的购销和使用、无形资产的转让和使用、提供劳务、融通资金等。企业在运用转让定价等手段进行税收筹划时，很有可能被税务机关处以罚款和补缴税款。因此，企业在进行相关税收筹划之前，必须在税务机关可接受的范围内进行转让定价安排，以防付出更多的税收成本。

2.4.5 委托代销方式的税收筹划

委托代销有两种不同的方式，在这两种方式中，委托方、受托方应缴的税款也不相同：一是收取代理手续费的方式，即受托方以代理销售产品的全价与委托方结算，然后收取一定金额的手续费。这对于受托方来说是一种代理服务收入，应按 6%的增值税税率计算缴纳增值税税款。二是视同买断的方式，即委托方以较低价格将货物交由受托方代销，受托方加价后向市场销售。这对于受托方来说是产品销售的一个环节，应按其获得的增值额计算缴纳增值税。对委托方、受托方来说，这两种不同代销方式的税务处理不同，两者的税负也不相同。

[案例 2-22]

委托代销方式的税收筹划

利群商贸公司按照视同买断的方式为中华制衣厂代销品牌服装，中华制衣厂以 800 元/件的价格出售服装给利群商贸公司，利群商贸公司再按 1 000 元/件的价格对外销售。利群商贸公司共销售服装 100 件，假设本月中华制衣厂购进货物的进项税额为 7 000 元。

请设计增值税节税方案。（以上均为不含税收入，暂不考虑地方教育附加。）

【解析】

在现行方案下，利群商贸公司的涉税处理为：

$$利群商贸公司应缴增值税=1\,000\times 100\times 13\%-800\times 100\times 13\%=2\,600（元）$$
$$利群商贸公司应缴城建税及教育费附加=2\,600\times(7\%+3\%)=260（元）$$
$$利群商贸公司共缴纳增值税以及附加税费=2\,600+260=2\,860（元）$$

中华制衣厂应缴增值税＝800×100×13%－7 000＝3 400（元）

中华制衣厂应缴城建税及教育费附加＝3 400×(7%＋3%)＝340（元）

两公司共缴纳货物与劳务税以及附加税费＝2 860＋3 400＋340＝6 600（元）

假设利群商贸公司用收取手续费的方式为中华制衣厂代销品牌服装，销售单价为1 000元/件，每销售一件收取手续费200元。利群商贸公司共销售服装100件，收取手续费20 000元（其他资料不变），则双方的涉税处理为：

利群商贸公司应缴增值税＝20 000×6%＝1 200（元）

利群商贸公司应缴城建税及教育费附加＝1 200×(7%＋3%)＝ 120（元）

利群商贸公司共缴纳增值税以及附加税费＝1 200＋120＝1 320（元）

中华制衣厂应缴增值税＝1 000×100×13%－7 000－1 200＝4 800（元）

中华制衣厂应缴城建税及教育费附加＝4 800×(7%＋3%)＝480（元）

两公司共缴纳货物与劳务税以及附加税费＝1 200＋120＋4 800＋480＝6 600（元）

比较上述两种方式，在视同买断的方式下，利群商贸公司多缴增值税1 400元，多缴城建税及教育费附加140元。但从两公司合计税负角度来看，在两种方式下的应纳税费是相等的。

因此，在代理销售业务中，受托方应选择收取手续费的方式。如果采用视同买断的方式代销，受托方需要多缴纳一部分增值税，而委托方少缴纳一部分增值税，因此双方可以在协议价格上做一些调整，比如委托方适当降低价格，以使受托方多缴的增值税在制定协议价格时得到补偿，最终使双方的税负水平趋于合理。

2.4.6 不动产销售

不动产销售分为房地产开发企业销售自行开发的房地产与一般计税方法纳税人转让不动产两种业务。

房地产开发企业开发的工程项目分为老项目和新项目两种。房地产开发企业如果属于一般计税方法纳税人，在2016年5月1日之后销售老项目的，可以采用简易计税方法，即按照5%的征收率计算应纳税额。房地产开发企业销售“营改增”试点后开工的新项目，或者销售未选择简易计税方法的老项目，适用一般计税方法，税率为9%，但可从销售额中扣除上缴政府的土地价款。房地产开发企业如果属于简易计税方法纳税人，适用5%的征收率。

采用一般计税方法时，增值税应纳税额计算如下：

$$应纳税额=\left(\begin{matrix}全部价款\\和价外费用\end{matrix}-\begin{matrix}当期允许扣除的\\土地价款\end{matrix}\right)\times\frac{9\%}{1+9\%}-进项税额$$

采用简易计税方法时，增值税应纳税额计算如下：

$$应纳税额=销售额\times\frac{5\%}{1+5\%}$$

在两种计税方法下的增值税应纳税额不同，企业应根据自己的具体情况选择税负较低的计税方法。企业的税收筹划思路如下：

第一，如果已开发的项目在整个开发项目中所占的比例很小，且有大量的进项税额可以抵扣增值税，则可以选择一般计税方法，按照9%的税率计算增值税。

第二，如果已开发的项目在整个开发项目中所占的比例较大，已经收到了大部分采购发票，以增值税普通发票为主，增值税进项税额很少，则应选择适用简易计税方法，按照5%的征收率征收增值税。

［案例2-23］

一般计税方法和简易计税方法选择的税收筹划（1）

甲市某房地产公司（一般计税方法纳税人）销售一批自行开发的房地产项目（施工许可证注明的开工日期是2015年5月1日），共取得含税收入3 150万元，同时办妥了房产产权转移手续。这批房产对应的土地价款为970万元。请问该企业选择何种计税方法可以减轻增值税税负（不考虑其他进项税额项目）？

【解析】

纳税人销售房地产老项目，选择适用简易计税方法计税的，要以取得的全部价款和价外费用为销售额（不得扣除对应的土地价款），按照5%的征收率计税，因而有

$$应纳增值税税额=3\ 150\times\frac{5\%}{1+5\%}=150（万元）$$

纳税人选择适用一般计税方法计税的，要以取得的全部价款和价外费用扣除当期销售房地产项目对应的土地价款后的余额为销售额，按照9%的税率计税，因而有

$$应纳增值税税额=(3\ 150-970)\times\frac{9\%}{1+9\%}=180（万元）$$

由此可见，纳税人选择简易计税方法比选择一般计税方法少缴增值税30万元（=180－150）。

［案例2-24］

一般计税方法和简易计税方法选择的税收筹划（2）

甲市某公司（一般计税方法纳税人）销售位于乙市的非自建写字楼，并于当月办妥了相关产权转移手续。该写字楼于2014年12月购置并投入使用，根据有关原始凭证确认该写字楼的购置成本为6 780万元，销售写字楼取得含税收入13 080万元。在销售过程中共发生其他税费1 000万元，已用银行存款缴纳。请问该企业选择何种计税方法缴纳增值税较少（不考虑其他进项税额项目）？

【解析】

纳税人选择适用简易计税方法计税，要以取得的全部价款扣除该写字楼的购置成本后的余额为销售额：

$$应纳增值税税额=(13\ 080-6\ 780)\times\frac{5\%}{1+5\%}=300（万元）$$

纳税人选择适用一般计税方法计税，要以取得的全部价款为销售额，按照9%的税率申报纳税：

$$应纳增值税税额=13\ 080\times\frac{9\%}{1+9\%}=1\ 080（万元）$$

由此可见，纳税人选择简易计税方法比选择一般计税方法少缴增值税780万元（=1 080−300）。

［案例2-25］

一般计税方法和简易计税方法选择的税收筹划（3）

甲市某公司（一般计税方法纳税人）销售自建写字楼，并于当月办妥了相关产权转移手续。该写字楼于2014年12月建成并投入使用，根据有关原始凭证确认该写字楼投入使用前发生的建设成本为5 355万元，销售写字楼取得含税收入11 445万元。在销售过程中共发生其他税费1 000万元，已用银行存款缴纳。请问该企业选择何种计税方法可以节约增值税（不考虑其他进项税额项目）？

【解析】

纳税人选择适用简易计税方法计税，要以取得的全部价款为销售额：

$$应纳增值税税额=11\ 445\times\frac{5\%}{1+5\%}=545（万元）$$

纳税人选择适用一般计税方法计税，要以取得的全部价款为销售额，按照9%的税率申报纳税：

$$应纳增值税税额=11\ 445\times\frac{9\%}{1+9\%}=945（万元）$$

由此可见，纳税人选择简易计税方法比选择一般计税方法少缴增值税400万元（=945−545）。

关于纳税人销售不动产的增值税征收规定

房地产业增值税处理

2.4.7 销售结算方式的税收筹划

对于销售结算方式的税收筹划，最关键的一点就是尽量推迟纳税义务发生时间。

在销售结算方式的税收筹划中，要遵循以下基本原则：

（1）未收到货款不开发票，这样可以达到递延纳税的目的。例如，对于发货后一时难以回笼的货款或委托代销产品等情况，等收到货款时，再开具发票纳税。

（2）尽量避免采用托收承付与委托收款的结算方式，防止垫付税款。

（3）在不能及时收到货款的情况下，采用赊销或分期收款的结算方式，防止垫付税款。

（4）尽可能采用支票、银行本票和汇兑结算方式销售产品。

[案例 2-26]

销售结算方式的税收筹划（1）

某企业属于一般计税方法纳税人，当月发生销售业务五笔，共计应收货款1 800万元（含税价）。其中，有三笔销售业务共计1 000万元，货款两清；第四笔销售业务为300万元，两年后一次付清；第五笔销售业务为500万元，一年后付250万元，一年半后付150万元，余款100万元两年后结清。试问该企业应采取直接收款方式还是赊销和分期收款方式？

【解析】

企业若采取直接收款方式，则应在当月将1 800万元全部计入销售，计提的销项税额为：

$$1\,800\times\frac{13\%}{1+13\%}=207.08\text{（万元）}$$

若对未收到款项的销售业务不记账，则违反了税法规定，少计的销项税额为：

$$800\times\frac{13\%}{1+13\%}=92.04\text{（万元）}$$

这种行为属于偷税行为。

若该企业对未收到的300万元和500万元应收账款分别在货款结算中采取赊销和分期收款方式，则可以延缓纳税，因为这两种结算方式都是以合同约定日期为纳税义务发生时间。

第四笔销售业务两年后结清货款的销项税额为：

$$(300+100)\times\frac{13\%}{1+13\%}=46.02\text{（万元）}$$

第五笔销售业务一年后付清货款的销项税额为：

$$250\times\frac{13\%}{1+13\%}=28.76\text{（万元）}$$

第五笔销售业务一年半后付清货款的销项税额为：

$$150\times\frac{13\%}{1+13\%}=17.26\text{（万元）}$$

由此可以看出，采用赊销和分期收款方式，可以为企业获得资金的时间价值，并为企业节约大量的流动资金。

[案例 2-27]

销售结算方式的税收筹划（2）

某企业5月向外地供应站销售价值113万元的货物，其货款结算采用销售后付款的方式。外地供应站10月汇来货款30万元。该企业应如何对销售结算方式进行增值税税收筹划？

【解析】

在原方案下，该企业应于5月计提销项税额：

$$113\times\frac{13\%}{1+13\%}=13\text{（万元）}$$

购货单位为商业企业，并且货款结算采用了销售后付款的方式，因此可以选择委托代销的方式，避免垫付资金纳税。

如果采取委托代销的方式，5月可不计销项税额，10月按规定向代销单位索取代销清单并计算销售，计提的销项税额为：

$$30\times\frac{13\%}{1+13\%}=3.45\text{（万元）}$$

对于尚未收到代销清单的货款，可暂缓申报计算销项税额。

由此可以看出，此类销售业务选择委托代销的方式对企业最有利。如果企业的产品销售对象是商业企业，并且采用了在销售后付款的销售业务，就可以采用委托代销的方式。此时，受托方根据合同的要求，在将产品出售后开具代销清单，并交付委托方，委托方根据实际收到的货款分期计算销项税额，从而达到延缓纳税的目的。

2.5 企业租赁业务中的增值税筹划

2.5.1 租赁业务的类型

租赁是指在一定期间内，出租人将资产的使用权让给承租人以获取对价的业务。租赁业务分为融资租赁和经营租赁。

1. 融资租赁

融资租赁是指具有融资性质和所有权转移特点的租赁活动，即出租人根据承租人所要求的规格、型号、性能等条件购入有形动产或者不动产租赁给承租人，合同期内租赁物的所有权属于出租人，承租人只拥有使用权，在合同期满付清租金后，承租人有权按照残值购入租赁物，以拥有其所有权。不论出租人是否将租赁物销售给承租人，均属于融资租赁。

《企业会计准则第21号——租赁》规定，融资租赁是指实质上转移了与租赁资产所有权有关的几乎全部风险和报酬的租赁。其所有权最终可能转移，也可能不转移。

按照标的物的不同，融资租赁的服务对象可分为有形动产融资租赁服务和不动产融资租赁服务。

按照租赁程序的不同，融资租赁可分为融资性直租和融资性售后回租。融资性直租是指出租人根据承租人所要求的规格、型号、性能等条件购入有

融资租赁

形动产或者不动产并直接租赁给承租人；融资性售后回租是指承租方以融资为目的，将资产出售给从事融资性售后回租业务的企业后，从事融资性售后回租业务的企业将该资产出租给承租方的业务活动。

租赁业务的类型见图2-1。

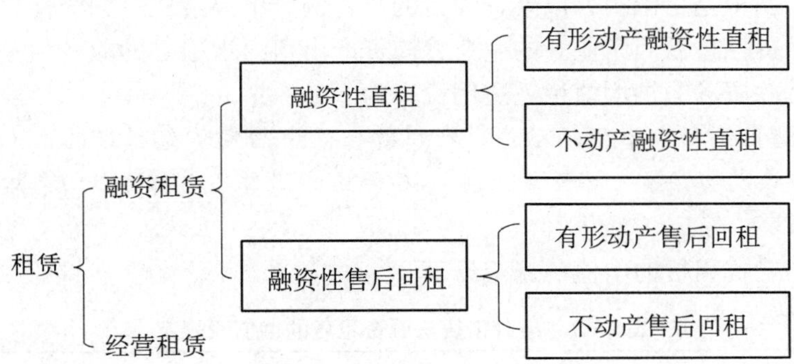

图2-1 租赁业务的类型

2. 经营租赁

经营租赁是指在约定时间内将有形动产或者不动产转让他人使用且租赁物所有权不变更的业务活动。

按照标的物的不同，经营租赁可分为有形动产经营租赁和不动产经营租赁。

2.5.2 租赁业务的涉税处理

1. 计税依据及税率

(1) 经营租赁。从事经营租赁服务的，其销售额为取得的全部价款和价外费用。

纳税人提供经营租赁服务，按租赁服务税目计算缴纳增值税，适用的增值税税率为13%（有形动产租赁）或9%（不动产租赁）。

将建筑物、构筑物等不动产或者飞机、车辆等有形动产的广告位出租给其他单位或个人用于发布广告，按照经营租赁服务缴纳增值税。

车辆停放服务、道路通行服务（包括过路费、过桥费、过闸费等）等按照不动产经营租赁服务缴纳增值税。

水路运输的光租业务、航空运输的干租业务属于经营租赁。

光租业务是指运输企业将船舶在约定的时间内出租给他人使用，不配备操作人员，不承担运输过程中发生的各项费用，只收取固定租赁费的业务活动。

干租业务是指航空运输企业将飞机在约定的时间内出租给他人使用，不配备机组人员，不承担运输过程中发生的各项费用，只收取固定租赁费的业务活动。

(2) 融资租赁。

1) 融资性直租。融资性直租的销售额以取得的全部价款和价外费用，扣除支付的借款利息（包括外汇借款和人民币借款利息）、发行的债券利息和车辆购置税后的余额为销售额。

纳税人提供融资性直租服务，按租赁服务税目计算缴纳增值税，适用的增值税税率为

13%（有形动产租赁）或9%（不动产租赁）。

2）融资性售后回租。出租方以取得的全部价款和价外费用（不含本金），扣除对外支付的借款利息（包括外汇借款和人民币借款利息）、发行的债券利息后的余额为销售额。

承租方出售资产的行为不属于增值税的征税范围，不征收增值税。

融资性售后回租是指承租方以融资为目的，将资产出售给从事融资性售后回租业务的企业后，从事融资性售后回租业务的企业将该资产出租给承租方的业务活动。融资性售后回租业务按照贷款服务缴纳增值税，适用税率为6%。

【知识点提醒】纳税人出租不动产，在租赁合同中约定了免租期的，不属于《营业税改征增值税试点实施办法》（财税［2016］36号文的附件1）中第十四条规定的视同销售服务。

经营租赁与融资租赁的增值税规定见表2-7。

表2-7　经营租赁与融资租赁的增值税规定

<table>
<tr><th rowspan="2"></th><th rowspan="2" colspan="2">业务</th><th colspan="4">现行税法规定</th></tr>
<tr><th>税目</th><th>应税销售额</th><th>税率</th><th>承租方的进项税额</th></tr>
<tr><td rowspan="2">经营租赁</td><td colspan="2">有形动产经营租赁</td><td>租赁服务</td><td>全部价款＋价外费用</td><td>13%</td><td>可抵扣</td></tr>
<tr><td colspan="2">不动产经营租赁</td><td>租赁服务</td><td>全部价款＋价外费用</td><td>9%</td><td>可抵扣</td></tr>
<tr><td rowspan="4">融资租赁</td><td rowspan="2">融资性直租</td><td>有形动产</td><td rowspan="2">租赁服务</td><td rowspan="2">全部价款＋价外费用，扣除利息、车辆购置税</td><td>13%</td><td rowspan="2">可抵扣</td></tr>
<tr><td>不动产</td><td>9%</td></tr>
<tr><td rowspan="2">融资性售后回租</td><td>有形动产</td><td rowspan="2">贷款服务</td><td rowspan="2">全部价款＋价外费用（不含本金），扣除利息</td><td rowspan="2">6%</td><td rowspan="2">不可抵扣</td></tr>
<tr><td>不动产</td></tr>
</table>

2. 计税方法

一般计税方法纳税人出租2016年4月30日前取得的不动产，可以选择适用简易计税方法，按照5%的征收率计算应纳税额。

3. 纳税义务发生时间

纳税人提供租赁服务采取预收款方式的，其纳税义务发生时间为收到预收款的当天。

2.5.3　租赁业务的税收筹划

1. 不动产租赁计税方法的选择

纳税人提供不动产租赁服务采用一般计税方法的，适用的增值税税率为9%，进项税额可以抵扣；采用简易计税方法的，适用增值税征收率，其进项税额不可以抵扣。

一般计税方法纳税人出租2016年4月30日前取得的不动产，可以选择适用简易计税方法，按照5%的征收率计算应纳税额。在计税方法可以选择的情况下，纳税人可以根据企业不动产租赁服务的增值率或抵扣率的情况，选择应纳税额较小的计税方法。

经计算可知，含税销售额无差别平衡点增值率为57.67%，不含税销售额无差别平衡点增值率为55.56%；经计算可知，含税销售额无差别平衡点抵扣率为42.33%，不含税销售额无差别平衡点抵扣率为44.44%。当不动产租赁服务的增值率高于无差别平衡点增值率或低于无差别平衡点抵扣率时，应选择简易计税方法；反之，应选择一般计税方法。

［案例 2－28］

不动产租赁服务计税方法的选择

某企业为一般计税方法纳税人，现有一栋 2010 年购置的办公楼闲置，目前准备出租。预计年租金收入（不含税收入）为 1 000 万元，维修等支出预计会产生进项税额 10 万元。请问该企业选择何种计税方法的增值税税负较低?

【解析】

该企业的抵扣率较低，应选择简易计税方法。具体计算如下：

一般计税方法应纳税额＝1 000×9%－10＝80（万元）

简易计税方法应纳税额＝1 000×5%＝50（万元）

因此，该企业选择简易计税方法比选择一般计税方法节税 30 万元。

需要注意的是，在简易计税方法下，由于 10 万元的进项税额不能进行抵扣而增加成本 10 万元，这样会减少利润 10 万元，进而抵减企业所得税 2.5 万元。因此，企业在选择税收筹划方案时应综合考虑税收筹划方案对企业总体税负及净利润、现金流量的影响。

知识链接

（1）一般计税方法纳税人出租 2016 年 4 月 30 日前取得的不动产，可以选择适用简易计税方法，按照 5%的征收率计算应纳税额。纳税人出租 2016 年 4 月 30 日前取得的与机构所在地不在同一县（市）的不动产，应按照上述计税方法在不动产所在地预缴税款后，向机构所在地主管税务机关进行纳税申报。

（2）一般计税方法纳税人出租 2016 年 5 月 1 日后取得的、与机构所在地不在同一县（市）的不动产，应按照 3%的预征率在不动产所在地预缴税款后，向机构所在地主管税务机关进行纳税申报。

（3）简易计税方法纳税人出租其取得的不动产（不含个人出租住房），应按照 5%的征收率计算应纳税额。纳税人出租与机构所在地不在同一县（市）的不动产，应按照上述计税方法在不动产所在地预缴税款后，向机构所在地主管税务机关进行纳税申报。

（4）其他个人出租取得的不动产（不含住房），应按照 5%的征收率计算应纳税额。

（5）个人出租住房，应按照 5%的征收率减按 1.5%计算应纳税额。

2. 有形动产租赁方式的选择

不动产经营租赁增值税的处理

交通运输企业出租运输工具可以分为两种模式：一种是只出租运输工具，实质上是让渡资产的使用权，比如水路运输服务的光租和航空运输服务的干租；另一种是将配备操作人员的运输工具出租，实质上是提供运输服务，比如水路运输服务的程租、期租和航空运输服务的湿租。

光租业务是指运输企业将船舶在约定的时间内出租给他人使用，不配备操作人员，不承担运输过程中发生的各项费用，只收取固定租赁费的业务活动。

干租业务是指航空运输企业将飞机在约定的时间内出租给他人使用，不配备机组人员，不承担运输过程中发生的各项费用，只收取固定租赁费的业务活动。

水路运输的光租业务、航空运输的干租业务属于经营租赁。

程租业务是指运输企业为租船人完成某一特定航次的运输任务并收取租赁费的业务。

期租业务是指运输企业将配备了操作人员的船舶出租给他人使用一定期限，在租期内听候承租方调遣，不论是否经营，均按天向承租方收取租赁费，发生的固定费用均由船东负担的业务。

水路运输的程租业务、期租业务属于水路运输服务。

湿租业务是指航空运输企业将配备了机组人员的飞机出租给他人使用一定期限，在租期内听候承租方调遣，不论是否经营，均按一定标准向承租方收取租赁费，发生的固定费用均由承租方承担的业务。航空运输的湿租业务属于航空运输服务。

光租/期租的税收筹划

［案例 2－29］

利用程租、期租业务的税收筹划（1）

某水路运输企业（一般计税方法纳税人）将一艘船以光租形式租给另一家企业，租期为一个月，取得含税销售额 50 万元。该企业应如何进行增值税税收筹划？

【解析】

$$该企业应缴增值税=50\times\frac{13\%}{1+13\%}=5.75（万元）$$

若一艘船配备的操作人员的工资等固定成本为 10 万元，相应的不含税销售收入增加 10 万元，则

$$采用期租的应纳增值税=50\times\frac{9\%}{1+9\%}+10\times9\%=4.13+0.9=5.02（万元）$$

因此，采用期租的方式能够节税 0.73 万元（＝5.75－5.02）。

由于两种方式下不含税收入不等，成本不同，所以最终应比较毛利润指标。

光租方案下的毛利润为：

$$\frac{50}{1+13\%}-\frac{50}{1+13\%}\times13\%\times(7\%+3\%)=44.25-0.58=43.67（万元）$$

期租方案下的毛利润为：

$$\left(\frac{50}{1+9\%}+10\right)-10-\left(\frac{50}{1+9\%}+10\right)\times9\%\times(7\%+3\%)=45.87-0.5=45.37（万元）$$

从利润角度来看，选择期租方式有利。

［案例 2－30］

利用程租、期租业务的税收筹划（2）

位于市区的乙公司（一般计税方法纳税人）主要从事货物运输业服务，此外还将公司

闲置的车辆用于对外经营租赁。假设可抵扣的进项税额为500万元，其他税费仅考虑城市维护建设税及教育费附加。假设以下两种经营模式发生的费用都相同，乙公司应如何进行增值税税收筹划?

经营模式一：每月取得不含税经营租赁业务收入8 000万元。

经营模式二：配备司机出租，收取8 020万元，其中20万元为司机的工资支出。

【解析】

(1) 如果某月取得不含税经营租赁业务收入8 000万元，则

应纳增值税税额＝8 000×13%－500＝540 (万元)

应缴纳的城市维护建设税及教育费附加＝540×(3%＋7%)＝54 (万元)

合计应纳税额＝540＋54＝594 (万元)

(2) 如果乙公司在对外出租车辆的同时，还为出租的车辆配备司机，并收取不含税收入8 020万元 (含司机的工资支出20万元)，则此项收入由原来的有形动产租赁服务转变为交通运输业服务缴纳增值税，适用的税率由原来的13%降低为9%，即

应纳增值税税额＝8 020×9%－500＝221.8 (万元)

应缴纳的城市维护建设税及教育费附加＝221.8×(3%＋7%)＝22.18 (万元)

合计应纳税额＝221.8＋22.18＝243.98 (万元)

由此可见，第二种经营模式比第一种经营模式少缴税款350.02万元 (＝594－243.98)。

3. 融资租赁方式的税收筹划

当企业遇到融资困难时，它们不仅可以向银行等传统金融企业融资，而且可以与融资租赁企业合作进行融资。融资租赁方式有融资性直租和融资性售后回租。

根据税法的规定，经中国人民银行、中国银行保险监督管理委员会（以下简称“银保监会”）或者中华人民共和国商务部（以下简称“商务部”）批准从事融资租赁业务的试点纳税人中的一般计税方法纳税人，提供有形动产融资租赁服务和有形动产融资性售后回租服务，对其增值税实际税负超过3%的部分实行增值税即征即退政策。商务部授权的省级商务主管部门及国家经济技术开发区批准的从事融资租赁业务和融资性售后回租业务的试点纳税人中的一般计税方法纳税人，2016年5月1日后实收资本达到1.7亿元的，从达到标准的当月起按照上述规定执行；2016年5月1日后实收资本未达到1.7亿元但注册资本达到1.7亿元的，在2016年7月31日前仍可按照上述规定执行，2016年8月1日后开展的有形动产融资租赁业务和有形动产融资性售后回租业务不得按照上述规定执行。

融资性直租中的有形动产租赁适用13%的增值税税率。融资性售后回租属于贷款服务，适用6%的增值税税率。另外，两者都是以差额确定销售额，但融资性售后回租服务的销售额中不含本金，融资租赁服务的销售额中含本金，这是两者的又一个区别（究其原因，是因为融资租赁服务中购买设备有进项税额可以抵扣，而融资性售后回租没有相应的进项税额）。由于这两种租赁方式适用的税率不同，这就为税收筹划提供了空间。当融资租赁企业的实收资本达到1.7亿元时，按照前文所述的增值税即征即退政策，当这两种服务的增值税税负超过3%时，这两种服务的实际应纳增值税相等，但当企业的实收资本未达到1.7亿元时，融资性售后回租方式的税负较轻。

[案例 2-31]

融资租赁方式的税收筹划

融资租赁企业A（一般计税方法纳税人）的实收资本、注册资本均不足1.7亿元。B企业为制造业一般计税方法纳税人，并与A企业签订了为期三年的融资租赁合同，由A企业向C企业购买不含税销售额为3 600万元的机床（取得增值税专用发票），再租给B企业，B企业三年后一次性付给A企业4 000万元。在合同到期后，B企业收购该机床。请提出增值税税收筹划方案。

【解析】

如果采用融资性直租模式，则

应纳增值税＝4 000×13%－3 600×13%＝52（万元）

如果采用融资性售后回租模式，由B企业向C企业以延期付款方式购买不含税销售额为3 600万元的机床，然后与A企业签订售后回租合同，向A企业融资3 600万元并将款项归还C企业，三年后一次性向A企业支付4 000万元。在合同到期后，B企业收购该机床。该方式应纳增值税24万元［＝(4 000－3 600)×6%］，节税28万元（＝52－24)。

需要注意的是，如果承租方采用融资性售后回租模式，则出租方只能开具普通发票，因此承租方不得抵扣进项税额。如果承租方是一般计税方法纳税人，则需要考虑融资性售后回租模式对承租方增值税的影响。

2.6 企业采购业务中的增值税筹划

2.6.1 供应商的选择

由于税法规定以增值税专用发票为抵扣凭证，所以一般计税方法纳税人的进货渠道不同，可抵扣的比例就不同，从而影响其实际税收负担。

由于一般计税方法纳税人从简易计税方法纳税人处采购货物、接受应税劳务或购进应税服务、无形资产、不动产不能进行抵扣或只能抵扣3%，因此作为供货商的简易计税方法纳税人有时为了留住客户，愿意在价格上给予一定程度的优惠。因此，我们可以从税负、净现金流和税后净利润的角度对不同进货方案进行计算和分析，最终选择最有利于企业的筹划方案。

[案例 2-32]

供应商选择的税收筹划（1）

假设某商贸公司为一般计税方法纳税人，10月25日采购一批产品，进价为2 000万元（含增值税），销售价格为 2 400 万元（含增值税）。该商贸公司应如何选择采购对象，以实现增值税税负最小化？

【解析】

在选择采购对象时，该公司有三种选择。

第一，选择一般计税方法纳税人为供货商：

$$应纳增值税=2\ 400\times\frac{13\%}{1+13\%}-2\ 000\times\frac{13\%}{1+13\%}=46.02（万元）$$

第二，选择可以开具增值税专用发票的工业企业简易计税方法纳税人为供货商：

$$应纳增值税=2\ 400\times\frac{13\%}{1+13\%}-2\ 000\times\frac{3\%}{1+3\%}=217.85（万元）$$

第三，选择不能开具增值税专用发票的简易计税方法纳税人为供货商：

$$应纳增值税=2\ 400\times\frac{13\%}{1+13\%}=276.11（万元）$$

通过案例分析不难看出，该商贸公司选择一般计税方法纳税人作为供货商的税负最轻，选择不能开具增值税专用发票的简易计税方法纳税人作为供货商的税负最重。

【即学即用】 某建筑业企业的上游供应商中有很多都是零散的个体户、个人，它们提供的水泥、砂石、木料及劳务等大多无法开具增值税专用发票，在“营改增”之后，该企业感到增值税税负骤然增加。请问有何解决方案？

解析：建筑业企业一般计税方法纳税人可以选择适用一般计税方法计税，在特殊情形下可以选择适用简易计税方法计税。在不符合适用简易计税方法的情况下，建筑业企业将面对高达 9%的增值税税率，是否能够取得足够的可以抵扣的进项税额决定着企业实际税负的高低。建筑业企业的上游供应商中有很多都是零散的个体户、个人，它们提供的水泥、砂石、木料及劳务等大多无法开具增值税专用发票，建筑业企业也就无法抵扣销项税额，直接面临 9%的实际税率。根据《财政部、国家税务总局关于全面推开营业税改征增值税试点的通知》（财税〔2016〕36 号）的规定，建筑业企业将工程及劳务分包的，可以以分包后的余额作为营业额申报缴纳增值税。因此，建筑业企业可以考虑将部分无法取得可抵扣进项税额的工程及劳务，分包给相关方并由其开具合法凭证。

[案例 2-33]

供应商选择的税收筹划（2）

宏伟家具生产厂（一般计税方法纳税人）外购木材，并将其作为加工产品的原材料。现有两个供应商：甲与乙。甲为一般计税方法纳税人，可以开具税率为 13%的增值税专用发票，该批木材报价 50 万元（含税价款）；乙为简易计税方法纳税人，可以开具征收率为 3%的增值税专用发票，木材报价的含增值税价款为 46.5 万元（已知城市维护建设税税率为 7%，教育费附加征收率为 3%，不考虑地方教育附加）。请为宏伟家具生产厂的材料采购提出税收筹划建议。

【解析】

从企业利润核算的角度看，从供应商甲购进该批木材的净成本为：

$$\frac{500\ 000}{1+13\%}-500\ 000\times\frac{13\%}{1+13\%}\times(7\%+3\%)=436\ 725.66\text{（元）}$$

从供应商乙购进该批木材的净成本为：

$$\frac{465\ 000}{1+3\%}-465\ 000\times\frac{3\%}{1+3\%}\times(7\%+3\%)=450\ 101.94\text{（元）}$$

由此可见，从供应商乙购进该批木材的成本大于从供应商甲购进的成本，因此应选择从供应商甲购买。

［案例 2-34］

供应商选择的税收筹划（3）

某电视机厂（一般计税方法纳税人）适用的增值税税率为13%，预计每年可实现含税销售收入800万元，同时需要外购电子元件200件。现有甲、乙两个企业提供货源。其中，甲企业为生产电子元件的一般计税方法纳税人，能够开具增值税专用发票，适用税率为13%；乙企业为生产电子元件的简易计税方法纳税人，能够开具征收率为3%的增值税专用发票。甲、乙两个企业提供的电子元件质量相同，但含税价格不同，分别为每件3万元和2.5万元。该电视机厂应当如何选择供货方？

【解析】

从甲企业购进：

$$\text{应纳增值税税额}=800\times\frac{13\%}{1+13\%}-200\times3\times\frac{13\%}{1+13\%}=23.01\text{（万元）}$$

$$\text{现金流净增}=800-200\times3-23.01=176.99\text{（万元）}$$

$$\text{利润}=800\times\frac{1}{1+13\%}-200\times3\times\frac{1}{1+13\%}=176.99\text{（万元）}$$

从乙企业购进：

$$\text{应纳增值税税额}=800\times\frac{13\%}{1+13\%}-200\times2.5\times\frac{3\%}{1+3\%}=77.47\text{（万元）}$$

$$\text{现金流净增}=800-200\times2.5-77.47=222.53\text{（万元）}$$

$$\text{利润}=800\times\frac{1}{1+13\%}-200\times2.5\times\frac{1}{1+3\%}=222.53\text{（万元）}$$

由此可知，如果从乙企业购买，其应纳的增值税税额较多，但其现金流净增及利润都增加了，所以从现金流及利润角度考虑，应选择从乙企业进货。

【即学即用】 湖北某机电设备公司是专业生产机电设备的企业（甲方），属于一般计税方法纳税人。该公司准备从上海某钢管公司（乙方）购进一批不锈钢管件，并与乙方签订了购销合同。但是，由于乙方属于简易计税方法纳税人，因而没有增值税专用发票，故甲方不愿与乙方签约。甲方又四处打听是否有一般计税方法纳税人生产乙公司的产品。虽经多方询问，但没有结果，所以甲方不得不回来找乙方协商。

乙方不能开具增值税专用发票，无疑会给甲方增加税收负担。迫于这种压力，乙方与甲方商定，由乙方的供应商——四川某钢材公司（丙方）给甲方开具增值税专用发票。具体的操作流程是：甲方与乙方签订采购合同，甲方向乙方付货款，乙方向甲方发货，但由丙方开具增值税专用发票给甲方。

显然，甲方向乙方购买的是不锈钢管件，而丙方向甲方开具的增值税专用发票是不锈钢材料，发票开具的产品名称与实际产品名称不符。以这种方式取得发票将导致的结果是甲方恶意取得虚开的增值税专用发票，丙方虚开（替别人开）增值税专用发票。

如何操作才能避免税务风险？

解析：假设甲方需要购进200万元不锈钢管件，根据加工方乙方的实际情况，生产这200万元的产品需要购进140万元原材料。那么，可以由甲方直接与丙方签订购销合同，并付140万元给丙方，再将丙方的货物直接移送给乙方，然后与乙方签订60万元的加工合同，由乙方给甲方加工成所需要的产品。这样，甲方就能从丙方取得140万元的增值税专用发票，从乙方取得3%的增值税专用发票。

这种“委托加工”的业务方式不仅合法，而且从丙方取得的140万元原材料的增值税专用发票可以抵扣增值税18.2万元（=140×13%），从乙方取得的加工费增值税专用发票可以抵扣增值税1.8万元（=60×3%）。这样，虽然甲方支付的60万元加工费无法按照13%的税率进行抵扣，但可以避免取得虚开增值税专用发票的风险。

2.6.2 加工方式的选择

企业的加工方式有自行加工和委托加工两种，在委托加工方式下加工完毕的提货环节，委托方要支付加工环节的增值税。由于这两种加工方式下的增值税进项税额不同，其应纳增值税税额也不尽相同。

[案例2-35]

加工方式选择的税收筹划（1）

假设A企业收购原木，收购凭证上注明的价款是20万元。B企业为加工企业。A企业和B企业适用的增值税税率都为13%。现在A企业要将买来的木材加工成高级实木地板，有以下两种方案。

方案一：委托B企业加工成实木地板，支付加工费8万元，收回后发票上注明的增值税税额为1.04万元，企业继续加工花费人工等总计2万元。在生产完成后出售，价款为50万元（不含税）。

方案二：企业买回木材后自己加工成高级实木地板，花费成本共计10万元，售价为50万元（不含税）。

从增值税筹划的角度来看，企业应选择哪种方案？（实木地板按照5%的税率征收消费税，不考虑其他税种。）

【解析】

方案一：

原木成本＝20×(1－10％)＝18（万元）

收购木材的增值税进项税额＝20×10％＝2（万元）

B企业代收代缴的消费税＝(18＋8)÷(1－5％)×5％＝1.368（万元）

加工费的增值税进项税额＝8×13％＝1.04（万元）

总共需要缴纳的消费税＝50×5％＝2.5（万元）

木板出售需要补缴的消费税＝2.5－1.368＝1.132（万元）

增值税销项税额＝50×13％＝6.5（万元）

应纳增值税税额＝6.5－1.04－2＝3.46（万元）

应纳增值税合计＝3.46＋1.04＝4.5（万元）

毛利润＝50－18－8－2.5－2＝19.5（万元）

方案二：

原木成本＝20×(1－10％)＝18（万元）

收购木材的增值税进项税额＝20×10％＝2（万元）

总共需要缴纳的消费税＝50×5％＝2.5（万元）

增值税销项税额＝50×13％＝6.5（万元）

应纳增值税税额＝6.5－2＝4.5（万元）

毛利润＝50－18－2.5－10＝19.5（万元）

比较这两种方案，增值税的应纳税额相同，毛利润相同。

[案例2-36]

加工方式选择的税收筹划（2）

在某乡镇农村，一些农户在田头、地角栽种了大量速生材，目前已进入砍伐期。农户准备出售上述木材，农户和收购企业（家具厂）有三种方案可供选择。

方案一：农户直接出售原木，每立方米价格为500元；家具厂收购这些原木之后进行加工。假设加工1立方米原木需要耗用电力10元（含税）、人力成本10元。

方案二：农户对原木进行深加工，加工成板材再出售，家具厂收购价为520元。假设收购农户加工成本与企业加工成本相同。

方案三：农户将原木直接出售给收购企业，收购企业收购原木后雇用农户加工，支付农户10元加工费，电费由收购企业承担。

请问企业与农户应分别选择哪种方案？

【解析】

方案一：

农户收入＝500（元）

企业成本＝500×(1－10％)＋10＋10÷(1＋13％)＝468.85（元）

方案二：

农户收入＝500＋10＝510（元）

企业成本＝520（元）

需要注意的是，农户深加工的板材出售给家具厂，家具厂不能计提进项税额。与此同时，深加工后的板材已不属于免税农产品，农户还要缴纳增值税（如果达不到增值税起征点，可以免征增值税）。

方案三：

农户收入＝500＋10＝510（元）

企业成本＝500×(1－10%)＋10＋10÷(1＋13%)＝468.85（元）

比较以上三种方案，方案三对农户以及收购企业都有利，是一个双赢的选择，所以选择方案三最合适。

本章小结

企业出口退税业务中的增值税筹划

增值税是以产品（含应税服务、无形资产、不动产和金融产品）在流转过程中产生的增值额作为计税依据而征收的一种流转税。从计税原理上说，增值税是对产品生产、流通、劳务、服务中多个环节的新增价值或产品的附加值征收的一种流转税。

增值税纳税人分为一般计税方法纳税人和简易计税方法纳税人，由于这两类纳税人实行不同的计税方法，纳税人可以根据自己的具体情况进行纳税人身份的选择。从增值税的计税原理来看，增值税是对增值额进行征税，销售额和可抵扣金额直接决定应纳税额，因此企业可以通过采购、销售等关键环节的增值税涉税活动安排进行税收筹划，以降低税收负担。增值税税收筹划包括企业设立业务中的增值税筹划、企业销售业务中的增值税筹划、企业租赁业务中的增值税筹划以及企业采购业务中的增值税筹划等。

关键术语

无差别平衡点增值率　价格优惠临界点　销项税额　进项税额

思考题

1. 简述一般计税方法纳税人与简易计税方法纳税人身份选择税收筹划的基本原理。
2. 简述混合交易行为与兼营行为应如何进行税收筹划。
3. 销项税额筹划的方法有哪些？

4. 进项税额筹划的方法有哪些?
5. 增值税税率筹划的方法有哪些?
6. 增值税税收优惠政策筹划的方法有哪些?

习　题

1. 大华公司（一般计税方法纳税人）需要外购用于生产产品的原材料钢材，现有甲、乙两个供应商。其中，甲供应商为一般计税方法纳税人，可以开具增值税专用发票，钢材的含税价格为 40 000 元；乙供应商为简易计税方法纳税人，可以开具 3%的增值税专用发票，钢材的含税价格为 38 000 元。预计用该批钢材生产的产品的不含税销售收入为 65 000 元。该公司应该从哪家供应商购进原材料?（不考虑除增值税以外的其他税费。）

2. 位于县城的东方公司（一般计税方法纳税人）主要从事农机生产销售业务，同时提供农机出租服务。20××年 5 月，该公司销售农机和提供农机出租服务取得收入合计 800 万元（不含税），当月可以抵扣的增值税进项税额为 60 万元。请计算该公司当月应缴纳的增值税及附加税费，并思考如何降低税负。（不考虑除增值税以外的其他税费。）

3. 宏兴公司是一家具有出口经营权的中外合资企业，主要从事电池生产业务，其产品全部销往欧洲。20××年，该公司自营出口电池取得销售收入 6 000 万元，可抵扣的增值税进项税额共计 500 万元。已知该公司产品适用的增值税税率为 13%，出口退税率为 10%（不考虑除增值税以外的其他税费）。

（1）请计算该公司应退税额和免、抵税额。

（2）若该公司先将电池产品以同样的价格 6 000 万元（含税）出售给兴业外贸公司（宏兴公司的关联企业之一），该外贸公司再以同样的价格出口，这样是否能够获取更大的税收利益?

4. 某羽毛球馆（一般计税方法纳税人）既销售羽毛球相关器械，又提供羽毛球场地及器械以供羽毛球爱好者活动。某月，该球馆从体育器械公司购进羽毛球相关器械，取得的增值税专用发票上注明的价款为 100 万元、增值税税额为 13 万元。当月，该批器械的 60%用于销售，取得不含税收入 400 万元；另外 40%用于羽毛球爱好者的活动，取得含税收入 500 万元。该场馆的文化体育服务采取简易计税方法计税，并且对进项税额进行了分别核算。请计算该场馆的应纳增值税税额，并提出降低税负的方案。

5. 科大机械厂是红星机械厂的产品销售客户，两者都是一般计税方法纳税人。截至目前，科大机械厂共欠红星机械厂 2 000 万元。科大机械厂由于经营不善，正面临破产。双方拟订了合同：科大机械厂以厂房、办公楼，以及厂房、办公楼占用的土地使用权（2016 年 4 月 30 日前取得）作价 1 800 万元（不含税），另外 200 万元以现金偿付。科大机械厂的厂房及土地使用权的购入原值为 500 万元，办公楼及土地使用权的购入原值为 400 万元。请计算红星机械厂应缴纳的增值税税额，并提出税收筹划建议。

时雨课堂

发票“全票种、全流程、全线上”自动审批，提升纳税人满足感和获得感①

将党史学习教育与深化税收征管体制改革、优化营商环境紧密结合，在纳税人热切关注的发票审核（核定）环节，税务部门出真招、办实事。自2021年5月31日起，北京市税务局对符合条件的正常经营纳税人，实现增值税发票“全票种、全流程、全线上”自动审批，即在2021年1月对新办纳税人申请增值税发票实现自动审批后，逐步扩大自动审批范围，把申请增值税专用发票版额变更和符合条件的增值税电子专用发票试点纳税人也纳入了系统自动审批范围。这意味着北京市增值税发票审批实现了“全票种、全流程、全线上”自动审批，全环节无人工干扰。

纳税人坐在办公室打开电子税务局，按照系统提示点击提交票种核定申请，不到一分钟就能显示受理通过并且返回审批结果。税务系统如此高效、便捷，为纳税人节省了时间和人力、物力，提高了工作效率。

发票审批业务从线下到线上，从线上人工审批到全流程系统自动审批，审批时间变为即时办结，真正实现了纳税人、基层税务人双减负，是税务局致力于提升纳税人满意度的直观体现。比如说增值税专用发票的版额变更，以前即使纳税人在网上提交了申请，同样需要人工进行审批，现在这一环节也实现了系统自动审批，不到半分钟就能将受理结果反馈给纳税人，这必将提升纳税人的满足感和获得感。

税务部门不断总结、分析增值税发票申领过程中的痛点、难点和堵点，并有针对性地提出解决措施，出台并不断完善增值税发票分类分级管理办法，从纳税人和基层税务人员角度思考问题、解决问题。增值税发票实现全流程自动审批将惠及北京市160余万纳税人。一方面，受理时间从工作日扩展到一周7天均可办理，审批时间缩短至“秒速”，直接提升了纳税人的生产经营效率，切实做到了发票申请“线上服务不打烊”；另一方面，实现了全程无人工干扰，减少了审批人员的自由裁量权，有效规避了审批标准不统一带来的执法与廉政风险问题。通过看得见、摸得着的实事，进一步提升纳税人的满意度和获得感。

① 为民办事出真招，北京市税务局实现增值税发票“全票种、全流程、全线上”自动审批．人民网，2021-06-09.

第3章 消费税的税收筹划

［学习提示］ 消费税是对某些产品在征收增值税后再加征一道税款的税种。虽然消费税也属于货物与劳务税，但无论是征税范围、纳税人，还是征税环节、计税依据等，都与增值税有明显的不同。本章针对消费税的特点介绍税收筹划的原理与方法。

案例导入

某化妆品厂下设非独立核算门市部销售自制高档化妆品，某月移送给门市部高档化妆品 5 000 套，出厂价为每套 226 元（含增值税），门市部按每套 248.6 元（含增值税）将其全部销售。根据相关法规的规定，纳税人通过自设非独立核算门市部销售自产应税消费品，应当按门市部对外销售额或者销售量缴纳消费税。该化妆品厂当月应纳消费税（高档化妆品的消费税税率为 15%）为 16.5 万元［＝248.6÷(1＋13%)×5 000×15%÷10 000］。

假设该化妆品厂为了达到少缴消费税的目的，将下设非独立核算门市部改为独立核算门市部。按上述资料，该化妆品厂当月申报缴纳的消费税为 15 万元［＝226÷(1＋13%)×5 000×15%÷10 000］。与第一种情况相比，该厂少缴消费税 1.5 万元。

由上例可以看出，由于消费税在大多数情况下只对一个环节计算缴纳，即大多数应税消费品是在出厂销售环节计算缴纳税款。在计算缴纳消费税后，继续销售的各环节不需要再缴纳消费税，因此“出厂”环节的确定至关重要。显然，当门市部作为企业非独立核算的部门时，生产部门向门市部移送产品只是企业内部不同部门间的产品转移，只有在门市部对外销售时才能确定为“出厂”。经分析可以看出，这样的组织形式实际上是将门市部销售环节增加的价值也包括在“出厂”时计征消费税的价格之中，从而增加了企业应缴的消费税。因此，该企业进行税收筹划的方法就是将下设非独立核算门市部独立出去，从而将不应包括在计税价格中的那一部分价值剥离，进而实现降低计税价格、减少应缴税款的目的。

消费税的税收筹划包括纳税人的税收筹划、计税依据的税收筹划、税率的税收筹划、纳税义务发生时间的筹划等。

3.1 消费税概述

消费税是以特定消费品和特定消费行为为征税对象所征收的一种税。

3.1.1 消费税纳税人

在中华人民共和国境内销售、委托加工和进口应税消费品的单位和个人，为消费税纳税人。

单位是指企业、行政单位、事业单位、军事单位、社会组织及其他单位。个人是指个体工商户及自然人。消费税纳税人所指的单位和个人也包括外商投资企业、外国企业和外国公民。在中华人民共和国境内是指生产、委托加工和进口属于应当缴纳消费税的消费品的起运地或者所在地在境内。

此外，对消费税纳税人有一些特殊规定。例如，对于委托加工的应税消费品，除受托方为个人外，由受托方向委托方交货时代收代缴税款；对于进口的应税消费品，以进口人或其代理人为纳税人。

【即学即用】 在下列各项中，属于消费税纳税人的是（　　）。

A. 酒精生产企业　　B. 汽车轮胎制造厂

C. 进口太阳能电池的国有企业　　D. 委托加工涂料的外商投资企业

答案： CD

解析： 近几年我国对消费税的征税范围做了较大的调整。自 2014 年 12 月 1 日起，取消了汽车轮胎、酒精、气缸容量 250 毫升（不含）以下的小排量摩托车的消费税以及车用含铅汽油的消费税；自 2015 年 2 月 1 日起，将电池、涂料列入消费税的征税范围，在生产、委托加工和进口环节征收，适用税率均为 4%。其中，电池包括原电池、蓄电池、燃料电池、太阳能电池和其他电池。

【小思考】 消费税纳税人一定是增值税纳税人吗？

3.1.2 消费税的征税对象

从针对应税消费品征税的具体环节来看，为了方便征收管理、加强税源控制，我国的消费税主要是在应税消费品生产经营的起始环节征收，具体包括：

1. 生产销售应税消费品

应税消费品的生产销售环节是征收消费税的主要环节，因为消费税实行单一环节征收（特殊情况除外），所以在生产销售环节征收以后，在流通环节无须再缴纳消费税。除了直接对外销售应税消费品应征收消费税以外，纳税人将生产的应税消费品换取生产资料、消费资料、投资入股、偿还债务以及用于继续生产应税消费品以外的其他方面都应缴纳消费税。

2. 委托加工应税消费品

委托加工应税消费品是指由委托方提供原材料和主要材料，受托方只收取加工费和代垫部分辅助材料的应税消费品。由受托方提供原材料或其他情形的一律不能视同委托加工应税消费品。委托方委托加工的应税消费品收回后，继续用于生产应税消费品销售的，其加工环节缴纳的消费税税款可以扣除。

3. 进口应税消费品

单位和个人进口应税消费品，应于报关进口时在海关申报缴纳消费税。

4. 批发销售应税消费品

自 2009 年 5 月 1 日起，在卷烟的批发环节加征一道税率为 5%的从价税。自 2015 年 5 月 10 日起，将卷烟批发环节的从价税税率由 5%提高至 11%，并按 0.005 元/支加征从量税。

只有卷烟在商业批发环节缴纳消费税，雪茄烟、烟丝以及其他应税消费品在商业批发环节只缴纳增值税，不缴纳消费税。

5. 零售销售应税消费品

在零售环节征收消费税的应税消费品包括金银首饰、铂金首饰、钻石及钻石饰品，以及超豪华小汽车。

改在零售环节征收消费税的金银首饰仅限于金基、银基合金首饰以及金、银和金基、银基合金的镶嵌首饰。零售环节适用的消费税税率为 5%。

自 2016 年 12 月 1 日起，在“小汽车”税目下增设“超豪华小汽车”子税目。其征税范围为每辆零售价格 130 万元（不含增值税）及以上的乘用车和中轻型商用客车，即乘用车和中轻型商用客车子税目中的超豪华小汽车。对于超豪华小汽车，在生产（进口）环节按现行税率征收消费税的基础上，在零售环节加征消费税，税率为 10%。

3.1.3 消费税税目

消费税的征税范围主要是根据我国的经济形势、国家在某一时期的消费政策和产业政策、群众的消费水平和消费结构以及财政收支情况等因素确定的。

按照消费税法律制度的规定，自 2006 年 3 月调整后，目前已确定征收消费税的只有烟、酒、高档化妆品、贵重首饰及珠宝玉石、鞭炮和焰火、成品油、小汽车、摩托车、高尔夫球及球具、高档手表、游艇、木制一次性筷子、实木地板、电池、涂料 15 个税目，有些税目还进一步划分了若干子目。

3.1.4 消费税计税依据和应纳税额的计算

按照现行消费税法的基本规定，消费税应纳税额的计算分为从价计征、从量计征和从价从量复合计征三种方法。

1. 从价计征

实行从价计征消费税的消费品，其应纳税额的计算公式为：

应纳税额=应税消费品的销售额×比例税率

因此，从价计征消费税的计税依据为应税销售额。销售额是指纳税人销售应税消费品取得的与之相关的对价，包括全部货币或者非货币形式的经济利益。销售是指有偿转让应税消费品的所有权。

2. 从量计征

实行从量计征消费税的消费品，其应纳税额的计算公式为：

应纳税额=应税消费品的销售数量×定额税率

因此，应纳税额的多少取决于应税消费品的销售数量和定额征率两个因素。

3. 从价从量复合计征

在现行消费税的征税范围中，只有卷烟、白酒采用复合计征的方法。

应纳税额=销售额×比例税率+销售数量×定额税率

生产、销售卷烟和白酒的从量计征消费税的计税依据为实际销售数量。进口、委托加工、自产自用卷烟和白酒的从量计征消费税的计税依据分别为海关核定的进口征税数量、委托方收回数量、移送使用数量。

3.1.5 消费税的纳税义务发生时间

纳税人销售应税消费品，其纳税义务发生时间为收讫销售款项或者取得索取销售款项凭据的当天；先开具发票的，为开具发票的当天。

消费税的纳税义务发生时间根据应税行为性质和结算方式的不同，分别规定如下：

（1）纳税人销售应税消费品的，按不同的销售结算方式分为：

1）采取赊销和分期收款结算方式的，其纳税义务发生时间为书面合同约定的收款日期的当天，书面合同没有约定收款日期或者无书面合同的，为发出应税消费品的当天。

2）采取预收货款结算方式的，其纳税义务发生时间为发出应税消费品的当天。

3）采取托收承付和委托银行收款方式的，其纳税义务发生时间为发出应税消费品并办妥托收手续的当天。

4）采取其他结算方式的，其纳税义务发生时间为收讫销售款项或者取得索取销售款项凭据的当天。

（2）纳税人委托加工应税消费品的，除受托方为个人外，由受托方向委托方交货时代收代缴税款，纳税义务发生时间为受托方向委托方交货的当天。

（3）未对外销售的自用应税消费品的纳税义务发生时间为移送货物的当天。

（4）纳税人进口应税消费品的，其纳税义务发生时间为进入关境的当天。

3.2 消费税筹划原理

消费税的税收筹划可以从纳税人、计税依据、税率、纳税义务发生时间等方面入手。

我国现行的消费税与其他税种不同，其征税范围具有选择性，征税环节具有单一性，这为消费税的税收筹划提供了客观条件。由于消费税是针对特定纳税人征收的，在税收筹划中可以通过企业合并以递延税款缴纳的时间；通过调整会计核算方法，能够使消费税的计税依据发生变化，企业可以设立独立核算的经销部门将计税环节向前推移，达到节税的目的；通过选择合理的销售方式，能够递延税款缴纳，以获得相对节税的好处；通过税目中子目之间的转化，以及对应税消费品的价格和兼营、成套销售方式进行权衡，达到降低消费税税负的目的。

3.2.1 纳税人的税收筹划

1. 筹划原理

消费税法律制度规定，在中华人民共和国境内销售、委托加工和进口应税消费品的单位和个人，以及国务院确定的销售应税消费品的其他单位和个人，是消费税纳税人。

消费税是针对特定纳税人征收的，而且其征税环节具有单一性，并非在每个环节多次征收。因此，在消费税的税收筹划中可以通过企业合并以达到递延税款缴纳时间的目的。与此同时，不同环节涉及的消费税税率还可能存在差异，这就会给纳税人的消费税税负带来影响。

2. 筹划要点

合并会使原来企业间的销售环节转变为企业内部的原材料转让环节，从而递延部分消费税税款的缴纳。如果两个合并企业之间存在原材料供求关系，则在合并前，这笔原材料的转让关系为购销关系，应该按照正常的购销价格缴纳消费税；而在合并后，企业之间的原材料供应关系转变为企业内部的原材料转让关系，因此这一环节不用缴纳消费税，而是递延到以后的销售环节再缴纳。

此外，如果后一个环节的消费税税率较前一个环节低，则可直接减轻企业的消费税税负。当前一个环节应征的消费税税款延迟到后面环节征收时，后面环节的税率较低，合并前企业间的销售额因在合并后适用了较低税率，从而减轻了税负，缓解了资金占用比例高的情况。

3.2.2 计税依据的税收筹划

1. 筹划原理

按照现行消费税法的基本规定，消费税应纳税额的计算分为从价计征、从量计征和从价从量复合计征三种方法。实行从价计征消费税的计税依据是应税销售额。销售额为纳税人销售应税消费品取得的与之相关的对价，包括全部货币或者非货币形式的经济利益。实行从量计征消费税的计税依据是应税消费品的数量。对于消费税来说，确定应税消费品的销售额或应税消费品的数量是关键。销售额和包含在应税销售额内的价外费用都影响着消费税的计税依据。与此同时，消费税的征税环节具有单一性，在生产（进口）、流通或消费的某一环节征收（卷烟和超豪华小汽车除外），而非在各个环节多次征收。这在客观上也为消费税的税收筹划提供了契机。

2. 筹划要点

（1）设置独立核算的经销部门。由于消费税的征税环节具有单一性，因此从税收筹划的角度，可以在单一环节中通过减少计税依据的税收筹划方式来降低税负。在我国，消费税的大部分应税消费品只在生产出厂环节缴纳，此后的环节不需要再缴纳，为降低计税价格，应尽可能将计税环节向前推移，把一部分价值剔除在计税依据之外。

根据相关法规的规定，纳税人通过自设非独立核算门市部销售自产应税消费品，应当按门市部对外销售额或者销售量缴纳消费税。若设立独立核算的门市部，单独核算其销售额，企业就可以按照内部转让价格（非对外售价）计算缴纳消费税。因此，从调整会计核算方法出发，企业所设立的经销部或门市部能进行独立会计核算就成为税收筹划的关键。

（2）巧用包装物押金。价外费用是指价外向购买方收取的手续费、补贴、基金、集资费、返还利润、奖励费、违约金、滞纳金、延期付款利息、赔偿金、代收款项、代垫款项、包装费、包装物租金、储备费、优质费、运输装卸费以及其他各种性质的价外收费。由于税法对包装物租金、包装物押金有特殊规定，因此在消费税计税依据方面的税收筹划也可以从包装物押金入手。

随着市场经济的发展，包装的重要性越来越突出，无论是对于销售者还是购买者来说都是如此。在对应税消费品计征消费税时，包装物的价值是否随所包装的应税消费品一并计税？税法规定：第一，包装物销售。包装物连同应税消费品销售的，无论包装物是否单独作价，也不论在会计上如何核算，均应并入应税消费品的销售额中征收消费税。第二，包装物租金。包装物租金属于价外费用，凡销售应税消费品向购买方收取的价外费用，无论其会计制度如何核算，均应并入销售额计算应纳税额。第三，包装物押金。如果在销售应税消费品时包装物不作价随同产品销售，而是收取押金，那么此项押金不应并入应税消费品的销售额中征税。然而，对于逾期未收回包装物不再退还的包装物押金或者收取时间超过 12 个月的包装物押金，应并入应税消费品的销售额，按所包装的应税消费品适用的税率计算消费税应纳税额。对既作价随同应税消费品销售，又另外收取的包装物押金，凡纳税人在规定的期限内没有退还的，均应并入应税消费品的销售额，按照应税消费品的适用税率缴纳消费税。

根据税法的规定可以看出，只有符合条件的押金可以不并入销售额计算缴纳消费税，因此采用收取押金的方式比其他两种方式更有利于节税：一是企业先以押金的形式签订合同，待逾期不退还时再计算消费税，实现递延纳税；二是企业收取押金时应注意合同签订的退还时间要尽量控制在 12 个月之内。

［案例 3-1］

巧用包装物押金的税收筹划

火星制造厂从事高尔夫球杆的生产和销售业务。5月，火星制造厂向A公司销售1 000根高尔夫球杆，每根球杆的价值为2 000元（不含增值税价）；每根球杆包装后出售，包装物的价值为200元/根（不含增值税价，高尔夫球杆适用的消费税税率为10%）。

火星制造厂采用哪种方式收取包装物价款的消费税税负较轻？

【解析】

如果采用包装物随同高尔夫球杆一并销售的方式，则

销售额＝0.22×1 000＝220（万元）

应缴消费税＝220×10%＝22（万元）

如果采用收取包装物押金并约定A公司在12个月内退还包装物的形式进行销售，同时将收取的包装物押金单独入账，则

销售额＝0.2×1 000＝200（万元）

收取包装物押金＝0.02×1 000＝20（万元）

应缴消费税＝200×10%＝20（万元）

包装物押金是否缴纳消费税应视以后情况而定。如果A公司在合同约定的期限内（即12个月内）将包装物退回，则不需要再缴纳消费税、增值税；如果A公司逾期仍未退还包装物，则在12个月后火星制造厂需要再缴纳2万元的消费税以及包装物做销售处理后应缴的增值税，虽然这种方式的应纳税额没有发生变化，但推迟了包装物销售额应缴纳税款的时间。

【知识点提醒】 酒类包装物收取的押金（黄酒、啤酒除外）无论是否退还，均应并入销售额计算消费税。

3.2.3 税率的税收筹划

1. 筹划原理

根据消费税法律制度，每种应税消费品所适用的税率都有明确的规定，而且是固定的。消费税税率的基本形式包括定额税率、比例税率。消费税按不同的消费品划分税目，并在税目的基础上采用“一目一率”的方法，各种应税消费品的消费税税率之间的差别为税收筹划提供了客观条件。

2. 筹划要点

（1）利用子目转换的方法。消费税在一些税目下设置了多个子目，不同的子目适用不同的税率，而同一税目不同子目的项目具有很多共性，纳税人可以创造条件将某项子目转换为另一项子目，在不同的税率之间选择较低的税率纳税。

消费税同一税目下不同子目的划分有应税消费品品质的原因，如小汽车按汽缸容量划分子目，适用不同的消费税税率；还有按应税消费品的不同成分划分税率，如消费税中酒税目下白酒子目的从价税率为20%，其他酒类子目的税率为10%。

另外，有些子目之间由于价格的变化而导致税率跳挡，应在税率的相邻等级合理定价。应税消费品的等级不同，消费税的税率也不同。税法以单位定价为标准确定等级，即单位定价越高，等级就越高，税率也越高。例如，我国现行消费税税法规定，对卷烟的生产销售环节首先征收一道从量税，在此基础上再按不同价格征收不同的比例税率。对于每条卷烟调拨价格在70元以上（含70元）的，比例税率为56%；对于每条卷烟调拨价格在70元以下（不含70元）的，比例税率为36%。这两类卷烟的税率差别很大，而适用哪一档税率取决于卷烟的价格。也就是说，卷烟价格的分界点成为税率变化的临界点，如果卷烟价格在临界点附近，纳税人就可以主动降低价格，使卷烟类别发生变化，从而适用较低的税率。

当然，如果企业生产的是高档卷烟，其价格远高于临界点70元/条的价格，则为减轻纳税额而调低价格到70元/条以下，结果往往得不偿失。例如，企业生产卷烟的价格为150元/条，采取降低价格减轻税负的方式就不够理想。

知识链接

卷烟和啤酒无差异价格临界点

根据税法的规定，设临界点的价格为 X，令卷烟价格高于70元/条的税后利润与卷烟价格等于69.99元/条的税后利润相等，可得：

$$
\begin{aligned}
& X-\text{成本}-X\times 56\%-\text{从量税}-[X\times 56\%+\text{从量税}+(X\times 13\%-\text{进项税额})] \\
& \times(7\%+3\%) \\
& =69.99-\text{成本}-69.99\times 36\%-\text{从量税}-[69.99\times 36\%+\text{从量税} \\
& +(69.99\times 13\%-\text{进项税额})]\times(7\%+3\%)
\end{aligned}
$$

解得：

$$X=111.49\ (\text{元/条})$$

也就是说，当卷烟调拨价格在70元/条～111.49元/条时，若企业将销售价格降至69.99元/条，那么消费税税率降低给企业带来的利润增加将会弥补价格降低造成的损失。

同理，我们可计算出啤酒的无差异价格临界点（使啤酒价格高于3 000元/吨时的利润与啤酒价格等于2 999.99元/吨时的利润相等的价格）。

设临界点的价格为 X（由于其高于3 000元/吨，故适用250元的税率），销售数量为 Y，即

$$\text{应纳消费税}=250\times Y$$

$$\text{应纳增值税}=XY\times 13\%-\text{进项税额}$$

$$\text{应纳城建税及教育费附加}=[250\times Y+(XY\times 13\%-\text{进项税额})]\times(7\%+3\%)$$

$$\text{利润}=XY-\text{成本}-250\times Y-[250\times Y+(XY\times 13\%-\text{进项税额})]\times(7\%+3\%) \tag{4-1}$$

啤酒价格等于2 999.99元/吨时的利润为：

$$2\,999.99\times Y-\text{成本}-220\times Y-(220\times Y+2\,999.99\times Y\times 13\%-\text{进项税额})\times(7\%+3\%) \quad (4-2)$$

令公式（4-1）和公式（4-2）相等，有

$$X=3\,033.42\ (\text{元/吨})$$

也就是说，当临界点的价格为 3 033.42 元/吨时，两者的利润相同。当销售价格大于 3 033.42 元/吨时，纳税人才能获得节税利益。当销售价格超过 3 000 元/吨但小于 3 033.42 元/吨时，纳税人取得的利润反而低于销售价格为 2 999.99 元/吨时的利润。

（2）兼营和成套销售的问题。消费税的兼营行为是指消费税纳税人同时经营两种以上税率的应税消费品的行为。现行消费税政策规定，纳税人兼营不同税率的应税消费品，应当分别核算不同税率应税消费品的销售额和销售数量；未分别核算不同税率应税消费品的，从高适用税率。这一规定要求企业在兼营不同税率应税消费品的情况下，一方面要健全财务核算制度，做到账目清楚并分别核算各种应税消费品的销售情况；另一方面要选择合适的销售方式和核算方式，达到适用较低消费税税率的目的，从而降低税负。纳税人应针对消费税税率多档次的特点，根据税法的规定，进行必要的合并核算和分开核算，以达到节税的目的。

为促进产品销售、提高产品档次、增加产品的美观性，很多企业选择将产品搭配成礼品套装成套销售。现行消费税政策规定，纳税人将应税消费品和非应税消费品以及适用税率不同的应税消费品组成成套消费品销售的，从高适用税率。企业对于成套销售的收益与税负应进行全面权衡，看有无必要搭配成成套产品，以免造成不必要的税收负担。如果成套销售的收益大于由此增加的税负，则可以选择成套销售。

【小思考】 消费税的兼营行为和增值税的兼营行为有什么区别？

3.2.4 纳税义务发生时间的税收筹划

1. 筹划原理

企业在销售中采用不同的销售方式，纳税义务发生时间是不同的。从税收筹划的角度看，选择恰当的销售方式可以使企业合理地推迟纳税义务发生时间，递延税款缴纳。需要注意的是，企业通过选择销售方式以推迟纳税义务发生时间并没有降低企业的绝对税额，而是通过递延税款缴纳以获得相对节税的好处。

2. 筹划要点

企业通过选择不同的销售方式可以达到递延税款缴纳的目的。例如，对于一笔销售业务，企业面临赊销和直接收款销售两个选择。若企业选择直接收款销售，则应在当期确定销售额并按时缴纳消费税；若企业选择赊销，并在书面合同中约定了收款日期，则其纳税义务发生时间为合同约定的收款日当天，不仅能够递延税款缴纳，而且能节约大量流动资金。

【知识点提醒】 企业通过选择销售方式以推迟纳税义务发生时间并没有降低企业的绝对税额，而是通过递延税款缴纳以获得相对节税的好处。

3.3 企业设立业务中的消费税筹划

3.3.1 企业合并的税收筹划

消费税针对特定纳税人征收，同时消费税的征收环节具有单一性，在生产（进口）、流通或消费的某一环节征收（卷烟和超豪华小汽车除外），因此在设立环节，如果企业间的经营业务为应税消费品的上下游关系，则可以采用上下游企业合并的办法进行税收筹划，达到递延缴纳税款或节税的目的，以降低消费税税负。

例如，当两家企业之间存在应税消费品的连续生产业务（即一企业需要购买另一企业的产品作为原材料以进行连续生产，两家企业生产的产品都为消费税应税消费品）时，两家企业是否合并的选择能够影响这两家企业所缴纳的消费税税额。若两家企业分设，则提供原材料的企业需要就原材料缴纳消费税，购买原材料进行连续生产的企业也要就其最终产品缴纳消费税，应缴纳税额则为两家企业缴纳税额的总和；若两家企业合并，则提供原材料的环节无须缴税，企业只需要按最终产品计算缴纳消费税，因而两家企业的合并可以实现递延缴纳税款甚至减少应纳消费税的效果。

【知识点提醒】对于白酒类企业来说，企业的合并对于消费税的税收筹划更有意义。对于购入已税酒类继续生产白酒的企业，消费税并不能得到抵扣，而企业的合并可以直接省去上游环节的消费税税负。

[案例 3-2]

消费税纳税人的税收筹划

丙企业是一家药酒生产企业，过去一直从丁酒厂购进粮食白酒作为原料用于生产药酒。5月，丙企业从丁酒厂购进白酒200吨，不含税售价为4元/斤；销售药酒150吨，取得不含税销售收入200万元（白酒适用的消费税比例税率为20%，定额税率为0.5元/500毫升；丙企业以白酒为原料生产的药酒适用10%的消费税税率）。

如何筹划才能减轻企业的消费税税负？

【解析】

丙企业可以通过合并丁酒厂并将其作为白酒生产车间来实现降低消费税税负的目的。

现行消费税法规定，纳税人生产的应税消费品在销售时纳税；纳税人自产自用的应税消费品，用于连续生产应税消费品的，不纳税。因此，丙企业合并丁酒厂后，原来丙企业从丁酒厂购入白酒的行为将转变为企业内部原材料的转移行为，将自产自用的应税消费品用于连续生产应税消费品不需要缴纳消费税，可以实现递延缴纳消费税税款。

丙企业合并丁酒厂前：

丙企业应缴纳的消费税＝200×10%＝20（万元）

丁酒厂应缴纳的消费税＝(200×2 000×0.5＋200×2 000×4×20%)÷10 000
＝52（万元）

应纳消费税合计＝20＋52＝72（万元）

丙企业合并丁酒厂后，丁酒厂作为丙企业的白酒生产车间：

丙企业应缴纳的消费税＝200×10%＝20（万元）

丁酒厂作为丙企业的白酒生产车间，生产的应税消费品白酒对于丙企业来说实际上是用于连续生产另一种应税消费品药酒的原料，因此不需要缴纳消费税。

由此可见，通过合并丁酒厂可以节约消费税税款52万元（＝72－20)。

3.3.2 设立独立核算的销售机构的筹划

应税消费品的生产销售环节是征收消费税的主要环节，因为消费税实行单一环节征收，所以在生产销售环节征收以后，在流通环节无须再缴纳消费税。因此，消费税税收筹划的关键在于降低出厂环节的计税价格。纳税人可以通过自设独立核算门市部销售自产应税消费品，以企业的出厂销售价格作为销售额计算消费税。

[案例3-3]

调整会计核算方法的税收筹划

金元酿酒公司是一家大型酿酒企业，主要生产粮食白酒，其产品销售给全国各地的批发商。考虑到本市的零售商和部分消费者也到厂内直接购货，金元酿酒公司单独成立了一个经销部负责对本市客户销售。为加强对经销部的管理，金元酿酒公司对经销部实行“物流分类管理，财务统一核算”的管理方法。

8月，经销部共向本市销售粮食白酒20 000斤（1 000箱），金元酿酒公司按给其他批发商400元/箱的价格与经销部结算，经销部再按500元/箱的价格对外销售。财务人员按400元/箱的价格计算缴纳了消费税：

20 000×0.50＋400×1 000×20%＝10 000＋80 000＝90 000（元）

10月，税务机关对金元酿酒公司消费税的计缴情况进行检查，提出其计税方法不妥，应做必要调整，并补缴税款。其经销部应缴消费税为：

20 000×0.50＋500×1 000×20%＝10 000＋100 000＝110 000（元）

对此，金元酿酒公司的管理层表示不理解，税务稽查人员解释：金元酿酒公司的问题是经销部的会计核算方式采取了非独立核算，所以应按经销部的对外销售价格计算消费税。请问金元酿酒公司是否应该补税？

【解析】

按照相关法规的规定，纳税人通过自设非独立核算门市部销售自产应税消费品，应当按门市部对外销售额或者销售量缴纳消费税。若设立独立核算的门市部，单独核算其销售额，经销公司就可以按照原计税方法计算缴纳消费税。在此案例中，如果金元酿酒公司将经销部独立出来成立销售子公司，同时财务核算改为经销公司独立核算，就可以避免补缴税款的情况出现。

【知识点提醒】根据《国家税务总局关于加强白酒消费税征收管理的通知》（国税函［2009］380号）的规定，白酒生产企业销售给销售单位的白酒，生产企业消费税计税价格低于销售单位对外销售价格（不含增值税，下同）70%的，税务机关应核定消费税最低计税价格。因此，企业也不能一味地降低转让定价，应将其控制在合理合法的范围内。

3.4 企业销售业务中的消费税筹划

3.4.1 非成套销售的税收筹划

我国现行税法规定，纳税人将应税消费品和非应税消费品以及适用不同税率的应税消费品组成成套消费品销售的，从高适用税率。因此，企业对于成套销售的收益和税负需要进行全面衡量，以免造成不必要的损失。

从税收筹划的角度，如果成套销售中的产品皆为应税消费品且适用税率相同，则可以选择成套销售，在应纳税额不变的情况下提高销量、增加利润；如果成套销售的产品中含有非应税消费品或适用不同税率的应税消费品，则企业需要分析成套销售所带来的额外收益与应纳税额之间的关系——若成套销售的收益大于由此增加的税负，可以选择成套销售。

［案例3-4］

成套销售应税消费品的税收筹划（1）

某日化厂（一般计税方法纳税人）既生产高档化妆品又生产护发品。该日化厂现有两种销售方案：一是分别销售高档化妆品和护发品，并分别核算；二是将高档化妆品和护发品组成礼品盒销售。若分别销售，该日化厂可取得高档化妆品销售收入15万元，护发品销售收入5万元；假设以礼品盒销售，同样数量的高档化妆品和护肤品销售价格不变，为20万元。上述收入均为不含税收入。试问这两种销售方案所缴纳的消费税一样吗？（高档化妆品的消费税税率为15%。）

【解析】

对于第一种方案，若分别销售、核算，销售高档化妆品应纳消费税 2.25 万元（=15×15%），销售护发品不缴纳消费税，所以一共缴纳消费税 2.25 万元。

对于第二种方案，若将应税消费品和非应税消费品组成礼品盒销售，应根据组成礼品盒的销售金额，按应税消费品中适用最高税率的消费品的税率征税，故

应纳消费税=20×15%=3（万元）

因此，这两种方案缴纳的消费税不一样，组成礼品盒销售需要多缴消费税 0.75 万元（=3−2.25）。

［案例 3-5］

成套销售应税消费品的税收筹划（2）

某酒厂生产税率为 20%的白酒，同时生产税率为 10%的药酒。为了增加销售量，该厂将一瓶白酒（500 克）、一瓶药酒（500 克）和一把酒瓶开启器包装成一套礼品销售。其中，白酒的价格为 60 元/瓶，药酒的价格为 90 元/瓶，酒瓶开启器的价格为 50 元/把，礼品套装的价格为 200 元/套。当月，该厂对外销售白酒 10 000 瓶，总金额为 600 000 元；销售药酒 6 000 瓶，总金额为 540 000 元；销售套装 1 000 套，总金额为 200 000 元。请分析不同核算方式及成套销售模式下的消费税税额。

【解析】

该酒厂在不同情况下的税收负担如下。

（1）若三类产品单独核算，应纳消费税税额为：

白酒应纳消费税税额=10 000×0.50+600 000×20%=125 000（元）

药酒应纳消费税税额=540 000×10%=54 000（元）

套装酒应纳消费税税额=2 000×0.50+200 000×20%=41 000（元）

酒瓶开启器不用缴纳消费税。

合计应纳消费税税额=125 000+54 000+41 000=220 000（元）

（2）若三类产品未单独核算，则应采用税率从高的原则，按白酒的税率计算，应纳消费税税额为：

18 000×0.50+(600 000+540 000+200 000)×20%=277 000（元）

可以看出，将税率不同的产品分开核算后，消费税税额可减少：

277 000−220 000=57 000（元）

（3）如果不将这两类酒组成礼品套装销售，则礼品套装中的各类酒单独计算税额，应纳消费税税额为：

礼品套装中白酒的应纳消费税税额=(0.50+60×20%)×1 000=12 500（元）

礼品套装中药酒的应纳消费税税额=90×1 000×10%=9 000（元）

礼品套装合计应纳消费税税额=12 500+9 000=21 500（元）

礼品套装外的白酒应纳消费税税额=10 000×0.50+600 000×20%=125 000（元）

礼品套装外的药酒应纳消费税税额＝540 000×10%＝54 000（元）

合计应纳消费税税额＝12 500＋9 000＋125 000＋54 000＝200 500（元）

所以，礼品套装分开销售与组成礼品套装销售相比，应纳消费税税额可减少：

41 000－21 500＝19 500（元）

3.4.2 结算方式的税收筹划

我国现行消费税政策规定，消费税的纳税义务发生时间根据应税行为的性质和结算方式有不同的规定。纳税人的不同应税行为和结算方式直接影响着消费税的缴纳时间。通过合理选择结算方式，纳税人可以实现递延纳税的效果。

[案例 3-6]

选择合理结算方式的税收筹划

丽华化妆品有限公司（以下简称“丽华公司”）有以下几笔大宗业务：

(1) 1月18日，与南京甲商场签订了一笔高档化妆品销售合同，销售金额为300万元（不含税，下同），货物于4月18日、7月18日、10月18日分三批发给商场（每批100万元），货款于每批货物发出后两个月支付。丽华公司在1月底将300万元销售额计算缴纳了消费税。

(2) 1月20日，与上海乙商场签订了一笔高档化妆品销售合同，货物价值为180万元，货物于3月26日发出，货款于11月30日支付。丽华公司在3月底将180万元销售额计算缴纳了消费税。

(3) 2月8日，与北京丙商场签订了一笔高档化妆品销售合同，合同价款为100万元，货物于7月30日前发出。为了支持丽华公司的生产，丙商场在2月8日签订合同时支付货款。丽华公司在2月底将100万元销售额计算缴纳了消费税。

请从税收筹划的角度对丽华公司的上述行为进行分析。

【解析】

经分析可知，由于丽华公司的销售人员不熟悉经济合同书立对税收的影响，而财务人员对税收问题又比较谨慎，因而在业务并没有完全结束时就已经缴纳了消费税，使企业资金占压比较严重。从税收筹划的角度考虑，具体分析如下：

对于第一笔业务，由于合同没有明确销售方式，丽华公司的财务人员依法对其按直接销售处理，于业务发生当月底计算缴纳消费税45万元（＝300×15%①）。如果丽华公司的销售人员在与南京甲商场签订合同时，将这笔业务明确为分期收款结算方式销售业务，那么这笔业务一部分销售收入的纳税义务发生时间就可以向后推迟，即在4月底、7月底和10月底分别收取三笔货款时计算缴纳消费税。

对于第二笔业务，如果丽华公司的销售人员在与上海乙商场签订合同时，将这笔业务明

① 《国家税务总局关于高档化妆品消费税征收管理事项的公告》（国家税务总局公告2016年第66号）。

确为赊销业务，那么这笔业务的纳税义务27万元（=180×15%）可以向后递延8个月。

对于第三笔业务，从销售合同的性质来看，显然属于预收货款结算方式销售业务，如果丽华公司的财务人员认识到这一点，那么这笔业务的纳税义务15万元（=100×15%）可以向后推延5个月。

资料来源：改编自庄粉荣．税收筹划实战精选百例．6版．北京：机械工业出版社，2016.

3.4.3 销售价格的税收筹划

企业关于应税消费品销售价格的规定能够直接影响消费税的计税依据，从而对消费税税额造成影响。在我国现行消费税的相关规定中，对于某种特定应税消费品价格的变化，消费税的相应税目会有不同税率的区分，或者以不同子目来划分。对于消费品的不同定价，我国税法有不同的规定。卷烟、啤酒等不同的定价会有不同的税率与之对应，不同定价的小汽车适用不同的消费税政策。《财政部、国家税务总局关于对超豪华小汽车加征消费税有关事项的通知》（财税［2016］129号）规定，“小汽车”税目下增设“超豪华小汽车”子税目，征税范围为每辆零售价格130万元（不含增值税）及以上的乘用车和中轻型商用客车，即乘用车和中轻型商用客车子税目中的超豪华小汽车。对超豪华小汽车，在生产（进口）环节按现行税率征收消费税的基础上，在零售环节加征消费税，税率为10%。此外，生产（进口）环节销售（完税）价格（不含增值税）在10元/毫升（克）或15元/片（张）及以上的美容、修饰类化妆品和护肤类化妆品被认定为高档化妆品，列入应税消费品范畴，而普通化妆品免征消费税等。纳税人可以通过制定合理的销售价格，实现适用较低的消费税税率或免于征税的目标。

［案例3-7］

消费税税率的税收筹划

某卷烟厂生产的卷烟调拨价格为75元/条，当月销售2 000条。该卷烟厂如何定价才能实现消费税节税效果（暂不考虑城市维护建设税、教育费附加及地方教育附加）？

【解析】

如果不进行税收筹划，该卷烟厂应按56%的税率缴纳消费税。该卷烟厂当月的纳税和盈利情况分别为：

应纳消费税=0.003×200×2 000+75×2 000×56%=85 200（元）

该卷烟厂的卷烟价格为75元/条，与临界点70元/条相差不大，但适用税率相差20%。如果该卷烟厂主动将价格调至70元/条以下，则有可能大大减轻税负，弥补价格下降带来的损失。假设该卷烟厂将价格调至68元/条，那么企业当月的纳税和盈利情况分别为：

应纳消费税=0.003×200×2 000+68×2 000×36%=50 160（元）

通过比较可以发现，该卷烟厂降低销售价格后，销售收入减少了14 000元（=75×2 000−

68×2 000)，但应纳税额减少了 35 040 元（=85 200−50 160）。

当然，如果该卷烟厂生产的是高档卷烟，其价格远高于临界点 70 元/条，则为减轻应纳税额而将价格调到 70 元/条以下，结果往往得不偿失。例如，该卷烟厂生产卷烟的价格为 150 元/条，那么采取降低价格减轻税负的方式就不够理想。假设其他条件不变，该卷烟厂在税收筹划前后的纳税情况分别为：

税收筹划前应纳消费税=0.003×200×2 000+150×2 000×56%=169 200（元）

税收筹划后应纳消费税=0.003×200×2 000+68×2 000×36%=50 160（元）

经过比较可知，虽然降低价格后，该卷烟厂的应纳消费税降低了 119 040 元（=169 200−50 160），但销售收入减少了 164 000 元（=150×2 000−68×2 000)，最终净收益锐减。

3.4.4 以应税消费品实物抵债的税收筹划

消费税法律制度对于纳税人的某些特定行为规定了特殊条款，纳税人用于换取生产资料和消费资料、投资入股和抵偿债务等方面的应税消费品，应当以纳税人同类应税消费品的最高销售价格为依据计算消费税。纳税人将应税消费品自用于其他方面的，比如馈赠、赞助、广告等，应按纳税人生产的同类消费品的销售价格计算纳税；没有同类消费品销售价格的，按照组成计税价格计算纳税。

组成计税价格的计算公式为：

$$组成计税价格=\frac{成本+利润}{1-消费税比例税率}$$

或

$$组成计税价格=\frac{成本+利润+自用数量\times定额税率}{1-消费税比例税率}$$

“同类消费品的销售价格”是指纳税人或代收代缴义务人当月销售的同类消费品的销售价格。如果当月同类消费品各期销售价格高低不同，应按销售数量加权平均计算。销售的应税消费品销售价格明显偏低且无正当理由的，或者无销售价格的，不得列入加权平均计算。如果当月无销售或者当月未完结，应按照同类消费品上月或者最近月份的销售价格计算纳税。

当纳税人以应税消费品用于偿还债务时，要尽量采用“先销售、后抵债”的方式，防止按较高价格计税，进而增加自身税负。

[案例 3-8]

以应税消费品实物抵债的税收筹划

长江酿造厂以 500 公斤 A 牌白酒抵偿原企业经营中欠黄河粮食加工有限公司的债务。长江酿造厂当月销售 A 牌白酒的情况为：以 80 元/公斤的价格销售了 600 公斤，以 100 元/公斤的价格销售了 1 500 公斤；以 120 元/公斤的价格销售了 600 公斤。长江酿造厂对这笔抵债白酒计算缴纳的消费税为：

0.50×500×2＋80×500×20%＝500＋8 000＝8 500（元）

税务机关在稽查时提出：用以抵债的白酒应补缴消费税。请问税务机关的结论是否正确？应该如何筹划？

【解析】

税法规定，纳税人用于换取生产资料和消费资料、投资入股和抵偿债务等方面的应税消费品，应当以纳税人同类应税消费品的最高销售价格为依据计算消费税。因此，税务机关的结论是符合法律规定的。当月，长江酿造厂销售此类白酒的最高销售价格为 120 元/公斤，则这笔偿债白酒应缴纳的消费税为：

0.50×500×2＋120×500×20%＝500＋12 000＝12 500（元）

长江酿造厂应补缴消费税税款 4 000 元（＝12 500－8 500）。

如果长江酿造厂以 80 元/公斤的价格和正常的手续将 500 公斤 A 牌白酒销售给黄河粮食加工有限公司，再通过有关账户调整抵减“应付账款”，那么这笔抵债白酒就可按协议中的价格计算缴纳消费税。这样既符合税法的规定，又收到了节税的效果。

3.4.5 以应税消费品入股投资的税收筹划

当纳税人以应税消费品入股投资时，一般按照协议价格或者评估价格确定价值，只要这种协议价格或者评估价格低于其当月销售这类应税消费品的最高价格，直接以应税消费品入股投资就会比销售后再投资的方式缴纳更多的消费税。在这种情况下，可以考虑转换为“先销售、后投资”的方法。

[案例 3-9]

以应税消费品入股投资的税收筹划

某摩托车制造厂甲（以下简称“甲企业”）准备以参股的方式向乙企业投资。双方商定，甲企业以摩托车 200 辆实物入股（评估价格为 8 100 元/辆），取得乙企业 100 万股股权。甲企业当月对外销售同型号的摩托车共有三种价格：以 8 000 元/辆销售 60 辆，以 8 600 元/辆销售 80 辆，以9 000 元/辆销售 20 辆（假设甲企业所生产的摩托车气缸容量大于 250 毫升，适用的消费税税率为 10%）。请给出相应的税收筹划方案。

【解析】

甲企业的投资方案有两个。

方案一：直接以摩托车进行实物投资入股。

应缴消费税＝9 000×200×10%＝180 000（元）

方案二：先销售、后投资（销售价格为 8 100 元/辆）。

应缴消费税＝8 100×200×10%＝162 000（元）

显然，方案二比方案一减少消费税 18 000 元（＝180 000－162 000）。

3.4.6 以外币结算应税消费品的税收筹划

当纳税人销售的应税消费品以人民币以外的货币结算销售额时，应按人民币汇率中间价折合成人民币销售额以后，再计算应纳消费税税额。人民币折合率既可以采用销售发生当天的人民币汇率中间价，又可以采用当月1日的人民币汇率中间价。一般来说，外汇市场价格波动越大，选择折合率进行节税的必要性越大。如果能以较低的人民币汇率计算应纳税额，对企业就是有利的。

需要注意的是，对于每一个纳税人来说，汇率折算方法一经确定，在一年之内不得随意变动。因此，在选择汇率折算方法时，需要纳税人对未来的经济形势和汇率走势做出恰当判断。一般来说，如果在一个较长的时期内人民币处于不断升值的状态，则采用结算当日的汇率折算较为有利；反之，则采用当月1日的汇率折算较为有利。当然，当某币种处于长期升值或贬值过程中时，也不排除其币值的波动。因此，汇率折算方法的选择是从总体规划角度做出的，即使筹划得很合理，也不是每一笔销售收入都可以按相对较低的折算方法计算。

［案例3-10］

以外币结算应税消费品的税收筹划

某企业12月15日取得高档化妆品销售收入40万美元，12月1日的人民币汇率中间价为1美元：6.90元，12月15日的人民币汇率中间价为1美元：6.93元。该企业应如何进行税收筹划？

【解析】

如果采用当月1日的汇率，折合人民币276万元，应缴消费税41.4万元；如果采用结算当日的汇率，折合人民币277.2万元，应缴消费税41.58万元。两种方法相比，采用结算当日的人民币汇率中间价计算比采用当月1日的人民币汇率中间价计算多缴消费税0.18万元（=41.58−41.4）。

3.5 企业加工业务中的消费税筹划

3.5.1 委托加工与自行加工的税收筹划

生产应税消费品有两种形式：一种为自行加工应税消费品，另一种为委托加工应税消费品。我国现行消费税法规对委托加工应税消费品有特殊的规定。

我国税法规定，委托加工的应税消费品是指由委托方提供原材料和主要材料，受托方只收取加工费和代垫部分辅助材料加工的应税消费品。由受托方提供原材料或其他情形的一律不能视同委托加工应税消费品。委托加工应税消费品收回后，继续用于生产应税消费品的，其加工环节缴纳的消费税税款可以扣除。

为了避免税款流失，对于委托加工应税消费品的应纳消费税，我国采取了源泉控制的管理办法，即由受托方（受托方为个人的除外）向委托方交货时代收代缴消费税。纳税人委托个人（含个体工商户）加工应税消费品的，一律由委托方收回后在委托方所在地缴纳消费税。

委托方将收回的应税消费品以不高于受托方的计税价格出售的，为直接出售，不再缴纳消费税；委托方以高于受托方的计税价格出售的，不属于直接出售，需要按照规定申报缴纳消费税，在计税时准予扣除受托方已代收代缴的消费税。委托方收回应税消费品后，若用于连续生产应税消费品，已纳的消费税税款准予按规定抵扣。

需要注意的是，由受托方提供原材料，或受托方先将原材料卖给委托方再接受加工，以及由受托方以委托方名义购进原材料生产的应税消费品，不论纳税人在财务上是否做销售处理，都不得作为委托加工应税消费品，而应看作受托方销售自制消费品，此时消费税的纳税人为受托方。

对于委托加工的应税消费品，应按照受托方同类消费品的销售价格计算纳税；没有同类消费品销售价格的，应按照组成计税价格计算纳税。

实行从价计征办法计算纳税的组成计税价格计算公式为：

组成计税价格＝(材料成本＋加工费)÷(1－比例税率)

实行复合计税办法计算纳税的组成计税价格计算公式为：

组成计税价格＝(材料成本＋加工费＋委托加工数量×定额税率)÷(1－比例税率)

【知识点提醒】委托加工应税消费品的消费税纳税人是委托方，不是受托方，受托方承担的只是代收代缴义务。

自行加工的消费税计税依据为应税消费品的销售价格，而委托加工的消费税计税依据为同类消费品的销售价格或者组成计税价格。企业收回委托加工物资后，如果直接出售且价格低于受托方计税价格，无须缴纳消费税；如果继续生产应税消费品再出售，则需要缴纳消费税，但在计税时准予扣除受托方已代收代缴的消费税。

若企业收回委托加工产品后以高于或等于受托方的组成计税价格出售，则需要计算缴纳消费税。不同加工方式下的应纳消费税总额相同，但缴纳消费税的时间不同，企业可以选择自行加工方式，实现递延纳税的效果。

［案例 3－11］

应税消费品加工方式的税收筹划

A 公司生产高档化妆品，欲将一批价值 100 万元的原材料加工成高档化妆品，现有三种方案可供选择。

方案一：委托B公司加工成高档化妆品，加工费为70万元，收回后销售，对外售价为300万元。

方案二：委托B公司加工成初级高档化妆品，支付加工费36万元，收回后再进一步加工，支付加工费34万元。在加工完成后，对外销售价格为300万元。

方案三：自行加工，发生加工费70万元。对外销售价格为300万元。

B公司无同类消费品销售。该批高档化妆品的最终售价预计为300万元。A公司适用的高档化妆品消费税税率为15%，企业所得税税率为25%。

请问A公司采用何种加工方式的利润最高？（不考虑城市维护建设税及教育费附加。）

【解析】

方案一：

A公司完全委托加工，收回应税消费品后销售。

B公司在移交委托加工物资时，应代收代缴消费税。

B公司应代收代缴消费税＝(100＋70)÷(1－15%)×15%＝30（万元）

A公司收回委托加工物资后销售，则

需要再缴纳消费税＝300×15%－30＝15（万元）

合计应纳消费税＝30＋15＝45（万元）

A公司的税后利润＝(300－100－70－30－15)×(1－25%)＝63.75（万元）

方案二：

A公司部分委托加工，收回后继续加工成应税消费品再销售。

B公司在移交委托加工物资时，应代收代缴消费税。

B公司应代收代缴消费税＝(100＋36)÷(1－15%)×15%＝24（万元）

A公司对外销售应纳消费税＝300×15%－24＝21（万元）

合计应纳消费税＝24＋21＝45（万元）

A公司的税后利润＝(300－100－36－34－24－21)×(1－25%)＝63.75（万元）

方案三：

A公司自行加工成应税消费品直接销售。

A公司应纳消费税＝300×15%＝45（万元）

A公司的税后利润＝(300－100－70－45)×(1－25%)＝63.75（万元）

比较这三种方案，在各种因素相同的情况下，企业选择不同的加工方式对其销售业务的税后利润没有影响，这三种加工方式的应纳消费税税额相同，税后利润一致。但是，这三种加工方式下消费税的纳税时间不同，委托加工方式下在提货环节就发生了消费税的纳税义务。

需要注意的是，在实际情况中，一般企业选择委托加工方式是因为受托方的加工成本小于自行加工成本，因此完全或部分委托加工相较于自行加工来说更有优势。

3.5.2 委托加工方的选择

对于委托加工的应税消费品，应按照受托方同类消费品的销售价格计算纳税；没有同类消费品销售价格的，应按照组成计税价格计算纳税。企业在选择委托加工方时，需要考虑受托方有无同类消费品销售。若受托方有同类消费品销售，且同类消费品的销售价格高于委托加工消费品的最终销售价格，就会带来消费税应纳税额的增加。若受托方有同类消费品销售但其销售价格低于应税消费品最终的销售价格，或受托方无同类消费品销售，需要用组成计税价格代收代缴消费税，则不会加重委托方的消费税负担。

【知识点提醒】纳税人对接受委托加工的受托方所在地的选择也会影响最终税负。我国税法规定，凡缴纳增值税、消费税的单位及个人，都是城市维护建设税的纳税人。在计算受托方代收代缴消费税时，应同时计算应纳城市维护建设税和教育费附加。在其他条件相同的情况下，选择委托加工方时，应选择农村地区的委托加工方，其城市维护建设税税率最低。

小思考：为什么在受托方无同类消费品销售的情况下，采取委托加工的方式不会加重委托方的消费税负担？

本章小结

消费税是以特定消费品和特定消费行为为征税对象所征收的一种税。消费税的税收筹划包括纳税人的税收筹划、计税依据的税收筹划、税率的税收筹划和纳税义务发生时间的税收筹划等。消费税的筹划方法包括企业设立业务中的消费税筹划、企业销售业务中的消费税筹划、企业加工业务中的消费税筹划等。

关键术语

无差异价格临界点　组成计税价格　委托加工

思考题

1. 简述消费税纳税人的税收筹划方法。
2. 如何通过选择合理的销售方式进行消费税筹划？
3. 简述消费税税率的筹划原理及方法。
4. 简述以应税消费品进行实物抵债的税收筹划方法。
5. 简述以应税消费品投资入股的税收筹划方法。
6. 如何选择合理的加工方式以进行税收筹划？

习 题

1. 甲公司为一家大型日用品生产企业，主要从事高档化妆品和护肤、护发品的生产销售业务。为了吸引消费者的眼球、扩大销量，该公司决定将高档化妆品与护肤、护发品包装成成套产品进行销售。甲公司取得高档化妆品的销售额为800万元，护肤、护发品的销售额为400万元，包装费收入为200万元，包装费的成本为150万元（高档化妆品的消费税税率为15%，上述金额均不含税）。

请从税收的角度分析甲公司的销售方案是否最佳。若不是，请设计能合理降低公司税负的税收筹划方案。

2. 大兴公司主要从事小汽车的生产销售业务，由于经营状况不佳，大兴公司无法偿还所欠新华橡胶厂的购货款。6月，大兴公司与新华橡胶厂达成债务重组协议，大兴公司将以自产的20辆小汽车抵偿所欠新华橡胶厂的货款。大兴公司当月同型号小汽车的平均售价为26万元/辆（不含税，下同），最高售价为30万元/辆（假定该类小汽车的消费税税率为5%）。

请计算大兴公司就此项债务重组业务应缴纳的消费税税额。从降低消费税税负的角度出发，大兴公司应如何进行税收筹划？

第4章 企业所得税的税收筹划

［学习提示］ 本章主要介绍企业所得税的税收筹划方法与技巧，然后从企业所得税的筹划原理出发，讲述了企业设立业务、企业投资业务、企业融资业务、企业销售业务、企业采购业务、企业经营过程、企业研发业务、企业重组业务的税收筹划方法和案例。通过本章的学习，学生应掌握企业所得税的最新政策及税收筹划方法。

案例导入

日本日清食品公司在中国收购花生，临时派出它的一个海上车间，在中国大连港口停留了28天，将收购的花生加工成花生米，将花生皮压碎制成花生皮制板后再返售给中国。日清食品公司既没有在中国设立实际管理机构，又没有设立机构、场所，仅在大连港口停驻了海上车间。因此，按照《中华人民共和国企业所得税法》的规定，日清食品公司属于非居民企业，不必为其获得的花生皮制板收入向中国政府缴纳25%的企业所得税，只需要按照10%的税率缴纳预提所得税。

这是跨国纳税人利用海上作业，就地收购原料、就地加工、就地出售的典型节税案例。日清食品公司采取这样的措施，不仅能够缩短生产周期、提高资金的周转率，而且通过成功节税实现了税后收益最大化，因而是一个有效的税收筹划案例。从这一案例的操作原理及方法来看，它符合国际税收惯例的要求。

4.1 企业所得税概述

4.1.1 纳税人

1. 居民企业

（1）居民企业的概念。《中华人民共和国企业所得税法》（以下简称《企业所得税法》）

第二条规定，企业分为居民企业和非居民企业。

这里所指的居民企业，是指依法在中国境内成立，或者依照外国（地区）法律成立但实际管理机构在中国境内的企业。居民企业包括两大类：一类是依照中国法律、行政法规在中国境内成立的企业、事业单位、社会组织以及其他取得收入的组织；另一类是依照外国（地区）法律成立的企业和其他取得收入的组织。

（2）居民企业的税收政策。居民企业承担全面的纳税义务，对本企业的一切所得纳税，即居民企业应当就其在中国境内外的所得缴纳企业所得税。

实际管理机构

这里的所得包括销售货物所得，提供劳务所得，转让财产所得，股息、红利等权益性投资所得，利息所得，租金所得，特许权使用费所得，接受捐赠所得和其他所得。

2. 非居民企业

（1）非居民企业的概念。非居民企业是指依照外国（地区）法律成立且实际管理机构不在中国境内，但在中国境内设立机构、场所的，或者在中国境内未设立机构、场所，但有来源于中国境内所得的企业。

机构、场所的规定

【小思考】在韩国注册成立的一家电子制造公司，在上海设立了一条元件生产线为该公司生产某型号的元件。请问该公司属于我国的居民企业还是非居民企业？

（2）非居民企业的税收政策。

第一，非居民企业在中国境内设立机构、场所的，应当就其所设机构、场所取得的来源于中国境内的所得，以及发生在中国境外但与其所设机构、场所有实际联系的所得缴纳企业所得税。

这里所说的实际联系，是指非居民企业在中国境内设立的机构、场所拥有据以取得所得的股权、债权，以及拥有、管理、控制据以取得所得的财产等。例如，日本一家企业在中国设立的营业机构（非实际管理机构）属于中国的非居民企业。如果该营业机构对中国境内的一家中国企业进行股权投资，其所获得的股息、红利等权益性收益就可被认定为与该营业机构有实际联系的所得，应就其股息、红利所得缴纳企业所得税。

第二，非居民企业在中国境内未设立机构、场所的，或者虽设立机构、场所，但取得的所得与其所设机构、场所没有实际联系的，应当就其来源于中国境内的所得缴纳企业所得税。

非居民企业的税收政策相对复杂，而且适用较为复杂的税率制度，这里将非居民企业适用的税率归纳为图 4-1。

居民企业和非居民企业都属于企业所得税的纳税人，我国之所以对居民企业与非居民企业进行区分，关键是为了区分不同的纳税义务。当然，这对纳税主体的税收实践将产生深远的影响。

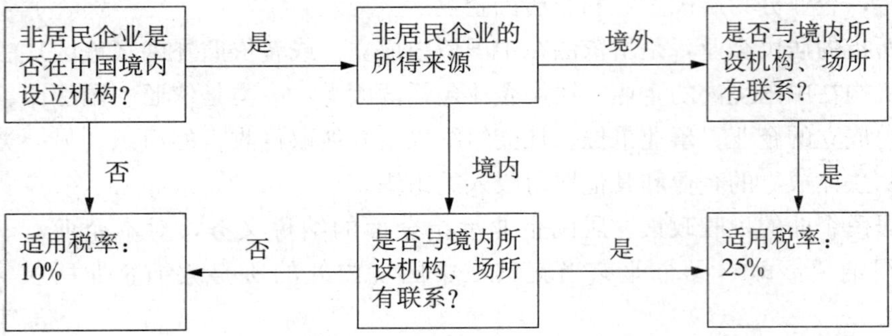

图 4-1 非居民企业适用的税率

【即学即用】 在下列关于非居民企业征税对象的说法中，正确的有（　　）。

A. 非居民企业应以来源于中国境内、境外的所得为征税对象

B. 非居民企业在中国境内设立机构、场所的，应当以其所设机构、场所取得的来源于中国境内的所得为征税对象

C. 非居民企业在中国境内设立机构、场所的，应当以其发生在中国境外但与其所设机构、场所有实际联系的所得为征税对象

D. 非居民企业在中国境内未设立机构、场所的，应当以来源于中国境内的所得为征税对象

答案： BCD

解析： 根据《企业所得税法》及其实施条例的规定，非居民企业在中国境内设立机构、场所的，应当就其所设机构、场所取得的来源于中国境内的所得，以及发生在中国境外但与其所设机构、场所有实际联系的所得缴纳企业所得税；非居民企业在中国境内未设立机构、场所的，应当就其来源于中国境内的所得缴纳企业所得税。

3. 子公司与分公司

根据《中华人民共和国公司法》的规定，子公司具有法人资格，依法独立承担民事责任；分公司不具有法人资格，其民事责任由总公司承担。子公司和分公司存在较大差别。

（1）子公司是企业所得税的独立纳税人。子公司是相对于母公司而言的，是指被另一家公司（母公司）有效控制的下属公司，或者是母公司直接或间接控制的一系列公司中的一家公司。子公司是一个独立企业，具有独立的法人资格。

由于子公司具有独立的法人资格，因而在设立所在国被视为居民企业，通常要履行与该国其他居民企业一样的全面纳税义务，同时能享受所在国为新设公司提供的免税期或其他税收优惠政策。但是，建立子公司一般需要复杂的手续，并且财务制度较为严格，必须独立开设账簿，并需要复杂的审计和证明，其经营亏损不能冲抵母公司的利润，因而子公司与母公司的交易往往是税务机关反避税审查的重点内容。

（2）分公司不是企业所得税的独立纳税人。分公司是指独立核算的、进行全部或部分经营业务的分支机构，如分厂、分店等。分公司是企业的组成部分，不具有独立的法人资格。

《企业所得税法》第五十条规定，居民企业在中国境内设立不具有法人资格的营业机

构的，应当汇总计算并缴纳企业所得税。汇总纳税是指一个企业总机构和其分支机构的经营所得，通过汇总纳税申报的办法实现所得税的汇总计算和缴纳。

我国实行法人所得税制度。法人所得税制度要求总、分公司汇总计算缴纳企业所得税，因此设立分支机构，使其不具有法人资格，就可由总公司汇总缴纳企业所得税。这样可以实现总、分公司之间的盈亏互抵，从而合理减轻税收负担。

汇总纳税

4.1.2 计税依据

1. 应纳税所得额的计算

《中华人民共和国企业所得税法实施条例》（以下简称《企业所得税法实施条例》）第九条规定，企业应纳税所得额的计算，以权责发生制为原则，属于当期的收入和费用，不论款项是否收付，均作为当期的收入和费用；不属于当期的收入和费用，即使款项已经在当期收付，均不作为当期的收入和费用。

权责发生制将企业的经济权利和经济义务是否发生作为计算应纳税所得额的依据，强调企业收入与费用的时间配比，要求企业收入与费用的确认时间不得提前或滞后。企业在不同纳税期间享受不同税收优惠政策时，坚持按权责发生制原则计算应纳税所得额，可以有效防止企业利用收入和支出确认时间的不同规避税收。另外，《企业会计准则》规定，企业要以权责发生制为原则确认当期收入或费用，计算企业的生产经营成果。《企业所得税法》与《企业会计准则》采用同一原则确认当期的收入或费用。

《企业所得税法》第五条规定，企业每一纳税年度的收入总额，减除不征税收入、免税收入、各项扣除以及允许弥补的以前年度亏损后的余额，为应纳税所得额。应纳税所得额的计算公式如下：

$$应纳税所得额=收入总额-不征税收入-免税收入-各项扣除-\begin{matrix}允许弥补的\\以前年度亏损\end{matrix}$$

在计算应纳税所得额时，企业财务、会计处理办法与税收法律、行政法规的规定不一致的，应当依照税收法律、行政法规的规定计算纳税。

2. 收入项目

（1）收入的类型。为防止纳税人将应征税的经济利益排除在应税收入之外，《企业所得税法》规定企业的收入总额包括以货币形式和非货币形式从各种来源取得的收入。

《企业所得税法实施条例》规定收入的货币形式包括现金、存款、应收账款、应收票据、准备持有至到期的债券投资以及债务的豁免等；收入的非货币形式界定为固定资产、生物资产、无形资产、股权投资、存货、不准备持有至到期的债券投资、劳务以及有关权益等。由于取得的货币形式收入的金额是确定的，而取得的非货币形式收入的金额是不确定的，因此企业在计算非货币形式收入时，必须按一定标准折算为确定的金额，即企业取得的非货币形式收入应按照公允价值确定收入额。

收入总额中的下列收入为不征税收入：财政拨款；依法收取并纳入财政管理的行政事业性收费、政府性基金；国务院规定的其他不征税收入。

企业的下列收入为免税收入：国债利息收入；符合条件的居民企业之间的股息、红利等权益性投资收益；在中国境内设立机构、场所的非居民企业从居民企业取得的与该机构、场所有实际联系的股息、红利等权益性投资收益；符合条件的非营利组织的收入。

【小思考】A公司和B公司均为我国的居民企业，A公司从2016年开始持有B公司40%的股权。2022年，B公司将税后净利润中的100万元用于分配，A公司分得股息收入50万元。请问A公司取得的股息收入是否可以享受免征企业所得税的优惠？

（2）收入的确认时间。

第一，转让财产收入是指企业转让固定资产、生物资产、无形资产、股权、债权等财产取得的收入。对于企业转让股权的收入，应于转让协议生效且完成股权变更手续时，确认收入的实现。

第二，股息、红利等权益性投资收益是指企业因权益性投资从被投资方取得的收入。对于股息、红利等权益性投资收益，除国务院财政、税务主管部门另有规定外，应按照被投资方做出利润分配决定的日期确认收入的实现。

第三，利息收入是指企业将资金提供给他人使用但不构成权益性投资，或者因他人占用该企业资金取得的收入，包括存款利息、贷款利息、债券利息、欠款利息等收入。对于利息收入，应按照合同约定的债务人应付利息的日期确认收入的实现。

第四，租金收入是指企业提供固定资产、包装物或者其他有形资产的使用权取得的收入。对于租金收入，应按照合同约定的承租人应付租金的日期确认收入的实现。

第五，特许权使用费收入是指企业提供专利权、非专利技术、商标权、著作权以及其他特许权的使用权取得的收入。对于特许权使用费收入，应按照合同约定的特许权使用人应付特许权使用费的日期确认收入的实现。

第六，接受捐赠收入是指企业接受的来自其他企业、组织或者个人无偿给予的货币性资产、非货币性资产。对于企业接受的捐赠收入，应按照实际收到捐赠资产的日期确认收入的实现。

第七，其他收入是指企业取得的除以上收入外的其他收入，包括企业资产溢余收入、逾期未退包装物押金收入、确实无法偿付的应付款项、已做坏账损失处理后又收回的应收款项、债务重组收入、补贴收入、违约金收入、汇兑收益等。

（3）分期确认收入的项目。

第一，以分期收款方式销售货物的，按照合同约定的收款日期确认收入的实现。

这是纳税必要资金原则的体现，即在没有纳税必要资金的情况下，允许企业将所得递延。

第二，企业受托加工制造大型机械设备、船舶、飞机以及从事建筑、安装、装配工程业务或者提供其他劳务等，持续时间超过12个月的，按照纳税年度内的完工进度或者完成的工作量确认收入的实现。

企业受托加工制造大型机械设备、船舶等以及从事建筑、安装、装配工程业务和提供劳务，持续时间通常分属于不同的纳税年度，甚至会跨越数个纳税年度，而且涉及的金额一般比较大。为了及时反映各纳税年度的应税收入，通常不能等到合同完工或进行结算时才确定应税收入。企业按照完工进度或者完成的工作量对跨纳税年度的特殊劳务确认收入和扣除进行纳税，也有利于保证跨纳税年度的收入在不同纳税年度得到及时确认，保证税收收入的均衡入库。

(4) 采取产品分成方式取得的收入。税法规定，采取产品分成方式取得收入的，按照企业分得产品的日期确认收入的实现，其收入额按照产品的公允价值确定。

3. 扣除项目

(1) 税前允许扣除的项目。

第一，企业实际发生的与取得收入有关的合理支出，包括成本、费用、税金、损失和其他支出，准予在计算应纳税所得额时扣除。

第二，企业发生的公益性捐赠支出，在年度利润总额12%以内的部分，准予在计算应纳税所得额时扣除。超过年度利润总额12%的部分，准予结转以后三年内在计算应纳税所得额时扣除。

第三，企业按照规定计算的固定资产折旧，准予扣除。但是，下列固定资产不得计算折旧扣除：房屋、建筑物以外未投入使用的固定资产；以经营租赁方式租入的固定资产；以融资租赁方式租出的固定资产；已足额提取折旧仍继续使用的固定资产；与经营活动无关的固定资产；单独估价作为固定资产入账的土地；其他不得计算折旧扣除的固定资产。

第四，企业按照规定计算的无形资产摊销费用，准予扣除。但是，下列无形资产不得计算摊销费用并扣除：自行开发的支出已在计算应纳税所得额时扣除的无形资产；自创商誉；与经营活动无关的无形资产；其他不得计算摊销费用扣除的无形资产。

第五，企业发生的下列支出，作为长期待摊费用，按照规定摊销的，准予扣除：已足额提取折旧的固定资产的改建支出；租入固定资产的改建支出；固定资产的大修理支出；其他应当作为长期待摊费用的支出。

第六，企业对外投资期间，投资资产的成本在计算应纳税所得额时不得扣除（但投资未上市中小高新技术企业，以及种子期、初创期科技型企业的，按投资额的70%抵扣应纳税所得额）。

第七，企业使用或者销售存货，按照规定计算的存货成本，准予在计算应纳税所得额时扣除。

第八，企业转让资产，该项资产的净值准予在计算应纳税所得额时扣除。

第九，企业在纳税年度内发生的亏损，准予向以后年度结转，用以后年度的所得弥补，但结转年限最长不得超过5年（高新技术企业和科技型中小企业的亏损结转年限由5年延长至10年）。

第十，企业发生的职工教育经费支出，不超过工资、薪金总额8%的部分，准予在计算企业所得税应纳税所得额时扣除；超过部分，准予在以后纳税年度结转扣除。

第十一，对化妆品制造或销售、医药制造和饮料制造（不含酒类制造）企业发生的广告费及业务宣传费支出，不超过当年销售（营业）收入30%的部分，准予扣除；超过的部分，准予在以后纳税年度结转扣除。

【小思考】在会计上以公允价值计量的投资性房地产，是否可以计提折旧或者摊销在企业所得税前扣除?

（2）不得扣除的项目。

第一，向投资者支付的股息、红利等权益性投资收益款项。

第二，企业所得税税款。

第三，税收滞纳金。

第四，罚金、罚款和被没收财物的损失。

第五，超过规定标准的捐赠支出。

第六，赞助支出。

第七，未经核定的准备金支出。

第八，企业之间支付的管理费，企业内营业机构之间支付的租金和特许权使用费，以及非银行企业内营业机构之间支付的利息。

第九，与取得收入无关的其他支出。

【即学即用】 在下列各项中，在计算应纳税所得额时不得扣除的项目是（　　）。

A. 坏账准备金

B. 利润分红支出

C. 企业违反销售协议被采购方索取的罚款

D. 违反食品卫生法被政府处以的罚款

答案：ABD

解析：《企业所得税法》中规定不可税前扣除的罚款是指行政性罚款，企业违反销售协议被采购方索取的罚款可以税前扣除。

4.1.3 税　率

1. 基本税率

《企业所得税法》第四条规定，企业所得税的税率为25%。

在中国境内没有设立机构、场所，或者虽然设立机构、场所，但来源于中国境内的与所设机构、场所没有实际联系的所得，适用20%的企业所得税税率。按《企业所得税法实施条例》的规定，上述所得减按10%的税率征收企业所得税。例如，一家美国建筑设计公司在中国境内没有设立机构、场所，那么对其来源于上海某建设单位的特许权使用费收入应按10%的税率征收企业所得税。

2. 优惠税率

（1）小型微利企业的低税率。《企业所得税法》第二十八条规定，符合条件的小型微利企业，减按20%的税率征收企业所得税。

我国对小型微利企业的优惠力度与范围进一步放宽：对小型微利企业年应纳税所得额不超过100万元的部分，减按12.5%计入应纳税所得额，按20%的税率缴纳企业所得税；对年应纳税所得额超过100万元但不超过300万元的部分，减按25%计入应纳税所得额，按20%的税率缴纳企业所得税。

上述小型微利企业是指从事国家非限制和禁止行业，同时符合年度应纳税所得额不超过 300 万元、从业人数不超过 300 人、资产总额不超过 5 000 万元三个条件的企业。

(2) 高新技术企业的低税率。《企业所得税法》第二十八条规定，国家需要重点扶持的高新技术企业，减按 15%的税率征收企业所得税。

(3) 软件企业和集成电路企业的低税率。

第一，集成电路线宽小于 0.25 微米或投资额超过 80 亿元的集成电路生产企业，经认定后，减按 15%的税率征收企业所得税。

高新技术企业认定条件

第二，国家规划布局内的重点软件企业和集成电路设计企业，当年未享受免税优惠的，可减按 10%的税率征收企业所得税。

(4) 技术先进型服务企业的低税率。自 2018 年 1 月 1 日起，在全国范围内，对经认定的技术先进型服务企业（服务贸易类），减按 15%的税率征收企业所得税。

(5) 其他企业的低税率。自 2011 年 1 月 1 日起至 2020 年 12 月 31 日止，设在西部地区的鼓励类产业企业适用 15%的税率计算缴纳企业所得税。对设在广东横琴新区、福建平潭综合实验区和深圳前海深港现代服务业合作区的鼓励类产业企业，减按 15%的税率征收企业所得税。

【小思考】适用 25%税率的企业从高新技术企业分得的股息收入是否需要补缴企业所得税？

4.1.4 企业所得税优惠政策

1. 农、林、牧、渔业减免税优惠政策

(1) 企业从事下列项目的所得，免征企业所得税：

第一，蔬菜、谷物、薯类、油料、豆类、棉花、麻类、糖料、水果、坚果的种植。

第二，农作物新品种的选育。

第三，中药材的种植。

第四，林木的培育和种植。

第五，牲畜、家禽的饲养。

第六，林产品的采集。

第七，灌溉、农产品初加工、兽医、农技推广、农机作业和维修等农、林、牧、渔业服务项目。

第八，远洋捕捞。

第九，以“公司＋农户”经营模式从事农、林、牧、渔业项目生产的企业，享受减免企业所得税优惠政策。

(2) 企业从事下列项目的所得，减半征收企业所得税：

第一，花卉、茶以及其他饮料作物和香料作物的种植。

第二，海水养殖、内陆养殖。

国家禁止和限制发展的项目，不得享受上述税收优惠。

2. 其他减免税优惠政策

（1）从事国家重点扶持的公共基础设施项目①投资经营的所得。企业从事国家重点扶持的公共基础设施项目投资经营的所得，自项目取得第一笔生产经营收入所属纳税年度起，第一年至第三年免征企业所得税，第四年至第六年减半征收企业所得税。企业承包经营、承包建设和内部自建自用同类项目，不得享受上述企业所得税优惠。

【即学即用】 A企业从事国家重点扶持的公共基础设施项目的投资经营，2017年领取营业执照，2018年取得第一笔生产经营收入，但总体亏损，直到2019年才开始盈利。从（　　）起，该企业享受第一年至第三年免征企业所得税，第四年至第六年减半征收企业所得税的优惠政策。

A. 2017年　　B. 2018年　　C. 2019年　　D. 2020年

答案：B

解析：根据税法的规定，企业从事国家重点扶持的公共基础设施项目投资经营的所得，自项目取得第一笔生产经营收入所属纳税年度起享受“三免三减半”的优惠政策。

（2）从事符合条件的环境保护、节能节水项目的所得。企业从事符合条件的环境保护、节能节水项目的所得，自项目取得第一笔生产经营收入所属纳税年度起，第一年至第三年免征企业所得税，第四年至第六年减半征收企业所得税。

符合条件的环境保护、节能节水项目，包括公共污水处理、公共垃圾处理、沼气综合开发利用、节能减排技术改造、海水淡化等。此类项目的具体条件和范围由国务院财政、税务主管部门及国务院有关部门制定，报国务院批准后公布施行。

上述（1）和（2）中享受减免税优惠的项目，在减免税期限内转让的，受让方自受让之日起，可以在剩余期限内享受规定的减免税优惠；减免税期限届满后转让的，受让方不得就该项目重复享受减免税优惠。

【知识点提醒】符合条件的集成电路封装、测试企业以及集成电路关键专用材料生产企业、集成电路专用设备生产企业，在2017年前（含2017年）实现获利的，自获利年度起，第一年至第二年免征企业所得税，第三年至第五年按照25%的法定税率减半征收企业所得税，并享受至期满为止；2017年前未实现获利的，自2017年起计算优惠期，享受至期满为止。

（3）符合条件的技术转让所得。符合条件的技术转让所得免征、减征企业所得税，是指一个纳税年度内居民企业转让技术所有权所得不超过500万元的部分免征企业所得税，超过500万元的部分减半征收企业所得税。

在中关村国家自主创新示范区特定区域内注册的居民企业，符合条件的技术转让所得，在一个纳税年度内不超过2 000万元的部分，免征企业所得税；超过2 000万元的部分，减半征收企业所得税。

3. 加计扣除优惠政策

企业的下列支出，可以在计算应纳税所得额时加计扣除：

---

① 国家重点扶持的公共基础设施项目是指《公共基础设施项目企业所得税优惠目录》规定的港口码头、机场、铁路、公路、电力、水利等项目。

（1）企业开展研发活动中实际发生的研发费用，未形成无形资产计入当期损益的，在按规定据实扣除的基础上，按照本年度实际发生额的 75%，从本年度应纳税所得额中扣除；形成无形资产的，按照无形资产成本的 175%在税前摊销。①

企业开展研发活动中实际发生的研发费用，未形成无形资产计入当期损益的，在按规定据实扣除的基础上，在 2018 年 1 月 1 日至 2020 年 12 月 31 日期间，再按照实际发生额的 75%在税前加计扣除；形成无形资产的，在上述期间按照无形资产成本的 175%在税前摊销。②

（2）安置残疾人员及国家鼓励安置的其他就业人员所支付的工资。企业安置残疾人员的，在按照支付给残疾职工的工资据实扣除的基础上，按照支付给上述人员工资的 100%加计扣除。

4. 创业投资额抵扣政策

创业投资企业采取股权投资方式投资于未上市的中小高新技术企业两年以上的，可以按照其投资额的 70%在股权持有满两年的当年抵扣该创业投资企业的应纳税所得额；当年不足抵扣的，可以在以后纳税年度结转抵扣。

从 2018 年 1 月 1 日起，对创业投资企业投资种子期、初创期科技型企业的，可享受按投资额的 70%抵扣应纳税所得额的优惠政策；自 2018 年 7 月 1 日起，将享受这一优惠政策的投资主体由公司制和合伙制创业投资企业的法人合伙人扩大到个人投资者。政策生效前两年内发生的投资也可享受前述优惠。

5. 减计收入优惠政策

企业综合利用资源，生产符合国家产业政策规定的产品所取得的收入，可以在计算应纳税所得额时减计收入。该项减计收入的优惠政策具体是指企业以《资源综合利用企业所得税优惠目录》规定的资源作为主要原材料，生产非国家限制和禁止并符合国家和行业相关标准的产品取得的收入，减按 90%计入收入总额。

该优惠政策相当于无限期延长减免期限，采用直接减计收入的形式拓展了减免基数，使税收优惠政策更加科学合理。

6. 税额抵免政策

企业购置并实际使用《环境保护专用设备企业所得税优惠目录》、《节能节水专用设备企业所得税优惠目录》和《安全生产专用设备企业所得税优惠目录》规定的环境保护、节能节水、安全生产等专用设备，其设备投资额的 10%可以从企业当年的应纳税额中抵免；当年不足抵免的，可以在以后 5 个纳税年度结转抵免。

需要注意的是，享受该项企业所得税优惠的企业，应当实际购置并自身实际投入使用前款规定的专用设备；企业购置上述专用设备在 5 年内转让、出租的，应当停止享受企业所得税优惠，并补缴已经抵免的企业所得税税款。

税法对“环境保护、节能节水、安全生产”实行界定和投资抵免，支持对社会层面的

① 自 2018 年 1 月 1 日起，取消企业委托境外研发费用不得加计扣除的限制。

② 自 2021 年 1 月 1 日起，制造业企业加计扣除比例提高到 100%，形成无形资产的，按照无形资产成本的 200%在税前摊销。

投资，而不是简单企业层面（如增加效能、增加产量）的技术改造，从而扩大了外延，更具广泛性和针对性。

7. 新购进研发设备税前扣除优惠政策

自 2018 年 1 月 1 日至 2020 年 12 月 31 日，将享受当年一次性税前扣除优惠的企业新购进研发仪器、设备单位价值上限，从 100 万元提高到 500 万元。

需要注意的是，所有行业企业持有的单位价值不超过 5 000 元的固定资产，可以一次性在计算应纳税所得额时扣除，不再分年度扣除折旧。

8. 以前年度亏损结转优惠政策

一般企业允许在连续不超过 5 年内结转以前年度的亏损。需要注意的是，自 2018 年 1 月 1 日起，高新技术企业和科技型中小企业的亏损结转年限由 5 年延长至 10 年。

【小思考】企业购置了一台符合税法规定的安全生产专用设备，在计算企业所得税投资抵免额时，专用设备投资额是否包括增值税进项税额？

4.2 企业所得税筹划原理

从原则上说，企业所得税的税负水平主要取决于税基、税前扣除、税率和税收优惠。税基越宽，税率越高，税负就越重；或者说税前扣除越大，税收优惠越多，税负就越轻。企业所得税无论是税基的宽窄、税率的高低还是税收优惠的多少都有较大的弹性幅度，税收筹划空间较大。在企业所得税的税收筹划中，应该结合税收筹划的基本方法和企业的经营规模，合理安排企业设立、投资、融资、销售、采购、经营、研发、并购重组等环节的相关活动，通过合理安排所得使收入最小化、扣除项目最大化，或是合法地选择取得所得的时点等方法，实现免除纳税义务、减少纳税义务、递延纳税义务以及降低税收风险等目标。

4.2.1 收入项目的税收筹划

1. 不征税收入的税收筹划

（1）筹划原理。不征税收入是税法从根本上不予纳入征税范围的一种收入，在计算应纳税所得额时从收入总额中减除。《企业所得税法实施条例》规定，企业收入总额中的下列收入为不征税收入：财政拨款；依法收取并纳入财政管理的行政事业收费、政府性基金；国务院规定的其他不征税收入。不征税收入用于支出所形成的费用，不得在计算应纳税所得额时扣除；不征税收入用于支出所形成的资产，其计算的折旧、摊销不得在计算应纳税所得额时扣除。

（2）筹划要点。不征税收入的筹划要点是对不征税收入的用途进行考虑，不征税收入会减少应纳税额，但不征税收入形成的支出不得在税前扣除又会导致应纳税额的增加，因此要在两者之间进行比较。例如，企业收到了政府补助性收入，当收到的政府补助性收入用于补偿企业以后年度的相关费用或损失的，若将其作为不征税收入，则会导致本年应纳税所得额不变，以后年度应纳税所得额增加；若将其作为征税收入，则会导致本年应纳税所得额增加。考虑到资金的时间价值，应该将其作为不征税收入。与此同时，企业对其取得的不征税收入以及不征税收入所形成的支出和资产要单独核算，以免由于核算不清而被划入征税的范围。

2. 免税收入的税收筹划

(1) 筹划原理。免税收入是指属于企业的应税所得但按照税法规定免予征收企业所得税的收入，实质是一种税收优惠。企业的下列收入为免税收入：国债利息收入；符合条件的居民企业之间的股息、红利等权益性投资收益；在中国境内设立机构、场所的非居民企业从居民企业取得的与该机构、场所有实际联系的股息、红利等权益性投资收益；符合条件的非营利性组织的收入。

(2) 筹划要点。企业取得的各项免税收入所对应的成本与费用，除另有规定者外，可以在计算企业应纳税所得额时扣除。企业应该合理安排相关活动，使得收入符合免税收入的相关规定，从而享受该税收优惠。当企业有闲置资金时，可以与其他投资项目进行比较，准确估计项目的收益率，在取得同等收益率的情况下优先购买国债和权益性投资。需要注意的是，非营利性组织在进行税收筹划时，要分清非营利性收入和营利性收入，不能分清的，不能视为免税收入。

【小思考】 不征税收入与免税收入所对应的成本与费用能否税前扣除？

4.2.2 扣除项目的税收筹划

1. 成本的税收筹划

(1) 筹划原理。成本是所得税税前扣除项目之一，在税率一定的情况下，应纳税额的大小与成本的大小成反比，即成本越大，纳税人的税收负担越轻。因此，如果能够控制成本，也就控制了应纳税额，即应纳税额的控制可以通过成本的控制来实现。

(2) 筹划要点。在企业所得税中，成本项目的税收筹划可以从以下几个方面进行：

第一，合理处理成本的归属对象及归属期间。纳税人必须将经营活动中发生的成本合理划分为直接成本和间接成本。特别是对于既生产应税产品又生产免税产品的企业，合理确定直接成本和间接成本的归属对象及归属期间显得尤为重要。

第二，成本结转处理方法的税收筹划。成本结转处理方法主要包括约当产量法、完工产品计算法、定额成本计价法等。税法并没有限制使用哪一种方法，采用不同的成本结转处理方法对完工产品成本结转的影响很大，企业应根据实际情况选择适当的方法。

第三，成本核算方法的税收筹划。成本核算方法主要包括品种法、分批法、分步法三种基本方法，每一种方法对产成品成本会产生很大的影响，所以合理选择成本核算方法能够影响企业的产成品价值。

第四，成本与费用在存货、资本化对象或期间费用之间的选择。如果企业的某项成本与费用能在存货与资本化对象之间进行选择，对于纳税人而言，应该尽可能选择计入存货成本，这样可以加快其税前扣除速度。如果企业发生的某项成本与费用可以在存货与期间费用之间选择，从企业所得税的角度来说，应该计入期间费用，因为期间费用在当期就可以得到扣除。

知识链接

对于存货中的包装物和低值易耗品，《企业会计准则》规定了多种可选择的摊销方法，比如一次转销法、分期摊销法或五五摊销法等。税法规定，未做固定资产管理的工具、器具等作为低值易耗品的，可以一次或分期扣除。对此，《企业会计准则》与税法的规定基本一致。

企业对于低值易耗品和包装物在领用时可以进行一次摊销，直接计入当期费用以减少当期的应纳税所得额，获得延期纳税的益处。

【即学即用】

成本项目之间的转换

北京某企业采购一台设备，价值1 000万元；随同该设备购入的，还有与该设备有关的零部件、附属件，价值30万元。

方案一：零部件、附属件随同设备计入固定资产。

方案二：零部件、附属件作为低值易耗品入账。

两者在企业所得税前扣除的金额总和没有差异，但方案二的扣除速度快于方案一，企业可以获得货币的时间价值。

【小思考】企业对存货成本的计算可以采取移动加权平均法、加权平均法和先进先出法。请问企业在适用累进税率、比例税率的情况下应分别采用何种方法实现最佳税收筹划？

2. 费用的税收筹划

(1) 筹划原理。企业生产经营中的期间费用包括销售费用、管理费用、财务费用，这些费用的大小直接影响企业的应纳税所得额。因此，如果能够控制费用，也就控制了应纳税额，即应纳税额的控制可以通过费用的控制来实现。与此同时，在企业盈利的情况下，如果费用能得到提前扣除，则可以为企业赢得一笔货币的时间价值。

(2) 筹划要点。《企业所得税法实施条例》对允许扣除的项目做了规定，结合会计核算的费用项目划分需要，将费用项目分为三类：税法有扣除标准的费用项目、税法没有扣除标准的费用项目、税法给予优惠的费用项目。

1) 税法有扣除标准的费用项目。税法有扣除标准的费用项目包括职工福利费、职工教育经费、工会经费、业务招待费、广告费和业务宣传费、公益性捐赠支出等。这类费用一般采用以下税收筹划方法：

第一，原则上遵照税法的规定进行抵扣，避免因纳税调整而增加企业税负。

第二，区分不同费用项目的核算范围，使税法允许扣除的费用得以充分抵扣。

第三，合理转化费用，将有扣除标准的费用通过会计处理，转化为没有扣除标准的费用，以加大扣除项目总额，降低应纳税所得额。

2）税法没有扣除标准的费用项目。税法没有扣除标准的费用项目包括劳动保护支出、财产保险费、办公费、差旅费、董事会费、咨询费、诉讼费、租赁及物业费、车辆使用费、长期待摊费用摊销等。这类费用一般采用以下税收筹划方法：

第一，正确设置费用项目，合理加大费用开支。通过转变费用的性质，将有扣除标准的费用项目转换为没有扣除标准的费用，使其尽可能多地得到抵扣。

第二，选择合理的费用分摊方法。例如，在对低值易耗品、无形资产、长期待摊费用等摊销时，要视纳税人在不同时期的盈亏情况而定。在盈利年度，应选择使费用尽快得到分摊的方法，使其抵税作用尽早发挥，推迟所得税纳税时间；在亏损年度，应选择使亏损能全部得到税前弥补的费用摊销方法，充分发挥费用的抵税效应；在享受税收优惠的年度，应选择能使减免税年度摊销额最小、正常年度摊销额增加的摊销方法。

3）税法给予优惠的费用项目。税法给予优惠的费用项目包括研发费用等，纳税人应充分利用税收优惠政策，使得费用扣除最大化。例如，企业在一个纳税年度中开展研发活动实际发生的研发费用，允许按当年实际发生额的一定比例进行加计扣除。

[案例 4-1]

广告宣传费的税收筹划

某集团的总资产约为12亿元，正处于不断开发产品和市场的阶段。其中，A子公司的年销售额为25 000万元，但其广告宣传费为6 500万元。该集团应如何进行广告宣传费的税收筹划？

【解析】

如果不进行广告宣传费的税收筹划，那么该集团广告宣传费的扣除限额为3 750万元（＝25 000×15％），剩下的2 750万元（＝6 500－3 750）无法在本年度扣除，将产生一笔不菲的利益损失。因此，该集团需要进行广告宣传费的税收筹划，以实现广告宣传费扣除限额的最大化。

（1）方案一：成立独立的销售公司。

该集团可以将A子公司的销售部独立出去，专门成立一个独立核算的销售公司。A子公司的产品可以20 000万元卖给销售公司，而后销售公司再以25 000万元对外销售。也就是说，该集团将6 500万元的广告宣传费分配给两个公司：A子公司承担2 800万元，销售公司承担3 700万元。在总体利益不变的情况下，广告宣传费就可以两家企业的销售收入为依据计算扣除限额，相应的计算结果如下。

1）A子公司。

广告宣传费的发生额为2 800万元，而扣除限额为3 000万元（＝20 000×15％），因此A子公司的广告宣传费2 800万元可以全部在税前列支。

2）销售公司。

广告宣传费的发生额为3 700万元，而扣除限额为3 750万元（＝25 000×15％），因此销售公司的广告宣传费 3 700 万元可以全部在税前列支。

另外，该方案还会涉及企业的增值税。如果该税收筹划发生在适用同等税率的企业之间，一方是进项税额，另一方是销项税额，那么企业之间的货物流动不会对增值税总体税负产生影响。如果该税收筹划发生在适用不同增值税税率的纳税人之间，则要考虑增值税总体上的得失。如果有的企业不允许增值税抵扣，则不适用该税收筹划方案。

(2) 方案二：分散广告费用。

在该集团中，很多公司的广告都会让集团整体受益，但其中的一些公司很少发生广告宣传费，因此税收筹划的核心就在于如何分散 6 500 万元的广告宣传费。

具体操作思路是：依据销售额分摊广告宣传费，即依据销售额的 15%确定各子公司应该承担的广告宣传费额度，并让各子公司依据承担的额度分别与媒体或广告公司签订广告合同。

例如，A 子公司的年销售额为 25 000 万元，那么其与媒体或广告公司签订的广告合同额度就应该控制在 3 750 万元（=25 000×15%）以下；余下的 2 750 万元（=6 500－3 750）的广告宣传费尚需 18 333.33 万元（=2 750÷15%）的销售额指标，可在其他几个尚有扣除额度的子公司中进行分配。

需要注意的是，在企业所得税税率相同的前提下，一方是收入，另一方是等额成本，因此交易价格不会影响该集团整体的企业所得税，但会影响两个公司各自的税收水平。生产企业以什么价格将产品卖给销售公司，才能保证两个企业都不亏损，需要进行核算。如果交易价格导致一方亏损、另一方盈利，那么亏损的一方就无法充分发挥抵税作用。所以，该税收筹划行为一定要仔细核算，以免发生不必要的损失。

与此同时，如果生产企业和销售公司是关联企业，则它们在确定交易价格时，也要注意关联交易的限制规定，以免带来税务风险。在实务中，产品大多有批发价和零售价，并且可以根据批量的大小来确定不同的价格，所以生产企业和销售公司在确定交易价格时有很大的税收筹划空间。

【即学即用】

业务招待费的税收筹划

甲公司成立一年，市场处于开发阶段，公关也处于关键时期。该公司的年销售收入为 20 000 万元，当年发生业务招待费 330 万元，远超税法限定的 0.5%的比例。该公司应如何进行业务招待费的税收筹划？

4.2.3 纳税义务发生时间的税收筹划

1. 筹划原理

纳税义务发生时间的税收筹划是指纳税人通过合理安排应税所得和税前可扣除项目实现的时间进行的税收筹划。在合法的情况下，企业应尽量延期纳税。纳税人延期缴纳本期税款就等于得到了一笔无息贷款，可以使纳税人在本期有更多的资金用于产生收益、获得更多的所得，也相当于节减了税款。

2. 筹划要点

企业所得税的本期应纳税所得额为收入总额减去准予扣除项目金额。要推迟企业所得税税款的缴纳，一方面要设法推迟收入的实现，另一方面要尽量提前税前扣除项目的列支。具体要点如下。

(1) 收入的确认时间。

1) 推迟销售收入的实现时间。销售收入的实现是以发出产品并取得索取货款的凭据为依据的。如果销售发生在月末或年末，企业可以试图延缓销售至次月或次年。需要注意的是，企业不能为了自己推迟纳税而让客户推迟购买时间，这有可能失去一大批客户；与此同时，企业也不能为推迟纳税而推迟收款，这不利于企业资金周转。企业应综合考虑各种因素，实现财务利益最大化。

2) 采取分期收款结算方式。分期收款销售产品以合同约定的收款日期确定收入的实现。若企业一时收不到货款，应采取分期收款方式，推迟销售收入的确认时间。

3) 推迟长期工程收入的实现。长期工程（如建筑、安装、装配工程，加工、制造大型机械设备、船舶等）的持续时间超过一年的，按完工进度或完成的工作量确定收入的实现。在此，完工进度与完成的工作量是由企业自身经营情况决定的，因而在收入的实现时间上，企业具有较大的主动性，可以尽量推迟收入的实现。

(2) 提前费用与支出的扣除时间。

1) 提前摊销开办费用。税法规定，企业在筹建期间发生的开办费，应当从开始生产经营月份的次月起，在不短于5年的期限内分期摊销。尽管税法规定了摊销期限，但并未限定摊销方法是否必须为平均摊销法。因此，企业应在前期提高开办费的摊销比例，从而获得资金的时间价值。

2) 提前计提折旧费用。在税法允许的条件下，采用加速折旧或者降低折旧年限的方式提前计提折旧，从而达到提前扣除费用的效果，使得税款递延至以后期间，从而节约了资金的时间价值。

3) 提前计提成本。比如存货结转成本等，在物价持续上升的时候，可以采用加权平均法，使其当期扣除的金额大于采用先进先出法时当期可扣除的金额，从而递延税款。

需要注意的是，提前支出的扣除时间并不适用于所有情况。例如，对处于“两免三减半”优惠期间的企业，减免期扣除项目的增加会导致企业享受的税收优惠减少，因此应将扣除项目推迟至正常纳税年度。

4.2.4 税率的税收筹划

1. 筹划原理

由于企业所得税的税率有多个不同的档次，因此可以创造条件，使得企业尽可能按较低税率缴纳税款，具体可以分为横向税率筹划与纵向税率筹划两个维度。横向税率筹划是指企业通过设立子公司或者采取转让定价等方式，将利润转移到低税率地区。纵向税率筹划是指企业在不同的发展阶段，尽可能合理地利用税法提供的多种税率优惠条件。

2. 筹划要点

（1）横向税率筹划。企业在低税率地区设立分支机构，应采用子公司的形式，子公司是独立的法人机构，可直接在所在地缴纳企业所得税，享受低税率的优惠；企业在高税率地区设立分支机构，应采用分公司的形式，分公司不是独立的法人机构，其所得需要汇总到总机构所在地纳税，借以降低分支机构的税负。除此之外，当企业整体难以满足高新技术企业的条件时，企业可以将其研发部门分立为子公司，享受15%的优惠税率。当不同地区的分支机构之间存在税率差异时，可以通过关联企业之间适当的转让定价筹划，将利润从税率较高的企业转移到税率较低的企业，从而谋求最大化的税收筹划效果。

（2）纵向税率筹划。在成立初期，企业应该到国家重点扶持发展的地区从事鼓励类产业，从而适用低税率计算企业所得税，享受相应的税收优惠。或者说，企业可以通过不在中国境内设立机构、场所，或者虽在中国境内设立机构、场所，但取得的所得与其所设机构、场所无实际联系的方式，从而适用20%的低税率并减按50%征收的优惠政策。除此之外，企业在成立之初应尽量满足小型微利企业的条件，以享受较低的优惠税率。在企业发展壮大后，其组织结构和业务形式日益多样化，企业可采取分立不同的业务部门、在集团内部成立关联公司的方式，使得企业部分业务部门可以享受优惠税率。当企业发展成跨国公司后，可以采用在广泛签订税收协定的国家设立中介公司的形式，享受协定国之间优惠的预提所得税税率。

4.2.5 税收优惠的税收筹划

1. 享受区域税收优惠政策

现行税法规定的享受减免税优惠政策的地区主要包括国务院批准的“老、少、边、穷”地区、西部地区、东北老工业基地、经济特区、经济技术开发区、沿海开放城市、保税区、旅游度假区等。

对于已成立的企业来说，如果具备了其他享受优惠政策的条件，只是由于注册地点不在特定税收优惠地区而不能享受相应的税收优惠政策，那么企业就应该考虑是否需要搬迁的问题。此时，企业需要充分考虑生产经营的寿命周期，为了享受税收优惠政策而导致的企业利润的改变，以及因为搬迁带来的成本与费用及新注册地与老注册地在信息、技术来源、客户开拓等方面的差异，进行全面分析，对有关的经济技术数据进行测算，然后做出相应决策。

迁移企业注册地本身也存在一个方式筹划的问题。在迁移决策已定的情况下，如何迁移就成为一个需要决策的问题。如果情况允许，可以将整个企业从一般地区迁移到有税收减免优惠政策的地区。如果全部搬迁不够理想，可以将企业的主要办事机构迁移到上述地区，采取只变更企业注册地的办法，而把老企业作为分支机构仍留在原地继续生产。如果上述办法行不通，则企业可以通过自身的产权重组达到变更注册地的目的。例如，采取企业分立或者分别注册的办法，让符合税收优惠条件的部分在税收优惠地区注册，让不符合税收优惠条件的部分仍留在老地方继续生产。此外，也可以采取先在合适的地区创办一家新的企业，并取得享受税收优惠的资格，然后将原有的企业与新企业进行合并，将原有的企业变更为享受税收优惠政策企业的一个分支机构，享受合并纳税的好处。当然，也可以通过企业间的关联交易，将高税率地区企业的利润转移到享受税收优惠的企业中去，实现企业整体税率的下降。需要注意的是，通过关联企业的关联交易实现利润的转移，关联交易价格必须在税法允许的范围之内，否则税务机关将对关联交易价格进行相应的调整。

知识链接

霍尔果斯企业所得税的5年免征优惠政策

《财政部、国家税务总局关于新疆喀什、霍尔果斯两个特殊经济开发区企业所得税优惠政策的通知》（财税［2011］112号）规定：2010年1月1日至2020年12月31日，对在新疆喀什、霍尔果斯两个特殊经济开发区内新办的属于《新疆困难地区重点鼓励发展产业企业所得税优惠目录》范围内的企业，自取得第一笔生产经营收入所属纳税年度起，五年内免征企业所得税。

《霍尔果斯经济开发区招商引资财税优惠政策》（霍特管办发［2013］55号）规定：2010年1月1日至2020年12月31日，对在开发区内新办的属于《新疆困难地区重点鼓励发展产业企业所得税优惠目录》范围内的企业，自取得第一笔生产经营收入所属纳税年度起，五年内免征企业所得税。免税期满后，再免征五年企业所得税地方分享部分。

按照我国的中央与地方税权划分，霍尔果斯的企业自取得第一笔生产经营收入所属纳税年度起，企业所得税前五年免征，后五年享受40%减免，也就是实际缴纳60%。

2. 亏损弥补的税收筹划

亏损弥补政策是我国企业所得税中的一项重要优惠措施，是国家为了扶持纳税人发展，从政策上帮助纳税人渡过难关的一项优惠措施，企业要充分利用亏损弥补政策，以取得最大的节税效益。

（1）重视亏损年度后的运营。企业在出现亏损后，必须重点抓生产经营及投资业务，比如企业可以减小以后5年内投资的风险性，以相对安全的投资为主，确保亏损能在规定的5年期限内得到全额弥补。需要注意的是，自2018年1月1日起，高新技术企业和科技型中小企业的亏损结转年限由5年延长至10年。

（2）利用企业合并、企业分立、汇总纳税等优惠条款消化亏损。按照税法的规定，汇总纳税、合并纳税的成员企业发生的亏损，可直接冲抵其他成员企业的所得额或并入母公司的亏损额，不需要用本企业以后年度的所得进行弥补。对于符合特殊性税务处理条件的企业合并，被合并企业的亏损可以在税法规定的年限和限额内由合并企业弥补。所以，对于一些长期处于高盈利状态的企业，可以通过合并一些亏损企业，以减少其应纳税所得额，达到节税的目的。特别是一些大型集团公司，应尽量采取汇总纳税、合并纳税的方式，用盈利企业的所得额冲抵亏损企业的亏损额，从而减少应纳税额。

3. 享受叠加优惠政策选择的税收筹划

如果一个纳税人同时享受以下两类优惠政策，则存在叠加享受的问题，需要计算不得叠加享受的优惠税额，进行调整。

第一，可以减半征收的项目所得。

第二，全部所得都可以适用的低税率优惠。

减半征收的所得项目和适用低税率的企业

纳税人先享受项目所得减半优惠，再享受低税率优惠。项目所得减半征收，即按法定税率25%减半征收，不得将低税率的优惠叠加到项目所得减半征收的优惠上。

【即学即用】 丙公司从事非国家限制或禁止行业，2022年度的资产总额、从业人数符合小型微利企业条件，纳税调整后所得500万元，其中符合所得减半征收条件的花卉养殖项目所得150万元，符合所得免税条件的林木种植项目所得300万元。丙公司以前年度结转待弥补亏损20万元，不享受其他减免所得税额的优惠政策。

叠加优惠政策应纳税额的计算

请问丙公司如何选择税收优惠？

【解析】

丙公司在税收优惠选择上有两种方案：

方案一：享受小型微利企业优惠，不享受项目所得减半优惠，不存在叠加享受调整的问题。

方案二：先享受项目所得减半优惠，再享受小型微利企业优惠，进行叠加调整。

这两种方案的计算过程与计算结果见表4-1。

表4-1 这两种方案的计算过程与计算结果 单位：万元

序号	项目	享受小型微利企业所得税优惠政策，但不享受项目所得减半优惠政策	先选择享受项目所得减半优惠政策，再享受小型微利企业所得税优惠政策，并对叠加部分进行调整
1	纳税调整后的所得	500	500
2	所得减免	300	300＋150×50%＝375
3	弥补以前年度亏损	20	20
4	应纳税所得额	500－300－20＝180	500－375－20＝105
5	应纳所得税额	180×25%＝45	105×25%＝26.25
6	享受小型微利企业所得税优惠政策的减免税额	100×(25%－12.5%×20%)＋(180－100)×(25%－25%×20%)＝38.5	100×(25%－12.5%×20%)＋(105－100)×(25%－25%×20%)＝23.5
7	叠加享受减免优惠金额	0	A＝23.5 B＝23.5×[(150×50%)÷(500－375)]＝14.1 A和B的孰小值＝14.1
8	应纳税额	45－38.5＝6.5	26.25－(23.5－14.1)＝16.85

从上面的计算过程可以看出，若在纳税人纳税调整后的所得中既包含一般应税所得又包含可减半征收项目所得，是选择同时享受项目所得减半优惠与低税率优惠，还是只选择低税率优惠，需要进行测算。由于存在叠加享受调整的问题，因而同时享受可能税负更重。丙公司选择方案一，即放弃项目所得减半优惠、只享受低税率优惠的应纳税额较小。

纳税人在选择适用优惠政策时，需要选择是否适用项目所得减半优惠。这个筹划思路如下：

如果纳税人不能享受项目所得减半优惠，接下来就无法适用小型微利企业低税率优惠，因为适用项目所得减半优惠后才符合小型微利企业低税率优惠的条件，企业应选择适用项目所得减半优惠政策。

如果纳税人即便不享受项目所得减半优惠，也可以适用小型微利企业低税率优惠，则纳税人应直接享受小型微利企业低税率优惠，不选择项目所得减半优惠，即企业应选择放弃项目所得减半优惠政策。

4.3 企业设立业务中的所得税筹划

4.3.1 纳税人身份的税收筹划

1. 居民纳税人与非居民纳税人之间的选择

按照《企业所得税法》的规定，无论是外商投资企业还是外国企业，其纳税人身份面临两种选择：一是作为居民纳税人；二是作为非居民纳税人。作为居民纳税人，就应当承担无限纳税义务，既要对来源于中国境内的所得申报纳税，又要对来源于国外的收入和所得申报纳税。这样，有可能导致纳税人税负很重和双重征税的问题。因此，企业应尽可能选择非居民纳税人身份，负有限的纳税义务，从而减轻税收负担。

[案例4-2]

企业所得税纳税人身份的税收筹划

某外国企业到中国开展劳务服务，预计每年获得1 000万元人民币收入（这里暂不考虑相关的成本、费用、增值税及附加税费支出)。该企业面临以下三种选择：

第一，在中国境内设立实际管理机构。

第二，在中国境内不设立实际管理机构，但设立营业机构，营业机构适用25%的企业所得税税率。劳务收入通过该营业机构取得。

第三，在中国境内既不设立实际管理机构，又不设立营业机构。

对于上述三种不同的选择，该外国企业的收入面临不同的税率和纳税状况，应如何筹划？

【解析】

如果该外国企业选择在中国境内设立实际管理机构，则一般被认定为居民企业，在这种情况下适用的企业所得税税率为25%，其应纳税额为：

企业所得税=1 000×25%=250（万元）

如果该外国企业选择在中国境内不设立实际管理机构，只设立营业机构并以此获取收入，在这种情况下该营业机构适用的税率为25%，其应纳税额为：

企业所得税=1 000×25%=250（万元）

如果该外国企业选择在中国境内既不设立实际管理机构，又不设立经营场所，则其来源于中国境内的所得适用10%的预提所得税税率，其应纳税额为：

企业所得税=1 000×10%=100（万元）

因此，该外国企业应该选择在中国境内既不设立实际管理机构，又不设立营业机构。

2. 转变为小型微利企业身份的筹划

由于小型微利企业适用的实际税率较低，因此小型企业在设立时应认真规划企业的规模和从业人数，当企业的规模较大或人数较多时，可考虑设立两个或多个独立的纳税企业，从而分散企业的人数、资产规模和应纳税所得额，享受小型微利企业的税收优惠，以减轻税收负担。

【小思考】某高科技企业预计的应纳税所得额将达到120万元，应如何进行税收筹划？

3. 争取高新技术企业身份的筹划

高新技术企业享受15%的优惠税率水平。《企业所得税法》对高新技术企业身份的认定做出了一系列规定。企业在设立、投资等经营活动中应结合自身情况，充分考虑投资的对象并慎重定位企业的性质，以求最大限度地享受税收优惠，用足用够税收优惠政策。

4.3.2 企业组织形式的税收筹划

1. 子公司与分公司

企业在投资设立分支机构时，不同的组织形式各有利弊。子公司是以独立法人身份出现的，因而可以享受子公司所在地提供的包括减免税在内的税收优惠。但是，设立子公司的手续繁杂，需要具备一定的条件；子公司必须独立经营、自负盈亏、独立纳税；子公司在经营过程中还要接受当地政府部门的监督管理等。

分公司不具有独立的法人身份，因而不能享受当地的税收优惠。但是，设立分公司的手续简单，有关财务资料不必公开，不需要独立缴纳企业所得税，并且分公司这种组织形式便于总公司进行管理控制。

设立子公司与设立分公司的税收利益孰高孰低并不是绝对的，它受到一国税收制度、企业经营状况及企业内部利润分配政策等多种因素的影响。通常说来，在投资初期，分支机构发生亏损的可能性比较大，宜采用分公司的组织形式，因而其亏损可以与总公司的损益汇总纳税。在公司发展成熟后，宜采用子公司的组织形式，以便充分享受公司所在地的各项税收优惠。

[案例4-3]

企业组织形式的税收筹划（1）

新营养技术生产公司为扩大生产经营范围，准备在我国其他地区（不包括港、澳、台地区）兴建一家芦笋种植加工公司。在选择芦笋种植加工公司的组织形式时，该公司进行了税收方面的分析。

芦笋是一种根茎类作物，在新的种植区域播种，达到初次具有商品价值的收获期需要4～5年。这样一来，芦笋种植加工公司在开办初期将面临很大的亏损，但亏损会逐渐减少。经估计，此芦笋种植加工公司第一年的亏损额为200万元；第二年的亏损额为150万元；第三年的亏损额为100万元；第四年的亏损额为50万元；自第五年开始盈利，盈利额为300万元。

新营养技术生产公司的总部设在深圳，属于国家重点扶持的高新技术公司，适用的企业所得税税率为15%。该公司除在深圳设有总部外，在我国其他地区（不包括港、澳、台地区）还有一个H子公司，适用的企业所得税税率为25%。经预测，在未来五年内，新营养技术生产公司总部的应纳税所得额均为1 000万元，H子公司的应纳税所得额分别为300万元、200万元、100万元、0万元、－150万元。

【解析】

经分析，现有三种组织形式方案可供选择。

方案一：将芦笋种植加工公司建成具有独立法人资格的M子公司。

因为子公司具有独立法人资格，属于企业所得税的纳税人，需要按其应纳税所得额独立计算缴纳企业所得税。

在这种情况下，新营养技术生产公司包括三个独立纳税主体：新营养技术生产公司总部、H子公司和M子公司。在这种组织形式下，因芦笋种植加工公司——M子公司是独立的法人实体，不能与新营养技术生产公司或H子公司汇总纳税，所以其形成的亏损不能抵销新营养技术生产公司总部的利润，只能抵扣以后年度实现的利润。

在前四年里，新营养技术生产公司总部及其子公司的纳税总额分别为225万元（＝1 000×15%＋300×25%）、200万元（＝1 000×15%＋200×25%）、175万元（＝1 000×15%＋100×25%）、150万元（＝1 000×15%），四年间缴纳的企业所得税总额为750万元。

方案二：将芦笋种植加工公司建成非独立核算的分公司。

分公司不同于子公司，它不具备独立的法人资格，不独立建立账簿，只作为分支机构存在。按照税法的规定，分支机构的利润与总部的利润汇总纳税。在这种情况下，新营养技术生产公司仅有两个独立的纳税主体：新营养技术生产公司总部和H子公司。

在这种组织形式下，因为芦笋种植加工公司作为非独立核算的分公司，其亏损可由新营养技术生产公司总部用其利润弥补，从而降低了新营养技术生产公司总部第一年至第四年的应纳税所得额，并使新营养技术生产公司总部的应纳所得税得以延缓。

在前四年里，新营养技术生产公司总部、H子公司及分公司的纳税总额分别为195万元（＝1 000×15%－200×15%＋300×25%）、177.5万元（＝1 000×15%－150×15%＋200×25%）、160万元（＝1 000×15%－100×15%＋100×25%）、142.5万元（＝1 000×15%－50×15%），四年间缴纳的企业所得税总额为675万元。

方案三：将芦笋种植加工公司建成我国其他地区（不包括港、澳、台地区）H子公司的分公司。

在这种情况下，芦笋种植加工公司和H子公司汇总纳税。此时，新营养技术生产公司有两个独立的纳税主体：新营养技术生产公司总部和H子公司。在这种组织形式下，因为芦笋种植加工公司作为H子公司的分公司，与H子公司汇总纳税，其前四年的亏损可由H子公司当年的利润弥补，从而降低了H子公司第一年至第四年的应纳税所得额，不仅使H子公司的应纳所得税得以延缓，而且使得整体税负下降。

在前四年里，新营养技术生产公司总部、H子公司及分公司的纳税总额分别为175万元（=1 000×15%+300×25%−200×25%）、162.5万元（=1 000×15%+200×25%−150×25%）、150万元（=1 000×15%+100×25%−100×25%）、150万元（=1 000×15%），四年间缴纳的企业所得税总额为637.5万元。

通过对上述三种方案的比较，该公司应该选择第三种组织形式，即将芦笋种植加工公司建成我国其他地区（不包括港、澳、台地区）H子公司的分公司，这样可以使整体税负最低。

---

2. 公司制与非公司制

企业可以分为公司制企业和非公司制企业。从2000年1月1日起，我国对个人独资企业、合伙企业这类非公司制企业比照个体工商户的生产、经营所得，适用5级超额累进税率，征收个人所得税。公司制企业需要缴纳企业所得税。如果向个人投资者分配股息、红利，还要代扣其个人所得税（对于股息、红利，税法规定适用20%的比例税率）。

一般来说，企业设立时应合理选择纳税主体的身份，在选择时应考虑的问题主要有：

第一，从总体税负的角度考虑，非公司制企业一般要低于公司制企业，因为前者不存在重复征税问题，而后者一般涉及重复征税问题。

第二，在公司制企业与非公司制企业的身份选择决策中，要充分考虑税基、税率和税收优惠政策等多种因素，最终税负的高低是多种因素共同作用的结果，不能只考虑一种因素。

第三，在公司制企业与非公司制企业的身份选择决策中，还要充分考虑可能出现的各种风险。

[案例4-4]

企业组织形式的税收筹划（2）

王先生自办企业，年应纳税所得额为300 000元（假设其不满足小型微利企业的相关规定），王先生应如何进行税收筹划？

【解析】

如果该企业按个人独资企业或者合伙企业缴纳个人所得税，依据现行税制，王先生的税收负担为：

300 000×20%−10 500=49 500（元）

若该企业为公司制企业（未上市），其适用的企业所得税税率为25%，企业实现的税后利润全部作为股利分配给投资者，则该投资者的税收负担为：

300 000×25%+300 000×(1−25%)×20%=120 000（元）

由此可知，投资于公司制企业比投资于个人独资企业或合伙企业多承担所得税70 500

元（=120 000−49 500）。在进行公司组织形式选择时，应在综合权衡企业的经营风险、经营规模、管理模式及筹资额等因素的基础上，选择税费较小的组织形式。

4.3.3 开办费的税收筹划

税法规定，企业在筹建期间发生的开办费，应当从开始生产经营月份的次月起，在不短于5年的期限内分期摊销。开办费税收筹划的重点在于确定摊销比例，最大化开办费用。

尽管税法规定了摊销期限，但并未限定摊销方法是否必须为平均摊销法。因此，企业应在前期提高开办费的摊销比例，从而获得资金的时间价值；或是在企业预期盈利的年度，在利润较多的年份多摊销一些，弹性地利用摊销比例，合理降低税收负担。

［案例 4－5］

开办费的税收筹划

甲公司在筹建期间发生费用1 000万元，自开始生产经营起，五年内的获利均为400万元。在折现率为10%的情况下，该公司应该如何进行开办费的税收筹划？

【解析】

甲公司每年获利400万元，扣除企业所得税后，现金流入为300万元［=400×(1−25%)］。

方案一：采用平均摊销法，每年摊销200万元。

方案二：前三年分别摊销300万元，第四年、第五年分别摊销50万元。

在这两种方案下，自甲公司开始生产经营起，五年内净现金流的现值见表4－2和表4－3。

表4－2 方案一的现金流现值

	第0年	第1年	第2年	第3年	第4年	第5年
现金流入（万元）		300	300	300	300	300
现金流出（万元）	−1 000					
节约税款（万元）		50	50	50	50	50
净现金流（万元）	−1 000	350	350	350	350	350
折现率（10%）		0.909	0.826	0.751	0.683	0.621
净现值（万元）	−1 000	318.15	289.10	262.85	239.05	217.35
合计（万元）						326.50

表4－3 方案二的现金流现值

	第0年	第1年	第2年	第3年	第4年	第5年
现金流入（万元）		300	300	300	300	300
现金流出（万元）	−1 000					
节约税款（万元）		75	75	75	12.5	12.5
净现金流（万元）	−1 000	375	375	375	312.5	312.5

续表

	第 0 年	第 1 年	第 2 年	第 3 年	第 4 年	第 5 年
折现率（10%）		0.909	0.826	0.751	0.683	0.621
净现值（万元）	−1 000	340.88	309.75	281.63	213.44	194.06
合计（万元）						339.76

由于方案二的净现值较高，故应该选择方案二。

4.4 企业投资业务中的所得税筹划

4.4.1 投资地点的税收筹划

国家为了适应各地区不同的情况，针对一些地区制定了不同的税收政策。例如，现行税法中规定的享受减免税优惠政策的地区主要包括国务院批准的“老、少、边、穷”地区、西部地区、东北老工业基地、经济特区、经济技术开发区、沿海开放城市、保税区、旅游度假区等。这些优惠的税收政策为企业进行注册地点选择的税收筹划提供了空间。企业在设立之初或为扩大经营进行投资时，可以选择低税负的地区进行投资，以享受税收优惠的好处。

[案例 4-6]

企业投资地点的税收筹划

某投资者欲在西部地区投资创办一个新公司，兼营公路旅客运输业务和其他业务，预计全年公路旅客运输业务收入为 500 万元，其他业务收入为 300 万元，利润率均为 25%。请做出相应的所得税筹划方案。

【解析】

现有三种方案可供选择。

方案一：投资创办一个公路旅客运输企业并兼营其他业务，因公路旅客运输业务收入占全部业务收入的比例为 62.5%$\left(=\frac{500}{800}\times100\%\right)$，小于 70%①，因此不能享受减按 15% 的税率征收企业所得税的优惠政策。

① 《财政部、海关总署、国家税务总局关于深入实施西部大开发战略有关税收政策问题的通知》（财税［2011］58 号）规定，自 2011 年 1 月 1 日至 2020 年 12 月 31 日，对设在西部地区的鼓励类产业企业减按 15% 的税率征收企业所得税。上述鼓励类产业企业是指以《西部地区鼓励类产业目录》中规定的产业项目为主营业务，且其主营业务收入占企业收入总额 70% 以上的企业。

应纳所得税=(500+300)×25%×25%=50(万元)

方案二：分别投资两个企业，一个从事公路旅客运输业务，一个从事其他业务。从事公路旅客运输业务的收入为企业的总收入，占比为100%，超过了70%的比例，可享受减按15%的税率征收企业所得税的优惠政策。

应纳所得税=500×25%×15%+300×25%×25%=37.50(万元)

比较上述两种方案，由于方案二中公路旅客运输企业取得的收入可享受减按15%的税率征收企业所得税的优惠政策，比方案一少缴企业所得税12.5万元(=50−37.5)，因此方案二更优。

方案三：投资创办一个公路旅客运输企业并兼营其他业务，该企业扩大投资规模，扩展公路旅客运输业务，预计年公路旅客运输业务收入为750万元，其他条件不变，则此时的公路旅客运输业务占企业全部业务收入的比例为71.43% $\left(=\frac{750}{750+300}\times 100\%\right)$，超过了70%。经企业申请、税务机关审核后认为该企业符合西部大开发的减免税政策，取得的全部业务收入都可享受减按15%的税率征收企业所得税的优惠政策。

应纳所得税=(750+300)×25%×15%=39.38(万元)

虽然方案三的收入大幅提高，但由于取得的全部业务收入都可享受减按15%的税率征收企业所得税的优惠政策，因此应缴纳的企业所得税并没有增加太多，从而获得了更多的税收利益，与前两种方案相比更具税收优势。

4.4.2 投资方式的税收筹划

按投资者能否直接控制其投资资金的运用进行划分，可将企业投资分为直接投资和间接投资。直接投资是指投资者用于开办企业、购置设备、收购和兼并其他企业等的投资行为，其主要特征是投资者能够有效地控制各类投资资金的使用，并能实施全过程管理。间接投资主要是指投资者购买金融资产的行为，可以分为股票投资、债券投资等。不同投资所得会面临不同的税收待遇，比如国债利息收入属于免税收入。企业应综合考虑不同收益类型所适用的所得税政策对税后收益率的影响，选择税后收益率最大的投资方案。

[案例4-7]

企业投资方式的税收筹划

甲公司有500万元的闲置资金，打算近期进行投资。其面临两种选择：一种是选择年利率为5%的国债投资；另一种是选择年收益率为8%的其他债券投资，企业所得税税率为25%。请问从财务角度分析，哪种方式更合适?

【解析】

若选择投资国债，则

投资收益=500×5%=25(万元)

由于税法规定国债利息收入免征企业所得税，所以税后收益为 25 万元。

若选择投资其他债券，则

投资收益＝500×8%＝40（万元）

税后收益＝40－40×25%＝30（万元）

因此，选择投资其他债券更有益。

4.4.3 投资方向的税收筹划

《企业所得税法》是以“产业优惠为主、区域优惠为辅”作为税收优惠导向的。无论是初次投资还是追加投资，都可以根据税收优惠政策加以选择，充分享受产业的税收优惠政策。

1. 选择减免税项目进行投资

第一，投资于农、林、牧、渔业项目的所得，可以免征、减征企业所得税。投资于基础农业，如蔬菜、谷物、薯类、油料、豆类、棉花、麻类、糖料、水果、坚果的种植，牲畜、家禽的饲养，农作物新品种的选育等可以享受免征企业所得税的待遇。投资于农、林、牧、渔业项目，如花卉、茶以及其他饮料作物和香料作物的种植，可以减半征收企业所得税。

第二，投资于公共基础设施项目及环境保护、节能节水项目，从项目取得第一笔生产经营收入所属纳税年度起实行“三免三减半”的税收优惠政策。

2. 创业投资企业对外投资的税收筹划

创业投资企业从事国家重点扶持和鼓励的创业投资项目，可以按投资额的一定比例抵扣应纳税所得额。抵扣应纳税所得额是指创业投资企业采取股权投资的方式投资于未上市中小高新技术企业两年以上的，可以按照其投资额的 70%在股权持有满两年的当年抵扣该创业投资企业的应纳税所得额；当年不足抵扣的，可以在以后纳税年度结转抵扣。

从 2018 年 1 月 1 日起，对创业投资企业投资种子期、初创期科技型企业的，可享受按投资额 70%抵扣应纳税所得额的优惠政策；自 2018 年 7 月 1 日起，将享受这一优惠政策的投资主体由公司制和合伙制创业投资企业的法人合伙人扩大到个人投资者。政策生效前两年内发生的投资也可享受前述优惠。

[案例 4-8]

企业投资方向的税收筹划

甲公司属于创业投资有限责任公司，于 2020 年采取股权投资方式投入资本 2 000 万元，在某高新技术开发区设立 A 高新技术企业（小型，以下简称“A 企业”），职工人数为 120 人，A 企业主要从事软件开发，已取得软件企业资质并通过高新技术企业认定。当年，A 企业实现利润 200 万元，2021 年实现利润 300 万元。2022 年 1 月，甲公司将 A 企业的股权转让，转让价格为 3 500 万元。请分析甲公司和 A 企业适用的所得税优惠政策并计算甲公司转让股权所得应缴纳的企业所得税。

【解析】

(1) 甲公司工商登记为"创业投资有限责任公司"，其经营范围符合《创业投资企业管理暂行办法》的规定，投资设立的A企业已通过高新技术企业认定，可以享受按投资额的一定比例抵扣应纳税所得额的优惠。

(2) 甲公司是A企业的投资方，享有100%的股权。根据相关法规的规定，我国境内新创办的符合条件的软件企业经认定后，在2020年12月31日前自获利年度起计算优惠期，第一年至第二年免征企业所得税，第三年至第五年按照25%的法定税率减半征收企业所得税，并享受至期满为止。因此，A企业在前两年免征企业所得税，两年共获利500万元，全部分配给甲公司，而甲公司从A企业分得的利润属于免税收入，不必缴纳企业所得税。

(3) 2022年1月，甲公司转让了A企业的股权，转让价格为3 500万元，则

股权转让所得＝3 500－2 000＝1 500（万元）

甲公司抵扣应纳税所得额的限额＝2 000×70%＝1 400（万元）

应缴企业所得税＝(1 500－1 400)×25%＝25（万元）

4.5 企业融资业务中的所得税筹划

4.5.1 租赁方式的税收筹划

根据《企业所得税法》的规定，企业生产经营活动租入固定资产支付的租赁费，按照下列方法扣除：

(1) 以经营租赁方式租入固定资产发生的租赁费支出，按照租赁期限均匀扣除。

(2) 以融资租赁方式租入固定资产发生的租赁费支出，按照规定构成融资租入固定资产价值的部分应当提取折旧费用，分期扣除。

企业可以通过融资租赁迅速获取所需资产，这样做相当于获取了一笔分期付款的贷款。另外，从税收的角度来看：第一，租入的固定资产可以计提折旧，而且折旧可以计入成本与费用，从而减少利润、降低税负。第二，支付的租金利息也可按规定在企业所得税前扣除，从而减少了应纳税所得额、降低了税负，使税收抵免作用更为明显。

[案例4-9]

融资租赁的税收筹划

甲公司需要5 000万元构建固定资产。该固定资产投产后，甲公司每年可增加利润4 000

万元（未扣除固定资产折旧费用）。假设甲公司按平均年限法计提折旧，折旧年限为 5 年，不考虑预计净残值。

甲公司有两种方案可供选择。

方案一：从银行借款 5 000 万元，偿还期为 5 年，年利率为 8%，每年年末付息。

方案二：融资租赁该固定资产，最低租赁付款额为 6 000 万元，最低租赁付款额现值为 5 000 万元，每年年末支付租金 1 200 万元。

请问应选择哪个方案？

【解析】

(1) 方案一。

方案一的税后利润计算如表 4－4 所示。

表 4－4　方案一税后利润计算表　　单位：万元

方案一	第 1 年	第 2 年	第 3 年	第 4 年	第 5 年
新增利润	4 000	4 000	4 000	4 000	4 000
折旧	−1 000	−1 000	−1 000	−1 000	−1 000
利息费用	−400	−400	−400	−400	−400
净利润	2 600	2 600	2 600	2 600	2 600
企业所得税	650	650	650	650	650
税后利润	1 950	1 950	1 950	1 950	1 950

(2) 方案二。

内部收益率的计算如下：

根据未来 5 年融资租赁款的现值，可以得出：

$$1\,200\times(P/A,\ r,\ 5)=5\,000\ (\text{万元})$$

所以

$$(P/A,\ r,\ 5)=4.166\,7$$

我们可以在多次试验的基础上，用插值法计算折现率。

当 $r=7\%$ 时，有

$$(P/A,\ 7\%,\ 5)=4.100\,2$$

故

$$1\,200\times4.100\,2=4\,920.24<5\,000$$

当 $r=6\%$ 时，有

$$(P/A,\ 6\%,\ 5)=4.212\,4$$

故

$$1\,200\times4.212\,4=5\,054.88>5\,000$$

因此，$6\%<r<7\%$，用插值法计算如下：

年金现值系数	利率
4.212 4	6%
4	r
4.100 2	7%

$$\frac{4.2124-4.1667}{4.2124-4.1002}=\frac{6\%-r}{6\%-7\%}$$

所以

$$r=6.4\%$$

每期计入财务费用的金额见表 4-5。

表 4-5 财务费用和已收本金计算表　　单位：万元

年度	租赁负债（年初）①	财务费用 ②=①×6.4%	租赁负债额 ③	租赁负债 ④=①+②-③
0	5 000	—	—	—
1	5 000	320	1 200	4 120
2	4 120	263.68	1 200	3 183.68
3	3 183.68	203.76	1 200	2 187.44
4	2 187.44	140	1 200	1 127.44
5	1 127.44	72.56*	1 200	0
总额	—	1 000	6 000	5 000

注：* 尾数调整。

方案二的税后利润计算如表 4-6 所示。

表 4-6 方案二税后利润计算表　　单位：万元

方案二	第 1 年	第 2 年	第 3 年	第 4 年	第 5 年
新增利润	4 000	4 000	4 000	4 000	4 000
会计折旧	1 000	1 000	1 000	1 000	1 000
利息费用	320	263.68	203.76	140	72.56
净利润	2 680	2 736.32	2 796.24	2 860	2 927.44
税法折旧	1 200	1 200	1 200	1 200	1 200
应纳税所得额	2 800	2 800	2 800	2 800	2 800
企业所得税	700	700	700	700	700
税后利润	1 980	2 036.32	2 096.24	2 160	2 227.44

由于方案二的税后利润较高，因此应选择方案二。

4.5.2 融资渠道的税收筹划

融资渠道是指筹集资金的方向与通道。企业的融资渠道可以分为内部渠道和外部渠道。其中，内部渠道主要是指企业的自我积累和内部集资；外部渠道主要包括向金融机构、非金融机构借款，向社会发行债券、股票等。不同的融资渠道意味着企业会有不同的资本结构，因此企业承担的税负也不一样。企业可以结合自身实际需要和资本市场环境，选择最适宜的渠道进行税收筹划。

1. 企业内部融资的税收筹划

如果企业通过自我积累方式进行融资，通常所需时间较长，无法满足绝大多数企业正常的生产经营需要。另外，从税收的角度来看，企业自我积累的资金无法产生利息税前扣除的抵税效应，加之企业资金的占用和使用融为一体，因而企业会承担较高的风险。

如果企业采用自我集资的方式进行融资，则需要考虑集资对象。如果是向职工个人借款，则应注意其产生的利息支出在税前扣除的额度不得高于按照金融机构同期同类贷款利率计算的数额。

［案例 4-10］

内部借款的税收筹划

某企业的职工人数为 1 000 人，人均月工资为 3 000 元。该企业向职工人均集资 10 000 元，年利率为 10%，同期同类银行贷款的年利率为 7%。当年税前会计利润为 300 000 元（利息支出全部扣除）。由于《企业所得税法》规定，向非金融机构借款的利息支出若不高于按照金融机构同期同类贷款利率计算的数额，则准予扣除。也就是说，超过的部分不能扣除，应当调整应纳税所得额：

1 000×10 000×(10%－7%)＝300 000（元）

该企业应当缴纳企业所得税：

(300 000＋300 000)×25%＝150 000（元）

应当代扣代缴个人所得税：

10 000×10%×20%×1 000＝200 000（元）

请提出该企业的税收筹划方案。

【解析】

该企业可以考虑将集资利率降低到 7%，即每位职工的利息损失为 300 元［＝10 000×(10%－7%)］。此后，该企业可以通过提高工资待遇的方式来弥补职工在利息上受到的损失，即将 300 元平均摊入一年的工资中，每月增加工资 25 元。这样，该企业为本次集资所付出的利息与税收筹划前是一样的，职工实际获得的利息也是一样的。但在这种情况下，该企业所支付的集资利息就可以全额扣除了，而人均工资增加 25 元仍可以在计算企业所得税时全额扣除。由于职工个人的月工资没有超过《个人所得税法》所规定的费用扣除标准（5 000 元），因此职工也不需要为此缴纳个人所得税。通过计算，该企业应当缴纳企业所得税：

300 000×25%＝75 000（元）

节约企业所得税：

150 000－75 000＝75 000（元）

另外，该企业还可以减少代扣代缴的个人所得税：

10 000×1 000×(10%－7%)×20%＝60 000（元）

经过税收筹划，企业和职工都获得了税收收益，可谓一举两得。

2. 企业外部融资的税收筹划

在外部融资时，如果企业采用负债的方式进行融资，其借款利息可以在税前扣除，从而减轻企业的税收负担。如果企业采用增加资本金的方式进行融资，则其所支付的股息或者红利是在税后利润中进行的，无法在税前扣除。因此，仅从节税的角度来说，负债融资方式比权益融资方式更好。然而，融资方式还会涉及其他融资成本，企业采用负债融资的方式还需要考虑还款的风险因素，但发行股票无须偿还本金，企业没有债务压力，还可以给企业带来很多宣传机会。因此，在实际情况中，不能仅从税收负担角度考虑各种融资成本的优劣。

[案例 4-11]

资本结构的税收筹划

甲公司为股份有限公司，20××年其资本结构备选方案如表 4-7 所示。

表 4-7 甲公司的资本结构表

	A	B	C	D	E
负债比例	0	1∶1	2∶1	3∶1	4∶1
负债成本率（%）	—	6	7	9	10.5
投资收益率（%）	10	10	10	10	10
负债额（万元）	0	6 000	8 000	9 000	9 600
权益资本额（万元）	12 000	6 000	4 000	3 000	2 400
普通股股数（万股）	120	60	40	30	24
年息税前利润（万元）	1 200	1 200	1 200	1 200	1 200
减：负债利息成本（万元）	—	360	560	810	1 008
年税前利润（万元）	1 200	840	640	390	192
企业所得税税率（%）	25	25	25	25	25
应纳税额（万元）	300	210	160	97.5	48
年息税后利润（万元）	900	630	480	292.5	144
权益资本收益率（%）（年息税后利润/权益资本额）	7.5	10.5	12	9.75	6
普通股每股收益额（元）	7.5	10.5	12	9.75	6

从 A、B、C、D、E 五种选择方案可以看出，方案 B、C、D 利用了负债融资的方式，由于其负债利息可以在税前扣除，因此降低了企业所得税的税收负担，这三种方案的权益资本收益率和普通股每股收益额均高于完全靠权益资金融资的方案 A。

在上述方案中，假设随着企业负债比例的不断提高，企业的融资成本也在不断提高，这一假设是符合现实的。正是由于负债成本率的不断提高，增加的债务融资成本逐渐超过因其抵税作用而带来的收益。从方案 A 到方案 C，随着企业负债比例的不断提高，权益资本收益率和普通股每股收益额也在不断提高，说明税收效应处于明显的优势。但从方案 C 到方案 D 则出现了权益资本收益率和普通股每股收益额下降的情况，这说明此时起主导作用的因素已开始向负债成本转移，债务成本的抵税作用带来的收益增加效应已受到削弱与抵消，但与完全采用权益融资的方案相比，仍是有利可图的。

在方案E中，债务融资的抵税作用带来的收益完全被负债成本的增加所抵消，而且负债成本已超过节税效应，因此方案E的权益资本收益率和普通股每股收益额已低于方案A（完全不融资）了。此时，融资所带来的不是收益，而是成本。只有当企业的息税前投资收益率高于负债成本率时，增加负债比例才能提高企业的整体效益，否则就会降低企业的整体效益。

4.5.3 借款用途的税收筹划

企业的借款用途不一，有的作为流动资金用于日常生产经营活动，有的作为资本性支出用于添置固定资产和无形资产，有的还可以作为资本运营用于对外投资等。企业在借款时，要根据自身的实际情况，按税法对不同借款费用的处理规定，在合法和有效的前提下做好税收筹划，以降低筹资成本。

［案例 4-12］

借款用途的税收筹划

甲公司根据财务收支预测当年需要资金1 500万元，自有资金为500万元，缺口为1 000万元，拟通过一年期的贷款弥补资金缺口。甲公司除了正常生产经营外，拟于当年建造500万元的固定资产，建设期为1年（假定该项资产的使用年限为2年）。假设甲公司当年的税前利润为1 100万元，银行贷款利率为10%，且处于正常的纳税期，那么甲公司应如何规划银行借款用途？（不考虑资金的时间价值。）

【解析】

方案一：向银行借款1 000万元用于周转性借款，500万元自有资金用于建造固定资产。

一般借款的利息支出可以在企业所得税税前列支。

应纳企业所得税＝(1 100－1 000×10%)×25%＝250（万元）

方案二：向银行借款500万元用于购置固定资产及500万元用于流动资金。

企业为购置和建造固定资产、无形资产及经过12个月以上的建造才能达到预定可销售状态的存货发生借款的，在有关资产购置、建造期间发生的合理的借款费用，应予以资本化，作为资本性支出计入有关资产的成本；有关资产交付使用后发生的借款费用，可在发生当期扣除。因此，甲公司在以后的两年内每年可以摊销25万元$\left(=500\times\frac{10\%}{2}\right)$。

第一年应纳企业所得税＝(1 100－500×10%)×25%＝262.5（万元）

以后每年摊销时还可以抵税6.25万元（＝25×25%），两年合计12.5万元。

方案二中资本化的借款费用不能在当期扣除，使得前期应纳企业所得税税额较高，后期应纳企业所得税税额较少。考虑到货币的时间价值，该公司应选择费用能够提前列支的方案，即方案一优于方案二。

4.5.4 偿还方式的税收筹划

在长期借款融资的税收筹划中，借款偿还方式的不同也会导致不同的税收待遇，从而同样存在税收筹划的空间。

［案例 4-13］

借款偿还方式的税收筹划

甲公司为了引进一条先进的生产线，从银行贷款 1 000 万元，年利率为 10%，5 年内还清全部本息。经过税收筹划，甲公司可选择的方案主要有三种：①第 5 年末一次性还本付息；②每年偿还等额的本金和利息；③每年支付等额利息 100 万元，并在第 5 年末一次性还本。请从税收筹划的角度选择最优还款方案（假设折现率为 10%）。

【解析】

(1) 方案一：第 5 年末一次性还本付息。

如果采用这种方式，那么第 5 年末支付的利息为：

1 000×10%×5=500（万元）

到期一次还本付息的利息费用应遵循权责发生制原则，分期在企业所得税税前扣除。在汇算清缴前未取得发票的，则不能在企业所得税税前扣除。一般来说，企业只有在利息实际支付时才能取得相应的发票。因此，企业第 5 年可在企业所得税税前列支利息支出 500 万元，利息支出抵税效应的现值为：

$500\times25\%\times(P/F, 10\%, 5)=125\times0.621=77.625$（万元）

到期一次性还本付息 1 500 万元的现值为：

$1\,500\times(P/F, 10\%, 5)=1\,500\times0.621=931.5$（万元）

现金净流出的现值为：

931.5−77.625=853.875（万元）

(2) 方案二：每年偿还等额的本金和利息。

5 年内共计还款：

1 000×10%×5+1 000=1 500（万元）

在这种方式下，每年的还款额为：

1 500÷5=300（万元）

利息支出抵税效应的现值为：

$100\times25\%\times(P/A, 10\%, 5)=25\times4.212\,4=105.31$（万元）

每年偿还等额的本金和利息 300 万元的现值为：

$300\times(P/A, 10\%, 5)=300\times4.212\,4=1\,263.72$（万元）

现金净流出的现值为：

1 263.72－105.31＝1 158.41（万元）

（3）方案三：每年支付等额利息 100 万元，并在第 5 年末一次性还本。

利息支出抵税效应的现值为：

$100\times25\%\times(P/A，10\%，5)=25\times4.212\,4=105.31$（万元）

每年支付等额利息 100 万元，并在第 5 年末一次性还本 1 000 万元的现值为：

$100\times(P/A，10\%，5)+1\,000\times(P/F，10\%，5)$

$=100\times4.212\,4+1\,000\times0.621$

$=1\,042.24$（万元）

现金净流出的现值为：

1 042.24－105.31＝936.93（万元）

方案比较见表 4－8。

表 4－8　抵税效应及净支出　　单位：万元

方案	利息支出抵税效应的现值	现金流出的现值	现金净流出的现值
一	77.625	931.5	853.875
二	105.31	1 263.72	1 158.41
三	105.31	1 042.24	936.93

从抵税效应来看，方案一的抵税效应最小。由于三种偿还方式的年偿还额不同，现金净流出的现值存在差异。方案一的现金净流出的现值最小，方案三次之，方案二现金净流出的现值最大。因此在抵税效应不同、现金流出的现值不同的情况下，应选择现金净流出的现值最小的方案。从上述计算结果来看，方案一的现金净流出的现值最小，所以方案一是最优方案。

4.6　企业销售业务中的所得税筹划

4.6.1　销售结算方式的税收筹划

对于销售方式选择的税收筹划，最关键的一点就是尽量递延纳税义务发生时间，为企业赢得货币的时间价值。

［案例 4－14］

销售结算方式的税收筹划

甲公司是全国知名的计算机生产企业，生产的某品牌计算机全部委托给分布在全国 30

多个大中城市的代理商销售。甲公司应如何进行税收筹划？

【解析】

该公司在与代理商的合作方式上，有以下两种方案。

方案一：采用委托代销方式。到年底结账时，以收到代销单位的代销清单为纳税义务发生时间。

方案二：采用直接销售方式，其纳税义务发生时间为货物发出时。

比较上述两种方案可以看出，甲公司采用委托代销方式可以实现递延纳税。

4.6.2 关联企业间转让价格的税收筹划

关联企业间的转让价格是指关联企业中各个经济实体之间产品、劳务和无形资产转让时的定价。如果产品、劳务或无形资产的定价过低，则买方的盈利能力就会增强，而卖方的获利能力就会相对减弱；反之，如果定价过高，则卖方的获利能力就会增强，而买方则会遭受同样的损失。但对于关联企业整体来说，获利没有受到影响，因为利润转移只是在关联企业内部的各个公司实体之间进行。例如，在生产企业和销售企业承担的纳税负担不一致的情况下，若销售企业适用的税率高于生产企业或生产企业适用的税率高于销售企业，那么有关联关系的销售企业和生产企业就可以通过某种契约的形式，增加低税率一方的利润，使两者共同承担的税负最小化。转让定价税收筹划的前提条件是关联企业间的税率不同。

［案例 4-15］

关联企业间转让价格的税收筹划

甲公司生产一种建筑材料生产模具，主要销往陕西、四川、西藏、新疆等地，每件产品的市场售价为 30 000 元，每件产品的基本费用如下：生产成本为 15 000 元，销售费用为 3 000 元，管理费、财务成本等综合费用暂不考虑。请问如何筹划才能减轻企业所得税负担？

【解析】

按现有方案，甲公司每件产品的应纳所得税为：

$$(30\,000-15\,000-3\,000)\times 25\%=3\,000\text{（元）}$$

如果甲公司在西藏设立一家全资子公司专门负责产品的销售工作，而甲公司专注于生产，只要在税法准许的情况下，能够达到同行业一般生产型企业的平均利润水平，就可以将部分利润转移到西藏销售公司。

假设将销售给西藏销售公司的售价调整为 25 000 元/件，则甲公司每件产品的应纳所得税为：

$$(25\,000-15\,000)\times 25\%=2\,500\text{（元）}$$

销售公司每件产品的应纳所得税为：

$$(30\,000-25\,000-3\,000)\times 15\%=300\text{（元）}$$

两公司共计每件产品的应纳所得税为：

2 500+300=2 800（元）

由此可见，设立销售公司进行转让价格的税收筹划，可使每件产品减少缴纳所得税200元（=3 000-2 800）。

4.7 企业采购业务中的所得税筹划

企业在采购时应尽量选择价格较低的一方，同时应尽早取得发票，进行企业所得税税前扣除。从财务角度分析可知，如果采购方不能获取发票，就意味着不能计入成本，即不能实现税前扣除。

[案例 4-16]

企业采购业务的税收筹划

甲公司要采购一批物资，现有两种采购方案。

方案一：从乙公司采购，价格为20万元且能收到购货发票。

方案二：从某个体工商户采购，无法取得发票，但可将采购价格降低至16万元。从企业所得税的角度来看，甲公司应选择哪一种方案？

【解析】

方案一：采购物资取得发票后，其成本可在税前抵扣，抵税效应为5万元（=20×25%），相当于企业获得5万元的税收收益，则采购成本相当于15万元（=20-5）。

方案二：采购物资未取得发票，其成本不可以在税前扣除，采购成本为16万元。

因此，甲公司应选择采购价格较高但可取得发票的方案一。

4.8 企业经营过程中的所得税筹划

4.8.1 存货成本计价方式的税收筹划

《企业会计准则第1号——存货》规定，企业应当采用先进先出法、加权平均法或者个别计价法确定发出存货的成本；对于性质和用途相似的存货，应当采用相同的成本计算方法确定发出存货的成本；对于不能替代使用的存货、为特定项目专门购入或制造的存货以及提供的劳务，通常采用个别计价法确定发出存货的成本。计价方法一经选用，不得随意变更。

在价格平稳或者价格波动不大时，存货计价方法对成本的影响不显著，但当价格水平不断波动时，存货计价方法对成本的影响就较为显著。

第一，根据物价变动趋势选择存货计价方法。当物价有上涨趋势时，采用月末一次加权平均法计算出的期末存货价值最低、销售成本最高，可将利润递延至次年，以延缓纳税时间。当物价呈现下降趋势时，则采用先进先出法计算出的存货价值最低，同样可达到延缓纳税的目的。在物价升降不定的情况下，企业选择个别计价法最合适，企业可以选择成本高的存货先发出，这样能够使前期纳税少、后期纳税多，相当于企业使用了一笔国家提供的无息贷款，这就是延期纳税的好处。如果存货较多，不宜采用个别计价法，企业应采用加权平均法，使各期纳税较平均，不至于使前期纳税多，而后期纳税少。当然，在物价持续下降的情况下，企业采用先进先出法同样能带来税收收益。

第二，根据减免税期间选择存货计价方法。当企业处于企业所得税的免税期时，企业获得的利润越多，其得到的免税额就越多，因此企业就可以选择前期成本低的计价方法，以减少当期成本、费用的摊入，扩大当期利润。

当企业处于征税期或高税率期时，可以选择前期成本高的计价方法，将当期的摊入成本尽量扩大，以减少当期利润、降低应纳税额。

[案例 4-17]

存货计价方式的税收筹划（1）

甲公司期初存货数量为 1 000 件，单位成本为 800 元；本期第一批次入库数量为 2 000 件，单位成本为 900 元；第二批次入库数量为 3 000 件，单位成本为 1 000 元。本期销售数量为 4 000 件，甲公司处于正常纳税年度。请问何种存货计价方法能实现节税效果？

【解析】

先进先出法：

销货成本＝800×1 000＋900×2 000＋1 000×1 000＝3 600 000（元）

可以抵缴企业所得税＝3 600 000×25％＝900 000（元）

加权平均法：

销货成本

＝(800×1 000＋900×2 000＋1 000×3 000)÷(1 000＋2 000＋3 000)×4 000

＝3 733 333.33(元)

可以抵缴企业所得税＝3 733 333.33×25％＝933 333.33（元）

加权平均法与先进先出法相比，前期税前扣除成本较高，抵税额大，可以实现递延纳税的效果。

［案例 4－18］

存货计价方式的税收筹划（2）

甲公司的年度购销货情况如下：3 月购进货物 50 万公斤，单价 4.6 元；4 月购进货物 60 万公斤，单价 4.5 元；5 月购进货物 80 万公斤，单价 4.8 元；6 月销货 160 万公斤，单价 5.5 元；11 月购进货物 40 万公斤，单价 5 元；12 月销货 50 万公斤，单价 6 元。甲公司无期初存货。甲公司的进、销、存情况见表 4－9。请从税收筹划的角度选择适合甲公司的存货计价方式。

表 4－9　甲公司的进、销、存情况表

月份	进（销）数量（万公斤）	单价（元）	剩余数量（万公斤）
3	50	4.6	50
4	60	4.5	110
5	80	4.8	190
6	（160）	5.5	30
11	40	5.0	70
12	（50）	6.0	20

（1）方案一：采用先进先出法。

根据先进先出法，6 月的销货成本为：

$$50\times4.6+60\times4.5+50\times4.8=740\text{（万元）}$$

收入为：

$$160\times5.5=880\text{（万元）}$$

应纳税所得额为：

$$880-740=140\text{（万元）}$$

12 月的销货成本为：

$$30\times4.8+20\times5=244\text{（万元）}$$

收入为：

$$50\times6=300\text{（万元）}$$

应纳税所得额为：

$$300-244=56\text{（万元）}$$

共计应纳税所得额为 196 万元。

（2）方案二：采用移动加权平均法。

可计算出 6 月的加权平均价为 4.653 元，则存货成本为：

$$4.653\times160=744.48\text{（万元）}$$

收入为：

$$160\times5.5=880\text{（万元）}$$

应纳税所得额为：

$$880-744.48=135.52\text{（万元）}$$

12 月的加权平均价为 4.851 元，则存货成本为：

4.851×50＝242.55（万元）

收入为：

50×6＝300（万元）

应纳税所得额为：

300－242.55＝57.45（万元）

共计应纳税所得额为 192.97 万元。

由此可见，当进货价格呈现上升趋势时，企业所得税的税负由轻到重依次是：移动加权平均法、先进先出法。企业存货计价方式的最佳方案是采用移动加权平均法，此时期末存货成本低、当期成本高、利润降低，可以起到延缓缴纳企业所得税的效果，能减少物价上涨对企业带来的不利影响。反之，当物价呈下降趋势时，企业选择存货计价方式的顺序正好与之颠倒，最佳方案是采用先进先出法，如电子产品，由于电子产品更新换代快、价格逐渐下降，因而选择先进先出法对企业有利。

4.8.2 固定资产折旧的税收筹划

折旧是影响企业所得税的重要因素，固定资产折旧金额的大小主要取决于固定资产原值、折旧年限、折旧方法以及净残值。企业在计提折旧时应充分考虑这四种因素的影响。

对于加速折旧法的采用，税法有非常严格的规定。《企业所得税法实施条例》第九十八条规定，企业可以采取缩短折旧年限或者采取加速折旧方法的固定资产，包括：①由于技术进步，产品更新换代较快的固定资产；②常年处于强震动、高腐蚀状态的固定资产。采取缩短折旧年限方法的，最低折旧年限不得低于税法规定折旧年限的 60%；采取加速折旧法的，可以采取双倍余额递减法或年数总和法。

在企业创办初期且享有减免税优惠待遇时，企业可以通过延长固定资产折旧年限，将计提的折旧递延到减免税期满后计入成本，从而获得节税利益。

对处于正常生产经营期且未享有税收优惠的企业来说，缩短固定资产折旧年限，往往可以加速固定资产成本的回收，使企业的后期成本与费用前移、前期利润后移，从而获得递延纳税的好处。

在物价持续上涨时期，如果企业采用加速折旧法，既可以缩短资产回收期，又可以加快折旧速度，有利于发挥“折旧税盾”效应，从而获得递延纳税的好处。

应加快处理既不能计提折旧又不使用的固定资产，尽早实现财产损失的税前扣除。

[案例 4－19]

固定资产的税收筹划（1）

甲公司固定资产原值为 800 万元，预计净残值为 20 万元，使用年限为 5 年，企业所得税税率为 25%。甲公司未扣除折旧的利润如表 4－10 所示，应如何进行税收筹划？

表 4-10 甲公司未扣除折旧的利润

年限	未扣除折旧的利润（万元）
第 1 年	500
第 2 年	620
第 3 年	530
第 4 年	500
第 5 年	320
合计	2 470

【解析】

(1) 不考虑货币的时间价值。

下面分别运用直线法、双倍余额递减法计算每年的应纳税所得额。

① 直线法。

$$年折旧率 = \frac{1}{5} \times 100\% = 20\%$$

年折旧额＝(800－20)×20%＝156（万元）

累计折旧额＝156×5＝780（万元）

累计应纳税额＝(2 470－780)×25%＝422.5（万元）

② 双倍余额递减法。

$$年折旧率 = 2 \times \frac{1}{5} \times 100\% = 40\%$$

第 1 年折旧额＝800×40%＝320（万元）

第 2 年折旧额＝(800－320)×40%＝192（万元）

第 3 年折旧额＝(800－320－192)×40%＝115.2（万元）

第 4 年、第 5 年改用直线法，有

$$年折旧额 = \frac{800-320-192-115.2-20}{2} = 76.4（万元）$$

累计折旧额＝780（万元）

累计应纳税额＝(2 470－780)×25%＝422.5（万元）

在不折现的情况下，以直线法与双倍余额递减法计算出的累计折旧额和应纳税额没有差异。

(2) 考虑货币的时间价值。上述两种折旧方法计算出的各年应纳税所得额、应纳税额及应纳税额的现值如表 4-11 所示（假定折现率为 10%）。

表 4-11 两种折旧方法计算出的各年应纳税所得额、应纳税额及应纳税额的现值

单位：万元

年限	直线法			双倍余额递减法		
	应纳税所得额	应纳税额	应纳税额的现值	应纳税所得额	应纳税额	应纳税额的现值
第 1 年	344	86	78.174	180	45	40.905
第 2 年	464	116	95.816	428	107	88.382

续表

年限	直线法			双倍余额递减法		
	应纳税所得额	应纳税额	应纳税额的现值	应纳税所得额	应纳税额	应纳税额的现值
第3年	374	93.5	70.218 5	414.8	103.7	77.878 7
第4年	344	86	58.738	423.6	105.9	72.329 7
第5年	164	41	25.461	243.6	60.9	37.818 9
合计	1 690	422.5	328.407 5	1 690	422.5	317.314 3

注：1年期、2年期、3年期、4年期、5年期的10%利率的复利现值系数分别为0.909、0.826、0.751、0.683、0.621。

从表中可以看出，双倍余额递减法在折旧初期提取的折旧额比较多，相应的税基少，应纳税额也就少；在折旧后期折旧额较小，相应的应纳税额就多。虽然在整个折旧摊销期间，总的应纳税所得额和应纳税额是一样的，但各年应缴纳的税款不一样。从各年应纳税额的现值总额来看，双倍余额递减法较直线法节税11.093 2万元（=328.407 5−317.314 3）。

［案例4-20］

固定资产的税收筹划（2）

甲公司有一项不用的固定资产，原值为100万元，预计使用期限为10年，无净残值。目前已使用5年，账面剩余价值为50万元，由于能耗过高被停用，如果出售可以获得5万元。

【解析】

如果该固定资产不做任何处理，那么账面上的50万元既不能计提折旧，又不能将计提的跌价准备在税前扣除。

如果处置获得5万元收入，则实现固定资产处置的净损失为45万元（=50−5），而45万元的损失在当期就可以抵税，故企业当期应纳所得税减少11.25万元（=45×25%）。

【知识点提醒】《企业所得税法》及《企业所得税法实施条例》规定，可以采用缩短折旧年限或者加速折旧的固定资产包括由技术进步导致产品更新换代较快的固定资产，以及常年处于强震动、高腐蚀状态的固定资产。

4.8.3 固定资产修理的税收筹划

固定资产加速折旧的税收政策

固定资产的日常维修与大修理支出在税务处理上有较大的差异。相比较而言，日常维修费用能直接在税前扣除，而固定资产的大修理支出必须作为长期待摊费用按规定摊销，不得直接在当期税前扣除。《企业所得税法实施条例》规定，固定资产的大修理支出是指同时符合下列条件的支出：第一，修理支出达到取得固定资产时的计税基础50%以上；第二，修理后固定资产的使用年限延长2年以上。

[案例4-21]

企业所得税固定资产大修理的税收筹划

甲公司对旧生产设备进行大修，大修过程中所耗材料费、配件费为80万元，增值税进项税额为10.4万元，支付工人工资20万元，总共花费100万元，而整台设备的原值为198万元。甲公司应如何进行税收筹划？

【解析】

总的修理支出大于设备原值（计税基础）的50%，按照税法的规定，凡修理支出达到取得固定资产时的计税基础50%以上且修理后固定资产的使用年限延长2年以上的，一律作为大修理支出，按照固定资产尚可使用年限分期摊销。因此，应将100万元费用计入长期待摊费用，在固定资产尚可使用期限内逐年摊销。

需要注意的是，固定资产原值（计税基础）的50%为99万元，与现有花费相当，如果进行税收筹划，可以节约税金。具体安排如下：节省修理支出至99万元以下，就可将其视为日常维修处理，99万元的修理支出可以计入当期损益并在企业所得税税前扣除，从而获得递延纳税的好处。

4.8.4 工资、薪金的税收筹划

税法规定，对于真实合理的工资、薪金支出，可以在企业所得税前扣除。职工福利费支出的扣除额度为工资、薪金总额的14%，超过部分不得扣除。

具体说来，企业对于工资、薪金的税收筹划包括以下几种方法：

(1) 把发放的福利费用部分转化为职工工资。税法规定，企业发放的职工工资可以100%在企业所得税税前扣除，而职工福利费只能扣除工资、薪金总额的14%，因此可以根据企业福利费总额的实际发生情况，对超出部分进行转化列支，以减少企业所得税的支出。当然，企业也可以考虑将职工福利费转化为劳动保护支出。例如，如果企业为每位职工发放防暑降温费，则属于职工福利费，只能在工资、薪金总额的14%以内扣除；如果企业发放的是价值相同的防暑降温药品，则属于劳动保护支出，可以100%扣除。

[案例4-22]

工资、薪金的税收筹划

甲公司计划每年向职工发放12万元，现有以下两种方案可供选择，该公司应选择哪

一种？

方案一：全部作为职工的工资发放。

方案二：10 万元作为职工工资，2 万元用于职工福利费支出。

【解析】

因为税法规定，企业发放的职工工资可以 100%扣除，而职工福利费支出只能在工资总额的 14%以内限额扣除。

在这两种方案下，甲公司的税前扣除额为：

方案一的税前扣除额＝12（万元）

方案二的税前扣除额＝10＋10×14%＝11.4（万元）

甲公司应选择方案一，根据企业福利费总额的实际发生情况，对超出部分进行转化列支，把职工福利费支出部分转化为职工工资，可以减少企业所得税的应纳税额。

（2）合理安排研发人员的工资，可以减轻企业所得税税负。企业发生的研发费用，未形成无形资产计入当期损益的，在按照规定据实扣除的基础上，按照研发费用的 50%加计扣除；形成无形资产的，按照无形资产成本的 150%摊销。自 2017 年 1 月 1 日起，科技型中小企业研发费用税前加计扣除比例由 50%提高至 75%。《财政部、税务总局、科技部关于提高研究开发费用税前加计扣除比例的通知》（财税［2018］99 号）规定，在 2018 年 1 月 1 日至 2020 年 12 月 31 日期间，将加计扣除的比例提升至 75%。

在职工从事研发期间，可多安排工资、奖金（包括全年一次性奖金），从而更多地享受加计扣除。需要注意的是，多安排工资、奖金相应增加的个人所得税负担，不能超过加计扣除部分减少的企业所得税负担，否则将得不偿失。

研发费用税前加计扣除归集范围

（3）合理安排在职残疾人员的工资，可以减轻企业所得税税负。税法规定，企业安置残疾人员的，在按照支付给残疾职工工资据实扣除的基础上，按照支付给残疾职工工资的 100%加计扣除。

4.8.5 业务招待费的税收筹划

职工福利费的涉税风险控制

税法规定，企业发生的与生产经营活动有关的业务招待费支出，按照发生额的 60%扣除，但最高不得超过当年销售收入的 5‰，且超支部分不得向以后年度结转。企业发生的业务招待费支出，首先应尽量控制在销售收入的 5‰范围之内；其次要利用业务招待费与业务宣传费的内容有相互替代的性质，进行项目之间的转换。例如，企业外购用于赠送的礼品应作为业务招待费，但如果礼品上印有企业标记，对企业的形象、产品有宣传作用，也可作为业务宣传费，因为广告费和业务宣传费支出不超过当年销售收入 15%的部分可据实扣除，超过比例的部分可结转到以后年度扣除。在考虑是作为业务宣传费还是业务招待费时，应优先列为业务宣传费。

[案例 4-23]

业务招待费的税收筹划

甲公司外购 100 万元的礼品赠送给客户，并将其列为业务招待费，已知当年销售收入为 2 000 万元。请问甲公司应如何进行税收筹划?

【解析】

税法规定，企业发生的与生产经营活动有关的业务招待费支出，按照发生额的 60%扣除，但最高不得超过当年销售收入的 5‰，且超支部分不得向以后年度结转。因此，甲公司仅可在税前抵扣 10 万元。

若甲公司将礼品印上企业标记，其对企业的形象、产品有宣传作用，则可作为业务宣传费支出。因为广告费和业务宣传费（以下简称“广宣费”）支出不超过当年销售收入 15%的部分可据实扣除，超过比例的部分可结转到以后年度扣除。因此，有

$$2\,000\times15\%=300\text{（万元）}$$

故甲公司可在税前扣除 100 万元。由此可见，业务招待费与广宣费之间的转化在一定情况下可以达到节税的目的。

4.8.6 业务宣传费的税收筹划

税法规定，企业发生的业务宣传费不高于当年销售收入 15%的部分准予扣除，超支部分可以向以后年度结转。企业发生的业务宣传费支出应尽量控制在销售收入 15%的范围之内。但财政部、国家税务总局于 2017 年 5 月 27 日联合下发的《关于广告费和业务宣传费支出税前扣除政策的通知》(财税［2017］41 号）规定，对化妆品制造或销售、医药制造和饮料制造（不含酒类制造）企业发生的广告费和业务宣传费支出，不超过当年销售（营业）收入 30%的部分，准予扣除；超过部分，准予在以后纳税年度结转扣除。因此，相关企业只需将发生的业务宣传费支出尽量控制在销售收入 30%的范围内即可。

[案例 4-24]

业务宣传费的税收筹划（1）

甲公司为房地产开发企业，计划在上海的一个黄金地段开发楼盘，预计本年销售收入为7 000 万元，本年宣传费用开支为 1 200 万元。税法规定，企业发生的符合条件的广告费和业务宣传费支出，除国务院财政、税务主管部门另有规定外，不超过当年销售（营业）收入 15%的部分，准予扣除；超过部分，准予在以后纳税年度结转扣除。甲公司应如何进行税收筹划?

【解析】

甲公司围绕宣传费用开支 1 200 万元做出了如下两个税收筹划方案。

方案一：在当地电视台黄金时间每天播出 4 次，间隔播出 10 个月；在当地报刊连续刊登 12 个月。该方案因广告费超支，需要调增当年的应纳税所得额，由此导致应纳所得税增加：

(1 200－7 000×15%)×25%＝37.5（万元）

则广告实际总支出为：

1 200＋37.5＝1 237.5（万元）

方案二：在当地电视台每天播出 3 次，间隔播出 10 个月；在当地报刊做广告。这两项活动共需要支出 900 万元。此外，公司雇用少量人员在节假日到各商场和文化活动场所散发宣传材料需要支出 30 万元；建立自己的网页和在有关网站发布售房信息，发布和维护费用需要支出 270 万元。

经比较，方案二为最佳方案，因网站发布和维护费用可在管理费用中列支（税法未对此项费用做出限制，一般作为管理费用中的其他项目列支）。此时，方案二中的各项支出均可在规定的扣除项目限额内列支，无须纳税调整，并且从多个角度对房产进行了宣传，对房产销售能起到很好的促进作用。

另外，当企业的广告费过多时，可以考虑成立单独核算的销售分公司。随着企业销售总额的规模增加，广告费列支标准也会增长，但要注意成立销售分公司的成本。

[案例 4-25]

业务宣传费的税收筹划（2）

甲企业为新建企业，生产儿童食品，适用的广告费扣除率为 15%，企业所得税税率为 25%。甲企业年初推出一种新产品，预计年销售收入为 8 000 万元（假设本地销售 1 000 万元，乙地区销售 7 000 万元），需要广告费支出 1 500 万元。

【解析】

甲企业围绕新产品的宣传，做出了以下两个税收筹划方案。

方案一：产品销售统一在本公司核算，需要在当地电视台、乙地区电视台分别投入广告费 500 万元、1 000 万元。

方案二：鉴于产品的主要销售市场在乙地区，可在乙地区设立独立核算的销售公司，该销售公司可与甲企业联合起来做广告宣传。甲企业估计成立销售公司需要支付场地、人员工资等相关费用 30 万元，向当地电视台、乙地区电视台分别支付广告费 500 万元、1 000 万元。其中，乙地区销售公司的销售额为 7 000 万元，甲企业向乙地区销售公司按照出厂价 6 000 万元进行销售，甲企业的当地销售额为 1 000 万元。

方案一的广告费超出扣除限额 300 万元（＝1 500－8 000×15%），尽管 300 万元的广告费可以无限期扣除，但毕竟要提前缴纳企业所得税 75 万元（＝300×25%）。

在方案二中，若乙地区销售公司的销售收入仍为 7 000 万元，这样甲企业向乙地区销售公司移送产品可按照出厂价进行销售，此产品的出厂价为 6 000 万元，甲企业准予扣除的广告费限额为 1 050 万元［＝(1 000＋6 000)×15%］，乙地区销售公司准予扣除的广告费限额为1 050万元（=7 000×15%），即准予税前扣除的广告费限额为2 100万元，因此实际支出的1 500万元广告费可由两家公司分担，分别在甲企业和销售公司的销售限额内列支，且均不被纳税调整。与此同时，由于销售公司对外销售的价格不变，整体增值额不变，也不会加重总体的增值税负担；对两家公司来说，当年方案二比方案一能增加净利润75万元。

4.8.7 捐赠的税收筹划

企业当年发生以及以前年度结转的公益性捐赠支出，不超过年度利润总额12%的部分，准予扣除。超过年度利润总额12%的部分，准予结转以后三年内在计算应纳税所得额时扣除。

企业捐赠从以下三个方面进行税收筹划：

第一，捐赠对象的税收筹划。企业应合理安排其捐赠活动，尽可能捐赠能够在税前全额扣除的项目，比如对公益性青少年活动场所的捐赠，对自主科研机构、高等院校的研发经费的捐赠，向受灾地区的捐赠等。

第二，捐赠时间的税收筹划。企业应该合理安排捐赠发生的时间，应该在正常的纳税年度捐赠，避免在免税期和亏损年度捐赠，以保证其捐赠金额可以按规定限额在税前扣除。

第三，捐赠金额的税收筹划。企业在捐赠前应该预测三年内的利润总额，使其捐赠金额尽可能在三年内利润总额的12%以内，从而得以充分扣除。若企业的捐赠金额超过限额，企业可以采取分期捐赠的方式，使捐赠金额尽可能在税前扣除。

[案例4-26]

捐赠的税收筹划

A企业计划通过其所在的镇政府向鲁甸地震受灾地区捐赠100万元，其当年的营业利润为500万元。请问该企业应如何进行捐赠才能实现节税？

【解析】

《财政部、海关总署、国家税务总局关于支持鲁甸地震灾后恢复重建有关税收政策问题的通知》（财税［2015］27号）规定，自2014年8月3日起，对企业、个人通过公益性社会组织、县级以上人民政府及其部门向鲁甸地震受灾地区的捐赠，允许在当年缴纳企业所得税前全额扣除。

该捐赠虽属于公益性捐赠，但由于是通过镇政府进行的捐赠，所以不符合税前扣除的条件。

A企业可以进行税收筹划，将捐赠通过县级以上政府进行，则100万元的捐赠支出均可在税前扣除。

4.9 企业研发业务中的所得税筹划

4.9.1 技术转让收入的税收筹划

税法规定，在一个纳税年度内，居民企业技术转让所得不超过500万元的部分，免征企业所得税；超过500万元的部分，减半征收企业所得税。取得技术转让收入的企业应利用该项税收优惠政策，实现免税所得最大化。

[案例4－27]

技术转让收入的税收筹划

A公司转让技术，与客户签订协议共收取600万元。请问如何签订技术转让合同能使节税收益最大？

【解析】

方案一：与客户的合同为一次性转让并收取600万元。

应纳企业所得税＝(600－500)×50%×25%＝12.5（万元）

方案二：与客户的合同约定分期转让，第一年收取300万元，第二年收取300万元。

应纳企业所得税＝0（万元）

尽管在这两个方案中，该公司两年内收取的技术转让收入都是600万元，但由于方案二将每年实现的技术转让收入控制在免征额以下，可以免征企业所得税，所以取得了更大的节税收益。

4.9.2 研发费用的税收筹划

国家为鼓励企业积极实施技术创新、自主研发，规定企业开展研发活动中实际发生的研发费用，未形成无形资产计入当期损益的，在按照规定据实扣除的基础上，按照研发费用的50%加计扣除；形成无形资产的，按照无形资产成本的150%摊销。在2018年1月1日至2020年12月31日期间，研发费用的加计扣除比例从50%提升至75%。

研发费用的筹划思路有：

第一，企业应合理安排研发费用发生的时间，使得研发费用发生在正常的纳税年度，避免发生在免税期和亏损年度，以保证其研发费用可以在税前扣除。

第二，企业应合理安排研发费用的金额，使得研发费用加计扣除金额小于企业利润。若研发费用加计扣除金额大于企业利润，则可以将研发费用分期，从而实现研发费用的充分扣除。

［案例 4-28］

研发费用的税收筹划

A 公司计划成立技术研发部门，该部门预计全年的研发费用为 1 000 万元，A 公司当年税前利润为 3 500 万元。现有两个方案可供选择。

方案一：把技术研发部门独立出来并成立一家全资的高新技术企业 B 公司。不考虑成立新公司新增的管理费用，B 公司将技术转让给 A 公司，取得技术转让收入 500 万元，技术开发成本 1 000 万元。此外，B 公司无其他收入。

方案二：A 公司内部成立技术研发部门。

请问哪个方案的节税效果更好?

【解析】

(1) 若采取方案一，应纳企业所得税计算如下。

B 公司亏损不纳企业所得税，享受不到企业所得税的税收优惠。

将技术研发部门独立出来后，A 公司的税前利润为：

3 500－500＝3 000（万元）

A 公司应纳企业所得税税额为：

3 000×25％＝750（万元）

两家公司合计应纳企业所得税税额为 750 万元。

(2) 若采取方案二，应纳企业所得税计算如下。

按税法规定，所得税前除可扣除实际发生的技术开发费 1 000 万元外，还可加计扣除 750 万元，A 公司应纳企业所得税税额为：

(3 500－1 000－1 000×75％)×25％＝437.5（万元）

由此可见，A 公司内部设立技术研发部门更节税，少缴纳的企业所得税税额为：

750－437.5＝312.5（万元）

4.10 企业重组业务中的所得税筹划[①]

企业重组是指企业在日常经营活动以外发生的法律结构或经济结构重大改变的交易，包括企业法律形式改变、债务重组、股权收购、资产收购、企业合并、企业分立等。

① 本节内容得到了安永会计师事务所提供的资料支持。

4.10.1 资产重组的涉税处理

1. 一般性税务处理

（1）企业法律形式改变。企业由法人转变为个人独资企业、合伙企业等非法人组织，或将登记注册地转移至中华人民共和国境外（包括港、澳、台地区），应视同企业进行清算、分配，股东重新投资成立新企业。企业的全部资产以及股东投资的计税基础均应以公允价值为基础确定。

企业发生其他法律形式简单改变的，可直接变更税务登记，除另有规定外，有关企业所得税纳税事项（包括亏损结转、税收优惠等权利和义务）由变更后的企业承继，但因住所发生变化而不符合税收优惠条件的除外。

（2）企业债务重组。债务重组是指在债务人发生财务困难的情况下，债权人按照其与债务人达成的书面协议或者法院的裁定做出让步的事项。

1）以非货币性资产清偿债务，应当分解为转让相关非货币性资产、按非货币性资产公允价值清偿债务两项业务，同时确认相关资产的所得或损失。

2）发生债权转股权的，应当分解为债务清偿和股权投资两项业务，同时确认有关债务清偿所得或损失。

3）债务人应当按照支付的债务清偿额低于债务计税基础的差额，确认债务重组所得；债权人应当按照收到的债务清偿额低于债权计税基础的差额，确认债务重组损失。

4）债务人的相关所得税纳税事项原则上保持不变。

（3）企业股权收购和资产收购。股权收购是指一家企业（以下称为“收购企业”）购买另一家企业（以下称为“被收购企业”）的股权，以实现对被收购企业控制的交易。收购企业支付对价的形式包括股权支付、非股权支付或两者的组合。股权收购示意图见图 4-2。

资产收购是指一家企业（以下称为“受让企业”）购买另一家企业（以下称为“转让企业”）实质经营性资产的交易。受让企业支付对价的形式包括股权支付、非股权支付或两者的组合。资产收购示意图见图 4-3。

股权支付是指在企业重组中购买、换取资产的一方支付的对价中，以本企业或其控股企业的股权、股份作为支付的形式。非股权支付是指以本企业的现金、银行存款、应收款项、本企业或其控股企业股权和股份以外的有价证券、存货、固定资产、其他资产以及承担债务等作为支付的形式。

1）被收购方应确认股权、资产转让所得或损失。

2）收购方取得股权或资产的计税基础应是公允价值。

3）被收购企业的相关所得税事项原则上保持不变。

（4）企业合并。企业合并是指一家或多家企业（以下称为“被合并企业”）将其全部资产和负债转让给另一家现存或新设企业（以下称为“合并企业”），被合并企业股东换取合并企业的股权或非股权支付，实现两个或两个以上企业的依法合并。

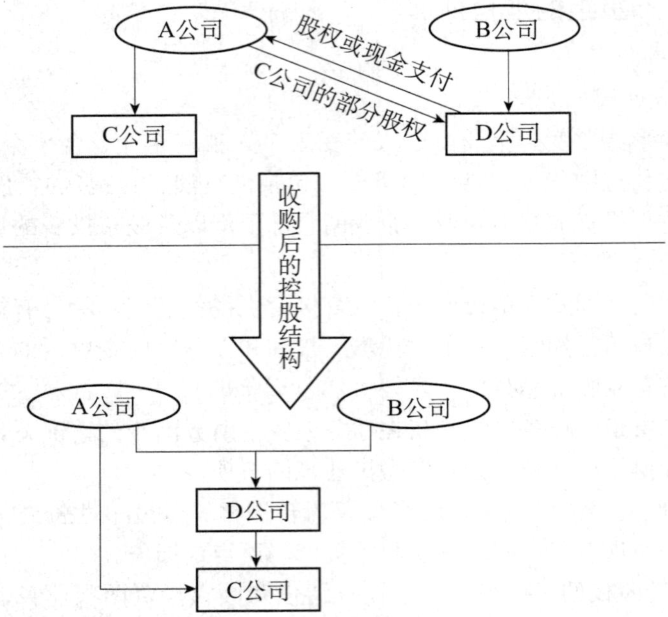

图 4－2　股权收购示意图

注：D公司收购C公司的股权（D公司为收购企业，C公司为被收购企业），D公司以现金或者增发股权为支付对价，A公司获得现金或拥有D公司的股权。

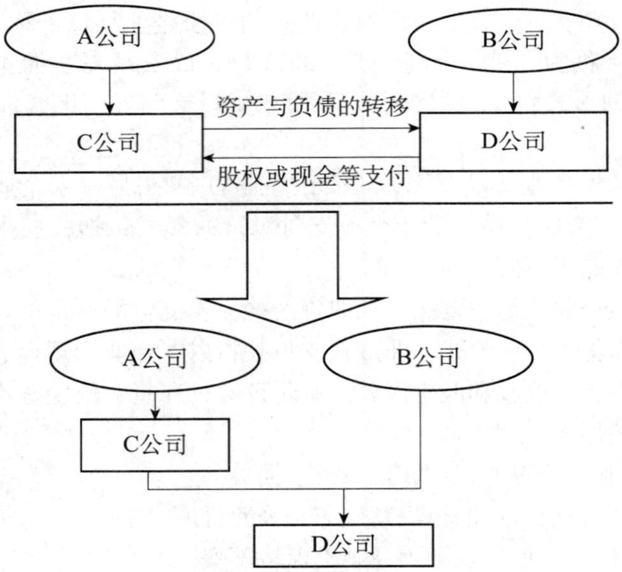

图 4－3　资产收购示意图

注：D公司收购C公司的资产与负债（D公司为受让企业，C公司为转让企业），D公司以现金或者股权为支付对价，C公司获得现金或拥有D公司的股权。

1）合并企业应按公允价值确定被合并企业各项资产和负债的计税基础。

2）被合并企业及其股东都应按清算进行所得税处理。

3）被合并企业的亏损不得在合并企业结转弥补。

（5）企业分立。企业分立是指一家企业（以下称为“被分立企业”）将部分或全部资产分离转让给现存或新设的企业（以下称为“分立企业”），被分立企业股东换取分立企业的股权或非股权支付，实现企业的依法分立。

1）被分立企业对分立出去的资产应按公允价值确认资产转让所得或损失。

2）分立企业应按公允价值确认接受资产的计税基础。

3）被分立企业继续存在时，其股东取得的对价应视同被分立企业分配进行处理。

4）被分立企业不再继续存在时，被分立企业及其股东都应按清算进行所得税处理。

5）在企业分立中，相关企业的亏损不得相互结转弥补。

2. 特殊性税务处理

（1）特殊性税务处理的条件。企业重组同时符合下列条件的，适用特殊性税务处理规定。

1）具有合理的商业目的，且不以减少、免除或者推迟缴纳税款为主要目的。

2）被收购、合并或者分立部分的资产或股权比例符合规定的比例。

3）企业重组后的连续12个月内不改变重组资产原来的实质性经营活动。

4）重组交易对价中涉及的股权支付金额符合规定比例。

5）重组交易对价中取得股权支付的原主要股东在重组后连续12个月内不得转让所取得的股权。

企业发生涉及中国境内与境外（包括港、澳、台地区）之间的股权和资产收购交易，除应符合上述条件外，还需判断是否同时符合下列条件。

1）非居民企业向其100%直接控股的另一非居民企业转让其拥有的居民企业股权，没有因此造成以后该项股权转让所得预提所得税的负担变化，且转让方非居民企业向主管税务机关书面承诺在3年（含3年）内不转让其拥有的受让方非居民企业的股权（包括因境外企业分立、合并导致中国居民企业股权被转让的情形）。

2）非居民企业向与其具有100%直接控股关系的居民企业转让其拥有的另一居民企业股权。

3）居民企业以其拥有的资产或股权向其100%直接控股的非居民企业进行投资。

4）财政部、国家税务总局核准的其他情形。

（2）特殊性税务处理方法。企业重组符合上述特殊性税务处理条件的，交易各方对其交易中的股权支付部分，可以按照以下规定进行特殊性税务处理。

1）债务重组。企业债务重组确认的应纳税所得额占该企业当年应纳税所得额50%以上的，可以在5个纳税年度内，均匀计入各个年度的应纳税所得额。

企业发生债权转股权业务，对债务清偿和股权投资两项业务暂不确认有关债务清偿所得或损失，股权投资的计税基础以原债务的计税基础确定，企业的其他相关所得税事项保持不变。

2）股权收购。对于股权收购来说，收购企业购买的股权不低于被收购企业全部股权的50%，且收购企业在该股权收购发生时的股权支付金额不低于其交易支付总额的85%，可以选择按以下规定处理。

① 被收购企业的股东取得收购企业股权的计税基础，以被收购股权的原有计税基础确定。

② 收购企业取得被收购企业股权的计税基础，以被收购股权的原有计税基础确定。

③ 收购企业、被收购企业原有各项资产和负债的计税基础及其他相关所得税事项保持不变。

【知识点提醒】 为了满足特殊性税务处理方法，要求收购企业购买的股权应不低于被收购企业全部股权的50%，且收购企业在该股权收购发生时的股权支付金额不低于其交易支付总额的85%。

3）资产收购。对于资产收购来说，受让企业收购的资产不低于转让企业全部资产的50%，且受让企业在该资产收购发生时的股权支付金额不低于其交易支付总额的85%，可以选择按以下规定处理。

① 转让企业取得受让企业股权的计税基础，以被转让资产的原有计税基础确定。

② 受让企业取得转让企业资产的计税基础，以被转让资产的原有计税基础确定。

4）企业合并。对于企业合并来说，企业股东在该企业合并发生时取得的股权支付金额不低于其交易支付总额的85%，以及在同一控制下不需要支付对价的企业合并，可以选择按以下规定处理。

① 合并企业接受被合并企业资产和负债的计税基础，以被合并企业的原有计税基础确定。

② 被合并企业合并前的相关所得税事项由合并企业承继。

③ 可由合并企业弥补的被合并企业亏损的限额＝被合并企业净资产公允价值×截至合并业务发生当年末国家发行的最长期限的国债利率。

④ 被合并企业股东取得合并企业股权的计税基础，以其原持有的被合并企业股权的计税基础确定。

5）企业分立。对于企业分立来说，被分立企业所有股东按原持股比例取得分立企业的股权，分立企业和被分立企业均不改变原来的实质性经营活动，且被分立企业股东在该企业分立发生时取得的股权支付金额不低于其交易支付总额的85%，可以选择按以下规定处理。

① 分立企业接受被分立企业资产和负债的计税基础，以被分立企业的原有计税基础确定。

② 被分立企业已分立出去的资产相应的所得税事项由分立企业承继。

③ 被分立企业未超过法定弥补期限的亏损额可按分立资产占全部资产的比例进行分配，由分立企业继续弥补。

④ 被分立企业的股东取得分立企业的股权（以下简称“新股”），如需部分或全部放弃原持有的被分立企业的股权（以下简称“旧股”），新股的计税基础应以所放弃旧股的计税基础确定。如不需放弃旧股，则其取得新股的计税基础可从以下两种方法中选择确定：直接将新股的计税基础确定为零；或者以被分立企业分立出去的净资产占被分立企业全部净资产的比例先调减原持有的旧股的计税基础，再将调减的计税基础平均分配到新股上。

重组交易各方按上述1)～5）项规定对交易中股权支付暂不确认有关资产的转让所得

或损失的，其非股权支付仍应在交易当期确认相应的资产转让所得或损失，并调整相应资产的计税基础。

$$\begin{aligned}&\text{非股权支付对应的}\\&\text{资产转让所得或损失}\\&=\left(\begin{matrix}\text{被转让资产的}\\\text{公允价值}\end{matrix}-\begin{matrix}\text{被转让资产的}\\\text{计税基础}\end{matrix}\right)\times\begin{matrix}\text{非股权}\\\text{支付金额}\end{matrix}\div\begin{matrix}\text{被转让资产的}\\\text{公允价值}\end{matrix}\end{aligned}$$

6）股权或资产划转。对于100%直接控股的居民企业之间，以及受同一或相同多家居民企业100%直接控股的居民企业之间按账面净值划转股权或资产（见图4-4），凡具有合理商业目的，不以减少、免除或者推迟缴纳税款为主要目的，股权或资产划转后连续12个月内不改变被划转股权或资产原来的实质性经营活动，且划出方企业和划入方企业均未在会计上确认损益的，可选择按以下规定进行特殊性税务处理。

① 划出方企业和划入方企业均不确认所得。

② 划入方企业取得被划转股权或资产的计税基础，以被划转股权或资产的原账面净值确定。

③ 划入方企业取得的被划转资产，应按其原账面净值计算折旧扣除。

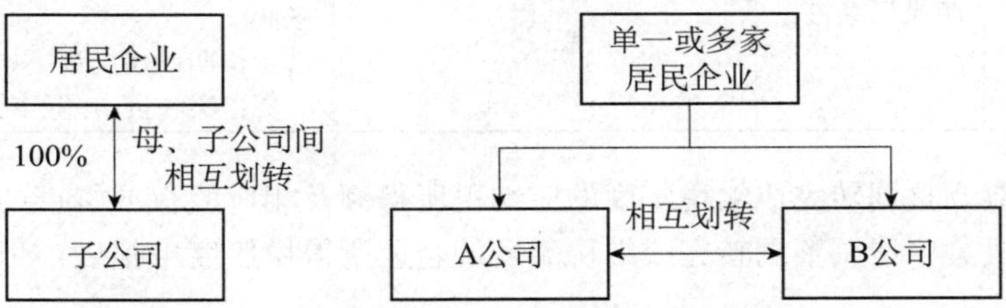

图4-4 股权或资产划转示意图

股权或资产划转的情形与规定

股权或资产划转的特殊性税务处理及会计处理见表4-12。

表4-12 股权或资产划转的特殊性税务处理及会计处理

划转方式	支付方式	税务处理	会计处理
母公司向子公司按账面净值划转	母公司获得子公司股权支付	（1）母公司按增加长期股权投资处理 （2）子公司按接受投资（包括资本公积）处理 （3）母公司获得子公司股权的计税基础以划转股权或资产的原计税基础确定	母公司： 借：长期股权投资 　贷：固定资产或长期股权投资（股权支付情形） 子公司： 借：固定资产或长期股权投资（股权支付情形） 　贷：资本公积/实收资本
	母公司没有获得任何股权或非股权支付	（1）母公司按冲减实收资本（包括资本公积）处理 （2）子公司按接受投资处理	母公司： 借：资本公积/实收资本 　贷：固定资产 子公司： 借：固定资产 　贷：资本公积

续表

<table>
<tr><th>划转方式</th><th>支付方式</th><th>税务处理</th><th>会计处理</th></tr>
<tr><td rowspan="2">子公司向母公司按账面净值划转</td><td rowspan="2">子公司没有获得任何股权或非股权支付</td><td>（1）母公司按收回投资处理
（2）子公司按冲减实收资本处理</td><td>母公司：
借：固定资产
贷：长期股权投资
子公司：
借：实收资本
贷：固定资产</td></tr>
<tr><td>（1）母公司按接受投资处理
（2）子公司按冲减实收资本处理</td><td>母公司：
借：长期股权投资
贷：实收资本
子公司：
借：实收资本
贷：长期股权投资</td></tr>
<tr><td rowspan="2">子公司之间按账面净值划转</td><td rowspan="2">划出方没有获得任何股权或非股权支付</td><td rowspan="2">（1）划出方按冲减所有者权益处理
（2）划入方按接受投资处理</td><td>子1：
借：资本公积/盈余公积/未分配利润/实收资本
贷：长期股权投资</td></tr>
<tr><td>子2：
借：长期股权投资
贷：实收资本/资本公积</td></tr>
</table>

交易双方应调整划转完成纳税年度的应纳税所得额及相应股权或资产的计税基础，向各自主管税务机关申请调整划转完成纳税年度的企业所得税年度申报表，依法计算缴纳企业所得税。

4.10.2 资产重组的税收筹划

1. 资产重组税务处理差异比较

资产重组的税务处理分为一般性税务处理和特殊性税务处理，两者的主要税务差异在于确认重组所得的时间不同。符合特殊性税务处理条件的资产重组可以实现递延缴纳所得税。特殊性税务处理与一般性税务处理的差异见表4-13。

表4-13 资产重组税务处理差异比较

类型	税务处理
特殊性税务处理	1. 以原有计税基础确定，原有各项资产和负债的计税基础与其他相关所得税事项保持不变 2. 对交易中的股权支付暂不确认有关资产的转让所得或损失，非股权支付仍应在交易当期确认相应的资产转让所得或损失，并调整相应资产的计税基础 3. 企业债务重组确认的应纳税所得额占该企业当年应纳税所得额50%以上，可以在5个纳税年度内，均匀计入各年度的应纳税所得额
一般性税务处理	1. 计税基础应以公允价值为基础确定 2. 相关所得税事项原则上保持不变 3. 确认重组所得或损失

【知识点提醒】纳税人在资产重组过程中，通过合并、分立、出售、置换等方式，将全部或者部分实物资产以及与其相关的债权、负债和劳动力一并转让给其他单位和个人，不属于增值税的征税范围，其中涉及的货物转让，不征收增值税。

在资产划转中，除资产无偿划转外，涉及房产、土地产权的转移，应该征收土地增值税。

同一投资主体内部所属企业之间土地、房屋权属的划转，包括母公司与其全资子公司之间，同一公司所属全资子公司之间，同一自然人与其设立的个人独资企业、一人有限责任公司之间土地、房屋权属的划转，免征契税。

2. 股权收购的所得税筹划

在一般性税务处理条件下，股权收购应确认股权转让所得或损失，收购方取得股权的计税基础以公允价值为基础确定，而在特殊性税务处理条件下，股权转让所得或损失暂时无须确认，收购方和被收购方取得股权的计税基础以账面价值确定。在特殊性税务处理条件下，暂时无须缴纳企业所得税，起到了免税重组的效果，即使日后转让时需要纳税，也起到了递延纳税的效果。因此，企业应尽量使股权收购满足特殊性税务处理的一般条件，且收购的股权不低于被收购企业全部股权或资产的50%，同时保证在股权收购发生时的股权支付金额不低于其交易支付总金额的85%，以满足特殊性税务处理条件，达到免税重组的目的。

［案例4-29］

股权收购的税收筹划

假设甲单位持有A企业100%的股权，计税基础是300万元，公允价值为600万元。乙企业欲收购甲单位所持的A企业的全部股权，价款为600万元，全部价款以非股权形式支付。该股权收购适用一般性税务处理，甲单位转让A企业股权的增值额为300万元（=600−300），需要缴纳企业所得税75万元（=300×25%）。乙企业收购甲单位所持A企业股权的计税基础为600万元。请设计节税筹划方案。

【解析】

如果乙企业欲收购A企业的全部股权，分别以540万元的股权和60万元的现金作为对价支付给A企业的股东甲单位，由于乙企业收购A企业的股权超过了A企业全部股权的50%，且股权支付占全部价款的比例为90%（=540÷600×100%），超过了85%。假设该项收购同时也满足税法规定的其他特殊性税务处理条件，则可以按照特殊性税务处理方式处理。根据规定，540万元的股权支付对应的股权转让不需要纳税，但60万元的非股权支付对应的增值额需要缴纳企业所得税。

甲单位转让所持A企业股权的增值额为300万元（=600−300），60万元的非股权支付对应的增值额为30万元（=300×60÷600），因此甲单位需要缴纳的企业所得税为7.5万元（=30×25%），比全部以非股权形式支付少缴纳企业所得税67.5万元（=75−7.5），达到了税收筹划的目的。

---

3. 资产收购的所得税筹划

在一般性税务处理条件下，资产收购应确认资产转让所得或损失，收购方取得资产的计税基础为公允价值，而在特殊性税务处理条件下，资产转让所得或损失暂时无须确认，收购方和被收购方取得资产的计税基础以账面价值确定。在特殊性税务处理条件下，企业暂时无须缴纳企业所得税，起到了免税重组的效果，即使之后转让时需要纳税，也起到了递延纳税的效果。因此，企业应尽量使资产收购满足特殊性税务处理的一般条件，且收购的资产不低于被收购企业全部股权或资产的50%，同时保证在股权收购或资产收购发生时的股权支付金额不低于其交易支付总金额的85%，以满足特殊性税务处理条件，达到免税重组的目的。

［案例 4－30］

资产收购的税收筹划

A企业全部资产的计税基础为500万元，公允价值为1 000万元。B企业欲收购A企业的全部资产，价款为1 000万元，全部价款以非股权形式支付。该资产收购适用一般性税务处理，A企业转让资产的增值额为500万元（＝1 000－500），需要缴纳企业所得税125万元（＝500×25%）。B企业收购A企业资产的计税基础为1 000万元。请问如何设计收购方案才能实现节税效果?

【解析】

如果B企业分别以900万元的股权和100万元的现金作为对价支付给A企业，由于B企业收购A企业的资产超过了A企业全部资产的50%，且股权支付占全部价款的比例为90%（＝900÷1 000×100%），超过了85%。假设该项收购同时也满足税法规定的其他特殊性税务处理条件，则可以按照特殊性税务处理方式处理。根据规定，900万元的股权支付对应的资产转让不需要纳税，但100万元的非股权支付对应的增值额需要缴纳企业所得税。

A企业转让资产的增值额为500万元（＝1 000－500），100万元的非股权支付对应的增值额为50万元（＝500×100÷1 000），因此A企业需要缴纳的企业所得税为12.5万元（＝50×25%），比全部以非股权形式支付少缴纳企业所得税112.5万元（＝125－12.5），达到了税收筹划的目的。

4. 企业合并的所得税筹划

企业合并是实现资源流动和有效配置的重要方式，在企业合并的过程中不可避免地涉及企业的税收负担及税收筹划问题。企业合并筹划是指企业利用并购及资产重组手段，改变其组织形式及股权关系，实现税负降低的税收筹划方法。

(1) 企业合并的目的。

1) 合并后的企业可以进入新的领域、新的行业。

2) 并购有大量亏损的企业，可以盈亏抵补，实现低成本扩张。

3) 企业合并可以实现关联企业或上下游企业流通环节的减少，合理规避货物和劳务税及印花税。

4）企业合并可能改变纳税主体的性质。例如，企业可能因为合并而由简易计税方法纳税人变为一般计税方法纳税人，或由内资企业变为中外合资企业。

5）企业合并因规模扩充能够提高应提取折旧的资产总额，获取折旧抵税利益。

（2）企业合并的筹划要点。

1）选择合并目标的税收筹划。

第一，考察目标企业的财务状况。企业若有较高的盈利水平，为降低其整体税负，可以选择一家有大量净经营亏损的企业作为合并目标，通过合并后盈亏抵补，实现企业所得税的免除。需要注意的是，此类合并活动必须警惕亏损企业可能给合并后的企业带来不良影响，防止企业被拖入亏损境地。

第二，考察目标企业的所在地及企业类型。从目标企业所在地角度考虑，我国对在经济特区、西部地区、少数民族地区注册经营的企业实行一系列所得税优惠政策。从企业类型角度考虑，在其他条件相同的情况下，税负最低的是国家重点扶持的高新技术企业（企业所得税税率为15%）、小型微利企业（企业所得税税率为20%）。若并购方从税收战略角度出发，选择能享受到这些优惠政策的目标企业作为合并对象，则合并后可以继续享受相关税收优惠政策。

2）选择出资方式的税收筹划。合并按出资方式可分为以下三种：现金购买资产式合并、现金购买股票式合并、股票换取资产式合并。前两种方式属于货币出资，在合并过程中需要缴纳企业所得税，属于应税重组交易。第三种合并以股票方式出资，对目标企业股东来说，不需要立即确认其因交换而获得并购企业股票所形成的资本利得，无须缴纳企业所得税，属于免税重组交易。

股票换取资产式合并又称股权置换式合并，是一种用股票出资合并的方式。这种重组交易模式在整个资本运作过程中没有产生现金流，也没有实现资本利得，因而这一过程是免税的。在经济实践中，股权置换式合并可分为以下三种类型：

第一，吸收合并与新设合并。在吸收合并方式下，目标企业股东用其所持有的目标企业股票换取并购企业的股票，成为并购企业的股东，目标企业不再存在；在新设合并方式下，目标企业和并购企业的股东都将其持有的股票换成新成立企业的股票，成为新设立企业的股东，原先的两个企业都不再存在。

第二，相互持股合并。相互持股合并是指并购企业与目标企业进行股票交换，并购企业与目标企业相互持股。通常说来，由于并购企业的持股比例更大一些，因而可以对目标企业的管理决策施加更大的影响。在相互持股合并中，目标企业既可以通过清偿进入并购企业而不复存在，又可以作为独立经营的实体而存在。

第三，股票换资产型合并。目标企业将资产出售给并购企业，以换取并购企业有投票权的股票；然后，目标企业清偿，将并购企业的股票交给其股东，以置换已被注销的目标企业股票。

在股票换资产型合并方式下，资产的评估价值往往高于账面价值，因而并购企业可获得增加的折旧扣税额。在目标企业的资产账面价值大于其市场价值的情况下，并购企业倾向于采用股票换股票的免税并购方式，以使目标企业的资产原封不动地结转给并购企业。

如果并购企业将目标企业的股票转换为可转换债券，经过一段时间后再将它们转换为普通股股票，企业支付的这些债券的利息可从税前利润中扣除，从而减少并购企业缴纳的企业所得税。在免税重组交易下，目标企业的股东不需要立刻确认形成的资本利得，因而不需要缴纳企业所得税；只有在免税重组中，并购企业才可以获得净经营亏损，并用来冲减未来的应税收益。所以，企业通过股权置换式合并，可以在不纳税的情况下实现资产的流动与转移，并达到追加投资和资产多样化的理财目标。

需要注意的是，企业在进行合并交易的税收筹划时，必须将免税重组交易方式与应税重组交易方式结合使用，以实现最大的节税利益。

【知识点提醒】 如果目标企业的固定资产价值被低估，企业可以选择以现金形式收购目标企业股东所持有的全部股票，这样比选择股票换股票的免税重组方式更合适。因为在会计处理上，这一交易可被视为企业以现金购买目标企业的全部资产，目标企业将现金全部分配给股东，换回所有股票并加以注销。这样一来，企业不仅取得了经过重新估价的资产，而且增加了企业固定资产折旧的计提基础，目标企业的股东还可以获得已实现的资本利得。

3）选择会计处理方法的税收筹划。企业合并的会计处理有购买法和权益结合法两种方法。这两种会计处理方法对重组资产的确认、公允价值与账面价值的差额处理等有着不同的规定，将影响重组后企业的整体纳税状况。

在购买法下，并购企业支付给目标企业的购买价格不等于目标企业净资产的账面价值。在购买日，将构成净资产的各个资产项目按评估的公允价值入账，公允价值超过净资产账面价值的差额在会计上作为商誉处理。商誉不允许摊销，只在会计期末进行减值测试；固定资产因公允价值超过账面价值形成的增值会提高折旧费用，产生一定的节税效果，故股票换资产型合并宜采用购买法。

权益结合法仅适用于发行普通股股票换取目标企业普通股股票的情况。参与合并的各企业资产、负债都以原账面价值入账，并购企业支付的并购价格等于目标企业净资产的账面价值，不存在商誉和资产增值多计提折旧的问题，所以不会对并购企业的未来收益产生影响。

与权益结合法相比，在购买法下资产被确认的价值较高，并且由于增加折旧会引起净利润的减少，从而形成节税效果。但购买法会引起企业的现金流出增加或负债增加，从而相对降低了资产回报率，因此税收筹划要全面衡量得失。

［案例 4-31］

企业合并的税收筹划

A 企业打算购买 B 企业，买价为 100 万元。B 企业的资产是一条生产线，其账面原值为 200 万元，已提折旧 120 万元，预计折旧年限 10 年，已提折旧 6 年（不考虑净残值），该生产线在合并时评估作价 100 万元。在不同的税收筹划方案下，该资产合并后应如何计提折旧？

【解析】

如果 A 企业全部用股票支付，则 B 企业的股东在合并时不需要缴纳所得税。B 企业的股东将其股权转让时，应缴纳所得税。

A 企业对该生产线提取的年折旧额为 20 万元 [=(200−120)÷(10−6)]。

如果 A 企业用股权支付 50%，用现金支付 50%，则 B 企业在合并时应按资产转让所得 20 万元（=100−80）缴纳 5 万元（=20×25%）的企业所得税。

A 企业对该生产线提取的年折旧额为 25 万元 [=100÷(10−6)]。折旧额越大，A 企业的应纳税所得额越少。

---

5. 企业分立的所得税筹划

企业分立有利于企业更好地适应环境和利用税收政策获得税收方面的利益。企业分立筹划利用分拆手段，可以有效地改变企业的规模和组织形式，降低企业的整体税负。

(1) 企业分立的目的。

1) 企业分立为多个纳税主体，可以形成有关联关系的企业群，实施集团化管理和系统化筹划。

2) 企业分立可以将兼营或混合销售中的低税率或零税率业务独立出来，通过单独计税来降低税负。

3) 企业分立使适用累进税率的纳税主体分化成两个或多个适用低税率的纳税主体，税负自然降低。

4) 企业分立可以增加一个流通环节，有利于货物和劳务税抵扣及转让定价策略的运用。

(2) 企业分立的筹划要点。

企业分立是一种产权结构的调整，不可避免地会影响到税收。在我国企业分立实务中，税法规定了免税分立与应税分立两种模式。对于纳税人来说，在实施企业分立时，应尽量利用免税分立进行税收筹划，从而合理降低企业税负。

对于企业分立，通常被分立企业应按公允价值转让其被分离出去的部分或全部资产，并按规定计算被分立资产的财产转让所得或损失，依法缴纳企业所得税。

在企业分立时，如果符合税法规定的特殊性税务处理条件，即被分立企业所有股东按原持股比例取得分立企业的股权，分立企业和被分立企业均不改变原来的实质性经营活动，且被分立企业股东在该企业分立发生时取得的股权支付金额不低于其交易支付总额的 85%，则可按以下规定处理。

第一，分立企业接受被分立企业资产和负债的计税基础，以被分立企业的原有计税基础确定。

第二，被分立企业已分立出去的资产相应的所得税事项由分立企业承继。

第三，被分立企业未超过法定弥补期限的亏损额可按分立资产占全部资产的比例进行分配，由分立企业继续弥补。

第四，被分立企业的股东取得分立企业的股权（以下简称"新股"），如果需要部分或全部放弃原持有的被分立企业的股权（以下简称"旧股"），"新股"的计税基础应以所放弃"旧股"的计税基础确定。如果不需放弃"旧股"，则其取得"新股"的计税基础可从以下两种方法中选择确定：直接将"新股"的计税基础确定为零；以被分立企业分立出去的净资产占被分立企业全部净资产的比例先调减原持有的"旧股"的计税基础，再将调减的计税基础平均分配到"新股"上。

[案例 4-32]

企业分立的税收筹划

甲公司拟分立一家非货币性资产价值为500万元的分公司。乙股份公司（系公开上市公司）提出要对该分公司进行收购。假设分公司与乙股份公司股票的市场交易价为1∶4.8，应如何设计可以使得甲公司避免缴纳企业所得税？甲公司还有没有其他可行的税收筹划方案？

【解析】

（1）在资产收购方式下，根据税法的规定，只要乙股份公司支付的交换额中非股权支付额（如现金、有价证券等）不高于甲公司所取得乙股份公司支付对价的15%，就可以不确认财产转让所得。

假设乙股份公司将支付给甲公司的股票面值设为X、现金设为Y，则

$$4.8X+Y=500$$

由于

$$Y=15\%\times500=75\text{（万元）}$$

解得：

$$X=88.54\text{（万元）}$$

这表明甲公司取得乙股份公司88.54万元以上的股票、75万元以下的现金，就可避免缴纳企业所得税。

（2）甲公司还可以考虑将分公司分立出去，成立独立的法人单位丙公司。丙公司应向甲公司及其股东支付资产价款，只要其非股权支付额不高于所支付总对价的15%，并且甲公司所有股东按原持股比例取得丙公司的股权，两家公司均不改变原来的实质性经营活动，那么甲公司就可不确认财产转让所得。在本例中，丙公司应支付给甲公司不低于425万元（=500×85%）的股权、不高于75万元（=500−425）的现金，甲公司就可避免缴纳企业所得税。

【即学即用】 关于企业合并和企业分立，下列说法正确的是（　　）。

A. 企业合并可以减少上下游企业的流通环节，从而合理规避货物和劳务税及印花税

B. 企业分立可以使适用累进税率的纳税主体分化成两个或多个适用低税率的纳税主体，从而降低税负

C. 企业分立可以将混合销售中的低税率业务独立出来，通过单独计税来降低税负

D. 企业合并后，虽然规模会扩大，但不能提高应提取折旧的资产总额

答案：ABC

解析：企业合并后，因规模扩大，能够提高应提取折旧的资产总额，获取折旧抵税利益。

6. 股权或资产划转的所得税筹划

股权或资产划转通常发生在100%直接控股的居民企业之间，以及受同一或相同多家居民企业100%直接控股的居民企业之间。对于100%直接控股的居民企业之间，以及受同一或相同多家居民企业100%直接控股的居民企业之间按账面净值划转股权或资产，

凡具有合理商业目的，不以减少、免除或者推迟缴纳税款为主要目的，股权或资产划转后连续12个月内不改变被划转股权或资产原来的实质性经营活动，且划出方企业和划入方企业均未在会计上确认损益的，可以选择特殊性税务处理。

股权或资产划转的所得税筹划要点是使该划转行为符合以下特殊性税务处理条件。

(1) 获得的股权支付要符合规定。母公司向子公司按账面净值划转其持有的股权或资产，母公司获得子公司100%的股权支付，或母公司没有获得任何股权或非股权支付。

子公司向母公司按账面净值划转其持有的股权或资产，子公司没有获得任何股权或非股权支付。

在母公司主导下，一家子公司向另一家子公司按账面净值划转其持有的股权或资产，划出方没有获得任何股权或非股权支付。

(2) 会计处理要符合规定。会计上划入和划出双方均不能确认损益。母公司向子公司按账面净值划转其持有的股权或资产，母公司获得子公司100%的股权支付。母公司按增加长期股权投资处理，子公司按接受投资（包括资本公积，下同）处理。如果母公司没有获得任何股权或非股权支付，则母公司按冲减实收资本（包括资本公积，下同）处理，子公司按接受投资处理。

子公司向母公司按账面净值划转其持有的股权或资产，子公司没有获得任何股权或非股权支付，母公司按收回投资或接受投资处理，子公司按冲减实收资本处理。

在母公司主导下，一家子公司向另一家子公司按账面净值划转其持有的股权或资产，划出方没有获得任何股权或非股权支付，划出方按冲减所有者权益处理，划入方按接受投资处理。

[案例4-33]

企业并购的税收筹划

A公司和B公司均为W集团100%直接控股的子公司，A公司下设C公司，C公司拥有1条生产线（即甲生产线1），B公司下设D公司，D公司拥有2条生产线（即甲生产线2和乙生产线）。W集团重新规划其业务，使针对不同产品的生产、销售等事项分工明确，计划让D公司拥有的甲生产线2并入C公司（相关的公司组织架构见图4-5）。

重组前

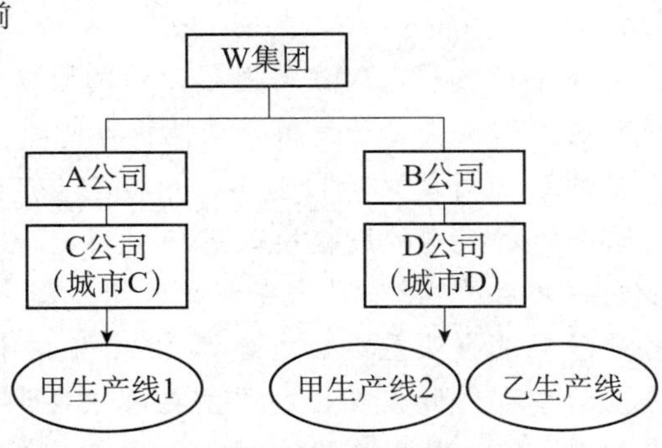

图4-5 W集团的组织架构图

为实现W集团的并购计划，现有三个方案可供选择。

方案一：①C公司合并D公司，B公司成为C公司的股东。由于C公司和D公司位于不同的城市，C公司新设分公司D持有甲生产线2和乙生产线。②合并后的C公司设立新D公司，承接乙生产线，同时B公司不再成为C公司的股东。C公司和分公司D继续持有甲生产线1和甲生产线2（方案一的并购流程见图4-6）。

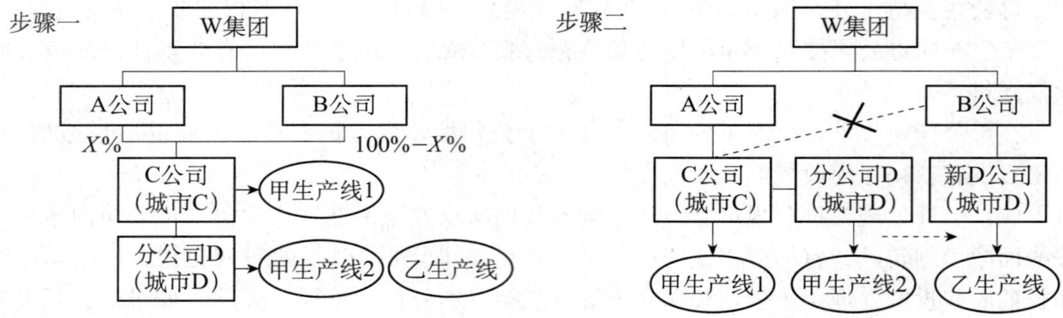

图4-6 方案一的并购流程图

方案二：D公司将甲生产线2无偿划转给C公司（方案二的并购流程见图4-7）。

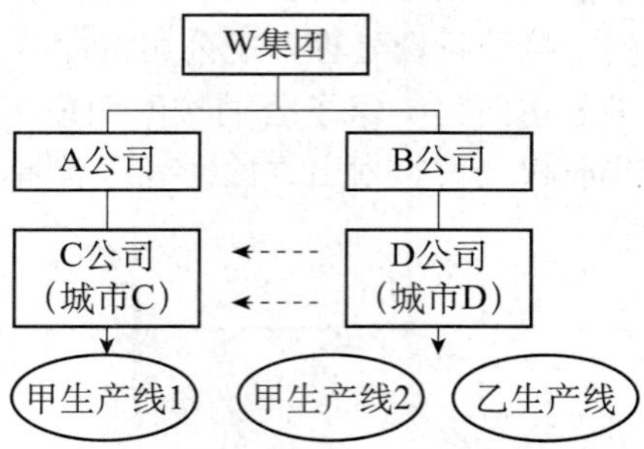

图4-7 方案二的并购流程图

方案三：B公司将甲生产线2分设成立D_1公司，B公司将D_1公司的股权无偿划转至A公司，然后由D_1公司将甲生产线2无偿划转至C公司，D公司注销。

请对以上方案的所得税处理进行分析。

【解析】

方案一的税务处理：

在步骤一中，C公司合并D公司，A公司用C公司的股权作为对价，B公司成为C公司的股东，符合特殊性税务处理条件，可适用特殊性税务处理。

在步骤二中，合并后的C公司设立新D公司，承接乙生产线，同时B公司不再成为C公司的股东。B公司用原来的C公司的股权换取新D公司的100%股权。

如果步骤二是在步骤一之后的12个月内完成的，则步骤一的合并行为面临着税务调整的风险。特殊性税务处理要求企业重组后的连续12个月内不改变重组资产原来的实质性经营活动，重组交易对价中取得股权支付的原主要股东在重组后连续12个月内不得转让所取得的股权。与此同时，C公司合并D公司的对价与B公司收购新D公司的对价相同，不符合独立交易原则。

方案二的税务处理：

D公司将甲生产线2无偿划转给C公司，B公司没有获得任何股权或非股权支付，D公司和C公司属于W集团同一控制下的子公司，但不属于直接控制，子公司之间资产的无偿划转存在不符合特殊性税务处理条件的风险。

方案三的税务处理：

B公司分设成立D_1公司，可适用特殊性税务处理；B公司将D_1公司的股权无偿划转至A公司，可适用特殊性税务处理；D_1公司将甲生产线2无偿划转至C公司，可适用特殊性税务处理。

[案例4-34]

企业股权转让的税收筹划

R集团下设两个全资子公司R1和R2，R1适用的企业所得税税率为25%，R2适用的企业所得税税率为15%（R集团的组织架构见图4-8），R集团计划转让R1控制下的H子公司的股权，请从税负的角度做出股权转让方案。

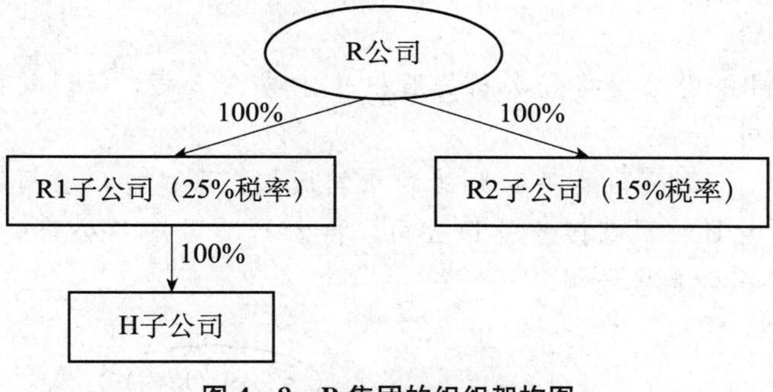

图4-8 R集团的组织架构图

【解析】

被收购方在资产收购交易中，出于税收筹划的考虑，可采用“先资产划转、再资产转让”的收购模式，即先向同一控制主体下的税收优惠地子公司进行资产划转，再向收购方转让资产，以实现税收筹划的目的。也就是说，R1子公司先将H子公司的股权划转至R2子公司，再由R2子公司出售该股权，以实现转让所得适用15%的企业所得税优惠税率。

需要注意的是，在该方案下，R1子公司将H子公司的股权转让至R2子公司必须具有合理的商业目的，同时R2子公司出售股权必须在12个月后进行。

7. 中国境内与境外（包括港、澳、台地区）之间的股权和资产收购交易的所得税筹划

企业发生涉及中国境内与境外（包括港、澳、台地区）之间的股权和资产收购交易，若想适用特殊性税务处理，除了要符合特殊性税务处理要求的股权支付比例、资产收购比

例等条件，还应同时符合下列条件：

（1）非居民企业向其100%直接控股的另一非居民企业转让其拥有的居民企业股权，没有因此造成以后该项股权转让所得预提所得税的负担变化，且转让方非居民企业向主管税务机关书面承诺在3年（含3年）内不转让其拥有的受让方非居民企业的股权（包括因境外企业分立、合并导致中国居民企业股权被转让的情形）。

（2）非居民企业向与其具有100%直接控股关系的居民企业转让其拥有的另一居民企业的股权。

（3）居民企业以其拥有的资产或股权向其100%直接控股的非居民企业进行投资。

[案例4-35]

境内与境外企业股权收购的税收筹划

A公司为境内居民企业，100%控股境外B公司，B公司与Q公司共同控制境外C公司，C公司100%控股境内居民企业D公司（A公司的股权架构见图4-9）。A公司计划收购D公司的全部股权（见图4-10），请判定下列方案是否符合特殊性税务处理条件。

方案一：A公司从C公司收购D公司的股权。

方案二：C公司将D公司的股权转让至B公司，B公司再转让至A公司，最后形成A公司直接控股D公司。

方案三：B公司和Q公司将C公司的股权转让给A公司，C公司撤销，最后形成A公司直接控股D公司。

方案四：B公司从Q公司购买15%的C公司股权，形成对C公司的100%控股关系，然后撤销C公司，由B公司直接控股D公司，再由B公司将D公司股权转让至A公司，形成A公司对D公司的直接控制。

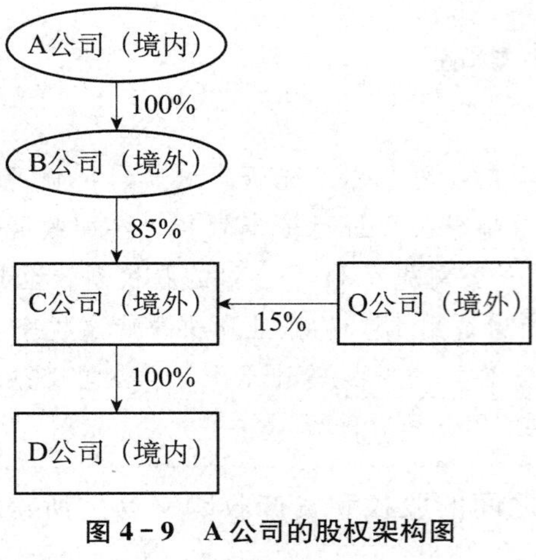

图4-9 A公司的股权架构图

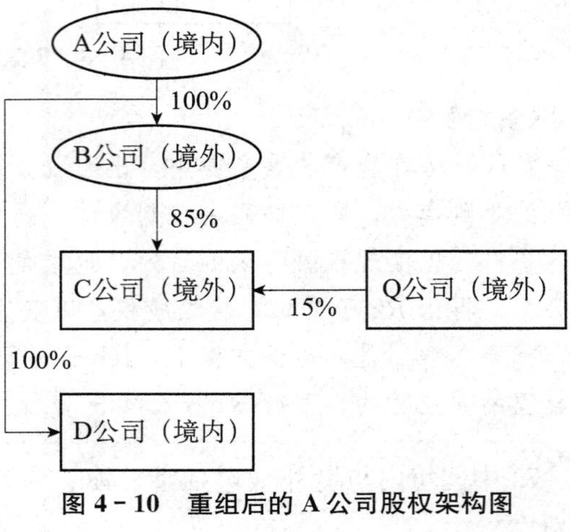

图4-10 重组后的A公司股权架构图

【解析】

方案一的税务处理分析：

A公司从C公司收购D公司的股权，属于非居民企业（C公司）向居民企业（A公司）转让另一家居民企业（D公司）的股权，C公司与A公司不具有100%的直接控股关系，不符合非居民企业向与其具有100%直接控股关系的居民企业转让其拥有的另一居民企业股权的条件，因此不能适用特殊性税务处理，要按公允价值计算D公司股权转让所得（D公司属于中国居民企业，C公司转让D公司的股权所得属于中国境内所得，应按10%的税率缴纳企业所得税）。

方案二的税务处理分析：

C公司将D公司的股权转让至B公司，B公司再转让至A公司，最后形成A公司直接控股D公司。

第一步：C公司将D公司的股权转让至B公司，B公司再转让至A公司，最后形成A公司直接控股D公司，属于非居民企业（C公司）向非居民企业（B公司）转让另一家居民企业（D公司）的股权，B公司对C公司的控股比例为85%，不具有100%的直接控股关系，不符合非居民企业向与其具有100%直接控股关系的非居民企业转让其拥有的另一居民企业股权的条件，因此不能适用特殊性税务处理，要按公允价值计算D公司股权转让所得（D公司属于中国居民企业，C公司转让D公司的股权所得属于中国境内所得，应按10%的税率缴纳企业所得税）。

第二步：B公司再将D公司的股权转让至A公司，两者之间的关系属于100%的直接控股关系，B公司为非居民企业，A公司和D公司均为居民企业，符合非居民企业向与其具有100%直接控股关系的居民企业转让其拥有的另一居民企业股权的条件，可以适用特殊性税务处理。

方案三的税务处理分析：

B公司和Q公司将C公司的股权转让给A公司，C公司撤销，最后形成A公司直接控股D公司。

B公司和C公司均属于非居民企业，B公司向A公司转让C公司股权的行为不属于直接转让境内居民企业股权的行为。

B公司向A公司转让C公司的股权属于间接转让中国境内应税财产，A公司（股权受让方）直接拥有B公司（股权转让方）100%的股权，假定本次间接转让交易后可能再次发生的间接转让交易相比在未发生本次间接转让交易情况下的相同或类似间接转让交易，其中国所得税负担不会减少，并且股权受让方A公司全部以本企业或与其具有控股关系的企业的股权（不含上市企业股权）支付股权交易对价，则符合《国家税务总局关于非居民企业间接转让财产企业所得税若干问题的公告》（国家税务总局公告2015年第7号）规定的合理商业目的条件，对该笔间接转让中国应税财产所得不用计算缴纳企业所得税。

Q公司向A公司转让C公司的股权也构成间接转让中国境内应税财产，该笔所得是否征税，需要按照国家税务总局公告2015年第7号的规定判定是否具有合理商业目的。如果不具有合理商业目的，则需要就这笔股权转让所得缴纳企业所得税。

方案四的税务处理分析：

B公司从Q公司购买15%的C公司股权，形成对C公司100%的控股关系，然后撤销C公司，由B公司直接控股D公司，再由B公司将D公司的股权转让至A公司。

Q公司向B公司转让C公司的股权也构成间接转让中国境内应税财产，该笔所得是否征税，需要按照国家税务总局公告2015年第7号的规定判定是否具有合理商业目的。如果不具有合理商业目的，则需要就这笔股权转让所得缴纳企业所得税。

撤销C公司的行为带来了居民企业D公司的股东变动，属于股权转让行为，需要缴纳企业所得税。

B公司与A公司具有100%的直接控股关系，B公司是非居民企业，A公司和D公司均为居民企业，B公司向A公司转让D公司的股权符合非居民企业向与其具有100%直接控股关系的居民企业转让其拥有的另一居民企业股权的条件，符合适用特殊性税务处理的规定。

【知识点提醒】根据相关法规的规定，非居民企业通过实施不具有合理商业目的的安排，间接转让中国居民企业的股权等财产，规避企业所得税纳税义务的，应按照《企业所得税法》第四十七条的规定，重新定性该间接转让交易，确认为直接转让中国居民企业的股权等财产。间接转让中国应税财产，是指非居民企业通过转让直接或间接持有中国应税财产的境外企业（不含境外注册中国居民企业，以下称为“境外企业”）的股权及其他类似权益（以下称为“股权”），产生与直接转让中国应税财产相同或相近实质结果的交易，包括非居民企业重组引起境外企业股东发生变化的情形。间接转让中国应税财产的非居民企业称为股权转让方。

【即学即用】 意大利意迩瓦萨隆诺控股股份公司（以下简称“控股公司”）系意大利意迩瓦萨隆诺投资有限公司（以下简称“投资公司”）的母公司，两者均为意大利的法人公司。2005年9月，投资公司以约4.81亿元的对价取得烟台张裕集团有限公司（以下简称“张裕公司”）33%的股权。2012年7月，控股公司（母公司）吸收合并投资公司（子公司），前者接受后者的包括张裕公司股权在内的全部资产与负债；投资公司于当年11月依法注销公司登记。请问上述重组行为属于股权收购还是企业合并？是否适用特殊性税务处理？

本章小结

企业所得税的纳税人有居民企业和非居民企业两类。居民企业负担全面的纳税义务，而非居民企业负担有限的纳税义务。

企业所得税的筹划原理包括纳税人身份的选择和转换、缩小计税依据、递延纳税时间、利用税收优惠政策等。

企业所得税的税收筹划方法包括企业设立业务中的所得税筹划、投资业务中的所得税筹划、融资业务中的所得税筹划、销售业务中的所得税筹划、采购业务中的所得税筹划、经营过程中的所得税筹划、研发业务中的所得税筹划以及重组业务中的所得税筹划等。

关键术语

居民企业　非居民企业　权责发生制　子公司　分公司　企业合并　企业分立　股权收购　资产收购

思考题

1. 居民企业与非居民企业有何区别？请简述居民企业与非居民企业适用的税收政策。
2. 子公司和分公司在税收筹划方面有何区别？
3. 简述企业所得税计税依据的税收筹划方法。
4. 企业所得税纳税人的税收筹划一般从哪些角度切入？
5. 如何进行收入的税收筹划？
6. 如何筹划企业所得税的税前扣除项目？
7. 合并、分立业务如何进行税收筹划？

习　题

1. 振邦集团资产重组的税收筹划方案。

振邦集团是一家生产型企业集团，由于近期生产经营效益不错，振邦集团预测今后几年的市场需求还有进一步扩大的趋势，于是准备扩大生产能力。离振邦集团不远的M公司生产的产品正好是其生产所需的原料之一，M公司由于经营管理不善正处于严重的资不抵债状态，已经无力经营。经评估，M公司的资产总额为4 000万元，负债总额为6 000万元。然而，M公司的一条生产线（生产线在2008年12月31日以前购置）性能良好，正是振邦集团生产原料所需的生产线，其原值为1 400万元（不动产作价800万元，生产线作价600万元），评估值为2 000万元（不动产作价1 200万元，生产线作价800万元）。假设城市维护建设税的税率为7%，暂不考虑增值税、城市维护建设税、教育费附加和企业所得税以外的其他税费。

振邦集团与M公司双方协商，形成了关于资产重组的三种可行方案。

方案一：资产买卖行为。

振邦集团用现金2 000万元直接购买M公司的不动产及生产线，M公司应承担的相关税收负担为增值税、城市维护建设税、教育费附加和企业所得税。按照有关税收政策的规定，M公司销售不动产应可以按照简易计税方法缴纳5.5%的增值税及附加税费，生产线转让按照简易计税方法依照3%的征收率减按2%征收增值税，还需要缴纳增值税的城市维护建设税及教育费附加，资产转让所得缴纳25%的企业所得税。

$$税负总额=\frac{1\ 200}{1+5\%}\times5.5\%+\frac{800}{1+3\%}\times2\%\times(1+7\%+3\%)+\Big[\frac{1\ 200}{1+5\%}+\frac{800}{1+3\%}-800$$

$$-600-\frac{1\ 200}{1+5\%}\times5.5\%-\frac{800}{1+3\%}\times2\%\times(7\%+3\%)\Big]\times25\%$$

$$=193.73\ (万元)$$

该方案对于振邦集团来说，虽然不需要购买其他没有利用价值的资产，更不必承担巨额债务，但在较短的时间内要筹措到 2 000 万元现金，负担较重。

方案二：企业合并。

振邦集团以吸收合并的方式合并 M 公司，M 公司将其全部资产和负债转让给振邦公司，并取得振邦公司的股权或非股权支付。

与该方案相关的税收负担如下：根据《财政部、国家税务总局关于全面推开营业税改征增值税试点的通知》（财税［2016］36 号）的规定，在资产重组过程中，通过合并、分立、出售、置换等方式，将全部或者部分实物资产以及与其相关联的债权、负债和劳动力一并转让给其他单位及个人，其中涉及的不动产、土地使用权转让行为属于不征收增值税项目。振邦集团以吸收合并的方式合并 M 公司，根据前述规定，M 公司关于不动产的部分不缴纳增值税。

M 公司被振邦集团合并，如果符合特殊性税务处理条件，M 公司转让资产的行为可以不确认所得及缴纳企业所得税。但是，这从经济核算的角度来看没有必要，因为 M 公司的资产总额为 4 000 万元，负债总额为 6 000 万元，已严重资不抵债，振邦集团承担大量的不必要债务，对以后的集团运作不利。

方案三：产权交易行为。

M 公司先将原料生产线重新包装成一个全资子公司，其资产为生产线，负债为 2 000 万元，净资产为 0，即先分设出一个独立的 N 公司，然后实现振邦集团对 N 公司的并购，即将资产买卖行为转变为企业产权交易行为。与方案二一样，M 公司的产权交易行为中关于不动产的部分不缴纳增值税。对于企业所得税，当从 M 公司分设出 N 公司时，被分设企业应视为按公允价值转让其被分离出去的部分或全部资产，计算被分设企业资产的财产转让所得，依法缴纳企业所得税。M 公司分设 N 公司后，M 公司应按公允价值 2 000 万元确认生产线的财产转让所得 600 万元，计税 150 万元。

N 公司被振邦集团合并，根据企业合并的有关税收政策，被合并企业应视为按公允价值转让、处置全部资产，计算资产转让所得，缴纳企业所得税。由于 N 公司的转让所得为零，所以不缴纳企业所得税。

需要注意的是，如果 M 公司分立 N 公司符合特殊性税务处理条件，则 M 公司转让资产的行为可以不确认所得及缴纳企业所得税。如果 N 公司被振邦集团合并也符合特殊性税务处理条件，则 N 公司转让资产的行为也可以不确认所得及缴纳企业所得税。也就是说，在整个过程中，M 公司和 N 公司均无须对产权交易行为缴纳企业所得税。

方案三的效果最好：一是避免了支付大量现金，解决了在短期内筹措大量现金的难题；二是 N 公司只承担 M 公司的一部分债务，资产与债务基本相等；三是振邦集团在资产重组活动中获取的利益最大，既购买了自己需要的生产线，又未购买其他无用资产，增加了产权交易的可行性。

对于振邦集团来说，把资产转让行为转化为产权交易行为巧妙地降低了企业税负。需要注意的是，该方案有以下两个关键点：①债权转让行为的可行性。要避免债权人或其他利益相关者因怀疑企业分立行为含有逃废债务的目的而不予配合。②企业分立中会涉及税收负担以及税收负担最终应由哪一方承担的问题，在操作时要考虑税负可以通过价格进行转嫁。

请回答以下问题：

（1）你同意案例中的税收筹划方案吗？

（2）对于上述案例，还有没有更好的税收筹划方案？请给出思路。

2. 股息所得与股权转让所得的税收筹划。

A公司于2018年2月20日以银行存款900万元投资于B公司，占B公司股本总额的70%，B公司当年获得税后利润500万元。A公司2018年度内部生产、经营所得为100万元。A公司的企业所得税税率为25%，B公司的企业所得税税率为15%。B公司可以用两种方案来处理这笔利润。

方案一：2019年3月，B公司董事会决定将税后利润的30%用于分配，A公司分得利润105万元。2019年9月，A公司将其拥有的B公司70%的股权全部转让给C公司，取得转让价款1 000万元，C公司已用银行存款支付。此外，A公司在股权转让过程中还发生税费0.5万元。

方案二：B公司保留盈余不分配。2019年9月，A公司将其拥有的B公司70%的股权全部转让给C公司，取得转让价款1 105万元，C公司已用银行存款支付。此外，A公司在转让过程中还发生税费0.6万元。

请通过计算帮助A公司进行税收筹划，它应该选择哪种方案？为什么？

课后阅读延伸材料

税收洼地，
招“凤”引“凰”

第5章 个人所得税的税收筹划

[学习提示] 个人所得税是以个人取得的各项应税所得为征税对象征收的一种所得税。通过本章的学习，在掌握个人所得税基本法规的前提下，学生应学会如何从纳税人身份、计税依据、税率和税收优惠政策等角度进行综合的税收筹划。

案例导入

钱老师是北京某名牌大学经济与管理学院的教授，对企业管理颇有研究，经常应邀到全国各地讲课。钱老师与海南一家中外合资企业签约，双方约定由钱老师给该合资企业的经理层人士讲课，讲课时间是10天。关于讲课的劳务报酬，双方在合同书中这样写道："甲方（企业）给乙方（钱老师）支付讲课费5万元，往返交通费、住宿费、伙食费等一概由乙方自负。"已知钱老师每个月的工资收入为1.5万元，每月有1 000元的专项附加扣除项目，该年并无其他综合所得收入。

钱老师10天的开销为往返飞机票3 000元，住宿费5 000元，伙食费1 000元，其他费用开支1 000元。

如何设计方案才能更节税？

【解析】

在原方案下，钱老师的应纳税所得额为：

15 000×12＋50 000×(1－20％)－5 000×12－1 000×12＝148 000（元）

应缴纳的个人所得税为：

148 000×20％－16 920＝12 680（元）

如果对合同进行修改，将合同中的报酬条款改为"甲方向乙方支付讲课费40 000元，往返飞机票、住宿费、伙食费全部由甲方负责"。按照新的报酬条款，钱老师的应纳税所得额为：

15 000×12＋40 000×(1－20％)－5 000×12－1 000×12＝140 000（元）

应缴纳的个人所得税为：

140 000×10%－2 520＝11 480（元）

两种方案比较，虽然钱老师表面上的劳务所得减少了1万元，但个人所得税少支付1 200元。

本案例涉及个人所得税劳务报酬合同的设计技巧。很多人在签订劳务报酬合同时只注意法律含义，往往忽略其税收含义，因而往往多缴税款。从合同字面上看，好像可以获得较大收益，但扣除各项费用开支后，实际净所得下降了很多。本案例采取了授课者的费用由支付方来承担，从而通过降低授课者名义劳务货币收入总额的做法来规避取得劳动报酬所得应承担的个人所得税税负。

5.1 个人所得税概述

5.1.1 纳税人

《中华人民共和国个人所得税法》（以下简称《个人所得税法》）规定，个人所得税以所得人为纳税人。自2000年1月1日起，对个人独资企业和合伙企业停止征收企业所得税，其投资者的生产、经营所得比照经营所得征收个人所得税。① 因此，个人独资企业投资者和合伙企业自然人合伙人②也为个人所得税的纳税人。

依据住所和居住时间两个标准，个人所得税的纳税人区分为居民个人纳税人和非居民个人纳税人，分别承担不同的纳税义务。利用个人所得税的纳税人身份进行有效的税收筹划，必须详细了解我国对于居民个人纳税人与非居民个人纳税人身份判定的具体规定。

1. 居民个人纳税人

在中国境内有住所或者是无住所而一个纳税年度内在中国境内居住累计满183天的个人，为个人所得税的居民个人，其从中国境内和境外取得的收入，依照《个人所得税法》缴纳个人所得税。

（1）在中国境内有住所。在中国境内有住所的个人是指因户籍、家庭、经济利益关系而在中国境内习惯性居住的个人。习惯性居住可作为判定纳税人是居民个人还是非居民个人的一个法律意义上的标准，不是指实际居住地或在某一个特定时期内的居住地。例如，因学习、工作、探亲、旅游等而在中国境外居住的，在上述原因消除之后，必须回到中国境内居住的个人，以中国为习惯性居住地。

（2）境内居住累计满183天是指在一个纳税年度（自公历1月1日起至12月31日

① 《国务院关于个人独资企业和合伙企业征收所得税问题的通知》（国发［2000］16号）。

② 《财政部、国家税务总局关于合伙企业合伙人所得税问题的通知》（财税［2008］159号）规定，合伙企业以每一个合伙人为纳税义务人。合伙人是自然人的，缴纳个人所得税；合伙人是法人和其他组织的，缴纳企业所得税。

止）中在中国境内居住183天。例如，一个外籍人员从2019年1月起到中国境内的公司任职，2019年3月7—12日离境回国向总公司述职，12月23日离境回国。由于该纳税人在2019纳税年度在中国居住满183天，所以该纳税人应为中国的居民个人。

【即学即用】 依据《个人所得税法》的相关规定，下列在中国境内无住所的人员中，属于中国居民个人的有（　　）。

A. 外籍个人甲2018年9月1日入境，2019年1月1日离境

B. 外籍个人乙2019年4月1日入境，2019年5月1日离境

C. 外籍个人丙2019年1月1日入境，2019年6月1日离境

D. 外籍个人丁2019年1月1日入境，2019年12月1日离境，其间两次临时离境各25天

E. 外籍个人戊2019年1月1日入境，2019年10月1日离境

答案： DE

2. 非居民个人纳税人

在中国境内无住所又不居住，或者无住所而一个纳税年度内在中国境内居住累计不满183天的个人，为非居民个人，其从中国境内取得的所得，按照《个人所得税法》缴纳个人所得税。

在中国境内无住所的个人，在一个纳税年度内在中国境内居住累计不超过90天的，其来源于中国境内的所得，由境外雇主支付并且不由该雇主在中国境内的机构、场所负担的部分，免予缴纳个人所得税。

在中国境内无住所的个人，在中国境内居住累计满183天的年度连续不满6年的，经向主管税务机关备案，其来源于中国境外且由境外单位或者个人支付的所得，免予缴纳个人所得税；在中国境内居住累计满183天的任一年度中有一次离境超过30天的，其在中国境内居住累计满183天的年度的连续年限重新起算。

【即学即用】 在下列各项中，属于个人所得税非居民个人的有（　　）。

A. 在中国境内无住所，但一个纳税年度中在中国境内居住满183天的个人

B. 在中国境内无住所且不居住的个人

C. 在中国境内无住所，而在境内居住超过90天、不满183天的个人

D. 在中国境内有住所的个人

E. 在中国境内有住所，并在境内居住不满183天的个人

答案： BC

5.1.2 扣缴义务人

按照《个人所得税法》的规定，向个人支付所得的单位或者个人为个人所得税的扣缴义务人。难以确定扣缴义务人的，凡税务机关认定对所得的支付对象和支付数额有决定权的单位和个人，为扣缴义务人。

凡支付个人应纳税所得的企业（公司）、事业单位、机关、社团组织、军队、驻华机构、个体工商户等单位或者个人，为个人所得税的扣缴义务人。这里所说的驻华机

构，不包括外国驻华使领馆和联合国及其他依法享有外交特权和豁免的国际组织驻华机构。

自然人纳税人识别号是自然人纳税人办理各类涉税事项的唯一代码标识。自然人纳税人在办理纳税申报、税款缴纳、申请退税、开具完税凭证、纳税查询等涉税事项时应当向税务机关或扣缴义务人提供纳税人识别号。纳税人有中国居民身份证号码的，以中国居民身份证号码为纳税人识别号；纳税人没有中国居民身份证号码的，由税务机关赋予其纳税人识别号。扣缴义务人在扣缴税款时，纳税人应当向扣缴义务人提供纳税人识别号。

全员全额扣缴申报是指扣缴义务人在代扣税款的次月，向主管税务机关报送其支付所得个人的基本信息、支付所得数额、扣缴税款的具体数额和总额以及其他相关涉税信息。全员全额扣缴申报的管理办法由国家税务总局制定。

5.1.3 所得来源地的判定

个人所得税按居民税收管辖权和地域税收管辖权相结合来确定征税范围，因此判定所得来源地是确定纳税义务的重要法律依据。

《中华人民共和国个人所得税法实施条例》（以下简称《个人所得税法实施条例》）规定，对于下列所得，不论其支付地点是否在中国境内，均为来源于中国境内的所得。

（1）因任职、受雇、履约等在中国境内提供劳务取得的所得。

（2）将财产出租给承租人在中国境内使用而取得的所得。

（3）转让中国境内的建筑物、土地使用权等财产或者在中国境内转让其他财产取得的所得。

（4）许可各种特许权在中国境内使用而取得的所得。

（5）从中国境内的公司、企业以及其他经济组织或者个人取得的利息、股息、红利所得。

此外，税法还对工资、薪金所得来源地的确定做了更为详尽的规定：属于来源于中国境内的工资、薪金所得应为个人实际在中国境内工作期间取得的工资、薪金，即个人实际在中国境内工作期间取得的工资、薪金，不论是由中国境内还是境外企业或个人雇主支付的，均属来源于中国境内的所得；个人实际在中国境外工作期间取得的工资、薪金，不论是由中国境内还是境外企业或个人雇主支付的，均属来源于中国境外的所得。

【小思考】我国现行《企业所得税法》和《个人所得税法》中关于所得来源的判定标准有何异同？

5.1.4 征税范围

1. 工资、薪金所得

工资、薪金所得是指个人因任职或者受雇而取得的工资、薪金、奖金、年终加薪、劳动分红、津贴、补贴以及与任职或者受雇有关的其他所得。对于补贴、津贴等一些具体收入项目是否应计入工资、薪金所得的征税范围问题，按下述情况掌握执行。

（1）对按照国务院规定发放的政府特殊津贴、院士津贴、资深院士津贴，以及国务院规定免纳个人所得税的补贴、津贴，免纳个人所得税，其他各种补贴、津贴均应计入工资、薪金所得项目征税。

（2）下列不属于工资、薪金性质的补贴、津贴或者不属于纳税人本人工资、薪金所得项目的收入，不予征税，主要包括：

1）独生子女补贴。

2）执行公务员工资制度，未纳入基本工资总额的补贴、津贴差额和家属成员的副食品补贴。

3）托儿补助费。

4）差旅费津贴、误餐补助。

其中，不征税的误餐补助是指按财政部门规定，个人因公在城区、郊区工作，不能在工作单位就餐或返回就餐，确实需要在外就餐的，根据实际误餐顿数，按规定标准领取的误餐费。一些单位以误餐补助名义发给职工的补贴、津贴，应当并入当月工资、薪金所得计征个人所得税。①

（3）按照国家规定，单位为个人缴付和个人缴付的基本养老保险费、基本医疗保险费、失业保险费、住房公积金，从纳税人的应纳税所得额中扣除。

（4）对于产品营销活动中，企业和单位对营销业绩突出的企业雇员以培训班、研讨会、工作考察等名义组织旅游活动，通过免收差旅费、旅游费对个人实行的营销业绩奖励（包括实物、有价证券等），对企业雇员享受的此类奖励，应将所发生费用的全额与当期的工资、薪金合并，按照工资、薪金所得项目征收个人所得税，并由提供上述费用的企业和单位代扣代缴。②

（5）居民个人取得股票期权、股票增值权、限制性股票、股权奖励等股权激励（以下简称“股权激励”），在 2021 年 12 月 31 日前，不并入当年综合所得，全额单独适用综合所得税率表计算纳税。相应的计算公式为：

应纳税额＝股权激励收入×适用税率－速算扣除数

（6）个人在公司（包括关联公司）任职、受雇，同时兼任董事、监事的，应将董事费、监事费与个人工资收入合并，统一按工资、薪金所得项目缴纳个人所得税。

【小思考】企业为职工缴纳的补充养老保险费和补充医疗保险费应该如何进行税务处理？

2. 劳务报酬所得

（1）劳务报酬所得是指个人独立从事各种非雇用劳务取得的所得，包括设计、装潢、安装、制图、化验、测试、医疗、法律、会计、咨询、讲学、新闻、广播、翻译、审稿、书画、雕刻、影视、录音、录像、演出、表演、广告、展览、技术服务、介绍服务、经纪

---

① 《财政部、国家税务总局关于误餐补助范围确定问题的通知》（财税字［1995］82 号）。

② 《财政部、国家税务总局关于企业以免费旅游方式提供对营销人员个人奖励有关个人所得税政策的通知》（财税［2004］11 号）。

服务、代办服务和其他劳务。

在实际操作过程中，还可能出现难以判定一项所得是属于工资、薪金所得，还是属于劳务报酬所得的情况。这两者的区别在于：工资、薪金所得属于非独立个人劳务活动，即在机关、团体、学校、部队、企事业单位及其他组织中任职、受雇而得到的报酬；而劳务报酬所得是个人独立从事各种技艺、提供各项劳务取得的报酬。前者存在雇用关系，并且按照国家相关法律的规定，被雇用者的各种社会保险也由雇用单位承担并缴纳；后者不存在这种关系。

（2）个人由于担任董事职务且不在公司任职、受雇所取得的董事费收入，属于劳务报酬所得，按照劳务报酬所得项目征收个人所得税。

（3）个人兼职取得的收入应按照劳务报酬所得项目缴纳个人所得税。①

（4）自2004年1月20日起，对于产品营销活动中，企业和单位对其营销业绩突出的非雇员以培训班、研讨会、工作考察等名义组织旅游活动，通过免收差旅费、旅游费对个人实行的营销业绩奖励（包括实物、有价证券等），对非企业雇员的营销人员，应将所发生费用的全额作为该营销人员当期的劳务收入，按照劳务报酬所得项目征收个人所得税，并由提供上述费用的企业和单位代扣代缴。

3. 稿酬所得

稿酬所得是指个人因其作品以图书、报刊形式出版、发表而取得的所得。

除任职、受雇于报纸、杂志等单位的记者、编辑等专业人员外，其他人员在本单位的报纸、杂志上发表作品取得的所得，应按稿酬所得项目征收个人所得税。

出版社的专业作者撰写、编写或翻译的作品，由该社以图书形式出版而取得的稿费收入，应按稿酬所得项目计算缴纳个人所得税。

4. 特许权使用费所得

特许权使用费所得是指个人提供专利权、商标权、著作权、非专利技术以及其他特许权的使用权取得的所得。提供著作权的使用权取得的所得，不包括稿酬所得。

作者将自己的文字作品手稿原件或复印件公开拍卖（竞价）取得的所得，应按特许权使用费所得项目征收个人所得税。

因专利被其他单位使用而取得的经济赔偿收入，应按照《个人所得税法》及其实施条例的规定，按特许权使用费所得项目缴纳个人所得税，税款由支付赔款的使用单位代扣代缴。

自2002年5月1日起，对于剧本作者从电影、电视剧的制作单位取得的剧本使用费，不再区分剧本的使用方是否为其任职单位，统一按特许权使用费所得项目计征个人所得税。②

---

① 《国家税务总局关于个人兼职和退休人员再任职取得收入如何计算征收个人所得税问题的批复》（国税函［2005］382号）。

② 《国家税务总局关于剧本使用费征收个人所得税问题的通知》（国税发［2002］52号）。根据相关法规的规定，创作的影视分镜头剧本用于拍摄影视片取得的所得，不能按稿酬所得计征个人所得税，应比照有关原则确定应税项目计征个人所得税；但作为文学创作而在书报杂志上出版、发表取得的所得，应按稿酬所得项目计征个人所得税。

5. 经营所得

(1) 个体工商户从事生产经营活动取得的所得，个人独资企业投资人、合伙企业的个人合伙人来源于境内注册的个人独资企业、合伙企业的生产、经营所得。

(2) 个人依法从事办学、医疗、咨询以及其他有偿服务活动取得的所得。

(3) 个人对企业、事业单位承包经营、承租经营以及转包、转租取得的所得。

(4) 个人从事其他生产经营活动取得的所得。

【即学即用】 在下列各项中，不需要按照经营所得项目计算缴纳个人所得税的是（ ）。

A. 个体工商户接受捐赠取得的收入

B. 个人独资企业的个人投资者以企业资金为其家庭成员购买汽车发生的支出

C. 个体工商户与企业联营而分得的利润

D. 合伙企业的个人投资者以企业资金为其家庭成员购买别墅发生的支出

答案： C

解析： 税法规定，个体工商户与企业联营而分得的利润，按利息、股息、红利所得项目征收个人所得税。

6. 利息、股息、红利所得

利息、股息、红利所得是指个人拥有债权、股权而取得的利息、股息、红利所得。

(1) 企业以未分配利润、盈余公积和除股票溢价发行外的其他资本公积转增注册资本和股本的，对个人取得的资本或股本，要按照利息、股息、红利所得项目，依据现行政策规定计征个人所得税。

(2) 除个人独资企业、合伙企业以外的其他企业的个人投资者，以企业资金为本人、家庭成员及其相关人员支付与企业生产经营无关的消费性支出及购买汽车、住房等财产性支出，视为企业对个人投资者的红利分配，依照利息、股息、红利所得项目计征个人所得税。①

(3) 纳税年度内个人投资者从其投资企业（个人独资企业、合伙企业除外）借款，在该纳税年度终了后既不归还，又未用于企业生产经营的，其未归还的借款可视为企业对个人投资者的红利分配，依照利息、股息、红利所得项目计征个人所得税。②

(4) 企业购买车辆并将车辆所有权办到股东个人名下，其实质为企业对股东进行了红利性质的实物分配，应按照利息、股息、红利所得项目征收个人所得税。考虑到该股东个人名下的车辆同时也为企业经营使用的实际情况，允许合理减除部分所得；减除的具体数额由主管税务机关根据车辆的实际使用情况合理确定。上述企业为个人股东购买的车辆，不属于企业的资产，不得在企业所得税前扣除折旧。

【小思考】 企业以资本溢价形成的资本公积转增注册资本，自然人股东是否要按照利息、股息、红利所得项目缴纳个人所得税？

---

①② 《财政部、国家税务总局关于规范个人投资者个人所得税征收管理的通知》（财税［2003］158号）。

7. 财产租赁所得

财产租赁所得是指个人出租建筑物、土地使用权、机器设备、车船以及其他财产取得的所得。

个人取得的财产转租收入，属于财产租赁所得项目的征税范围，由财产转租人缴纳个人所得税。在确认纳税人时，应以产权凭证为依据；对无产权凭证的，由主管税务机关根据实际情况确定。产权所有人死亡，在未办理产权继承手续期间，该财产出租而有租金收入的，以领取租金的个人为纳税人。

8. 财产转让所得

财产转让所得是指个人转让有价证券、股权、建筑物、土地使用权、机器设备、车船以及其他财产取得的所得。考虑到我国资本市场的实际情况和股票转让收益的特殊性，税法规定：对个人在上海证券交易所、深圳证券交易所转让从上市公司公开发行和转让市场取得的上市公司股票的所得，免征个人所得税。除此之外，转让其他财产的所得，应当依法缴纳个人所得税。

对职工个人以股份形式取得的拥有所有权的集体企业量化资产，企业改制时约定，该股权只作为分红依据，不得随意转让，对此暂缓征收个人所得税；待个人将股份转让时，就其转让收入额，减除个人取得该股份时实际支付的费用和合理转让费用后的余额，按财产转让所得项目计征个人所得税。①

9. 偶然所得

偶然所得是指个人得奖、中奖、中彩以及其他偶然性质的所得。偶然所得应缴纳的个人所得税税款，一律由发放单位或机构代扣代缴。例如，企业对累积消费达到一定额度的顾客，给予额外抽奖机会，个人的获奖所得，按照偶然所得项目全额适用20%的税率缴纳个人所得税。再如，个人因在各行各业做出突出贡献而从省级以下人民政府及其所属部门取得的一次性奖励收入，不论其奖金来源于何处，均不属于税法所规定的免税范畴，应按偶然所得项目征收个人所得税。

【知识点提醒】 企业在业务宣传、广告等活动中，随机向本单位以外的个人赠送礼品，以及企业在年会、座谈会、庆典以及其他活动中向本单位以外的个人赠送礼品，个人取得的礼品收入，应征收个人所得税；企业通过价格折扣、折让方式向个人销售商品（产品）和提供服务等，不征收个人所得税。

企业发放的具有中奖性质的网络红包，获奖个人应缴纳个人所得税，但具有销售折扣或折让性质的网络红包，不征收个人所得税。网络红包仅指企业向个人发放的网络红包，不包括亲戚朋友之间互相赠送的网络红包。亲戚朋友之间互相赠送的礼品（包括网络红包），不在个人所得税的征税范围之内。

知识链接

下列收入不征收个人所得税：一是银行部门以超过国家规定利率和保值贴补率支付给储户的揽储奖金。二是以蔡冠深中国科学院院士荣誉基金会的基金利息颁发给中国科学院院士

① 《国家税务总局关于企业改组改制过程中个人取得的量化资产征收个人所得税问题的通知》（国税发［2000］60号）。

的荣誉奖金。三是保险公司支付给保期内未出险的人寿保险保户的利息。四是个人因任职单位缴纳有关保险费用而取得的无赔款优待收入。五是股民个人从证券公司取得的回扣收入或交易手续费返还收入。六是房地产公司因双方协商解除商品房买卖合同而向购房人支付的违约金。

【即学即用】 在下列关于个人所得税的说法中，错误的是（　　）。

A. 企业对累积消费达到一定额度的个人按消费积分反馈礼品，对个人取得的礼品所得，按照偶然所得项目缴纳个人所得税

B. 个人因取得有奖发票而获得的奖金所得，属于《个人所得税法》规定的偶然所得项目

C. 某杂志的打字员在本单位的杂志上发表文章取得的所得，按照稿酬所得项目缴纳个人所得税

D. 某股份有限公司的股东王某用企业资金为自己购买一辆小汽车，视为该企业对个人股东的红利分配，依照利息、股息、红利所得项目征收个人所得税

答案：A

解析：企业在销售商品（产品）和提供服务过程中向个人赠送礼品，属于下列情形之一的，不征收个人所得税：①企业通过价格折扣、折让方式向个人销售商品（产品）和提供服务；②企业在向个人销售商品（产品）和提供服务的同时给予赠品，如通信企业对个人购买手机赠话费、入网费，或者购话费赠手机等；③企业对累积消费达到一定额度的个人按消费积分反馈礼品。

【小思考】高校在校学生因表现优异而获得的国家奖学金和学校颁发的校级奖学金，是否需要缴纳个人所得税？

5.1.5 税　率

1. 综合所得（包括工资、薪金所得，劳务报酬所得，稿酬所得和特许权使用费所得）适用税率

综合所得适用七级超额累进税率，税率为3%～45%，见表5-1。

表5-1　个人所得税税率表（综合所得适用）

级数	全年应纳税所得额	税率（%）	速算扣除数（元）
1	不超过36 000元的	3	0
2	超过36 000元至144 000元的部分	10	2 520
3	超过144 000元至300 000元的部分	20	16 920
4	超过300 000元至420 000元的部分	25	31 920
5	超过420 000元至660 000元的部分	30	52 920
6	超过660 000元至960 000元的部分	35	85 920
7	超过960 000元的部分	45	181 920

2. 经营所得适用税率

经营所得适用5%～35%的五级超额累进税率，见表5-2。

表5-2 经营所得个人所得税税率表

级数	全年应纳税所得额	税率（%）	速算扣除数（元）
1	不超过30 000元的	5	0
2	超过30 000元至90 000元的部分	10	1 500
3	超过90 000元至300 000元的部分	20	10 500
4	超过300 000元至500 000元的部分	30	40 500
5	超过500 000元的部分	35	65 500

需要注意的是，由于目前实行承包、承租经营的形式较多，分配方式也不尽相同，因此承包、承租人按照承包、承租经营合同（协议）规定取得所得的适用税率也不一致。承包、承租人对企业经营成果不拥有所有权，仅按合同（协议）规定取得一定所得的，其所得按工资、薪金所得项目征税，适用3%～45%的七级超额累进税率；承包、承租人按合同（协议）的规定向发包方、出租方缴纳一定费用后，企业经营成果归其所有的，承包、承租人取得的所得，按经营所得项目征税，适用5%～35%的五级超额累进税率征税。

【即学即用】 在下列各项中，按照我国税法应当适用5%～35%的五级超额累进税率的是（　　）。

个体工商户经营所得的税收优惠

A. 个体工商户的生产、经营所得

B. 个人独资企业的生产、经营所得

C. 一人有限责任公司的生产、经营所得

D. 合伙企业的法人合伙人按照合伙协议约定分得的生产、经营所得

答案： AB

解析： 一人有限责任公司属于企业所得税的纳税人，其生产、经营所得应当缴纳企业所得税，一般适用25%的比例税率；合伙企业的法人合伙人按照合伙协议分得的生产、经营所得应当缴纳企业所得税，一般适用25%的比例税率。

3. 其他项目所得适用税率

利息、股息、红利所得，财产租赁所得，财产转让所得以及偶然所得适用20%的比例税率。

为了有效调控居民收入分配，我国的个人所得税制度对有关项目做了减征的规定。

（1）稿酬所得的收入额减按70%计算。

（2）对个人出租住房取得的所得暂减按10%的税率征收个人所得税。

5.1.6 个人所得税应纳税所得额的计算

由于个人所得税的应税项目不同，并且取得某项所得所需的费用也不相同，因此在计算个人应纳税所得额时应按不同应税项目分项计算。以某应税项目的收入额减去税法规定的费用减除标准后的余额，为该项所得的应纳税所得额。

1. 收入的确定

居民个人取得工资、薪金所得，劳务报酬所得，稿酬所得与特许权使用费所得（以下简称“综合所得”），按纳税年度合并计算个人所得税。非居民个人取得工资、薪金所得，劳务报酬所得，稿酬所得与特许权使用费所得，按月或者按次分项计算个人所得税。纳税人取得其他形式的所得（包括经营所得，利息、股息、红利所得，财产租赁所得，财产转让所得以及偶然所得），分别计算个人所得税。

劳务报酬所得、稿酬所得、特许权使用费所得以收入减除20%的费用后的余额为收入额。稿酬所得的收入额减按70%计算。

（1）劳务报酬所得，根据不同劳务项目的特点，分别规定为：

1）只有一次性收入的，以取得该项收入为一次。例如，从事设计、安装、装潢、制图、化验、测试等劳务，往往是接受客户的委托，按照客户的要求，完成一次劳务后取得收入。因此，这是属于一次性的收入，应以每次提供劳务取得的收入为一次。

2）属于同一事项连续取得收入的，以1个月内取得的收入为一次。例如，某歌手与一卡拉OK厅签约，在1年内每天到卡拉OK厅演唱一次，每次演出后付酬500元。在计算其劳务报酬所得时，应视为同一事项的连续性收入，以其1个月内取得的收入为一次计征个人所得税，而不能以每天取得的收入为一次。

【即学即用】 2016年10月，王先生在北京某高校进行了五场演讲，每场演讲收入为1万元。王先生的演讲收入应该如何预扣预缴个人所得税？

解析：王先生的演讲收入在一个月内连续发生，应按照劳务报酬收入合并预扣预缴个人所得税。

（2）稿酬所得，以每次出版、发表取得的收入为一次。具体又可细分为：

1）同一作品再版取得的所得，应视作另一次稿酬所得计征个人所得税。

2）同一作品先在报刊上连载，然后出版，或先出版，再在报刊上连载的，应视为两次稿酬所得征税，即连载作为一次，出版作为另一次。

3）同一作品在报刊上连载取得收入的，以连载完成后取得的所有收入合并为一次，计征个人所得税。

4）同一作品在出版和发表时，以预付稿酬或分次支付稿酬等形式取得的稿酬收入，应合并计算为一次，计征个人所得税。

5）同一作品出版、发表后，因添加印数而追加稿酬的，应与以前出版、发表时取得的稿酬合并计算为一次，计征个人所得税。

（3）特许权使用费所得，以某项使用权的一次转让所取得的收入为一次。

（4）财产租赁所得，以1个月内取得的收入为一次。

（5）利息、股息、红利所得，以支付利息、股息、红利时取得的收入为一次。

（6）偶然所得，以每次收入为一次。

2. 费用减除标准

（1）居民个人的综合所得，以每一纳税年度的收入额减除费用6万元以及专项扣除、专项附加扣除和依法确定的其他扣除后的余额，为应纳税所得额。

专项扣除包括居民个人按照国家规定的范围和标准缴纳的基本养老保险、基本医疗保险、失业保险等社会保险费和住房公积金等。

专项附加扣除包括子女教育、继续教育、大病医疗、住房贷款利息或者住房租金、赡养老人等支出。个人所得税专项附加扣除在纳税人本年度综合所得应纳税所得额中扣除，本年度扣除不完的，不得结转以后年度扣除。

(2) 经营所得，以每一纳税年度的收入总额，减除成本、费用以及损失后的余额，为应纳税所得额。成本、费用是指纳税人从事生产经营所发生的各项直接支出和分配计入成本的间接费用以及销售费用、管理费用、财务费用。损失是指纳税人在生产经营过程中发生的各项营业外支出。

从事生产经营的纳税人未提供完整、准确的纳税资料，不能正确计算应纳税所得额的，由主管税务机关核定其应纳税所得额。

个人独资企业的投资者以全部生产、经营所得为应纳税所得额。合伙企业的投资者按照合伙企业的全部生产、经营所得和合伙协议约定的分配比例，确定应纳税所得额；合伙协议没有约定分配比例的，以全部生产、经营所得和合伙人数量平均计算每个投资者的应纳税所得额。

上述生产、经营所得包括企业分配给投资者个人的所得和企业当年留存的所得（利润）。

(3) 财产租赁所得，每次收入不超过 4 000 元的，减除费用 800 元；4 000 元以上的，减除 20%的费用，其余额为应纳税所得额。

(4) 财产转让所得，以转让财产的收入额减除财产原值和合理费用后的余额为应纳税所得额。财产原值是指：

1) 有价证券，为买入价以及买入时按照规定交纳的有关费用。

2) 建筑物，为建造费或者购进价格以及其他有关费用。

3) 土地使用权，为取得土地使用权所支付的金额、开发土地的费用以及其他有关费用。

4) 机器设备、车船，为购进价格、运输费、安装费以及其他有关费用。

5) 其他财产，参照以上方法确定。

纳税人未提供完整、准确的财产原值凭证，不能正确计算财产原值的，由主管税务机关核定其财产原值。

合理费用是指卖出财产时按照规定支付的有关费用。

(5) 利息、股息、红利所得和偶然所得，以每次收入额为应纳税所得额。

3. 应纳税所得额的其他规定

(1) 个人将其所得通过中国境内的社会组织、国家机关向教育和其他社会公益事业以及遭受严重自然灾害地区、贫困地区捐赠，捐赠额未超过纳税人申报的应纳税所得额 30%的部分，可以从其应纳税所得额中扣除。

按照现行规定，为支持社会公益事业发展，个人通过中国金融教育发展基金会、中国国际民间组织合作促进会、中国社会工作协会孤残儿童救助基金管理委员会、中国发展研究基金会、陈嘉庚科学奖基金会、中国友好和平发展基金会、中华文学基金会、中华农业科教基金会、中国少年儿童文化艺术基金会和中国公安英烈基金会用于公益救济性的捐赠，在个人申报应纳税所得额 30%以内的部分，准予在计算缴纳个人所得税前扣除。

（2）从 2000 年开始，财政部、国家税务总局陆续放宽公益救济性捐赠限额，出台了全额税前扣除的规定，允许个人通过非营利性的社会组织和政府部门，对特定机构的捐赠准予在个人所得税前全额扣除。

1）个人通过非营利性的社会组织和国家机关（包括中国红十字会）向红十字事业的捐赠，在计算个人所得税时准予全额扣除。

2）个人通过非营利性的社会组织和政府部门向福利性、非营利性的老年服务机构的捐赠，在计算个人所得税时准予全额扣除。

3）个人通过非营利性的社会组织和政府部门对公益性青少年活动场所（其中包括新建）的捐赠，在计算个人所得税时准予全额扣除。

4）个人通过非营利性的社会组织和国家机关向农村义务教育的捐赠，准予在缴纳个人所得税前的所得额中全额扣除。农村义务教育的范围是政府和社会力量举办的农村乡镇（不含县和县级市政府所在地的镇）、村的小学和初中以及属于这一阶段的特殊教育学校。纳税人对农村义务教育与高中在一起的学校的捐赠，也享受此项所得税前全额扣除政策。

5.1.7 优惠政策的有关规定

1. 免纳或暂免缴纳个人所得税的项目

（1）免予征收个人所得税的项目。

1）省级人民政府、国务院部委和中国人民解放军军以上单位，以及外国组织、国际组织颁发的科学、教育、技术、卫生、体育、环境保护等方面的奖金。

2）国债和国家发行的金融债券利息。国债利息是指个人持有中华人民共和国财政部发行的债券而取得的利息所得以及 2009 年、2010 年、2011 年、2012 年及以后年度发行的地方政府债券而取得的利息所得。国家发行的金融债券利息是指个人持有经国务院批准发行的金融债券而取得的利息所得。

3）按照国家统一规定发放的补贴、津贴。这里所说的按照国家统一规定发放的补贴、津贴是指按照国家统一规定发放的政府特殊津贴，以及国务院规定免纳个人所得税的补贴、津贴。

发给中国科学院资深院士和中国工程院资深院士每人每年 1 万元的资深院士津贴免予征收个人所得税。

4）福利费、抚恤金、救济金。这里所说的福利费是指根据国家有关规定，从企业、事业单位、国家机关、社会组织提留的福利费或者工会经费中支付给个人的生活补助费。这里所说的救济金是指国家民政部门支付给个人的生活困难补助费。

5）保险赔款。

6）军人转业费、复员费。

7）按照国家统一规定发给干部、职工的安家费、退职费、退休工资、离休工资、离休生活补助费。

8）依照我国有关法律规定，应予免税的各国驻华使馆、领事馆的外交代表、领事官员和其他人员的所得。其中，依照我国法律规定，应予免税的各国驻华使馆、领事馆的外交代表、领事官员和其他人员的所得是指《中华人民共和国外交特权与豁免条例》和《中华人民共和国领事特权与豁免条例》规定免税的所得。

9）中国政府参加的国际公约、签订的协议中规定免税的所得。

10）经国务院财政部门批准免税的所得。

（2）暂免征收个人所得税的项目。

1）外籍个人以非现金形式或实报实销形式取得的住房补贴、伙食补贴、搬迁费、洗衣费。

2）外籍个人按合理标准取得的境内外出差补贴。

3）外籍个人取得的探亲费、语言训练费、子女教育费等，经当地税务机关审核批准为合理的部分。

可以享受免征个人所得税优惠待遇的探亲费，仅限于外籍个人在我国的受雇地与其家庭所在地（包括配偶或父母居住地）之间搭乘交通工具且每年不超过两次的费用。

4）个人举报、协查各种违法、犯罪行为而获得的奖金。

5）个人办理代扣代缴税款手续，按规定取得的扣缴手续费。

6）个人转让自用达五年以上并且是唯一的家庭生活用房取得的所得。

7）达到离休、退休年龄，但确因工作需要，适当延长离休、退休年龄的高级专家（指享受国家发放的政府特殊津贴的专家、学者），其在延长离休、退休期间的工资、薪金所得，视同退休工资、离休工资免征个人所得税。

暂免征收个人所得税的其他项目

8）外籍个人从外商投资企业取得的股息、红利所得。

【即学即用】 2019 年，公民王先生的月工资收入为 6 000 元，无其他专项扣除项目，国债利息收入为 1 000 元，房屋被盗获得保险赔偿 10 000 元，请问公民王先生的应纳税所得额为（　　）元。

A. 5 500　　B. 14 500　　C. 12 000　　D. 25 500

答案： C

解析： 国债利息收入和保险赔款免征个人所得税。该公民仅就工资收入缴纳个人所得税，所以应纳税所得额为 12 000 元。

2. 经批准可以减征个人所得税的项目

（1）残疾、孤老人员和烈属的所得。需要注意的是，该项所得仅限于劳动所得，具体项目为：工资、薪金所得；个体工商户的生产、经营所得；对企事业单位的承包经营、承租经营所得；劳务报酬所得；稿酬所得；特许权使用费所得。

（2）因严重自然灾害造成重大损失的。

（3）其他经国务院财政部门批准减税的。

无住所个人的个人所得税其他优惠政策

境外所得已纳税额的扣除

5.2　个人所得税筹划原理

个人所得税筹划可以以税基、税率、税额为切入点。首先，当税率一定的时候，个人所得税纳税人可以通过缩小税基来减轻税负，比如通过纳税人筹划，借助转换居民身份来缩小应纳税所得额；其次，个人所得税纳税人还可以通过降低适用税率进行税收筹划，比如将高税率应税项目转换为低税率应税项目等。

5.2.1　纳税人的税收筹划

1. 居民个人纳税人和非居民个人纳税人的转换

（1）筹划原理。根据纳税人的住所和其在中国境内居住的时间，个人所得税的纳税人分为居民个人纳税人和非居民个人纳税人。由于对这两种纳税人的税收政策不同，因此纳税人可以通过对住所和居住时间的税收筹划，改变纳税人的居民或非居民身份，实现节税目的。

（2）筹划要点。

1）控制居住时间，改变居民身份。根据税法的规定，在中国境内有住所，或者虽然无住所，但一个纳税年度内在中国境内居住累计满 183 天的个人为居民个人，其对从中国境内和境外取得的所得均负有纳税义务。境内居住累计满 183 天是指在一个纳税年度（自公历 1 月 1 日起至 12 月 31 日止）中在中国境内居住 183 天。因此，通过控制居住时间，使停留在我国境内的时间不满 183 天，就可以避免成为我国的居民个人纳税人，从而规避了居民个人纳税人的无限纳税义务。

［**案例 5－1**］

居民个人纳税人和非居民个人纳税人转换的税收筹划

德国高管大卫受雇于一家位于德国的公司，他受德国公司指派，需要在 2019—2020 年到中国的某企业担任 7 个月的财务总监。大卫应如何选择工作时间来避免成为中国的居民个人纳税人？

【解析】

如果大卫在 2019 年 1 月 1 日入境，2019 年 7 月 31 日离境，其 2019 年度在中国境内居住的时间超过 183 天，成为中国的居民个人纳税人，可以向主管税务机关申请备案，则其来源于中国境外且由境外单位或者个人支付的所得免予缴纳个人所得税，只需就来源于中国境内的所得在我国缴纳个人所得税。

避免成为中国居民个人纳税人，可以采取跨年度停留的方式。如 2019 年 10 月 1 日入境，2020 年 4 月 30 日离境，则该外籍公民 2019 年度在中国境内居住 92 天，为非居民个人纳税人；2020 年度在中国境内居住 121 天，亦为非居民个人纳税人。在 2019 年度和 2020 年度，大卫只需就来源于中国境内的所得在我国缴纳个人所得税。

2）控制人员的住所（居住地）。控制人员的住所（居住地）进行税收筹划，是指个人通过个人的住所或居住地跨越税境的迁移，也就是具体实施税收筹划的当事人把自己的居所迁出某国，但又不在任何地方取得住所，从而躲避所在国对其纳税人身份的确认，进而免除个人所得税的纳税义务。在国际上，许多国家往往把拥有住所并在该国居住一定时间以上的个人确定为纳税义务人。这样一来，一些从事跨国活动的人员就可以自由地游离于各国之间，而不成为任何一个国家的居民个人纳税人，从而达到少缴税或不缴税的目的。

2. 公司制企业与个体工商户、个人独资企业、合伙企业的选择

（1）筹划原理。目前，个人可以选择的企业组织形式主要有：作为个体工商户从事生产经营和对企事业单位实行承包、承租经营业务；成立个人独资企业；组建合伙企业；设立公司制企业（企业所得税纳税人）。在对这些投资方式进行比较时，如果其他因素相同，投资者应承担的税收尤其是所得税便成为决定投资决策的关键。

在上述几种投资方式中，通常在收入相同的情况下，个体工商户、个人独资企业、合伙企业、公司制企业的税负是不一样的。但是，个人独资企业、合伙企业、公司制企业三种形式是企业，在发票的申购、纳税人的资格等方面占有优势，比较容易开展业务，经营范围也比较广，并且可以享受国家的一些税收优惠政策。在这三种企业形式中，公司制企业以公司的形式出现，只承担有限责任，风险相对较小；个人独资企业和合伙企业由于要承担无限责任，风险相对较大。

需要注意的是，《财政部、税务总局关于实施小微企业普惠性税收减免政策的通知》（财税［2019］13 号）规定，从 2019 年 1 月 1 日至 2021 年 12 月 31 日，对小型微利企业引入超额累进计算方法，年应纳税所得额不超过 100 万元的部分，减按 25%计入应纳税所得额，按 20%的税率缴纳企业所得税；对年应纳税所得额超过 100 万元但不超过 300 万元的部分，减按 50%计入应纳税所得额，按 20%的税率缴纳企业所得税。《财政部、税务总局关于实施小微企业和个体工商户所得税优惠政策的公告》（财政部、税务总局公告 2021 年第 12 号）继续规定，自 2021 年 1 月 1 日至 2022 年 12 月 31 日，对小型微利企业与个体工商户年应纳税所得额不超过 100 万元的部分，在财税［2019］13 号文规定的优惠政策基础上，再减半征收企业所得税。《财政部、税务总局关于进一步实施小微企业所得税优惠政策的公告》（财政部、税务总局公告 2022 年第 13 号）规定，自 2022 年 1 月 1 日至 2024 年 12 月 31 日，对小型微利企业年应纳税所得额超过 100 万元但不超过 300 万元的部分，减按 25%计入应纳税所得额，按 20%的税率缴纳企业所得税。因此，企业在选择组织形式时，还应根据业务规模来判断。

（2）筹划要点。

1）承包人身份的选择。个人对企事业单位实行承包、承租经营的形式较多，分配方

式也不尽相同。《国家税务总局关于个人对企事业单位实行承包经营、承租经营取得所得征税问题的通知》（国税发［1994］179号）对此做了适当分类并规定了相应的税务处理方法。

个人对企事业单位实行承包、承租经营后，工商登记改变为个体工商户的，应依照经营所得项目计征个人所得税，不再征收企业所得税。

个人对企事业单位实行承包、承租经营后，工商登记仍为企业的，不论其分配方式如何，均应先按照《企业所得税法》的有关规定缴纳企业所得税，然后将承包、承租人按合同（协议）规定取得的所得，依照《个人所得税法》的有关规定缴纳个人所得税。具体内容为：

① 承包、承租人对企业经营成果不拥有所有权，仅按合同（协议）规定取得一定所得的，应按工资、薪金所得项目征收个人所得税，适用3%～45%的七级超额累进税率。

② 承包方、承租人按合同（协议）的规定只向发包方、出租人缴纳一定费用，而缴纳承包、承租费后的企业经营成果归承包方、承租人所有，则其取得的所得应按经营所得项目征收个人所得税，适用5%～35%的五级超额累进税率。

也就是说，个人对企事业单位实行承包、承租经营，工商登记仍为企业的，就需要承担企业所得税与个人所得税两种税负。

［案例5-2］

公司制企业与个体工商户选择的税收筹划

王某承包经营了一家公司制企业。合同规定：王某平时不领取工资，从企业净利润中上缴承包费100 000元，其余经营成果全部归王某个人所有。王某的生产、经营所得当年为400 000元（已扣除相关费用）。假设王某没有其他的劳务收入，不考虑其他的税收优惠情况，那么他应该如何利用不同的企业性质进行税收筹划？

【解析】

在企业性质上，王某面临两种选择：一是仍使用原企业的营业执照；二是将原企业的工商登记改为个体工商户。

方案一：如果王某仍使用原企业的营业执照，则按税法的规定，其经营所得应缴纳企业所得税，而且王某的税后所得要按经营所得缴纳个人所得税。在不考虑其他调整因素的情况下，该企业的纳税情况如下所示：

企业所得税＝400 000×25%×20%＝20 000（元）

王某的承包经营所得＝(400 000－20 000)－100 000＝280 000（元）

王某应缴纳的个人所得税＝(280 000－60 000)×20%－10 500＝33 500（元）

王某获得的税后利润＝280 000－33 500＝246 500（元）

方案二：如果王某将原企业的工商登记改为个体工商户，则其承包经营所得应缴纳个人所得税。在不考虑其他调整因素的情况下，王某的纳税情况如下所示：

王某应缴纳的个人所得税＝(400 000－100 000－60 000)×20%－10 500＝37 500（元）

王某获得的税后利润＝400 000－100 000－37 500＝262 500（元）

通过比较，王某采用方案二可以多获利 16 000 元（＝262 500－246 500）。

2）公司制企业与合伙企业的选择。如果企业采用公司制形式，则需要先就公司所得缴纳企业所得税，其自然人股东取得的股息、红利所得还要缴纳个人所得税；如果采用合伙企业的形式，则对自然人合伙人只征收个人所得税。

［案例 5－3］

公司制企业与合伙企业选择的税收筹划

假设有五个人成立一家公司（未上市），每个人占公司 20％的股权。在 2022 年底，该公司的年度利润总额为 125 万元。在无纳税调整事项的情况下，该公司将税后利润全部分配给这五位股东。每位股东的实际税后收入是多少（不考虑专项扣除等）？有无更为节税的税收筹划方案？

【解析】

由于是公司制模式，在小型微利企业的税收优惠政策下，需要先缴纳企业所得税 3.75 万元（＝100×2.5％＋25×5％），税后利润为 121.25 万元，平均分配给五位股东，每个人可获得 24.25 万元的股息、红利所得。按照《个人所得税法》的规定，每位股东需要缴纳 20％的个人所得税 4.85 万元（＝24.25×20％）。

最终，每位股东实际的税后净收入为 19.4 万元。

假设采用了合伙企业的形式（其他条件不变），由于其不具备法人资格，按照税收法规的规定，这个合伙企业不需要缴纳企业所得税，仅需要就每个自然人合伙人的所得缴纳个人所得税。

每位股东实际分得的收入为 25 万元，适用的税率为 20％，速算扣除数为 1.05 万元，每位股东缴纳的个人所得税为 3.95 万元（＝25×20％－1.05），税后净收入为 21.05 万元（暂不考虑其他扣除项目）。

经比较可知，在合伙制的情况下，每位股东获得的年税后净收入比公司制情况下多 1.65 万元（＝21.05－19.4）。

【知识点提醒】在纳税人组织形式的选择上，不仅要考虑各组织形式的税负，而且应考虑不同组织形式下的其他非税因素。

5.2.2 个人所得税计税依据的税收筹划

1. 筹划原理

由于个人所得税的应税项目不同，并且取得某项所得所需的费用也不相同，因此在计算个人应纳税所得额时，需要按不同应税项目分项计算，以某应税项目的收入额减去税法规定的相应费用减除标准后的余额为该项目的应纳税所得额。依据《个人所得税法》关于计税依据的规定，可以通过加大费用扣除来降低个人所得税税基，进而降低个人所得税的税收负担。

2. 筹划要点

(1) 应税收入的税收筹划。应税收入的大小直接影响个人所得税的应纳税额。在纳税人实际收入水平不变的情况下，通过不同收入项目之间的转换，尽可能降低名义收入，以减少应纳税额、实现税后净收入最大化。例如，纳税人可以通过由企业提供职工福利设施、交通工具等，降低个人名义收入，进而减少应纳个人所得税税额。

[案例 5-4]

计税依据的税收筹划 (1)

某企业职工的月平均工资为 10 000 元，其中用于上下班的交通费支出为 1 000 元。若企业能为职工提供免费交通班车，同时把职工工资降低 1 000 元，也就是职工的名义工资水平下降 1 000 元，其实际收入水平保持不变。请问这种方式能否降低税负?

【解析】

职工的名义工资收入下降使得工资、薪金所得的应纳税所得额降低，从而减少了应纳的个人所得税税额，并使职工的税后净收入增加。与此同时，交通费还可以在企业缴纳企业所得税前扣除。

---

(2) 个人所得税费用扣除项目的税收筹划。个人所得税费用扣除项目的筹划要点是尽量增加可以税前扣除的费用支出。一方面，为他人承担劳务以取得报酬的个人，可以考虑由对方提供一定的福利，将本应由自己承担的费用改为由对方承担。比如在提供劳务过程中发生的餐饮服务、交通费、住宿、办公用具、安排实验设备等日常开支，如果由个人负担，就不能在应纳税所得额中扣除。如果将这些自己承担的费用开支转由对方承担，则可相应降低自己的劳务报酬总额，从而使得该项劳务报酬所得适用较低的税率。另一方面，可利用优惠性税收政策提高税前可扣除项目金额，比如购买商业健康保险产品等。

[案例 5-5]

计税依据的税收筹划 (2)

王某到甲公司开办讲座，双方签订了合同并约定 3 万元报酬。在办讲座期间，王某发生的交通、住宿、用餐等费用共计 5 000 元。假设王某每月另有 10 000 元工资、薪金收入，不考虑其他扣除，请问是否存在个人所得税的税收筹划空间?

【解析】

在一般情况下，王某应缴纳的个人所得税为：

$$[10\,000\times12+30\,000\times(1-20\%)-60\,000]\times10\%-2\,520=5\,880\text{（元）}$$

王某可与甲公司协商在合同中约定报酬为2.5万元，而交通、住宿、用餐等费用由甲公司承担。此时，王某应缴纳的个人所得税为：

[10 000×12+25 000×(1−20%)−60 000]×10%−2 520=5 480（元）

两种方案比较，王某表面上的劳务所得减少了5 000元，但个人所得税少支付了400元。

【知识点提醒】根据《财政部、税务总局、保监会关于将商业健康保险个人所得税试点政策推广到全国范围实施的通知》（财税［2017］39号）的规定，对个人购买符合规定的商业健康保险产品的支出，允许在当年（月）计算应纳税所得额时予以税前扣除，扣除限额为2 400元/年（200元/月）。单位统一为员工购买符合规定的商业健康保险产品的支出，应分别计入员工的工资、薪金，视同个人购买，按上述限额予以扣除。适用商业健康保险税收优惠政策的纳税人，是指取得工资、薪金所得及连续性劳务报酬所得的个人，以及取得个体工商户生产、经营所得，对企事业单位的承包经营、承租经营所得的个体工商户业主、个人独资企业投资者、合伙企业个人合伙人和承包、承租经营者。

【小思考】专项附加扣除是否会导致税负不公？

5.2.3 个人所得税税率的税收筹划

1. 筹划原理

我国的个人所得税除具有国家筹集财政收入的目的外，还承担着调节个人收入差距的功能，因此根据税收量能负担原则，我国个人所得税制度采取了综合与分类相结合的征收模式，但由于其特定的收入调节功能，又对其中两个应税税目（即综合所得与经营所得）采取超额累进税率。其他的应税税目基本上都采取比例税率的形式。税率筹划的基本原理就是通过收入的合理安排，避免适用高税率。

2. 筹划要点。

（1）避免边际税率提高。个人所得税通常采用超额累进税率，如果纳税人的应税所得越多，其适用的最高边际税率就越高，从而使得纳税人的平均税率有可能大幅提高。所以，在一定时期内纳税人收入总额既定的情况下，分摊到各个纳税期内的收入应尽量均衡，不能大起大落，以免增加纳税人的税收负担。

（2）高边际税率向低边际税率转换。对于适用累进税率的综合所得与经营所得，在税法允许的范围内降低应税收入及适用的税率，可以达到节税的目的。例如，在税法允许的范围内把工资、薪金收入福利化，尽可能地降低名义货币工资所得，这样既能保证原生活福利水平不降低，又能通过降低适用的累进税率，减少应缴纳的个人所得税。

［案例5-6］

高边际税率向低边际税率转换的税收筹划

国内某知名信息技术公司的一位副总裁的年薪预计为108万元（假设每月平均发放），

而他没有属于自己的汽车，每月需要花费租车支出 1 万元。该副总裁应如何进行个人所得税的税收筹划？（不考虑专项扣除项目等。）

【解析】

该副总裁应缴纳的个人所得税为 277 080 元，具体计算如下所示：

年应纳税额＝(1 080 000－60 000)×45％－181 920＝277 080（元）

尽管从表面上看，其名义货币收入非常高，但扣除个人所得税后，他的税后净收入降到了 802 920 元。

税收专家针对该副总裁的年薪设计的税收筹划方案为：只要他在公司担任副总裁的年限不低于 10 年，公司专门为其配备一辆轿车，市场价值为 48 万元，以公司固定资产的形式加以管理，并由公司提取相应的折旧。在其离任时，将该车销售给他本人，并在车管所进行车辆过户。由于他在这家公司已任职 6 年，在以后的 4 个年度中，其年薪每年将下调 12 万元（共计 48 万元）。经过这样的税收筹划后，其个人年名义货币收入降至 96 万元。此后，每年的个人所得税总额为 229 080 元［＝(960 000－60 000)×35％－85 920］。

经过上述福利机制的重新设计，该副总裁的年个人所得税的边际税率由 45％下降到 35％，年应纳税额总共下降了 48 000 元（＝277 080－229 080）。与此同时，该副总裁实际上还获得了汽车的使用权，其生活水平并没有降低，从而达到了税收筹划的目的。

(3) 个人所得税收入项目的转换。因为不同应税项目适用的税率不同，所以在相同收入规模下不同应税项目所缴纳的个人所得税会存在较大的差异，因此利用不同应税项目之间税率的差异是进行税收筹划的一个重要思路。综合所得的最高边际税率是 45％，经营所得的最高边际税率是 35％，其他收入的税率一般为 20％。一般来说，个人收入越高，比例税率会带来相对税负下降，而累进税率则不同。如果所得规模较大，则可以考虑将高税率的工资、薪金所得以及劳务报酬所得等综合所得，转换为较低税率的股息、红利所得或者股权转让所得等。

［案例 5－7］

个人所得税收入项目的税收筹划

已退休职工李某与某杂志社签订雇用合同，约定李某每月在该杂志上发表 10 篇文章，这些文章主要涉及新闻或者财经评论方面的内容，每篇文章的报酬是 800 元且每月末结算当月收入。李某应如何进行个人所得税的税收筹划？（不考虑专项扣除等。）

【解析】

在现阶段，李某取得的文章报酬属于工资、薪金收入，相应的纳税情况如下：

全年个人所得税纳税总额＝(800×10×12－60 000)×3％ ＝1 080（元）

如果李某没有与杂志社签订合同，则李某取得的所得属于稿酬所得，因而有

李某年应纳税所得额＝800×(1－20％)×(1－30％)×10×12＝53 760（元）

由于该应纳税所得额小于每年 60 000 元的法定扣除额，因此李某无须纳税。

与原方案所得相比，一年少缴税 1 080 元。

在此案例中，李某属于中低收入阶层，为了减少应纳税额，应尽可能创造条件使其收入适用于稿酬所得项目，这样可以利用稿酬所得的减计优惠。

【知识点提醒】每次收入的确定。

《个人所得税法》对纳税人取得的劳务报酬所得，稿酬所得，特许权使用费所得，利息、股息、红利所得，财产租赁所得和偶然所得，按次计算征税。

(1) 劳务报酬所得，根据不同劳务项目的特点，分别规定为：

1) 只有一次性收入的，以取得该项收入为一次。例如，从事设计、安装、装潢、制图、化验、测试等劳务，往往是接受客户的委托，按照客户的要求，完成一次劳务后取得收入。

2) 属于同一事项连续取得收入的，以一个月内取得的收入为一次。例如，某歌手与一卡拉OK厅签约，在一年内每天到卡拉OK厅演唱一次，每次演出后付酬。在计算其劳务报酬所得时，应视为同一事项的连续性收入，以其一个月内取得的收入为一次，计征个人所得税，而不能以每天取得的收入为一次。

(2) 稿酬所得，以每次出版、发表取得的收入为一次。具体又可细分为：

1) 同一作品再版取得的所得，应视为另一次稿酬所得计征个人所得税。

2) 同一作品先在报刊上连载，然后出版，或先出版，再在报刊上连载的，应视为两次稿酬所得征税。也就是说，连载作为一次，出版作为另一次。

3) 同一作品在报刊上连载取得收入的，将连载完成后取得的所有收入合并为一次，计征个人所得税。

4) 同一作品在出版和发表时，以预付稿酬或分次支付稿酬等形式取得的稿酬收入，应合并计算为一次。

5) 同一作品出版、发表后，因添加印数而追加稿酬的，应与以前出版、发表时取得的稿酬合并为一次，计征个人所得税。

(3) 特许权使用费所得，以某项使用权的一次转让所取得的收入为一次。

一个纳税义务人可能拥有不止一项特许权利，每一项特许权利的使用权也可能不止一次地向他人提供。因此，对特许权使用费所得的“次”的界定，明确为每一项使用权的每次转让所取得的收入为一次。如果该次转让取得的收入是分笔支付的，则应将各笔收入相加为一次收入，计征个人所得税。

(4) 财产租赁所得，以一个月内取得的收入为一次。

(5) 利息、股息、红利所得，以支付利息、股息、红利时取得的收入为一次。

(6) 偶然所得，以每次收入为一次。

[案例 5-8]

个人所得税应税项目转换的税收筹划

王某与4位朋友投资组建了一家商贸公司，每人投资20%。该公司共有员工10人，实际支付工资600 000元。5位股东均在企业任职，每人每月工资为8 000元。假设当年该公司预计实现税前会计利润500 000元，适用的企业所得税税率为25%，税后利润全部按投资比例分配，没有其他纳税调整项目，不考虑小型微利企业的税收优惠。该公司应如何进行所得税的税收筹划？

【解析】

该公司应纳企业所得税=500 000×25%=125 000（元）

5位股东的月工资为8 000元，则

缴纳工资、薪金所得的个人所得税=(8 000−5 000)×3%×12×5=5 400（元）

5位股东的股息所得应缴个人所得税=(500 000−125 000)×20%=75 000（元）

经过专业人士的税收筹划，他们将预计分配的股利375 000元平均增加到5位股东各月的工资当中，也就是每人每月增加6 250元工资。

实际发放工资总额=600 000+375 000=975 000（元）

由此可知，他们可多扣除的工资、薪金支出为375 000元，可多扣除的职工福利费为52 500元（=375 000×14%），可多扣除的工会经费为7 500元（=375 000×2%），可多扣除的职工教育经费为30 000元（=375 000×8%），在该税收筹划方案实施后共计可多扣除费用465 000元。

应缴纳企业所得税=(500 000−465 000)×25%=8 750（元）

5位股东每月实发工资=8 000+6 250=14 250（元）

工资、薪金个人所得税=[(14 250−5 000)×10%−210]×12×5=42 900（元）

股息个人所得税=(500 000−465 000)×(1−25%)×20%=5 250（元）

筹划前的企业所得税和个人所得税=125 000+5 400+75 000=205 400（元）

筹划后的企业所得税和个人所得税=8 750+42 900+5 250=56 900（元）

因此，实现节税148 500元（=205 400−56 900）。

5.2.4 个人所得税税收优惠政策的税收筹划

1. 境外所得已纳税额扣除的税收筹划

（1）筹划原理。税法规定，纳税人在中国境外一个国家或者地区实际已经缴纳的个人所得税税额，超过该国或者地区抵免限额的，其超过部分不得在本纳税年度的应纳税额中扣除，但可以在以后纳税年度的该国或者地区抵免限额的余额中补扣，补扣期限最长不得超过5年。

【知识点提醒】为了使超过抵免限额的部分在未来5年内获得扣除，纳税人应注意以下几点：第一，纳税人在以后年度必须继续从该国取得应税收入，而且来自该国的所有应税收入的已纳税额之和小于我国税法规定的抵免限额。第二，如果纳税人在某个国家只有一项收入，而且该项收入在该国的已纳税额超过了按照我国税法计算的应纳税额，那么这种情况只会使“超过抵免限额的部分”越来越多，除非该国税制变化（降低税率），或者我国税制变化（提高税率），否则永远不能扣除。

（2）筹划要点。境外所得已纳税额的扣除原理就是通过对境外所得地、所得时间以及所得项目等进行税收筹划，使境外所得已纳税额能够得到充分抵免。

［案例 5－9］

境外所得已纳税额的扣除

假定居民纳税人张先生从甲国取得两项应税收入。其中，在甲国因任职取得的工资、薪金收入以美元支付，折合人民币 60 000 元/年，平均每月 5 000 元，在甲国已纳个人所得税折合人民币 700 元。因向某公司投资，取得该公司股息所得 3 871 美元，折合人民币 24 000 元，已纳个人所得税折合人民币 5 740 元。张先生应如何进行税额抵扣？

【解析】

张先生的税额抵扣计算如下。

(1) 工资、薪金所得：

全年应纳税额＝60 000－60 000＝0（元）

(2) 股息所得：

应纳税额＝24 000×20％＝4 800（元）

因此，其抵免限额为 4 800 元。

由于张先生在该国实际已纳税款 6 440 元（＝700＋5 740），超过了抵免限额，因此不再补税，但超过抵免限额的部分 1 640 元（＝6 440－4 800）可以在今后 5 年的期限内，从甲国抵免限额的余额中补扣。

对张先生境外所得已纳税额扣除的筹划思路为：

如果在第二年，张先生在甲国取得的应税所得按照《个人所得税法》规定计算出来的年应纳税额为 9 000 元，在甲国已纳税 7 480 元，在我国应补个人所得税税额 1 520 元，此时可用上年度“超过抵免限额的部分 1 640 元”进行补扣，因而第二年无须补缴税款。此时，张先生还有 120 元（＝1 640－1 520）未抵扣，可以在未来的 4 年内继续扣除。但是，如果第二年张先生在甲国取得的应税所得按照《个人所得税法》规定计算出来的年应纳税额为 7 000 元，低于甲国的已纳税额 7 480 元，或不再从甲国取得收入，就无法运用这一优惠政策。

由此可以看出，工资、薪金所得和股息所得在甲国的已纳税额都超过了按我国税法计算的应纳税额，在两国税率没有变化的情况下，超过抵免限额的部分只会越来越多。

2. 捐赠的税收筹划

(1) 筹划原理。根据有关税法的规定，个人将其所得通过中国境内的社会组织、国家机关向教育和其他社会公益事业以及遭受严重自然灾害地区、贫困地区的捐赠，金额未超过纳税人申报的应纳税所得额 30％的部分，可以从其应纳税所得额中扣除。也就是说，个人在捐赠时，必须在捐赠方式、捐赠款投向、捐赠额度上符合税法规定，才能使这部分捐赠款免缴个人所得税。

这里所说的社会组织是指获得公益性捐赠税前扣除资格的公益性社会组织，由财政部、国家税务总局和民政部以及省、自治区、直辖市、计划单列市财政、税务和民政部门每年分别联合公布名单。名单应当包括当年继续获得公益性捐赠税前扣除资格和新获得公益性捐赠税前扣除资格的公益性社会组织。

(2) 筹划要点。

1) 选择捐赠对象。个人在进行捐赠时，应注意捐赠对象，除税法规定对其捐赠允许扣除的对象外，其他捐赠支出是不允许税前列支的。捐赠对象不同，扣除比例也不同，一般情况下的扣除比例为应纳税所得额的30%，特定情况下允许全额扣除。税法规定个人发生公益慈善事业捐赠进行税前扣除，接受捐赠的机构必须符合特定条件，即接受捐赠的机构为公益性社会组织或县级以上人民政府及其部门，捐赠的用途为教育、扶贫、济困等公益慈善事业。

2) 安排捐赠途径。个人在进行捐赠时，应通过中国境内的县级以上人民政府及其组成部门和直属机构或具有公益性捐赠税前扣除资格的社会组织、国家机关捐赠，直接捐赠支出不允许税前列支。

3) 取得合法的凭证。取得合法的凭证是进行税收筹划最基本的条件。个人发生公益捐赠时不能及时取得捐赠票据的，可以暂时凭公益捐赠银行支付凭证扣除，并向扣缴义务人提供公益捐赠银行支付凭证复印件。个人应在捐赠之日起90日内向扣缴义务人提供捐赠票据。

4) 调整捐赠金额。如果捐赠金额超过了可扣除限额，应考虑分次或分项捐赠，尽量使捐赠金额不超过扣除限额。

5) 选择合适的捐赠时间。一是捐赠行为应该选择在有所得的年份或月份发生，综合所得按年计算，分类所得按月计算，以实现捐赠的抵税效应；二是捐赠行为应该选择在综合所得或经营所得最大的年度进行，以实现捐赠的抵税效应最大化。

6) 确定扣除的时间。居民个人取得工资、薪金所得的，可以选择在预扣预缴时扣除，也可以选择在年度汇算清缴时扣除。在经营所得中扣除公益捐赠支出的，可以选择在预缴税款时扣除，也可以选择在汇算清缴时扣除。纳税人可选择在预缴税款时先行扣除。

7) 选择捐赠的标的资产。个人捐赠的标的资产有货币性资产，股权、房产和其他非货币性资产，税法规定的这三类资产捐赠支出金额的确定口径各不相同。货币性资产捐赠以实际捐赠金额作为捐赠支出；股权、房产捐赠以持有的原值作为捐赠支出金额；其他非货币性资产以非货币性资产的市场价格确定捐赠金额。纳税人应根据应税所得及扣除限额的情况合理选择捐赠的标的资产类型，以实现抵税效应的最大化。

8) 规划扣除的所得项目顺序。居民个人根据各项所得的收入、公益捐赠支出、适用税率等情况，自行决定在综合所得、分类所得、经营所得中扣除的公益捐赠支出的顺序。居民个人捐赠当月有多项多次分类所得的，应先在其中一项一次分类所得中扣除。已经在分类所得中扣除的公益捐赠支出，不再调整到其他所得中扣除。纳税人应优先选择边际税率高的所得项目进行扣除，以实现捐赠扣除抵税效应的最大化。

[案例5-10]

捐赠的税收筹划（1）

电影导演刘某与华龙电影制片厂签订协议，由导演刘某负责编排导演一部历史电影。

合同上写明：影片制作完毕后交片时一次性支付劳务报酬 62.5 万元。刘某在交片后，为了改善家乡的教育条件，刘某将其获得的一次性劳务报酬 62.5 万元中的 20 万元劳务费直接捐赠给家乡的两所高中。刘某应如何进行捐赠的税收筹划？（假设刘某没有其他综合所得，不考虑专项扣除项目等。）

【解析】

由于不符合税法规定的捐赠允许扣除的程序，因而刘某获得的劳务报酬需要全额缴纳个人所得税：

$$[625\,000\times(1-20\%)-60\,000]\times30\%-52\,920=79\,080\text{（元）}$$

对于捐赠的税收筹划，刘某可以做如下考虑。

(1) 若刘某通过中国境内的社会组织、国家机关向这两所高中捐赠，并且捐赠额未超过纳税人申报的应纳税所得额 30%的部分，则可以从其应纳税所得额中扣除，可扣除的捐赠额为：

$$[625\,000\times(1-20\%)-60\,000]\times30\%=132\,000\text{（元）}$$

获得的劳务报酬需要缴纳的个人所得税为：

$$[625\,000\times(1-20\%)-60\,000-132\,000]\times25\%-31\,920=45\,080\text{（元）}$$

因此，共节约个人所得税 34 000 元（=79 080－45 080）。

(2) 若刘某通过中国境内的社会组织、国家机关向这两所高中捐赠，且当年捐赠 12 万元，其余 8 万元留到次年捐赠（假设次年刘某申报的应纳税所得额为 40 万元），由于每年的捐赠额都没有超过纳税人申报的应纳税所得额的 30%，可以从其应纳税所得额中扣除，因此刘某两年的捐赠款均可以在当年应纳税所得额中全部扣除。

(3) 若刘某不是通过中国境内的社会组织、国家机关捐赠给家乡的两所高中，而是两所初中（属于农村义务教育），则捐赠额准予在缴纳个人所得税前的应纳税所得额中全额扣除，刘某当年需要缴纳的个人所得税为：

$$[625\,000\times(1-20\%)-60\,000-200\,000]\times20\%-16\,920=31\,080\text{（元）}$$

这样比直接捐赠节约个人所得税 48 000 元（=79 080－31 080）。

[案例 5-11]

捐赠的税收筹划（2）

李某将一套原值为 100 万元、市场价为 300 万元的商业房产向某县人民政府民政局捐赠用于扶贫济困，假设当期李某的应纳税所得额为 500 万元（未扣除捐赠支出），李某选择捐赠扣除优先在综合所得中扣除。现有两种捐赠方案。

方案一：直接捐赠房屋。

方案二：先销售后捐赠（除了个人所得税外，暂不考虑增值税等其他税种）。

请从税收筹划的角度进行方案选择。

【解析】

方案一的应纳税额的计算：

直接捐赠房产，捐赠支出金额按原值确定为 100 万元。

综合所得项目捐赠扣除限额＝500×30％＝150（万元）

李某捐赠支出100万元，可以据实扣除。

应纳个人所得税＝(500－100)×45％－18.192＝161.808（万元）

方案二的应纳税额的计算：

财产转让所得＝300－100＝200（万元）

综合所得项目的捐赠扣除限额＝500×30％＝150（万元）

财产转让所得的捐赠扣除限额＝200×30％＝60（万元）

实际捐赠支出为300万元，捐赠限额210万元（＝150＋60）小于实际捐赠支出300万元，应按限额扣除。

综合所得应纳个人所得税＝(500－150)×45％－18.192＝139.308（万元）

财产转让所得应纳个人所得税＝(300－100－60)×20％＝28（万元）

合计应纳税额＝139.308＋28＝167.308（万元）

方案一的应纳税额低于方案二的应纳税额5.5万元（＝167.308－161.808），所以应选择方案一。

［案例5-12］

捐赠的税收筹划（3）

2019年，王某的综合所得应纳税所得额为200万元。2019年10月，偶然所得应纳税所得额为100万元，发生捐赠支出70万元。请从税收筹划的角度对王某的捐赠扣除顺序做出选择。

【解析】

由于王某的两项所得适用的边际税率不同，应优先选择边际税率高的所得项目进行扣除，以实现抵税效应的最大化。

（1）方案一。优先在综合所得中扣除，则应纳税额的计算如下：

综合所得的扣除限额＝200×30％＝60（万元）

偶然所得的扣除限额＝100×30％＝30（万元）

捐赠支出70万元可以全额扣除，优先在综合所得中扣除60万元，剩余10万元在偶然所得中扣除。

综合所得应纳个人所得税＝(200－60)×45％－18.192＝44.808（万元）

偶然所得应纳个人所得税＝(100－10)×20％＝18（万元）

共计应纳个人所得税＝44.808＋18＝62.808（万元）

（2）方案二。优先在偶然所得中扣除，则应纳税额的计算如下：

综合所得的扣除限额＝200×30％＝60（万元）

偶然所得的扣除限额＝100×30％＝30（万元）

捐赠支出70万元可以全额扣除，优先在偶然所得中扣除30万元，剩余40万元在综合所得中扣除。

综合所得应纳个人所得税＝(200－40)×45％－18.192＝53.808（万元）

偶然所得应纳个人所得税＝(100－30)×20%＝14（万元）

共计应纳个人所得税＝53.808＋14＝67.808（万元）

方案一比方案二少缴个人所得税5万元（＝67.808－62.808），所以应优先选择在综合所得中扣除。

5.3 工资、薪金的个人所得税筹划

工资、薪金所得属于综合所得，适用最低边际税率为3%、最高边际税率为45%的七级超额累进税率，随着工资、薪金收入的提高，所适用的税率也会提高。工资、薪金所得税是根据月实际收入水平累进课征的，这就为个人所得税提供了税收筹划空间。

5.3.1 工资、薪金福利化

1. 筹划原理

取得高薪是提高个人消费水平的重要手段，但因为工资、薪金适用的个人所得税税率是累进的，当应纳税所得额累进到一定程度时，新增工资、薪金会带来较高的边际税率，导致纳税人的可支配现金反而减少。因此，企业可以考虑向员工提供福利设施，即将员工的部分现金性工资转为福利，这样在带来相同消费满足程度的同时，可以降低员工的应纳税所得额，帮助员工规避高边际税率，最终达到减轻税负的目的。

2. 筹划方法

(1) 为职工提供与公司经营业务有关的培训。为职工提供与公司经营业务有关的培训可以降低名义工资，提高职工的福利水平，降低个人所得税应纳税额。需要注意的是，并非所有培训都可以通过这种方式免缴个人所得税。举例说明，一家生产汽车的企业为员工支付了瑜伽班的培训费用，显然该企业的主营业务与瑜伽并没有太大关联。在这种情况下，瑜伽班的培训费用需要计入工资、薪金所得进行纳税。相反，如果是会计师事务所的员工接受与注册会计师培训有关的继续教育支出，那么该费用不仅可以由企业作为职工教育经费进行税前扣除，而且可以免除员工的个人所得税。

[案例5-13]

工资、薪金福利化的税收筹划

会计师事务所员工王某想参加某培训机构组织的注册会计师培训班，学费为5 000元/月，为期一年，王某每月工资为12 000元。请问王某应如何与就职事务所进行沟通来进行个人所得税筹划？

【解析】

王某每月从事务所领取12 000元的工资，同时自行承担学费，在不考虑其他扣除以及各类保险的情况下，王某年度须缴纳的个人所得税为：

(12 000×12－60 000)×10%－2 520＝5 880（元）

王某与事务所协商，由事务所承担培训学费，同时王某每月的工资降至7 000元。

对于事务所而言，每月5 000元的支出可以作为职工教育经费在企业所得税税前扣除，对王某而言，他的实际收入不变，同时年度须缴纳的个人所得税为：

(7 000×12－60 000)×3%＝720（元）

王某减少的个人所得税税额为：

5 880－720＝5 160（元）

(2) 用餐补贴。员工因公务不能在工作单位（或返回）就餐的，可以按标准领取误餐费，不并入应纳税所得中；类似地，员工在出差时发生的餐费，也可在标准内领取差旅费补贴，不扣缴个人所得税。但是，企业为员工设立食堂所提供的免费用餐和直接给员工发放伙食补贴是需要计入工资、薪金所得并缴纳个人所得税的。

(3) 为员工提供劳保用品。企业为员工提供的实际属于工作条件的劳保用品，不属于个人所得，但企业以“劳动保护”名义向职工发放的实物以及货币性资金需要缴纳个人所得税。

(4) 为员工提供通勤便利。企业可以配备车辆接送员工上下班，这部分支出既可以从员工的工资中扣除，从而降低名义收入，员工也不需要为此缴纳个人所得税，也可以选择给员工发放交通补贴，符合标准的无须扣缴个人所得税（各省的标准不一样，企业在发放交通补贴时需要注意不可超过标准发放，否则可能会增加员工的税负）。

5.3.2 转换为其他形式的所得

税法规定，居民个人的综合所得以每一纳税年度的收入额减除费用6万元以及专项扣除、专项附加扣除和依法确定的其他扣除后的余额为应纳税所得额。也就是说，无论纳税人有多少处工资、薪金来源，每年只能扣除费用6万元。因此，如果纳税人每月能从两处或多处（兼职）取得工资、薪金，建议选定一处的收入作为工资、薪金项目，其余各处的收入作为劳务报酬项目，因为劳务报酬所得以减除20%的费用后的余额为收入额。

[案例5-14]

转换为其他形式所得的税收筹划

纳税人甲每月能从三家企业分别取得收入5 000元，请问甲应当如何筹划，可使其个人所得税税负降到最低？

【解析】

当甲选择三处收入作为工资、薪金项目时，可知：

应纳税所得额

=5 000×12×3−60 000−专项扣除−专项附加扣除−其他扣除

=120 000−专项扣除−专项附加扣除−其他扣除

当甲选择一处收入作为工资、薪金项目，其他两处收入作为劳务报酬项目时，可知：

应纳税所得额

=5 000×12+5 000×12×2×80%−60 000−专项扣除−专项附加扣除−其他扣除

=96 000−专项扣除−专项附加扣除−其他扣除

显然，后一种情况的应纳税所得额比前一种情况少 24 000 元，因此应缴纳的个人所得税也会相应降低。

5.3.3 扣除项目的税收筹划

纳税人享受子女教育、继续教育、大病医疗、住房贷款利息或者住房租金、赡养老人、婴幼儿照护专项附加扣除，以上几项限定为对纳税人的综合所得进行扣除，但在扣除方法上给了纳税人一定的选择空间，纳税人应该充分利用现有政策，采取最合适的方式让自己享受最大限度的减税。

在房贷利息的扣除上，税法规定，在实际发生贷款利息的年度，按照每月 1 000 元的标准定额扣除。经夫妻双方约定，可以选择由其中一方扣除，具体扣除方式在一个纳税年度内不能变更。房贷利息的扣除也需要在夫妻双方中统筹决定。

［案例 5－15］

扣除项目的税收筹划（1）

甲和乙为夫妻，甲每月工资为 9 000 元，乙每月工资为 4 000 元，两人的工资、薪金为唯一收入且工资收入均已减除了专项扣除。此外，甲、乙在婚后首次购买了一套住宅且享受首套房贷款利率，贷款期限为 20 年。那么，甲、乙应如何选择房贷利息的扣除？

【解析】

如果每月 1 000 元的专项扣除全部由甲申报，此时甲当月需要缴纳的个人所得税为：

(9 000−5 000−1 000)×3%=90（元）

乙无须扣税，两者合计缴纳个人所得税 90 元。

如果每月 1 000 元的专项扣除全部由乙申报，则甲当月需要缴纳的个人所得税为：

(9 000−5 000)×10%−210=190（元）

乙仍无须扣税，两者合计缴纳的个人所得税为 190 元。

显然，房贷利息扣除应由甲进行申报。由此可见，当夫妻双方有一方工资低于 5 000 元、另一方工资高于 5 000 元时，或者当双方工资均高于 5 000 元时，在减除 5 000 元基本费用后，若一人适用的税率高，另一人适用的税率低，则房贷利息扣除均应由工资收入高的一方申报，这样能够最大限度地降低个人所得税的缴纳。

［案例 5－16］

扣除项目的税收筹划（2）

甲先生和乙女士育有一子一女，都处在学历教育阶段。甲先生的月收入为 12 000 元，乙女士的月收入为 8 000 元，不考虑年终奖收入和其他扣除，该家庭应选择何种子女教育扣除方式来降低家庭总税负？

【解析】

（1）方案一。由甲先生全额扣除，则甲先生的全年应纳税所得额为：

(12 000－5 000－2 000)×12＝60 000（元）

应纳税额为：

60 000×10%－2 520＝3 480（元）

乙女士的全年应纳税所得额为：

(8 000－5 000)×12＝36 000（元）

应纳税额为：

36 000×3%＝1 080（元）

该家庭的应纳税额为：

3 480＋1 080＝4 560（元）

（2）方案二。由乙女士全额扣除，则甲先生的全年应纳税所得额为：

(12 000－5 000)×12＝84 000（元）

应纳税额为：

84 000×10%－2 520＝5 880（元）

乙女士的全年应纳税所得额为：

(8 000－5 000－2 000)×12＝12 000（元）

应纳税额为：

12 000×3%＝360（元）

该家庭的应纳税额为：

5 880＋360＝6 240（元）

（3）方案三。由两人分别按标准的50%进行扣除，则甲先生的全年应纳税所得额为：

(12 000－5 000－1 000)×12＝72 000（元）

应纳税额为：

72 000×10%－2 520＝4 680（元）

乙女士的全年应纳税所得额为：

(8 000－5 000－1 000)×12＝24 000（元）

应纳税额为：

24 000×3%＝720（元）

该家庭的应纳税额为：

4 680＋720＝5 400（元）

因此，该家庭应当选择方案一，即子女教育附加都由收入较高的甲先生进行扣除。

根据《个人所得税专项附加扣除操作办法（试行）》，除了上述房贷利息、子女教育专项扣除有选择空间以外，对于一个家庭来说，婴幼儿照护费用、赡养老人、住房租金这几项附加扣除也可以自行选择扣除方式来达到节税效果。从原理上分析，在一个家庭中，一般选择收入较高的个体来分摊这些扣除项，因为其收入较高、适用的税率较高，所以在享受扣除以后的节税效果更大。

5.3.4 运用保险、公积金筹划

根据《财政部、国家税务总局关于基本养老保险费基本医疗保险费失业保险费住房公积金有关个人所得税政策的通知》（财税［2006］10号）的规定，企事业单位按照国家或省（自治区、直辖市）人民政府规定的缴费比例或办法实际缴付的基本养老保险费、基本医疗保险费和失业保险费，免征个人所得税；个人按照国家或省（自治区、直辖市）人民政府规定的缴费比例或办法实际缴付的基本养老保险费、基本医疗保险费和失业保险费，允许在个人应纳税所得额中扣除。企事业单位和个人超过规定的比例和标准缴付的基本养老保险费、基本医疗保险费和失业保险费，应将超过部分并入个人当期的工资、薪金收入，计征个人所得税。

根据《住房公积金管理条例》《建设部、财政部、中国人民银行关于住房公积金管理若干具体问题的指导意见》（建金管［2005］5号）等规定精神，单位和个人分别在不超过职工本人上一年度月平均工资12%的幅度内，其实际缴存的住房公积金，允许在个人应纳税所得额中扣除。单位和职工个人缴存住房公积金的月平均工资不得超过职工工作地所在设区城市上一年度职工月平均工资的3倍，具体标准按照各地有关规定执行。单位和个人超过上述规定比例和标准缴付的住房公积金，应将超过部分并入个人当期的工资、薪金收入，计征个人所得税。

个人在实际领（支）取原提存的基本养老保险金、基本医疗保险金、失业保险金和住房公积金时，免征个人所得税。

根据《财政部、税务总局、保监会关于将商业健康保险个人所得税试点政策推广到全国范围实施的通知》（财税［2017］39号）的规定，对个人购买符合规定的商业健康保险产品的支出，允许在当年（月）计算应纳税所得额时予以税前扣除，扣除限额为2 400元/年（200元/月）。单位统一为员工购买符合规定的商业健康保险产品的支出，应分别计入员工的工资、薪金，视同个人购买，按上述限额予以扣除。

【知识点提醒】适用商业健康保险税收优惠政策的纳税人，是指取得工资、薪金所得及连续性劳务报酬所得的个人，以及取得个体工商户的生产、经营所得，对企事业单位的承包经营、承租经营所得的个体工商户业主、个人独资企业投资者、合伙企业个人合伙人和承包、承租经营者。取得连续性劳务报酬所得是指个人连续3个月以上（含3个月）为同一单位提供劳务而取得的所得。取得工资、薪金所得或连续性劳务报酬所得的个人，自行购买符合规定的商业健康保险产品的，应当及时向代扣代缴单位提供保单凭证。扣缴单位自个人提交保单凭证的次月起，在不超过200元/月的标准内按月扣除。一年内保费金

额超过 2 400 元的部分，不得税前扣除。保险公司销售符合规定的商业健康保险产品，需要及时为购买保险的个人开具发票和保单凭证，并在保单凭证上注明税优识别码。个人购买商业健康保险未获得税优识别码的，其支出金额不得税前扣除。

［案例 5－17］

运用保险、公积金筹划

王某每月从单位取得工资 10 000 元，减除个人负担的社会保险费 500 元后，王某每月实际取得工资 9 500 元。该单位未为王某缴纳住房公积金，王某也未自行缴纳。王某上一年度的月平均工资为 8 000 元，其工作所在地城市上一年度职工的月平均工资为 5 000 元（假设本例中个人所得税的社会保险费 500 元在规定扣除的标准和范围内，不考虑专项附加扣除项目）。

在其他条件不变的情况下，如果单位将原来发给王某的工资按其上一年度月平均工资 12%的部分以住房公积金形式缴入王某的住房公积金账户，王某个人也以相同的金额缴入，请问该税收筹划方案能取得节税效果吗？

【解析】

在原方案下，王某全年应缴纳的个人所得税为：

(9 500－5 000)×12×10%－2 520＝2 880（元）

按该税收筹划方案，企业为王某缴纳的住房公积金为：

8 000×12%＝960（元）

个人缴纳的住房公积金也为 960 元。

王某实际当月工资、薪金所得为：

10 000－500－960＝8 540（元）

全年应缴纳的个人所得税为：

(8 540－5 000)×12×10%－2 520＝1 728（元）

在税收筹划后比税收筹划前全年少缴纳的个人所得税为：

2 880－1 728＝1 152（元）

5.3.5 薪酬激励方式的转化

1. 股权激励计税规定

居民个人取得股票期权、股票增值权、限制性股票、股权奖励等股权激励（以下简称“股权激励”），在 2022 年 12 月 31 日前，不并入当年综合所得，全额单独适用综合所得税率表计算纳税。相应的计算公式为：

应纳税额＝股权激励收入×适用税率－速算扣除数

2. 股权激励筹划方法

（1）股票期权的税收筹划。

1）个人股票期权所得的计税方法。企业员工股票期权（以下简称“股票期权”）是指上市公司按照规定的程序授予本公司及其控股企业员工的一项权利，该权利允许被授权员工在未来时间内以某特定价格购买本公司一定数量的股票。

上述“某特定价格”被称为“授予价”或“施权价”，即根据股票期权计划可以购买股票的价格，一般为股票期权授予日的市场价格或该价格的折扣价格，也可以是按照事先设定的计算方法约定的价格；“授予日”又称“授权日”，是指公司授予员工上述权利的日期；“行权”又称“执行”，是指员工根据股票期权计划选择购买股票的过程；员工行使上述权利的当日为“行权日”，又称“购买日”。

① 授权环节。员工在接受实施股票期权计划企业授予的股票期权时，除另有规定外，一般不作为应税所得征税。

② 行权环节。员工在行权时，其从企业取得股票的实际购买价（施权价）低于购买日公平市场价（指该股票当日的收盘价，下同）的差额，是因员工在企业的表现和业绩情况而取得的与任职、受雇有关的所得，应按工资、薪金所得适用的规定计算缴纳个人所得税。

对于因特殊情况，员工在行权日之前将股票期权转让的，以股票期权的转让净收入为工资、薪金所得征收个人所得税。

员工行权日所在期间的工资、薪金所得，应按下列公式计算工资、薪金应纳税所得额：

$$\begin{matrix}\text{股票期权形式的工资、}\\\text{薪金应纳税所得额}\end{matrix}=\left(\begin{matrix}\text{行权股票的}\\\text{每股市场价}\end{matrix}-\begin{matrix}\text{员工取得该股票期权}\\\text{支付的每股施权价}\end{matrix}\right)\times\text{股票数量}$$

该股票期权形式的工资、薪金所得可区别于所在月份的其他工资、薪金所得，在2022年12月31日前，不并入当年综合所得，全额单独适用综合所得税率表计算纳税。相应的计算公式为：

$$\text{应纳税额}=\text{股权激励收入}\times\text{适用税率}-\text{速算扣除数}$$

③ 行权之后。员工将行权后的股票再转让时获得的高于购买日公平市场价的差额，是个人在证券二级市场上转让股票等有价证券而获得的所得，应按照财产转让所得计算缴纳个人所得税。目前，按现行税法和政策规定，个人将行权后的境内上市公司股票再行转让而取得的所得，暂不征收个人所得税；个人转让境外上市公司的股票而取得的所得，应按税法的规定计算应纳税所得额和应纳税额，依法缴纳税款。

员工因拥有股权而参与企业税后利润分配取得的所得，应按照利息、股息、红利所得适用的规定计算缴纳个人所得税。

根据《财政部、国家税务总局关于完善股权激励和技术入股有关所得税政策的通知》（财税［2016］101号）的规定，非上市公司授予本公司员工的股票期权、股权期权、限制性股票和股权奖励，符合规定条件的，经向主管税务机关备案，可实行递延纳税政策，即员工在取得股权激励时可暂不纳税，递延至转让该股权时纳税；在股权转让时，按照股权转让收入减除股权取得成本以及合理税费后的差额，适用财产转让所得项目，按照20%的税率计算缴纳个人所得税。上市公司授予个人的股票期权、限制性股票和股权奖励，经向主管税务机关备案，个人可自股票期权行权、限制性股票解禁或取得股权奖励之日起，在不超过12个月的期限内缴纳个人所得税。

2）筹划方法。

① 行权日期的选择。由于股票期权将行权日作为纳税义务日，而行权之后再转让无须纳税，这就为个人所得税的税收筹划留下了空间。股票期权的股票市价在行权有效期内是波动的，被激励对象可以在行权有效期内合理选择行权日，尽可能选择在股票市价接近行权价的日期行权，从而降低应纳税所得额，达到个人所得税节税的目的。

［案例 5－18］

股票期权的税收筹划

境内某公司于 2019 年实行企业员工股票期权计划，王先生于 2019 年 1 月 10 日在该计划中获得 20 000 股股票期权，授予日的股票价格为 5 元/股，王先生可以在一年后以 5 元/股的价格购买该公司 20 000 股股票。2020 年 1 月 10 日，该股票的市价为 10 元/股。2020 年 4 月 10 日，该股票的市价为 12 元/股。王先生有以下几种行权方案。

方案一：王先生于 2020 年 4 月 10 日行权，购买 20 000 股股票。

方案二：王先生于 2020 年 1 月 10 日行权，购买 20 000 股股票，并于 2020 年 4 月 10 日将该股票转让。

请问哪种方案的节税效果较好?

【解析】

方案一：应纳个人所得税的计算如下。

王先生在获得股票期权时不需要纳税。

当王先生于 2020 年 4 月 10 日行权时，应按照工资、薪金所得缴纳个人所得税。应纳税所得额为该股票的市场价与施权价的差额，即

$$(12-5)\times 20\,000=140\,000\text{（元）}$$

因此，适用 10％的税率，应缴纳的个人所得税为：

$$140\,000\times 10\%-2\,520=11\,480\text{（元）}$$

方案二：应纳个人所得税的计算如下。

王先生于 2020 年 1 月 10 日行权时，应纳税所得额为：

$$(10-5)\times 20\,000=100\,000\text{（元）}$$

因此，适用 10％的税率，应缴纳的个人所得税为：

$$100\,000\times 10\%-2\,520=7\,480\text{（元）}$$

2020 年 4 月 10 日转让股票，获得财产转让所得：

$$(12-10)\times 20\,000=40\,000\text{（元）}$$

税法规定，个人将行权后的境内上市公司股票再行转让而取得的所得，暂不征收个人所得税。

通过以上两种方案的比较，可以看出在股价较低时行权、在股价较高时卖出更为节税。

② 股票期权所得与工资、薪金所得以及年终奖之间的转换。对股票期权所得采取的是独立征收个人所得税的办法，股票期权所得在一年内多次取得的要合并计算（分次取得

的合并为一次计税）。纳税人可结合全年一次性奖金测算最低税负方案，在工资、股票期权以及年终奖之间进行转换，通过降低适用税率，以减少应纳税额。

［案例 5-19］

薪酬方式的税收筹划（1）

2019年1月1日，某上市公司授予高级管理人员王某10 000股股票期权，可在两年后以25元/股购买10 000股公司股票。在2020年12月31日，该股票的市场价格为35元/股（假定2020年度王某无年终奖）。请问王某如何进行税收筹划？

【解析】

在未进行税收筹划的情况下，王某股票期权的应纳税额的具体计算如下：

应纳税所得额＝(35－25)×10 000＝100 000（元）

因此，适用的税率为10%，速算扣除数为2 520，故

应纳税额＝100 000×10%－2 520＝7 480（元）

根据个人所得税筹划原理，我们为王某设计以下两种税收筹划方案。

方案一：如果公司将可行权价格定为28元/股，其余的30 000元［＝(28－25)×10 000］以全年一次性奖金的形式发放。在这种情况下，王某应纳税额的计算如下。

股票期权的应纳税所得额＝(35－28)×10 000＝70 000（元）

因此，适用的税率为10%，速算扣除数为2 520，故

股票期权的应纳税额＝70 000×10%－2 520＝4 480（元）

全年一次性奖金的应纳税额＝30 000×3%＝900（元）

应纳税总额＝4 480＋900＝5 380（元）

方案二：公司在2019年初与2020年初分别向王某发放5 000股股票期权。2019年末、2020年末的行权价格分别为20元/股、25元/股，预计2019年末、2020年末公司股票的市场价格分别为30元/股、35元/股。此时，当公司业绩符合标准时，王某应缴纳的个人所得税的计算如下。

2019年：

应纳税所得额＝(30－20)×5 000＝50 000（元）

应纳税额＝50 000×10%－2 520＝2 480（元）

2020年：

应纳税所得额＝(35－25)×5 000＝50 000（元）

应纳税额＝50 000×10%－2 520＝2 480（元）

两年应纳税总额＝2 480＋2 480＝4 960（元）

由此可见，以上两种税收筹划方案均降低了王某的个人所得税税负，方案二的节税效果更为明显。方案一利用股票期权所得与全年一次性奖金所得分别根据不同方式的收入确定适用税率，当某种方式取得的收入较少时，适用的税率也较低，因而将收入分解可以使总体税负下降。方案二是借助分年度取得的方法，利用累进税率模式的特点，通过分摊的

方式同样降低了税负。需要注意的是，工资、薪金所得不同的发放方式可能会产生交易成本的差异，所以在进行税收筹划时，必须将这些因素考虑在内，税收筹划并不只限于应纳税额的减少，而要追求综合收益的最大化。

3）股票增值权与限制性股票的选择。股票增值权是指上市公司授予公司员工在未来一定时期和约定条件下，获得规定数量的股票价格上升所带来收益的权利。被授权人在约定条件下行权，上市公司按照行权日与授权日二级市场股票差价乘以授权股票数量，向被授权人发放现金。

限制性股票是指上市公司按照股权激励计划约定的条件，授予公司员工一定数量本公司的股票。

个人因任职、受雇从上市公司取得的股票增值权所得和限制性股票所得，按照工资、薪金所得和股票期权所得个人所得税计税方法缴纳个人所得税。股票增值权的纳税义务发生时间为上市公司向被授权人兑现股票增值权所得的日期。

$$\begin{matrix}\text{股票增值权某次}\\\text{行权应纳税所得额}\end{matrix}=\left(\begin{matrix}\text{行权日}\\\text{股票价格}\end{matrix}-\begin{matrix}\text{授权日}\\\text{股票价格}\end{matrix}\right)\times\text{行权股票份数}$$

按照《个人所得税法》及《个人所得税法实施条例》等有关规定，原则上应在限制性股票所有权归属于被激励对象时确认其限制性股票所得的应纳税所得额。也就是说，上市公司在实施限制性股票计划时，应将被激励对象获取的限制性股票在中国证券登记结算公司的（境外为证券登记托管机构）股票登记日股票市价（指当日收盘价，下同）和本批次解禁股票当日市价（指当日收盘价，下同）的平均价格乘以本批次解禁股票份数，减去被激励对象本批次解禁股份数所对应的为获取限制性股票实际支付的资金数额，其差额为应纳税所得额。被激励对象获取的限制性股票应纳税所得额的计算公式为：

$$\begin{matrix}\text{应纳税}\\\text{所得额}\end{matrix}=\left(\begin{matrix}\text{股票登记日}\\\text{股票市价}\end{matrix}+\begin{matrix}\text{本批次解禁}\\\text{股票当日市价}\end{matrix}\right)\div 2\times\begin{matrix}\text{本批次解禁}\\\text{股票份数}\end{matrix}-\begin{matrix}\text{被激励对象实际}\\\text{支付的资金总额}\end{matrix}$$
$$\times\left(\begin{matrix}\text{本批次解禁}\\\text{股票份数}\end{matrix}\div\begin{matrix}\text{被激励对象获取的}\\\text{限制性股票总份数}\end{matrix}\right)$$

个人在纳税年度内第一次取得股票期权、股票增值权和限制性股票所得的，在2021年12月31日前，不并入当年综合所得，全额单独适用综合所得税率表计算纳税。相应的计算公式为：

$$\text{应纳税额}=\text{股权激励收入}\times\text{适用税率}-\text{速算扣除数}$$

比较股票期权和股票增值权所得，如果预计在行权日后股票价格将上升，那么以股票期权的形式作为激励机制会使个人产生节税效应。其原因是，根据我国税法的规定，个人在上海证券交易所、深圳证券交易所转让从上市公司公开发行和转让市场取得的上市公司股票所得，免征个人所得税。这样就可以将个人从企业取得的收益转移到资本市场上，从而获得免税收益。当授权日或股票登记日与解禁日或行权日股票的市价差距较大时，授予雇员限制性股票比授予股票期权更有利。这是因为限制性股票的应纳税所得额是按照股票登记日、解禁日的股票价格平均值与实际支付价格的差额计算的，而股票期权所得是按行权日股票市价与行权价（即实际支付）的差额计算的，当市价上升较大时，前者将远小于后者，从而减少应纳税额。

[案例5-20]

薪酬方式的税收筹划（2）

某企业计划为高管设计一套有效的激励机制，现有如下两种方案可供选择（每种方案的行权条件和时间相同，规定月份数均超过12个月）。

方案一：企业授予每位高管12 000股股票期权，在行权日按25元/股的价格购进该企业股票12 000股。

方案二：企业授予每位高管股票增值权，行权股票数为12 000股。在股票增值权授权日，股票价格为20元/股。

行权日的股票价格为35元/股，预计在行权日后，股票价格将上升为40元/股。请问哪种方案可实现节税效果？

【解析】

在这两种方案下，每位高管取得的税前收益相同，均为180 000元［=(35－20)×12 000或（35－25)×12 000+(40－35)×12 000］。

在方案一下，每位高管的应纳税额计算如下：

应纳税所得额=(35－25)×12 000=120 000（元）

应纳税额=120 000×10%－2 520=9 480（元）

在方案二下，每位高管的应纳税额计算如下：

应纳税所得额=(35－20)×12 000=180 000（元）

应纳税额=180 000×20%－16 920=19 080（元）

比较方案一与方案二的应纳税额可知，授予股票期权使个人在税前收益相同的情况下，可以承担较少的税负。

[案例5-21]

薪酬方式的税收筹划（3）

A企业在为高管设计激励机制时，制定出两种方案：一种是授予股票期权4 800股，在行权日可以以30元/股的价格购得本企业股票4 800股；另一种是授予限制性股票4 800股，解禁日实际支付的对价为30元/股。这两种激励方案的行权条件与时间相同，规定月份数均超过12个月。在授予日或股票登记日，该企业的股票价格为20元/股，预计行权日或解禁日的价格为80元/股。请问哪种激励方案的节税效果较好？

【解析】

在授予股票期权的方式下：

应纳税所得额=(80－30)×4 800=240 000（元）

应纳税额=240 000×20%－16 920=31 080（元）

在授予限制性股票的方式下：

应纳税所得额＝(20＋80)÷2×4 800－30×4 800＝96 000（元）

应纳税额＝96 000×10%－2 520＝7 080（元）

通过以上计算结果可以看出，采用授予股票期权的方式虽然让个人缴纳了较多的个人所得税，但可以获得较大的税后收益。

(2) 工资与股息的选择。个人投资者获取收益的方式有税前领取工资和税后分配股息、红利两种，在选择领取报酬的方式时，若能充分利用工资和股息之间所适用税率的差别，把部分股息所得转化为工资、薪金所得，就能降低投资者的整体税收负担（可参见案例 5-8）。

【知识点提醒】股息所得不能在企业所得税税前列支，因此在进行个人所得税筹划时应充分考虑工资、股息两种不同支付方式对企业所得税的影响。

5.4 稿酬所得的个人所得税筹划

众所周知，应纳税额的计算是用应纳税所得额乘以税率，由于税率是固定不变的，因而应纳税所得额越大，应纳税额就越大。如果能在现有扣除标准下再多扣除一些费用，或想办法将应纳税所得额减少，就可以减少应纳税额。

纳税人的一般做法就是与出版社协商，让其提供尽可能多的设备、服务，这样就将费用转移给了出版社，纳税人基本上不用负担费用，使得稿酬所得相当于享受到两次费用抵扣，从而减少了应纳税额。可以考虑由出版社负担的费用有以下几种：资料费、稿纸、绘画工具、作图工具、书写工具、其他材料、交通费、住宿费、实验费、实践费等。有些行业甚至可以要求提供办公室以及计算机等办公设备。

[案例 5-22]

稿酬所得增加前期写作费用筹划法

某经济学家欲创作一本关于中国经济发展状况与趋势的专业书籍，需要到广东某地区进行实地考察研究。由于该经济学家的学术水平很高，预计这本书的销量很好。出版社与该经济学家达成协议：全部稿费为 20 万元，预计到广东考察的费用支出为 5 万元。

【解析】

如果该经济学家自己负担费用，则计入综合所得的收入为：

200 000×(1－20%)×70%＝112 000（元）

不考虑个人所得税的个人净收入为：

200 000－50 000＝150 000（元）

如果改由出版社支付费用，限额为 50 000 元，则实际支付给该经济学家的稿费为 15

万元，计入综合所得的收入为：

150 000×(1－20%)×70%＝84 000（元）

此时，不考虑个人所得税的个人净收入为 150 000 元。

第二种方案的个人净收入不变，但计入综合所得的收入减少了 28 000 元（＝112 000－84 000）。

5.5 财产转让所得的个人所得税筹划

（1）拍卖财产的税收筹划。根据《国家税务总局关于加强和规范个人取得拍卖收入征收个人所得税有关问题的通知》（国税发［2007］38 号）的规定，个人拍卖除文字作品原稿及复印件以外的其他财产，如瓷器、玉器、珠宝、邮品、钱币、古籍和古董等物品，应以其转让收入额减除财产原值和合理费用后的余额为应纳税所得额，按照财产转让所得项目适用 20%的税率缴纳个人所得税。在对个人财产拍卖所得征收个人所得税时，以该项财产最终拍卖成交价格为其转让收入额，纳税人凭合法有效凭证，如税务机关监制的正式发票、相关境外交易单据或海关报关单据、完税证明等，可从其转让收入额中减除相应的财产原值、拍卖财产过程中缴纳的税金及有关合理费用作为应纳税所得额。

纳税人不能提供合法、完整、准确的财产原值凭证（包括提供的财产原值凭证内容填写不规范，或者一份财产原值凭证包括多件拍卖品且无法确认每件拍卖品对应的原值），不能正确计算财产原值的，按转让收入额乘以 3%的征收率计算缴纳个人所得税。

此外，国家税务总局还进一步针对个人取得房屋拍卖收入征收个人所得税问题做出了明确规定，即个人通过拍卖市场取得的房屋拍卖收入在计征个人所得税时，其房屋原值应按照纳税人提供的合法、完整、准确的凭证予以扣除；不能提供完整、准确的房屋原值凭证，不能正确计算房屋原值和应纳税额的，统一按转让收入全额的 3%计算缴纳个人所得税。①

从上述税法规定可以发现，对个人通过拍卖市场取得的财产拍卖所得适用财产转让所得项目计征个人所得税时，存在两种计算方法：一种是按照应纳税所得额适用 20%的税率计算应纳税额；另一种是按照转让收入额适用 3%的征收率计算应纳税额。这两种计算方法计算的应纳税额往往会存在很大差异。

［案例 5－23］

拍卖财产的税收筹划

张某于 2020 年 6 月 5 日通过拍卖市场拍卖了一套位于西城区的住房，最终拍卖成交

① 《国家税务总局关于个人取得房屋拍卖收入征收个人所得税问题的批复》（国税函［2007］1145 号）。

价格为700万元，在拍卖过程中张某一共支付相关税金和费用30万元。该套住房购置于20世纪80年代，当时的购买价格为200万元，购房发票及相关凭证均保存完好。

【解析】

按照税法的规定，个人通过拍卖市场取得的房屋拍卖收入在计征个人所得税时，其房屋原值应按照纳税人提供的合法、完整、准确的凭证予以扣除。在这种情况下，张某应按照应纳税所得额乘以20%的税率计算个人所得税，即应缴纳的个人所得税为：

(700－200－30)×20%＝94（万元）

如果张某选择按转让收入额的3%计算缴纳个人所得税，则应缴纳的个人所得税为：

700×3%＝21（万元）

由此可见，按照转让收入额和3%的征收率计算的应纳税额小于按照应纳税所得额和20%的税率计算的应纳税额。

(2) 转让限售股的税收筹划。限售股是指股权分置改革前未流通股本在股改后获得流通权，并承诺在一定的时期内不上市流通或在一定的时期内不完全上市流通的股票。自2010年1月1日起，对个人转让限售股取得的所得，按照财产转让所得项目适用20%的比例税率征收个人所得税。个人转让限售股，以每次限售股转让收入减去限售股原值和合理税费后的余额为应纳税所得额，即

应纳税所得额＝限售股转让收入－(限售股原值＋合理税费)

其中，限售股转让收入是指转让限售股实际取得的收入；限售股原值是指限售股的买入价及按照规定缴纳的有关费用；合理税费是指转让限售股过程中发生的印花税、佣金、过户费等与交易相关的税费。纳税人未能提供完整、真实的限售股原值凭证，不能准确计算限售股原值的，主管税务机关一律按限售股转让收入的15%核定限售股原值及合理税费。

如果纳税人保存有完整、真实的限售股原值凭证，那么上述税法规定就为纳税人提供了税收筹划的机会。纳税人可以通过比较限售股原值和转让限售股过程中发生的合理税费之和是否大于限售股转让收入的15%来决定是否提供限售股原值凭证。

[案例5-24]

转让限售股的税收筹划

李先生持有某股票的120万股限售股，原始取得成本为147万元。2019年6月4日，李先生持有的限售股全部解禁，可上市流通。他在2019年6月24日将已经解禁的限售股全部减持，取得转让收入共计1 400万元，并支付印花税、佣金、过户费等税费3万元。李先生保存有完整、真实的限售股原值凭证。李先生应如何进行税收筹划？

【解析】

根据税法的规定，个人转让限售股取得的所得，按照财产转让所得项目适用20%的比例税率征收个人所得税。相关的计算公式如下：

应纳税所得额＝限售股转让收入－(限售股原值＋合理税费)

应纳税额=应纳税所得额×20%

在本案例中，李先生持有的120万股限售股原值和转让限售股发生的合理税费共计150万元（=147+3）。根据税法的规定，如果李先生未能提供完整、真实的限售股原值凭证，那么主管税务机关一律按限售股转让收入的15%核定限售股原值与合理税费，即核定的限售股原值及合理税费为210万元（=1 400×15%），大于实际的限售股原值与合理税费之和150万元。因此，为了减轻自身税负，李先生应选择按照税务机关核定的限售股原值及合理税费210万元而不是150万元在税前扣除，李先生应缴纳的个人所得税为：

(1 400−210)×20%=238（万元）

如果李先生凭限售股原值凭证进行扣除，应缴纳的个人所得税为：

(1 400−150)×20%=250（万元）

两者税款相差12万元（=250−238）。

5.6 利息、股息、红利的个人所得税筹划

(1) 债券投资的税收筹划。个人在进行债券投资决策时，需要考虑的最重要因素之一就是投资所能获得的净收益。

根据《个人所得税法》的规定，个人取得的国债和国家发行的金融债券利息所得免征个人所得税。国债利息是指个人持有中华人民共和国财政部发行的债券而取得的利息所得；国家发行的金融债券利息是指个人持有经国务院批准发行的金融债券而取得的利息所得。投资企业债券不能享受免征个人所得税的优惠政策。因此，可能出现企业债券的票面收益率高于国债，但净收益低于国债的情况。由此可见，个人在进行债券投资决策时，应把税收纳入考虑范畴，考虑债券投资所能获得的净收益。

(2) 股票投资的税收筹划。根据税法的规定，对个人在上海证券交易所、深圳证券交易所转让从上市公司公开发行和转让市场取得的上市公司股票所得，免征个人所得税。

自2013年1月1日起，个人从公开发行和转让市场取得的上市公司股票，持股期限在1个月以内（含1个月）的，其股息、红利所得全额计入应纳税所得额；持股期限在1个月以上至1年（含1年）的，暂减按50%计入应纳税所得额；持股期限超过1年的，暂减按25%计入应纳税所得额。自2015年9月8日起，持股期限超过1年的，股息、红利所得暂免征收个人所得税。上述所得统一适用20%的税率计征个人所得税。上市公司是指在上海证券交易所、深圳证券交易所挂牌交易的上市公司；持股期限是指个人从公开发行和转让市场取得上市公司股票之日至转让交割该股票之日前一日的持有时间。

上市公司在派发股息、红利时，对截至股权登记日个人已持股超过1年的，其股息、

红利所得免征个人所得税。对截至股权登记日个人持股1年以内（含1年）且尚未转让的，税款分两步代扣代缴：第一步，上市公司在派发股息、红利时，暂不扣缴个人所得税。第二步，个人在转让股票时，证券登记结算公司根据其持股期限计算应纳税额，由证券公司等股份托管机构从个人资金账户中扣收并划付证券登记结算公司，证券登记结算公司应于次月5个工作日内划付上市公司，上市公司在收到税款当月的法定申报期内向主管税务机关申报缴纳。

个人转让上市公司股票取得的资本利得与持有上市公司股票分得的股息、红利所得适用不同的税收待遇，即前者可以享受免税优惠，而后者需要缴纳个人所得税。另外，对于持有上市公司股票取得的股息、红利所得应缴纳的个人所得税也会因持股期限的长短而有所差异，即持股期限越长，个人所得税的实际税负越轻。在进行股票投资时，纳税人可以充分利用这些税收待遇的差异进行税收筹划，以减轻自身税负。一方面，如果上市公司保留利润不做分配，这在一定程度上会促使股价上涨，当个人投资者转让所持有的股票时，就能将股息、红利性质的所得转化为股票资本利得，进而可以享受免征个人所得税的优惠。另一方面，纳税人可以利用持股期限的临界点进行税收筹划，尽可能延长持股期限，使获得的股息、红利所得可以适用更低的实际税率，甚至享受免税待遇。

［案例5-25］

股票投资的税收筹划

中国公民孙某自2019年12月1日起持有某上市公司的股票200万股。该上市公司于2020年9月25日公布了2019年度的利润分配方案，方案规定本次利润分配采取派发现金红利的方式，每10股派发现金红利2元，股权登记日为2020年9月30日，现金红利发放日为2020年10月9日。孙某应如何进行税收筹划？

【解析】

由于截至股权登记日孙某持有股票的时间不足1年，根据税法的规定，该上市公司在发放现金红利时暂不代扣代缴个人所得税。

若分得现金红利后，孙某立即转让该上市公司股票，由于其股票持有期限在1个月以上至1年以内，根据税法的规定，他的股息、红利所得暂减按50％计入应纳税所得额。因此，孙某在转让股票时应补缴个人所得税：

$$200\div10\times2\times50\%\times20\%=4\text{（万元）}$$

如果孙某等到2020年12月1日以后再转让该上市公司股票，由于其股票持有期限在1年以上，根据税法的规定，他的股息、红利所得暂免征收个人所得税，则孙某在转让股票时无须补缴个人所得税。因此，孙某通过延长股票的持有时间而节约了税款4万元。

本章小结

个人所得税是对个人取得的各项应税所得征收的一种所得税。

个人所得税筹划可以以税基、税率、税额为切入点。首先，当税率一定的时候，个人所得税纳税人可以通过缩小税基来减轻税负，比如通过纳税人筹划，借助转换居民身份来缩小应纳税所得额；其次，个人所得税纳税人还可以通过降低适用税率进行税收筹划，比如将高税率应税项目转换为低税率应税项目等。

个人所得税的税收筹划内容包括工资、薪金所得的税收筹划，劳务报酬所得的税收筹划，年终奖的税收筹划和财产转让所得的税收筹划等。

关键术语

居民个人纳税人　非居民个人纳税人　征税范围　　　计税依据

思考题

1. 工资、薪金所得的税收筹划方法有哪些？
2. 假设全年一次性奖金非常高，可以通过哪些方法来降低个人所得税？
3. 对于财产转让收入，可以采取哪些方法进行税收筹划？

习　题

1. 王某的工作情况如下所示：

（1）王某在A公司担任工程师，王某的月工资为8 000元。与此同时，王某还在另外两家公司（即C公司、D公司）提供技术支持，每月的酬劳均为5 000元。

（2）王某还利用业余时间对外承接设计项目。5月，王某与B公司达成协议，承接了该公司的一个设计项目，设计费共计20万元；其中，预计5万元要用于项目设计过程中的各项费用支出。设计费拟由B公司向王某全额支付，由王某本人负担设计过程中的各项费用支出。

试问如何对王某的收入进行税收筹划？

2. 甲和乙为夫妻，甲每月的工资为15 000元，乙每月的工资为10 000元，两人的工资、薪金为唯一收入。此外，甲和乙在婚后首次购买了一套住宅且享受首套房贷款利率，贷款期限为 20 年。他们共同抚养一对子女——男孩为 6 岁，正在上小学一年级；女孩为 2 岁，尚未上幼儿园。那么，甲和乙应如何进行税收筹划?

课后阅读延伸材料

1 元股权转让：
还要缴税?

第6章 其他税种的税收筹划

[学习提示] 本章主要介绍其他九个税种的筹划，包括土地增值税、资源税、房产税、城镇土地使用税、印花税、车船税、车辆购置税、契税、关税。对这些税种进行有效、合理、合法的税收筹划构成了本书的重要内容。通过本章的学习，学生可以了解各税种的筹划思路，掌握各税种的筹划方法。

案例导入

一家房地产开发企业有可供销售的10 000平方米同档次的商品楼两栋，均属于普通商品房。

甲栋商品楼每平方米的售价是1 000元（不含装修费70元，不含增值税），转让收入是1 000万元，它的扣除项目金额是835万元，增值额是165万元。

乙栋商品楼每平方米的售价是1 070元（含装修费70元，不含增值税），转让收入是1 070万元，它的扣除项目金额是838万元，增值额是232万元。

根据以上数据可以计算出甲栋商品楼的增值率是19.76%。按照土地增值税法律制度的规定，纳税人建造普通标准住宅出售，增值额未超过扣除项目金额20%的，免征土地增值税。甲栋商品楼的增值率没有超过扣除项目金额的20%，因此不用缴纳土地增值税，企业获得的销售毛利为165万元。乙栋商品楼的增值率是27.68%，需要缴纳土地增值税69.6万元，企业获得的毛利为162.4万元。

在本例中，该企业对甲栋商品楼采用了分散收入以控制增值额和利用土地增值税税收优惠的方法进行税收筹划，因甲栋商品楼的售价分离了装修费用70万元，每平方米的售价比乙栋商品楼低70元，从而降低了增值额并将增值率控制在20%以内，可依法享受免征土地增值税的税收优惠，所得毛利反而比乙栋商品楼的毛利高2.6万元。另外，由于价格上的优势，甲栋商品楼的市场竞争力将强于乙栋商品楼。所以，企业应该考虑采取甲栋商品楼的销售方式对乙栋商品楼的销售策略进行调整。

6.1 土地增值税的税收筹划

土地增值税是对在我国境内有偿转让国有土地使用权、地上建筑物及其附着物并取得收入的单位和个人征收的一种税。

6.1.1 土地增值税的主要法律界定

6.1.1.1 一般规定

1. 纳税人

土地增值税的纳税人是指在中华人民共和国境内转让房地产并取得收入的单位和个人。土地增值税的征税对象是指转让土地使用权、地上的建筑物及其附着物以及出让集体土地使用权、地上的建筑物及其附着物，或以集体土地使用权、地上的建筑物及其附着物作价出资、入股（以下简称"转让房地产"）所取得的增值额。转让房地产的增值额是纳税人转让房地产的收入减除税法规定的扣除项目金额后的余额。

2. 扣除项目

扣除项目包括：取得土地使用权所支付的金额；开发土地的成本、费用；新建房及配套设施的成本、费用或者旧房及建筑物的评估价格；与转让房地产有关的税金以及国务院规定的其他扣除项目。

纳税人有下列情形之一的，依法核定成交价格、扣除金额：

（1）隐瞒、虚报房地产成交价格的。

（2）提供扣除项目金额不实的。

（3）转让房地产的成交价格明显偏低且无正当理由的。

出让集体土地使用权、地上的建筑物及其附着物，或以集体土地使用权、地上的建筑物及其附着物作价出资、入股，扣除项目金额无法确定的，可按照转让房地产收入的一定比例征收土地增值税。具体征收办法由省、自治区、直辖市人民政府提出，报同级人民代表大会常务委员会决定。

纳税人有下列情形之一的，按照房地产评估价格计算、征收土地增值税：隐瞒、虚报房地产成交价格的；提供扣除项目金额不实的；转让房地产价格低于房地产评估价格且无正当理由的。

3. 与转让房地产有关的税金扣除问题

根据《国家税务总局关于营改增后土地增值税若干征管规定的公告》（国家税务总局公告 2016 年第 70 号）的规定：

（1）"营改增"后，在计算土地增值税增值额的扣除项目中与转让房地产有关的税金不包括增值税。

(2)“营改增”后，房地产开发企业实际缴纳的城市维护建设税（以下简称“城建税”）、教育费附加，凡能按清算项目准确计算的，允许据实扣除。凡不能按清算项目准确计算的，则按该清算项目预缴增值税时实际缴纳的城建税、教育费附加扣除。

其他转让房地产行为的城建税、教育费附加扣除比照上述规定执行。

“营改增”后，纳税人转让旧房及建筑物，凡不能取得评估价格，但能提供购房发票的，扣除项目的金额按照下列方法计算：①提供的购房凭据为“营改增”前取得的营业税发票的，按照发票所载金额（不扣减营业税）并从购买年度起至转让年度止每年加计5%计算。②提供的购房凭据为“营改增”后取得的增值税普通发票的，按照发票所载价税合计金额从购买年度起至转让年度止每年加计5%计算。③提供的购房发票为“营改增”后取得的增值税专用发票的，按照发票所载不含增值税金额加上不允许抵扣的增值税进项税额之和，并从购买年度起至转让年度止每年加计5%计算。

土地增值税实行四级超率累进税率，见表6-1。

表6-1 土地增值税税率表

级数	增值额与扣除项目金额的比率	税率（%）	速算扣除系数（%）
1	不超过50%的部分	30	0
2	50%～100%的部分	40	5
3	100%～200%的部分	50	15
4	超过200%的部分	60	35

6.1.1.2 征税范围

土地增值税只对转让房地产行为征税。例如，房地产的出租虽然取得了收入，但没有发生房地产的产权转移，不属于土地增值税的征税范围；土地承包经营权流转，不征收土地增值税。因此，土地使用权、地上建筑物及其附着物是否发生权属转移为判断是否属于土地增值税征税范围的第一个标准。

土地增值税仅对转让房地产并取得收入的行为征税。例如，房地产的继承行为虽然使房地产的权属发生了变更，但房产产权、土地使用权的原所有人并没有因为权属变更而取得任何收入，因此，转让房地产是否取得收入为判断是否属于土地增值税征税范围的第二个标准。

1. 基本征税范围

(1) 转让国有土地使用权、地上建筑物及其附着物。

(2) 出让集体土地使用权、地上建筑物及其附着物，或以集体土地使用权、地上建筑物及其附着物作价出资、入股。

(3) 存量房地产的买卖。

2. 具体情况判定

(1) 房地产的继承不征税，房地产的赠予行为除赠予直系亲属或承担直接赡养义务的人及通过中国境内非营利的社会组织、国家机关将房屋产权、土地使用权赠予教育、民政和其他社会福利、公益事业外，均应征税。

（2）对于房地产的抵押，在抵押期间不征收土地增值税，待抵押期满后，视该房地产是否转移占有而确定是否征收土地增值税。对于以房地产抵债而发生房地产权属转让的，应列入土地增值税的征税范围。

（3）房地产的出租不征收土地增值税。

（4）对于一方出地，一方出资金，双方合作建房，建成后按比例分房使用的，暂免征收土地增值税；建成后转让的，应征收土地增值税。

（5）房地产的交换，除个人之间互换自有居住用房地产的，经当地税务机关核实可免税外，其余均应缴税。

（6）房地产的代建房行为，不征收土地增值税。

（7）房地产的重新评估，主要是指国有企业在清产核资时对房地产进行的重新评估而使其增值的情况。在这种情况下，虽然房地产有增值，但没有发生房地产权属的转移，房产产权、土地使用权人也没有取得收入，所以不属于土地增值税的征税范围。

（8）按照《中华人民共和国公司法》的规定，非公司制企业整体改建为有限责任公司或者股份有限公司，有限责任公司（股份有限公司）整体改建为股份有限公司（有限责任公司），对改建前的企业将国有土地、房屋权属转移、变更到改建后企业的行为，暂不征收土地增值税。整体改建是指不改变原企业的投资主体，并承继原企业权利、义务的行为（该政策不适用于房地产开发企业）。

（9）按照法律规定或者合同约定，两个或两个以上企业合并为一个企业，且原企业投资主体存续的，对原企业将国有土地、房屋权属转移、变更到合并后企业的行为，暂不征收土地增值税（该政策不适用于房地产开发企业）。

（10）按照法律规定或者合同约定，企业分设为两个或两个以上与原企业投资主体相同的企业，对原企业将国有土地、房屋权属转移、变更到分立后企业的行为，暂不征收土地增值税（该政策不适用于房地产开发企业）。

（11）单位、个人在改制重组时以国有土地、房屋进行投资，对其将国有土地、房屋权属转移、变更到被投资企业的行为，暂不征收土地增值税（该政策不适用于房地产开发企业）。

对土地增值税征税范围与不征税范围的大致分类，可以用表 6－2 来概括。

表 6－2　是否课征土地增值税的企业行为概括

有关行为	是否征税
1. 继承、赠予	继承不征（无收入），赠予中的公益性赠予、赠予直系亲属或承担直接赡养义务的人不征；非公益性赠予征税
2. 房地产抵押	抵押期间不征；抵押期满转移产权的，征税
3. 出租	不征（无权属转移）
4. 合作建房	建成后按比例分房自用的，免税；建成后转让的，征税
5. 房地产交换	单位之间换房的，征税；个人之间互换自住房的，免税
6. 代建房行为	不征

续表

有关行为	是否征税
7. 房地产重新评估增值	不征（无收入）
8. 整体改建中的国有土地、房屋权属转移	符合条件暂不征（不适用于房地产开发企业）
9. 合并与分立中的国有土地、房屋权属转移	符合条件暂不征（不适用于房地产开发企业）
10. 改制重组时将国有土地、房屋权属转移、变更到被投资企业	符合条件暂不征（不适用于房地产开发企业）

【即学即用】 在下列各项中，属于土地增值税征税范围的有（　　）。

A. 工业企业用厂房换取房地产开发企业的土地使用权

B. 国有企业出租办公楼

C. 王某出售一套在2009年购买的住房

D. 张某以继承方式获得一栋别墅

答案： AC

解析： 根据房产税的相关规定，房地产的出租和房地产的继承不征收土地增值税。

【小思考】 因转让股权而发生的房地产权属转移，是否需要缴纳土地增值税？

【知识点提醒】 从2018年1月1日至2020年12月31日，下列重组行为免征土地增值税：

第一，非公司制企业整体改建为有限责任公司或者股份有限公司，有限责任公司（股份有限公司）整体改建为股份有限公司（有限责任公司），对改建前的企业将国有土地使用权、地上的建筑物及其附着物（以下称为“房地产”）转移、变更到改建后的企业，暂不征土地增值税。

第二，按照法律规定或者合同约定，两个或两个以上企业合并为一个企业，且原企业投资主体存续的，对原企业将房地产转移、变更到合并后的企业，暂不征土地增值税。

第三，按照法律规定或者合同约定，企业分设为两个或两个以上与原企业投资主体相同的企业，对原企业将房地产转移、变更到分立后的企业，暂不征土地增值税。

第四，单位、个人在改制重组时以房地产作价入股进行投资，对其将房地产转移、变更到被投资的企业，暂不征土地增值税。

上述改制重组有关土地增值税的政策不适用于房地产转移任意一方为房地产开发企业的情形。

6.1.1.3 税收优惠

1. 下列情形可减征或免征土地增值税

（1）纳税人建造保障性住房出售，增值额未超过扣除项目金额20%的，免征土地增值税。

（2）因国家建设需要依法征收、收回的房地产，免征土地增值税。

（3）国务院可以根据国民经济和社会发展的需要规定其他减征或免征土地增值税的情形，并报全国人民代表大会常务委员会备案。

2. 省、自治区、直辖市人民政府可以决定对下列情形减征或者免征土地增值税，并报同级人民代表大会常务委员会备案

（1）纳税人建造普通标准住宅出售，增值额未超过扣除项目金额20%的。

（2）房地产市场较不发达、地价水平较低地区的纳税人出让集体土地使用权、地上的建筑物及其附着物，或以集体土地使用权、地上的建筑物及其附着物作价出资、入股的。

6.1.2 土地增值税的筹划方法

6.1.2.1 利用房地产转移方式进行税收筹划

土地增值税是对有偿转让国有土地使用权、地上建筑物及其附着物以及出让集体土地使用权、地上的建筑物及其附着物，或以集体土地使用权、地上的建筑物及其附着物作价出资、入股，取得收入的单位和个人征收的一种税。从这个定义可以看出，征收土地增值税仅对转移房地产并取得收入的行为征税。纳税人可以通过房地产转移方式的选择使房地产转移排除在土地增值税的征税范围之外。

【知识点提醒】国有土地使用权的出让不属于土地增值税的征税范围。

房地产所有人可以通过避免符合以上判定标准来规避缴纳土地增值税。例如，房地产所有人通过境内非营利的社会组织、国家机关将房屋产权、土地使用权赠予教育、民政和其他社会福利、公益事业，虽然发生了房地产权属的变更，但房地产所有人并没有因为权属发生变更而取得任何收入，因而不属于土地增值税的征税范围。再如，房地产所有人将房产、土地使用权租赁给承租人使用，由承租人向出租人支付租金等，由于产权没有发生转让，因而不属于土地增值税的征税范围，无须缴纳土地增值税。

6.1.2.2 通过控制增值额进行税收筹划

按照我国现行税法的规定，土地增值税的税率是以增值率为基础的超率累进税率。当房地产企业开发的房产对外销售的增值率达到50%时，土地增值税税负将会达到销售额的10%（假设增值税按5%的征收率计算）；当增值率达到100%时，土地增值税税负将达到销售额的17.5%；当增值率达到200%时，土地增值税税负将达到销售额的28.33%；当增值率达到300%时，土地增值税税负将达到销售额的36.25%，见表6-3。

表6-3 房地产开发企业主要税种在现行政策下的实际税收负担（普通商品房的开发，%）

1. 房产增值率	2. 土地增值税实际税负	3. 增值税及附加税负	4. 所得税税负	5. 税负合计
小于等于20%	0.00	5.5	3.75	9.25
大于20%且小于等于50%	10.00	5.5	3.75	19.25
大于50%且小于等于100%	17.50	5.5	3.75	26.75
大于100%且小于等于200%	28.33	5.5	3.75	37.58
大于200%且小于等于300%	36.25	5.5	3.75	45.50

注：土地增值税适用四级超率累进税率。房地产开发企业对外销售普通商品房，若增值率低于20%，免征土地增值税；销售不动产的增值税税率为5%，加上城市维护建设税与教育费附加合计为5.5%；企业所得税税率为25%，预征利润率不低于15%，两项相乘为3.75%。假设城市维护建设税的税率为7%，暂不考虑地方教育附加。

假设房地产开发企业为一般计税方法纳税人，销售自行开发的房地产老项目并选择适用简易计税方法。

由此可见，土地增值税筹划最关键的一点就是合理合法地控制、降低增值额，以避免因税率级次爬升而适用较高档次的税率。由于增值额是纳税人转让房地产所取得的收入减去规定扣除项目金额后的余额，所以控制增值额的税收筹划包括收入筹划法和成本与费用筹划法。

1. 收入筹划法

收入筹划法是指通过降低销售收入来降低增值额，以达到土地增值税税收筹划的目的。一方面，收入分散筹划，即将可以分开单独处理的部分从整个房地产中分离（比如房屋里面的各种设施），从而使转让收入变少，降低纳税人的土地增值额。另一方面，增值率临界点筹划，即增值额在临界点附近时，通过降低收入来降低增值额，以避免因税率级次爬升而适用较高档次的税率。

[**案例 6-1**]

收入筹划法（1）

某企业准备出售其拥有的一栋房屋以及土地使用权。因为房屋已使用过一段时间，里面的各种设备均已安装齐全，估计市场价值为 800 万元，其中各种设备的价格约为 100 万元。如果该企业与购买者签订合同时不注意区分这些，而是将全部金额以房地产转让价格的形式在合同上体现，则增值额无疑会增加 100 万元。而土地增值税适用的是四级超率累进税率，增值额越大，其适用的税率越高；相应地，应纳税额也会增大。该企业应如何进行税收筹划？

【解析】

如果该企业与购买者签订房地产转让合同时采取变通方法，将收入分散，便可以节省不少税款，具体做法是在合同上仅注明 700 万元的房地产转让价格，同时签订一份附属办公设备购销合同。这样一来，将收入分散，不仅可以使增值额变小，从而节省应缴土地增值税税额，而且由于购销合同适用 0.03% 的印花税税率，比产权转移书据适用的 0.05% 的税率要低，也可以节省印花税。

[**案例 6-2**]

收入筹划法（2）

南京市某房地产开发商为一般计税方法纳税人，取得北京近郊的一块土地。根据北京市的土地规划方案，这块土地必须用于开发普通标准住宅；可扣除项目总金额为 4 055 万元（包括加计扣除的 20% 和税金及附加），整个楼盘预计对外销售的总价款为 5 000 万元（不含税）。当地规定纳税人建造普通标准住宅出售，增值额未超过扣除项目金额 20% 的免征土地增值税。请做出降低增值税的税收筹划方案。

【解析】

增值额＝5 000－4 055＝945（万元）

$$增值率=\frac{945}{4\ 055}\times 100\%=23.3\%>20\%$$

应纳土地增值税税额＝945×30%－0＝283.5（万元）

假设房地产开发商改变销售策略，在销售价格上做出较小的调整，将整个楼盘对外销售的总价款调整为4 800万元，其他情况与前面相同。此时，该开发商的纳税情况如下所示：

增值额＝4 800－4 055＝745（万元）

$$增值率=\frac{745}{4\ 055}\times 100\%=18.37\%<20\%$$

因此，根据税法规定可免缴土地增值税。

税收筹划后与税收筹划前的纳税情况相比，从表面上看，开发商虽然在销售价格上降低了200万元，但由于充分利用了土地增值税的税收优惠政策，其土地增值税反而节约了283.5万元，这就是充分利用税收优惠政策所带来的节税收益。

但是，对从事普通商品房开发的房地产商而言，并不是销售价格越高，其税后收益就越高。对于企业来说，房价过高至少有两个方面的负面影响：一是房价虚高可能会引起泡沫经济，国家必然要进行宏观调控，对房地产价格进行一定程度的控制，有些地方政府甚至开始利用行政手段来干预房价过高的现象。二是房价过高，普通消费者承受不起，将影响房地产的销售。

销售定价筹划模型

2. 成本与费用筹划法

成本与费用筹划法就是通过最大限度地扩大成本与费用的列支比例来降低增值额，以达到土地增值税税收筹划的目的。

（1）增加装修支出。比如对房屋装修的处理，可以对房屋进行装修后再销售，这样装修费用可以作为成本与费用的一部分据实扣除，而且可以作为加计扣除的基数，从而达到节税的目的。

[案例6-3]

成本与费用筹划法（1）

甲房地产开发公司开发的金山小区已于10月完工，但尚未对房屋进行装修，可扣除项目的总金额为6 200万元（不含税，包括加计扣除的20%）。该公司不能按转让房地产项目计算分摊利息支出，也不能提供金融机构证明，当地政府规定的房地产开发费用的计算扣除比例为10%。甲房地产开发公司应如何进行税收筹划？

【解析】

该公司的销售方案有如下两种。

方案一：直接销售未装修的房屋，每平方米售价为3 200元，销售收入总额为9 600万元（不含税），则

增值额＝9 600－6 200＝3 400（万元）

增值率＝3 400÷6 200＝54.84%

应缴土地增值税＝3 400×40%－6 200×5%＝1 050（万元）

方案二：对房屋进行装修后再销售，预计装修费用为 1 200 万元（不含税），装修后每平方米售价为 3 600 元，销售收入总额为 10 800 万元（不含税），其他条件不变。

根据《国家税务总局关于房地产开发企业土地增值税清算管理有关问题的通知》（国税发［2006］187 号）的规定，房地产开发企业销售已装修的房屋，其装修费用可以计入房地产开发成本，因此有

增值额＝10 800－6 200－1 200×(1＋10%＋20%)＝10 800－7 760＝3 040（万元）

增值率＝3 040÷7 760＝39.18%

应缴土地增值税＝3 040×30%－0＝912（万元）

方案二与方案一相比，可以少缴土地增值税 138 万元（＝1 050－912）。

(2) 合理选择利息支出的扣除方法。利息支出的不同扣除方法会对企业的应纳税额产生很大的影响。根据税法的规定，财务费用中的利息支出，凡能按转让房地产项目计算分摊并提供金融机构证明的，允许据实扣除，但最高不能超过按商业银行同期同类贷款利率计算的金额，其他房地产开发费用按取得土地使用权所支付的金额、房地产开发成本之和的 5%以内计算扣除，即

$$\begin{matrix}\text{房地产}\\\text{开发费用}\end{matrix}=\text{利息}+\left(\begin{matrix}\text{取得土地使用权}\\\text{所支付的金额}\end{matrix}+\begin{matrix}\text{房地产}\\\text{开发成本}\end{matrix}\right)\times 5\%$$

凡不能按转让房地产项目计算分摊利息支出或不能提供金融机构证明的，房地产开发费用按取得土地使用权所支付的金额、房地产开发成本之和的 10%以内计算扣除，即

房地产开发费用＝(取得土地使用权所支付的金额＋房地产开发成本)×10%

一般来说，企业进行房地产开发的借款数额会较大，其实际数会大于（取得土地使用权所支付的金额＋房地产开发成本)×5%。因此，按照第一种方式，即按转让房地产项目计算分摊并提供金融机构证明的方式计算扣除利息支出有利于企业节省税款。

但是，现实中的情况并不总是如此简单。有些企业由于资金比较充裕，很少向银行等金融机构贷款，因而这方面的利息支出比较少。此时，如果按照第一种方法计算，则扣除项目金额会较少，而按照第二种方法计算，扣除项目金额会较多。

［案例 6－4］

成本与费用筹划法（2）

北京某房地产开发企业开发一批民用住宅，共支付地价款 200 万元，开发成本为 400 万元，财务费用中的利息支出为 40 万元（假设不超过按商业银行同期同类贷款利率计算的金额）。该房地产开发企业应如何进行税收筹划?

【解析】

若能够按转让房地产项目计算分摊并提供金融机构证明，则可扣除的房地产开发费用为 70 万元［＝40＋(200＋400)×5%］。

若不能按转让房地产项目计算分摊利息支出或不能提供金融机构证明，则可扣除的房

地产开发费用为 60 万元 [=(200+400)×10%]，超限额的部分不得扣除。由此可见，利息支出应当按转让房地产项目计算分摊并提供金融机构证明，以扩大成本与费用项目的扣除金额，降低应缴纳的土地增值税。

6.1.2.3 利用税收优惠进行税收筹划

税法规定，如果纳税人既建造保障性住房、普通标准住宅，又从事其他房地产开发，则应当分别核算增值额；未分别核算增值额或者不能准确核算增值额的，其建造的普通标准住宅不能享受免税优惠。纳税人可以充分利用这一税收优惠政策进行税收筹划，在确保能够分开核算的情况下，将保障性住房、普通标准住宅的增值额控制在扣除项目金额的20%以内，从而免缴土地增值税，获得税收利益。

[案例 6-5]

利用税收优惠筹划

某房地产开发企业的商品房销售收入为 15 000 万元（不含税）。其中，保障性住房的销售额为 10 000 万元，豪华住宅的销售额为 5 000 万元。税法规定的可扣除项目金额为 11 500 万元，其中保障性住房的可扣除项目金额为 8 500 万元，豪华住宅的可扣除项目金额为 3 000 万元。该房地产开发企业应如何进行税收筹划？

【解析】

(1) 不分开核算（假定当地允许不分开核算）。

增值额与扣除项目金额的比例为：

$$\frac{15\,000-11\,500}{11\,500}\times100\%=30.43\%$$

因此，适用 30%的税率，该企业应缴纳的土地增值税为：

(15 000−11 500)×30%−0=1 050（万元）

(2) 分开核算。

保障性住房增值额与扣除项目金额的比例为：

$$\frac{10\,000-8\,500}{8\,500}\times100\%=17.65\%<20\%$$

因此，根据税法的规定可以免予缴纳土地增值税。

豪华住宅增值额与扣除项目金额的比例为：

$$\frac{5\,000-3\,000}{3\,000}\times100\%=67\%$$

因此，适用 40%的税率，该企业应缴纳的土地增值税为：

(5 000−3 000)×40%−3 000×5%=650（万元）

在分开核算的情况下，两者一共缴纳土地增值税 650 万元，因此分开核算比不分开核算少支出税金 400 万元（=1 050−650）。

6.2 资源税的税收筹划

资源税是对在中华人民共和国领域和中华人民共和国管辖的其他海域开发应税资源的单位和个人课征的一种税。

6.2.1 资源税的主要法律界定

1. 纳税人

资源税的纳税人是在中华人民共和国领域和中华人民共和国管辖的其他海域开发应税资源的单位和个人。其征税范围包括能源矿产、金属矿产、非金属矿产、水气矿产和盐。

2. 税目和税率

资源税采取了按资源的具体品种设置税目，税率包括比例税率和定额税率。资源税税目税率表见表6-4。

表6-4 资源税税目税率表

税目			征税对象	税率
能源矿产	原油		原矿	6%
	天然气、页岩气、天然气水合物		原矿	6%
	煤		原矿	2%～10%
	煤成（层）气		原矿	1%～2%
	铀、钍		原矿	4%
	油页岩、油砂、天然沥青、石煤		原矿或者选矿	1%～4%
	地热		原矿	1%～20%或者每立方米1～30元
金属矿产	黑色金属	铁、锰、铬、钒、钛	原矿或者选矿	1%～9%
	有色金属	铜、铅、锌、锡、镍、锑、镁、钴、铋、汞	原矿或者选矿	2%～10%
		铝土矿	原矿或者选矿	2%～9%
		钨	选矿	6.5%
		钼	选矿	8%
		金、银	原矿或者选矿	2%～6%
		铂、钯、钌、锇、铱、铑	原矿或者选矿	5%～10%
		轻稀土	选矿	7%～12%
		中重稀土	选矿	20%
		铍、锂、锆、锶、铷、铯、铌、钽、锗、镓、铟、铊、铪、铼、镉、硒、碲	原矿或者选矿	2%～10%

续表

税目			征税对象	税率
非金属矿产	矿物类	高岭土	原矿或者选矿	1%～6%
		石灰岩	原矿或者选矿	1%～6%或者每吨（或者每立方米）1～10元
		磷	原矿或者选矿	3%～8%
		石墨	原矿或者选矿	3%～12%
		萤石、硫铁矿、自然硫	原矿或者选矿	1%～8%
		天然石英砂、脉石英、粉石英、水晶、工业用金刚石、冰洲石、蓝晶石、硅线石（矽线石）、长石、滑石、刚玉、菱镁矿、颜料矿物、天然碱、芒硝、钠硝石、明矾石、砷、硼、碘、溴、膨润土、硅藻土、陶瓷土、耐火黏土、铁矾土、凹凸棒石黏土、海泡石黏土、伊利石黏土、累托石黏土	原矿或者选矿	1%～12%
		叶蜡石、硅灰石、透辉石、珍珠岩、云母、沸石、重晶石、毒重石、方解石、蛭石、透闪石、工业用电气石、白垩、石棉、蓝石棉、红柱石、石榴子石、石膏	原矿或者选矿	2%～12%
		其他黏土（铸型用黏土、砖瓦用黏土、陶粒用黏土、水泥配料用黏土、水泥配料用红土、水泥配料用黄土、水泥配料用泥岩、保温材料用黏土）	原矿或者选矿	1%～5%或者每吨（或者每立方米）0.1～5元
	岩石类	大理岩、花岗岩、白云岩、石英岩、砂岩、辉绿岩、安山岩、闪长岩、板岩、玄武岩、片麻岩、角闪岩、页岩、浮石、凝灰岩、黑曜岩、霞石正长岩、蛇纹岩、麦饭石、泥灰岩、含钾岩石、含钾砂页岩、天然油石、橄榄岩、松脂岩、粗面岩、辉长岩、辉石岩、正长岩、火山灰、火山渣、泥炭	原矿或者选矿	1%～10%
		砂石	原矿或者选矿	1%～5%或者每吨（或者每立方米）0.1～5元
	宝玉石类	宝石、玉石、宝石级金刚石、玛瑙、黄玉、碧玺	原矿或者选矿	4%～20%
水气矿产	二氧化碳气、硫化氢气、氦气、氡气		原矿	2%～5%
	矿泉水		原矿	1%～20%或者每立方米1～30元
盐	钠盐、钾盐、镁盐、锂盐		选矿	3%～15%
	天然卤水		原矿	3%～15%或者每吨（或者每立方米）1～10元
	海盐			2%～5%

《资源税税目税率表》中规定实行幅度税率的，其具体适用税率由省、自治区、直辖市人民政府统筹考虑该应税资源的品位、开采条件以及对生态环境的影响等情况，在《资源税税目税率表》规定的税率幅度内提出，报同级人民代表大会常务委员会决定，并报全国人民代表大会常务委员会和国务院备案。《资源税税目税率表》中规定征税对象为原矿或者选矿的，应当分别确定具体适用税率。

纳税人开采或者生产不同税目应税产品的，应当分别核算不同税目应税产品的销售额或者销售数量；未分别核算或者不能准确提供不同税目应税产品的销售额或者销售数量的，从高适用税率。

水资源税根据当地水资源状况、取用水类型和经济发展等情况实行差别税率。

资源税改革回顾

3. 计征方法

资源税实行从价计征或者从量计征。

《资源税税目税率表》中规定可以选择实行从价计征或者从量计征的，具体计征方式由省、自治区、直辖市人民政府提出，报同级人民代表大会常务委员会决定，并报全国人民代表大会常务委员会和国务院备案。

实行从价计征的，应纳税额按照应税资源产品（以下简称“应税产品”）的销售额乘以具体适用税率计算。实行从量计征的，应纳税额按照应税产品的销售数量乘以具体适用税率计算。

应税产品为矿产品的，包括原矿和选矿产品。

纳税人开采或者生产应税产品自用的，应当依照规定缴纳资源税；但是，自用于连续生产应税产品的，不缴纳资源税。

4. 税收优惠

有下列情形之一的，免征资源税：

（1）开采原油以及在油田范围内运输原油过程中用于加热的原油、天然气。

（2）煤炭开采企业因安全生产需要抽采的煤成（层）气。

减征资源税的其他规定

纳税人的免税、减税项目，应当单独核算销售额或者销售数量；未单独核算或者不能准确提供销售额或者销售数量的，不予免税或者减税。

6.2.2 资源税的筹划方法

1. 充分利用税收优惠政策

资源税法规定了减征资源税的一些特殊情形，并规定了每一情形的具体含义。纳税人应充分利用税收优惠政策，尽量符合税收优惠政策的适用条件，从而享受资源税的减征优惠。例如，纳税人从深水油气田开采的原油、天然气，减征30%资源税，并同时规定深水油气田是指水深超过300米的油气田。

［案例 6－6］

利用税收优惠政策的税收筹划

某纳税人现有两个深水油气田项目可供选择，A 项目水深为 280 米，B 项目水深为 310 米。该纳税人应如何进行税收筹划？

【解析】

该纳税人在进行项目选择时应充分考虑资源税的税收优惠政策，具体筹划过程如下所示：由于两个项目的水深不同，两个项目的开采成本会产生差异，因此在税收筹划时除了要考虑资源税外，还要考虑两者开采成本的差异，综合比较两个项目的净收益。如果两个项目的产值相同，B 项目减征的资源税为销售额的 1.8%（＝6%×30%），当 B 项目增加的开采成本占销售额的比重小于 1.8%时，则选择 B 项目有利。

2. 准确核算筹划法

资源税相关法规规定，纳税人的减税、免税项目，应当单独核算销售额或者销售数量；未单独核算或者不能准确提供销售额或者销售数量的，不予减税或者免税。纳税人开采或者生产不同税目应税产品的，应当分别核算不同税目应税产品的销售额或者销售数量；未分别核算或者不能准确提供不同税目应税产品的销售额或者销售数量的，从高适用税率。

因此，纳税人可以通过准确核算各税目的销售额或者销售数量，分清免税产品与征税产品，分清不同税率产品，从而充分享受税收优惠，节约资源税。

［案例 6－7］

准确核算销售额或销售数量的税收筹划

华北某矿产开采企业开采销售原油 10 000 吨，生产销售原煤 5 000 吨，开采使用天然气 10 万立方米（其中，5 万立方米为开采煤炭时伴生，该企业未分开核算，当地规定纳税人开采共伴生矿免税），已知原油售价为 3 300 元/吨，原煤售价为 700 元/吨，天然气售价为 2.35 元/立方米，其适用的资源税税率为原油 6%、原煤 2.5%、天然气 6%。该企业应如何进行税收筹划？

【解析】

该企业应缴纳的资源税为：

$$10\,000\times3\,300\times6\%+5\,000\times700\times2.5\%+100\,000\times2.35\times6\%=2\,081\,600\ (\text{元})$$

由于在煤炭开采时生产的天然气免税，如果该企业将采煤时伴生的天然气分开核算，则可以享受免税优惠，节省资源税 7 050 元（＝50 000×2.35×6%）。

6.3 房产税的税收筹划

房产税是以房屋为征税对象，以房产的计税余值或租金收入为计税依据，向房屋产权所有人征收的一种税。

6.3.1 房产税的主要法律界定

1. 纳税人

房产税纳税人是在征税范围内的房屋产权所有人。其中：

（1）产权属于国家所有的，由经营管理的单位纳税；产权属于集体和个人所有的，由集体单位和个人纳税。

（2）产权出典的，由承典人纳税。

（3）产权所有人、承典人不在房屋所在地的，或者产权未确定及租典纠纷未解决的，由房产代管人或者使用人纳税。

（4）无租使用其他单位房产的应税单位和个人，依照房产余值缴纳房产税。

（5）自 2009 年 1 月 1 日起，外商投资企业、外国企业和组织以及外籍个人依照《中华人民共和国房产税暂行条例》缴纳房产税。

【即学即用】 以下属于房产税纳税人的是（　　）。

A. 房屋的出典人

B. 拥有农村房产的农民

C. 以经营租赁方式租入办公楼的承租人

D. 产权不明的房屋使用人

答案： D

解析： 根据税法的规定，产权未确定的房产由房产代管人或者使用人缴纳房产税。

2. 征税对象和计税方法

房产税的征税对象是房产，征税范围为城市、县城、建制镇和工矿区。

房产税的计税方法分为从价计征和从租计征。从价计征就是依照房产原值一次减除10%～30%费用后的余值计算缴纳房产税，税率为 1.2%；从租计征就是以房产出租的租金收入为计税依据计算缴纳房产税，税率为 12%。

3. 税收优惠

房产税的税收优惠政策包括：

（1）国家机关、人民团体、军队自用的房产，免征房产税。

（2）由国家财政部门拨付事业经费的单位自用的房产，免征房产税。

（3）宗教寺庙、公园、名胜古迹自用的房产，免征房产税。

(4) 个人所有非营业用的房产，免征房产税。

(5) 经财政部批准免税的其他房产，如房屋大修连续停用半年以上的，在大修期间可免征房产税。

(6) 对行使国家行政管理职能的中国人民银行总行（含国家外汇管理局）所属分支机构自用的房产，免征房产税。

6.3.2 房产税的筹划方法

1. 利用税收优惠筹划

房产税作为地方税种，税法规定了许多政策性减免优惠。比如对损坏不堪使用的房屋和危险房屋，经有关部门鉴定，在停止使用后，可免征房产税；纳税人因房屋大修导致连续停用半年以上的，在房屋大修期间免征房产税；等等。纳税人应充分掌握、利用这些优惠政策，争取最大限度地获得税收优惠，减少房产税的支出。

2. 合理划分房产原值筹划

房产原值是指房屋的造价，包括与房屋不可分割的各种附属设备或一般不单独计算价值的配套设施。由此可见，房产原值直接决定了房产税，合理地减少房产原值是房产税筹划的关键。

税法规定，房产是指有屋面和围护结构（有墙或两边有柱），能够遮风避雨，可供人们在其中生产、工作、学习、娱乐、居住或储藏物资的场所。独立于房屋之外的建筑物，如围墙、烟囱、水塔、变电塔、油池油柜、酒窖菜窖、酒精池、糖蜜池、室外游泳池、玻璃暖房、砖瓦石灰窑以及各种油气罐等，不属于房产，不征房产税。但是，与房屋不可分割的各种附属设备或一般不单独计算价值的配套设施需要并入房屋原值计算征收房产税。这就要求我们在会计核算时，需要将房屋与非房屋建筑物以及各种附属设施、配套设施进行适当划分，单独列示，分别核算。

【知识点提醒】对于按照房产原值计税的房产，无论会计上如何核算，房产原值均应包含地价、取得土地使用权支付的价款、开发土地发生的成本与费用等。对于宗地容积率低于0.5的房产，按房产建筑面积的2倍计算土地面积并据此计入房产原值。对于宗地容积率高于0.5的房产，则需要按照地价全额计入房产原值计征房产税。因此，企业可以对现有房产进行适当改建，以使宗地容积率降至0.5以下，进而减少应缴房产税。此外，在宗地容积率低于0.5的情况下，建筑面积越小，宗地容积率越低，所纳房产税越少，因此在可能的范围内降低宗地容积率，是节约房产税的一个有效方法。

[案例6-8]

合理划分房产原值的税收筹划

某企业有一块占地面积为20 000平方米的土地，每平方米平均地价为2万元，土地上的厂房、仓库和办公楼建筑总面积为10 200平方米，房屋价值总计55 000万元。该企业应如何进行税收筹划?

【解析】

由于该块土地的宗地容积率为0.51（=10 200÷20 000），因此该企业应将这块土地的价值全额计入房产原值。当地房产税原值减除比例为20%，因此该企业每年应缴纳的房产税为：

(55 000+20 000×2)×(1−20%)×1.2%=912（万元）

假如该企业对仓库进行适当改建，使厂房、仓库和办公楼的建筑总面积减少至9 500平方米，那么这块土地的宗地容积率降低为0.475（=9 500÷20 000），低于0.5。按照税法的规定，该企业只需按房产建筑面积的2倍计算土地面积并据此计入房产原值。在这种情况下，该企业每年应缴纳的房产税为：

(55 000+9 500×2×2)×(1−20%)×1.2%=892.8（万元）

与原来相比，每年可以少缴19.2万元房产税。

---

3. 出租房产的税收筹划

按照现行税法的规定，纳税人出租房屋要按租金收入的12%缴纳房产税。在现实经济活动中，企业往往在出租房屋的同时将房屋内部或者外部的机器设备、生产线、办公用品等附属设施一同出租给承租方。这些附属设施并不属于房产税的征税范围。但是，如果企业与承租方在签订租赁合同时把这些设施与房屋不加区别地同时写在一份合同中，那么出租附属设施所对应的那一部分租金也要缴纳房产税，这无疑会增加企业的税收负担。因此，当纳税人既出租房屋，又出租房屋中的机器设备等附属设施时，如果分别签订房屋租赁合同和机器设备租赁合同，那么就可以只对出租房屋取得的租金收入缴纳房产税，对出租机器设备等附属设施取得的租金收入无须缴纳房产税，从而降低企业税负。

［案例6-9］

出租房产的税收筹划

A公司是一家大型汽车零部件生产企业，打算将下属的一家工厂出租给B公司，双方协商决定A公司将厂房连同机器设备一同出租给B公司，B公司每年支付厂房和机器设备租金200万元（不含税），并据此签订了一份租赁合同。A公司应如何进行税收筹划？

【解析】

如果A公司将厂房连同机器设备一起出租给B公司并与其签订一份租赁合同，未明确划分厂房和机器设备的租金，那么A公司应缴纳房产税24万元（=200×12%）。也就是说，机器设备也缴纳了12%的房产税。

如果进行税收筹划，明确划分厂房和机器设备的租金，并分别与B公司签订厂房租赁合同和机器设备租赁合同，即A公司以每年100万元的租金出租厂房并与B公司签订厂房租赁合同，同时A公司以每年100万元的租金出租机器设备并与B公司签订机器设备租赁合同。在这种情况下，虽然两项租金合计仍为200万元，但由于机器设备出租不需要按照12%的税率缴纳房产税，A公司只需要就出租厂房收取的租金100万元缴纳房产税12万元（=100×12%），与原来相比少缴了12万元（=24−12）的房产税。

---

4. 房产投资联营的税收筹划

对于投资联营的房产，由于投资方式不同，房产税的计征方式和适用税率也不同，从而为纳税人提供了税收筹划空间。

对于以房产投资联营，投资者参与投资利润分红、共担风险的，被投资方要以房产余值作为计税依据计征房产税，税率为1.2%；对于以房产投资联营，取得固定收入、不承担联营风险的，实际上是以联营名义取得房产租金，应由投资方按租金收入计算、缴纳房产税，税率为12%。纳税人可以结合这两种方式应缴纳的房产税进行成本效益分析，以决定如何选择投资方式来减轻税负。

[案例6-10]

房产投资联营的税收筹划

甲公司和乙公司为同一集团公司的子公司，均为一般计税方法纳税人，采用一般计税方法计税。甲公司将其自有的房产采用投资联营的方式提供给乙公司使用，该房产原账面价值是1 000万元。现有两套对外投资方案可供选择：

方案一，甲公司向乙公司收取固定收入，不承担风险，当年取得的固定收入共计100万元（不含税）。

方案二，甲公司参与投资利润分红，与乙公司共担风险，当年取得的分红为100万元。

已知当地房产原值减除比例为30%。甲公司应如何进行税收筹划？

【解析】

方案一：收取固定收入，不承担风险。

在该方案中，甲公司实际上是以联营名义取得房产租金，应由甲公司（投资方）按租金收入计缴房产税，税率为12%。

应缴纳的房产税=100×12%=12（万元）

方案二：甲公司参与投资利润分红，共担风险。

在该方案中，应由乙公司（被投资方）以房产余值作为计税依据计征房产税，税率为1.2%。

应缴纳的房产税=1 000×(1−30%)×1.2%=8.4（万元）

由此可见，方案二比方案一少缴房产税3.6万元（=12−8.4）。

6.4 城镇土地使用税的税收筹划

城镇土地使用税是以城市、县城、建制镇和工矿区内的国有土地或集体土地为征税对象，对拥有土地使用权的单位和个人征收的一种税。

6.4.1 城镇土地使用税的主要法律界定

1. 纳税人

城镇土地使用税的纳税人是指在征税范围内应承担纳税义务的所有单位和个人，具体包括：

（1）拥有土地使用权的单位和个人。

（2）拥有土地使用权的单位和个人不在土地所在地的，土地的实际使用人和代管人为纳税人。

（3）土地使用权未明确或权属纠纷未解决的，其实际使用人为纳税人。

（4）土地使用权共有的，共有各方都是纳税人，各方应以其实际使用的土地面积占总面积的比例，分别计算、缴纳土地使用税。

2. 征税范围

城镇土地使用税的征税范围包括城市、县城、建制镇和工矿区内国家所有及集体所有的土地。

3. 计税依据

城镇土地使用税实行从量定额征收，以纳税人实际占用的土地面积为计税依据，土地面积的计量标准为平方米。纳税人实际占用的土地面积首先以省、自治区、直辖市人民政府确定的单位组织测定的土地面积为准；尚未组织测量，但纳税人持有政府部门核发的土地使用证书的，以证书确认的土地面积为准；既未组织测量，又未核发土地使用证书的，应由纳税人据实申报土地面积。城镇土地使用税采用定额税率，即采用有幅度差别的定额税率，见表6-5。

表6-5 城镇土地使用税税率表

级别	每平方米税额（元）
大城市	1.5～30
中等城市	1.2～24
小城市	0.9～18
县城、建制镇、工矿区	0.6～12

【即学即用】 城镇土地使用税采用（　　）税率。

A. 全省统一的定额　　　　B. 有幅度差别的定额

C. 全县（区）统一的定额　　　　D. 有幅度差别的比例

答案： B

解析： 根据税法的规定，城镇土地使用税采用有幅度差别的定额税率。《中华人民共和国城镇土地使用税暂行条例》规定了基本的税额幅度，省、自治区、直辖市人民政府应当在条例规定的税额幅度内，根据市政建设状况、经济繁荣程度等条件，确定所辖地区的适用税额幅度；市、县人民政府应当根据实际情况，将本地区土地划分为若干等级，在省、自治区、直辖市人民政府确定的税额幅度内，制定相应的适用税额标准，报省、自治区、直辖市人民政府批准执行。

4. 税收优惠

城镇土地使用税的主要税收优惠政策有：

（1）国家机关、人民团体、军队自用的土地，免征城镇土地使用税。

（2）由国家财政部门拨付事业经费的单位自用的土地，免征城镇土地使用税。

（3）宗教寺庙、公园、名胜古迹自用的土地，免征城镇土地使用税。

（4）市政街道、广场、绿化地带等公共用地，免征城镇土地使用税。

（5）直接用于农、林、牧、渔业的生产用地，免征城镇土地使用税。

（6）经批准开山填海整治的土地和改造的废弃土地，从使用的月份起免征土地使用税5～10年。

（7）由财政部另行规定免税的能源、交通、水利设施用地和其他用地。

6.4.2 城镇土地使用税的筹划方法

1. 利用税收优惠进行税收筹划

（1）利用改造废弃土地进行税收筹划。税法规定，经批准开山填海整治的土地和改造的废弃土地，从使用月份起免缴城镇土地使用税5～10年。纳税人可以充分利用城市、县城、建制镇和工矿区的废弃土地或进行开山填海利用土地，以获得免税机会。

（2）通过准确核算用地进行税收筹划。如果纳税人能准确核算用地，就可以充分享受针对城镇土地使用税设定的优惠条款。例如，将农、林、牧、渔业的生产用地与农副产品加工场地和生活办公用地分离，就可享受生产用地的免税条款。

（3）利用经营采摘、观光农业进行税收筹划。税法规定，在城镇土地使用税征税范围内经营采摘、观光农业的单位和个人，其直接用于采摘、观光的种植、养殖、饲养的土地，根据《中华人民共和国城镇土地使用税暂行条例》中直接用于农、林、牧、渔业的生产用地的规定，免征城镇土地使用税。

2. 利用土地级别的不同进行税收筹划

城镇土地使用税实行幅度税额，大城市、中等城市、小城市、县城、建制镇、工矿区的税额各不相同。即使在同一地区，由于不同地段的市政建设情况和经济繁荣程度有较大区别，城镇土地使用税的税额规定也不相同，最大的相差20倍。纳税人在投资设厂时就可以进行税收筹划，选择不同级别的土地。

［案例6-11］

利用土地级别的税收筹划

某复合材料集团公司想要扩大生产基地。由于公司总部在北京，所以董事会的初步方案是将生产基地建在北京郊区，面积为10 000平方米，选用的土地为四级土地，每平方米土地每年需要缴纳城镇土地使用税12元，因此每年需要缴纳城镇土地使用税12万元。该集团公司应如何降低城镇土地使用税？

【解析】

经过多方考虑，该集团公司最终决定将生产基地建在江苏省沿海城市，这样不仅能享受其他税种（如所得税）的税收优惠，而且方便出口贸易，单是每年的城镇土地使用税也可节约不少。由于该地区的城镇土地使用税税率为每年 4 元/平方米，所以每年只需要缴纳城镇土地使用税 4 万元，节省城镇土地使用税 8 万元（=12−4）。

6.5 印花税的税收筹划

印花税是以在中华人民共和国境内书立应税凭证或者进行证券交易行为为征税对象而征收的一种税，是一种兼有行为性质的凭证税。印花税具有征收面广、税负轻、由纳税人自行购买并粘贴印花税票完成纳税义务等特点。

6.5.1 印花税的主要法律界定

1. 纳税人

书立在中华人民共和国境内具有法律效力的应税凭证，或者在中华人民共和国境内进行证券交易的单位和个人，为印花税的纳税人。按照书立、使用应税凭证的不同，印花税的纳税人可以分为立合同人、立据人、立账簿人、使用人和各类电子应税凭证的签订人以及证券交易人。

2. 税目和税率

印花税共有合同、产权转移书据、营业账簿以及证券交易四个税目。

印花税的税率分别为 0.05‰、0.25‰、0.3‰、0.5‰、1‰。

印花税的税率设计遵循税负从轻、共同负担的原则，所以税率比较低。凭证的当事人，即对凭证有直接权利与义务关系的单位和个人均应就其所持凭证依法纳税。印花税的税率有两种形式，即比例税率和定额税率。印花税税目税率表见表 6-6。

表 6-6 印花税税目税率表

税目		税率	备注
合同（指书面合同）	借款合同	借款金额的万分之零点五	指银行业金融机构、经国务院银行业监督管理机构批准设立的其他金融机构与借款人（不包括同业拆借）的借款合同
	融资租赁合同	租金的万分之零点五	
	买卖合同	价款的万分之三	指动产买卖合同（不包括个人书立的动产买卖合同）
	承揽合同	报酬的万分之三	

续表

税目		税率	备注
合同（指书面合同）	建设工程合同	价款的万分之三	
	运输合同	运输费用的万分之三	指货运合同和多式联运合同（不包括管道运输合同）
	技术合同	价款、报酬或者使用费的万分之三	不包括专利权、专有技术使用权转让书据
	租赁合同	租金的千分之一	
	保管合同	保管费的千分之一	
	仓储合同	仓储费的千分之一	
	财产保险合同	保险费的千分之一	不包括再保险合同
产权转移书据	土地使用权出让书据	价款的万分之五	转让包括买卖（出售）、继承、赠予、互换、分割
	土地使用权、房屋等建筑物和构筑物所有权转让书据（不包括土地承包经营权和土地经营权转移）	价款的万分之五	
	股权转让书（不包括应缴纳证券交易印花税的）	价款的万分之五	
	商标专用权、著作权、专利权、专有技术使用权转让书据	价款的万分之三	
营业账簿		实收资本（股本）、资本公积合计金额的万分之二点五	
证券交易		成交金额的千分之一	

【即学即用】 在下列各项中，按照产权转移书据科目缴纳印花税的是（　　）。

A. 土地使用权出让合同　　B. 土地使用权转让合同

C. 商品房销售合同　　D. 专利申请权转让合同

答案：ABC

解析：A、B、C 项属于产权转移书据范畴，D 项属于技术合同范畴。

【小思考】土地租赁合同是否需要缴纳印花税？

3. 税收优惠

下列情形免征或者减征印花税：

（1）应税凭证的副本或者抄本。

（2）依照法律规定应当予以免税的外国驻华使馆、领事馆和国际组织驻华代表机构为获得馆舍书立的应税凭证。

（3）中国人民解放军、中国人民武装警察部队书立的应税凭证。

（4）农民、家庭农场、农民专业合作社、农村集体经济组织、村民委员会购买农业生产资料或者销售农产品书立的买卖合同和农业保险合同。

（5）无息或者贴息借款合同、国际金融组织向中国提供优惠贷款书立的借款合同。

（6）财产所有权人将财产赠予政府、学校、社会福利机构、慈善组织书立的产权转移书据。

（7）非营利性医疗卫生机构采购药品或者卫生材料书立的买卖合同。

(8) 个人与电子商务经营者订立的电子订单。

根据国民经济和社会发展的需要，国务院对居民住房需求保障、企业改制重组、破产、支持小型微型企业发展等情形可以规定减征或者免征印花税，报全国人民代表大会常务委员会备案。

6.5.2 印花税的筹划方法

1. 利用印花税税收优惠政策进行税收筹划

企业可以利用印花税的税收优惠政策进行税收筹划。例如，已缴印花税的凭证的副本或者抄本，只要不视同正本使用，就不需要缴纳印花税；农民、农民专业合作社、农村集体经济组织、村民委员会购买农业生产资料或者销售自产农产品订立的买卖合同和农业保险合同，免征印花税等。

2. 利用保守金额进行税收筹划

双方在订立合同时，应充分考虑以后经济交往中可能会遇到的各种情况，确定比较合理、保守的金额，防止所载金额大于合同履行后的实际结算金额。与此同时，出于共同利益，双方或多方当事人可以经过合理筹划，使一些费用及成本通过合法途径扣除，以压缩合同金额，达到少缴纳税款的目的。

3. 利用不同借款方式进行税收筹划

一般来说，筹资方法有争取财政拨款和补贴、金融机构贷款、自我积累、社会筹资、企业间拆借以及企业内部集资。根据印花税相关法规的规定，银行及其他金融机构与借款人所签订的合同（不包括银行同业拆借）、只填写借据并作为合同使用以及取得银行借款的借据，应按照借款合同税目缴纳印花税。企业之间的借款合同不需要贴花。因此，如果两者的借款利率是相同的，则向企业借款更能节约印花税。

4. 利用最少转包次数进行税收筹划

建筑安装工程承包合同是印花税的一种应税凭证，这种合同的计税依据为合同上记载的承包金额，其适用税率为0.03%。根据印花税相关法规的规定，施工单位将自己承包的建设项目分包或者转包给其他施工单位所签订的分包合同或者转包合同，应按照新的分包合同或者转包合同上所记载的金额再次计算应纳税额。在此，印花税属于行为税类，只要有应税行为发生，就应按税法规定纳税。尽管总承包合同已依法计税贴花，但新的分包或转包合同是一种新的应税凭证，又发生了新的纳税义务，因此企业应尽量减少签订合同的环节，书立尽可能少的应税凭证，以节约印花税。

[案例6-12]

最少转包次数筹划

假定建筑公司A与某商城签订一份建筑合同，总计金额为1亿元。该建筑公司因业务需要分别与建筑公司B和C签订分包合同，其合同记载金额均为4 000万元，建筑公司B和C又分别将2 000万元的工程转包给建筑公司D和E。该商城应如何降低印花税税负？

【解析】

应纳税额的计算如下所示：

(1) 建筑公司A与商城签订合同时，双方各应缴纳印花税：

10 000×0.03%=3（万元）

(2) 建筑公司A与建筑公司B、C签订合同时，各方应缴纳的印花税如下。

建筑公司A应纳税：

(4 000+4 000)×0.03%=2.4（万元）

建筑公司B、C各应纳税：

4 000×0.03%=1.2（万元）

(3) 建筑公司B、C与建筑公司D、E签订合同时，各方应缴纳印花税：

2 000×0.03%=0.6（万元）

(4) 这五家建筑公司共应缴纳印花税：

3+2.4+1.2×2+0.6×4=10.2（万元）

如果这几方进行合理筹划，该商城分别与上述A、B、C、D、E五家建筑公司签订2 000万元的承包合同，则这五家建筑公司共应缴纳印花税：

2 000×0.03%×5=3（万元）

与原方案相比，可以节省7.2万元（=10.2−3）税款。

从以上案例可以看出，最少转包次数筹划方法的核心就是尽量减少签订承包合同的环节，尽量减少书立应税凭证的次数，以达到节约部分应缴税款的目的。

6.6 车船税的税收筹划

车船税是对在我国境内符合《中华人民共和国车船税法》（以下简称《车船税法》）规定的车辆、船舶，按其种类、数量和吨位实行定额征收的一种税。

6.6.1 车船税的主要法律界定

1. 纳税人

车船税的纳税人是指在中华人民共和国境内，拥有《车船税法》规定的车辆、船舶的所有人或者管理人。

2. 征税范围

车船税的征税范围是指在中华人民共和国境内符合《车船税法》所附《车船税税目

税额表》规定的车辆、船舶，包括依法应当在车船登记管理部门登记的机动车辆和船舶以及依法不需要在车船登记管理部门登记的在单位内部场所行驶或者作业的机动车辆和船舶。

3. 税率和计税依据

车船税采用定额税率。

乘用车、客车、摩托车以“辆”为计税依据；机动船舶以“净吨位”为计税依据；货车（包括半挂牵引车、挂车、客货两用汽车、三轮汽车和低速载货汽车等）、专用作业车、轮式专用机械车以“整备质量吨位”为计税依据；游艇以“艇身长度”为计税依据。

4. 税收优惠

下列车船免征车船税：

（1）捕捞、养殖渔船。

（2）军队、武装警察部队专用的车船。

（3）警用车船。

（4）依照法律规定应当予以免税的外国驻华使领馆、国际组织驻华代表机构及其有关人员的车船。

（5）对节约能源车船，减半征收车船税；对使用新能源车船，免征车船税。

车船税减免的其他规定

6.6.2 车船税的筹划方法

1. 利用车船税标准的临界值

由于对乘用车按发动机汽缸容量（排气量）分档规定税率，因而产生了应纳车船税税额相对排气量变化的临界点。在临界点上下，虽然排气量相差不大，但临界点两边的税额有很大变化，因此在这种情况下进行税收筹划十分必要。纳税人在临界点附近时，应尽量选购排气量较小的乘用车，不要超过临界点，以便适用较低的税率，达到税收筹划的目的。

2. 利用车船税的优惠政策

税法中规定了一些车船可以减免车船税，企业应充分利用税收优惠政策，以达到节税的目的。例如，根据《财政部、国家税务总局、工业和信息化部关于节约能源、使用新能源车船车船税优惠政策的通知》（财税［2015］51号）的规定，对节约能源车船，减半征收车船税；对使用新能源车船，免征车船税。企业可以选择节约能源的车辆或新能源车辆，这样既可以享受减征或免征车船税的税收优惠，又可以为环境保护贡献自己的力量。又如，我国对捕捞、养殖渔船免税，这里的捕捞、养殖渔船是指在渔业船舶登记管理部门登记为捕捞船或者养殖船的船舶，符合条件的捕捞、养殖船舶应主动到渔业船舶登记管理部门登记，以便享受免税优惠。

6.7 车辆购置税的税收筹划

车辆购置税是以在中国境内购置规定的车辆为征税对象，在特定的环节向车辆购置者征收的一种税。

6.7.1 车辆购置税的主要法律界定

1. 纳税人、税率和征税范围

在中华人民共和国境内购置《中华人民共和国车辆购置税法》规定的车辆（以下简称“应税车辆”）的单位和个人，为车辆购置税的纳税人，应当依照规定缴纳车辆购置税。这里所说的购置，包括购买、进口、自产、受赠、获奖或者以其他方式取得并自用应税车辆的行为。车辆购置税的税率为10%。车辆购置税的征税范围包括汽车、有轨电车、汽车挂车、排气量超过150毫升的摩托车。

【小思考】购买二手车自用需要缴纳车辆购置税吗？

2. 计税依据

车辆购置税属于从价税，车辆价格是否合理会直接影响税款的高低。因此，国家根据不同情况，对计税价格做出如下规定：

（1）纳税人购买自用应税车辆的计税价格，为纳税人实际支付给销售者的全部价款，不包括增值税税款。

（2）纳税人进口自用应税车辆的计税价格，为关税完税价格加上关税和消费税。

（3）纳税人自产自用应税车辆的计税价格，按照纳税人生产的同类应税车辆的销售价格确定，不包括增值税税款。

（4）纳税人以受赠、获奖或者其他方式取得自用应税车辆的计税价格，按照购置应税车辆时相关凭证载明的价格确定，不包括增值税税款。

纳税人申报的应税车辆计税价格明显偏低且无正当理由的，由税务机关依照《中华人民共和国税收征收管理法》的规定核定其应纳税额。

【即学即用】 在下列各项中，属于车辆购置税应税行为的有（　　）。

A. 购买使用行为　　B. 获奖使用行为

C. 进口使用行为　　D. 受赠使用行为

答案：ABCD

解析：根据税法的规定，购买、进口、自产、受赠、获奖或者以其他方式取得并自用应税车辆的行为均为车辆购置税的应税行为，均应缴纳车辆购置税。

3. 税收优惠政策

（1）依照法律规定应当予以免税的外国驻华使馆、领事馆和国际组织驻华机构及其有关人员自用的车辆。

（2）中国人民解放军和中国人民武装警察部队列入装备订货计划的车辆。

（3）悬挂应急救援专用号牌的国家综合性消防救援车辆。

（4）设有固定装置的非运输专用作业车辆。

（5）城市公交企业购置的公共汽电车辆。

（6）自2018年1月1日至2020年12月31日，对购置的新能源汽车免征车辆购置税。

6.7.2 车辆购置税的筹划方法

纳税人在购置车辆时，其计税依据是购买应税车辆而支付给销售方的全部价款与价外费用，但不包括增值税税款。价外费用的项目比较多，如果处理得当，可以将属于价外费用的项目不计入计税价格中。显然，此举可以降低车辆购置税，具体做法应视实际销售行为而定。

1. 区别对待代收款项

凡使用代收单位（受托方）票据收取的款项，应视作代收单位价外收费，购买者支付的价费款，应并入计税价格中一并征税；凡使用委托方票据收取，受托方只履行代收义务和收取代收手续费的款项，不应并入计税价格中征收车辆购置税，应按其他税收政策规定征税。

2. 准确划分购车款与其他相应费用

购买者随购买车辆支付的工具件和零部件款应作为购车款的一部分，并入计税价格中征收车辆购置税，如果销售时间或销售方不同，则不应并入计税价格中。支付的车辆装饰费作为价外费用，应并入计税价格中计税，如果收款时间或收款单位不同，则不应并入计税价格中。因此，企业可以通过不同时间和不同的销售方式，使其他费用与购车款相分离，达到节税的目的。

与此同时，如果纳税人将车辆牌照费、销售方代办保险而向购买方收取的保险费等分开，由相关单位另行开具发票，就可以合理降低其计税价格，从而减少车辆购置税支出。

[案例6-13]

合理分解计税价格的税收筹划

查先生在广州购买了一辆本田轿车供自己使用，支付的购车款总计240 000元（含增值税价款）。另外，他支付的其他费用包括：车辆牌照费200元，购买各种工具件共3 000元，销售方代办保险等而向购买方收取的保险费5 000元，车辆装饰费15 000元。各款项均由汽车4S店开具发票。查先生应如何降低车辆购置税税负？

【解析】

在未进行税收筹划前，查先生应缴纳的车辆购置税为23 292.04元，相应的计算过程如下：

$$应纳车辆购置税=\frac{240\ 000+200+3\ 000+5\ 000+15\ 000}{1+13\%}\times 10\%=23\ 292.04（元）$$

如果这家销售汽车的4S店在向购买方收取车辆牌照费和保险费时使用并开具相应单位的票据，且各种工具件由查先生购置本田轿车后另行购买，该车辆也在购置后另行装饰，则车辆牌照费、向购买方收取的保险费、各种工具件、车辆装饰费均无须计入车辆计税价格，车辆的计税价格就变为240 000元。此时，应纳的车辆购置税为21 238.94元，相应的计算过程如下所示：

$$应纳车辆购置税=\frac{240\ 000}{1+13\%}\times10\%=21\ 238.94\text{（元）}$$

两者相比，节约的车辆购置税税款为2 053.10元（=23 292.04－21 238.94）。

6.8 契税的税收筹划

契税是以在中华人民共和国境内转移土地、房屋权属为征税对象，向产权承受人征收的一种财产税。

6.8.1 契税的主要法律界定

1. 纳税人和征税对象

在中华人民共和国境内转移土地、房屋权属，承受的单位和个人为契税的纳税人，应当依照规定缴纳契税。契税的征税对象是在中华人民共和国境内转移的土地、房屋权属，具体包括：土地使用权出让；土地使用权转让（包括出售、赠予和交换）；房屋买卖；房屋赠予；房屋交换。土地使用权转让不包括土地承包经营权和土地经营权的转移。

【即学即用】 居民乙拖欠居民甲的债务无力偿还，2015年以房产抵偿债务，居民甲因此取得该房产的产权并支付给居民乙差价款10万元。甲、乙双方应由谁来缴纳契税？

解析： 以房抵债视同房屋买卖，应由产权承受人按房屋现值缴纳契税，所以应由居民甲缴纳。

2. 税率和计税依据

契税实行3%～5%的幅度税率，其计税依据是不动产的价格。由于土地、房屋权属转移的方式不同，定价方法也不同，因此具体计税依据依不同情况而定：

土地使用权出让、出售，房屋买卖，为土地、房屋权属转移合同确定的成交价格，包括应交付的货币、实物、其他经济利益对应的价款。

土地使用权交换、房屋交换，为所交换的土地使用权、房屋价格的差额。也就是说，交换价格相等时，免征契税；交换价格不等时，由多交付货币、实物、无形资产或者其他经济利益的一方缴纳契税。

土地使用权赠予、房屋赠予以及其他没有价格的转移土地、房屋权属行为，为税务机关参照土地使用权出售、房屋买卖的市场价格依法核定的价格。

成交价格、交换价格差额明显偏低且无正当理由的，由税务机关参照市场价格依法核定。

计征契税的成交价格不含增值税。

3. 税收优惠

有下列情形之一的，免征契税：

(1) 国家机关、事业单位、社会组织、军事单位承受土地、房屋权属用于办公、教学、医疗、科研、军事设施。

(2) 非营利性的学校、医疗机构、社会福利机构承受土地、房屋权属用于办公、教学、医疗、科研、养老、救助。

(3) 承受荒山、荒地、荒滩土地使用权用于农、林、牧、渔业生产。

(4) 婚姻关系存续期间夫妻之间变更土地、房屋权属。

(5) 法定继承人通过继承承受土地、房屋权属。

(6) 依照法律规定应当予以免税的外国驻华使馆、领事馆和国际组织驻华代表机构承受土地、房屋权属。

免征或减征契税的其他规定

6.8.2 契税的筹划方法

1. 对企业合并、分立、改组等情形的契税筹划

在现阶段，企业改组改制的情况有很多，税法对此做了特殊的规定，了解和充分利用这些规定进行税收筹划，可以节省契税。

例如，在企业合并中，两个或两个以上的公司依照法律规定、合同约定，合并为一个公司，并且原投资主体存续的，对合并后公司承受原合并各方土地、房屋权属的，免征契税；在企业分立中，公司依照法律规定、合同约定分立为两个或两个以上与原公司投资主体相同的公司，对分立后公司承受原公司土地、房屋权属的，免征契税；以增资扩股进行股权重组，对以土地、房屋权属作价入股或作为出资投入企业的要征收契税；而以股权转让进行重组，在股权（股份）转让中，单位、个人承受公司股权（股份），公司土地、房屋权属不发生转移的，不征收契税。

再如，企业依照有关法律法规实施破产，债权人（包括破产企业职工）承受破产企业抵偿债务的土地、房屋权属，免征契税；对非债权人承受破产企业土地、房屋权属，凡按照《中华人民共和国劳动法》等国家有关法律法规政策妥善安置原企业全部职工，与原企业全部职工签订服务年限不少于三年的劳动用工合同的，对其承受的所购企业土地、房屋权属，免征契税；与原企业超过30%的职工签订服务年限不少于三年的劳动用工合同的，减半征收契税。

2. 利用房屋交换进行税收筹划

对于土地使用权交换、房屋交换，以所交换土地使用权、房屋价格的差额为计税依据。显然，进行房屋交换所纳契税远低于普通的房屋购置，所以纳税人可以将原来不属于

交换的行为，通过合法的途径变为交换行为，以减轻税负。

如果双方当事人进行交换的房屋价格相等、价差为零，则任何一方都不用缴纳契税，所以当纳税人交换土地使用权或房屋所有权时，如果双方的价格差额较小甚至没有，就可以达到节税的目的。

[案例 6-14]

利用房屋交换进行税收筹划

有甲、乙、丙三位经济当事人，甲和丙都拥有一套价值500万元的房屋，乙想购买甲的房屋，甲想在购买丙的房屋后出售其现有的那套房屋。甲、乙、丙应如何进行房屋交换筹划？

【解析】

如果不进行税收筹划，乙购买甲的房屋应缴纳契税，具体计算如下所示（假定税率为5%）：

应纳税额＝500×5%＝25（万元）

同理，甲购买丙的房屋，甲也应缴纳契税，税款也为25万元。

如果三方进行调整，先由甲和丙交换房屋，再由丙将房屋出售给乙，同样可以达到上述买卖结果，但应纳税款大大减少了。因为甲和丙交换房屋所有权为等价交换，没有价格差额，不用缴纳契税。在丙将房屋出售给乙时，应由乙缴纳契税，具体计算如下所示：

应纳税额＝500×5%＝25（万元）

与上一种交易方式相比，可以节省税款25万元。

3. 充分利用税收优惠政策进行税收筹划

契税的纳税人可充分利用契税的税收优惠政策达到税收筹划的目的。例如，城镇职工按规定第一次购买公有住房，免征契税。对个人购买普通住房，且该住房属于家庭唯一住房的，减半征收契税。对个人购买90平方米及以下普通住房，且该住房属于家庭唯一住房的，减按1%的税率征收契税。城镇职工和个人可充分利用这一优惠政策，以达到税收筹划的目的。

4. 通过签订分立合同进行税收筹划

根据《财政部、国家税务总局关于房屋附属设施有关契税政策的批复》（财税［2004］126号）的规定：

（1）对于承受与房屋相关的附属设施（包括停车位、汽车库、自行车库、顶层阁楼以及储藏室，下同）的所有权或土地使用权的行为，按照契税法律法规的规定征收契税；对于不涉及土地使用权和房屋所有权转移变动的，不征收契税。

（2）采取分期付款方式购买房屋附属设施土地使用权、房屋所有权的，应按合同规定的总价款计征契税。

（3）承受的房屋附属设施权属为单独计价的，按照当地确定的适用税率征收契税；与房屋统一计价的，适用与房屋相同的契税税率。

因此，企业可以通过签订分立合同的方法，清晰区分土地使用权和房屋所有权发生转移的部分，以达到节税的目的。

[案例 6-15]

出售附属设施的税收筹划

甲公司有一化肥生产车间拟出售给乙化工公司，该化肥生产车间有一栋生产厂房及其他生产厂房附属物。附属物主要为围墙、烟囱、水塔、变电塔、油池油柜、若干油气罐、挡土墙、蓄水池等，化肥生产车间总占地面积为 3 000 平方米，整体评估价为 600 万元（其中，生产厂房评估价为 160 万元，3 000 平方米土地的评估价为 240 万元，其他生产厂房附属物的评估价为 200 万元）。乙化工公司按整体评估价 600 万元（不含税）购买，假定当地契税税率为 4%。乙化工公司应如何进行契税的税收筹划？

【解析】

乙化工公司应缴纳的契税为：

应缴纳契税＝600×4%＝24（万元）

根据税法的规定，对于承受与房屋相关的附属设施（包括停车位、汽车库、自行车库、顶层阁楼以及储藏室，下同）所有权或土地使用权的行为，按照契税法律法规的规定征收契税；对于不涉及土地使用权和房屋所有权转移变动的，不征收契税。如果甲公司与乙化工公司签订两份销售合同：第一份合同为销售生产厂房及 3 000 平方米土地使用权的合同，销售合同价款为 400 万元（不含税）；第二份合同为销售独立于房屋之外的建筑物、构筑物以及地面附着物（主要包括围墙、烟囱、水塔、变电塔、油池油柜、若干油气罐、挡土墙、蓄水池等），销售合同价款为 200 万元。第二份合同涉及的生产厂房附属物不涉及土地使用权和房屋所有权的转移变动，不征收契税。因此，经过税收筹划，乙化工公司只就第一份销售合同缴纳契税，即

应缴纳契税＝400×4%＝16（万元）

因此，乙化工公司可节约契税支出 8 万元（＝24－16）。

6.9 关税的税收筹划

关税是由海关代表国家依法对进出国境（关境）的货物或物品征收的一种税，属于流转税范畴。它是根据国家的关税政策和对外开放政策的要求，为鼓励出口、扩大必需品进口、保护和促进国民经济稳定发展以及保证国家财政收入而开征的税种。

6.9.1 关税的主要法律界定

1. 纳税人

根据税法的规定，进口货物的收货人、出口货物的发货人、进出境物品的所有人是关税的纳税人。进出口货物的收（发）货人是依法取得对外贸易经营权，并进口或出口货物的法人或者其他社会组织。进出境物品的所有人，包括该物品的所有人和推定为所有人的人。

2. 征税对象

关税的征税对象是准许进出境的货物和物品。货物是指贸易性商品；物品包括入境旅客随身携带的行李和物品，个人邮递物品，各种运输工具上的服务人员携带进口的自用物品、馈赠物品，以及通过其他方式进入我国国境的个人物品。

3. 税　率

关税税率分为进口税率和出口税率两部分。《中华人民共和国进出口关税条例》规定，进出口货物应当依照税则规定的归类细则归入合适的税号，并按照适用的税率征税。

4. 应纳税额的计算

关税有从价税、从量税、复合税和滑准税的计税方法。

（1）从价税的计税方法。

$$\text{应纳税额}=\text{应税进（出）口货物数量}\times\text{单位完税价格}\times\text{适用税率}$$

（2）从量税的计税方法。

$$\text{应纳税额}=\text{应税进（出）口货物数量}\times\text{关税单位税额}$$

（3）复合税的计税方法：

$$\text{应纳税额}=\text{应税进（出）口货物数量}\times\text{单位完税价格}\times\text{适用税率}+\text{应税进（出）口货物数量}\times\text{关税单位税额}$$

（4）滑准税的计税方法：

$$\text{应纳税额}=\text{应税进（出）口货物数量}\times\text{单位完税价格}\times\text{滑准税税率}$$

5. 税收优惠

关税的税收优惠政策包括：

（1）关税税额在人民币50元以下的一票货物，可免征关税。

（2）无商业价值的广告品和货样，可免征关税。

（3）外国政府、国际组织无偿赠送的物资，可免征关税。

（4）进出境运输工具转载的途中必需的燃料、物料和饮食用品，可予免税。

（5）法律规定的减征或者免征关税的其他货物。

其他关税优惠政策

6.9.2 关税的筹划方法

1. 利用税收优惠

税法规定了许多政策性关税减免优惠，包括法定减免和特定减免。企业应充分掌握、利用这些优惠政策，争取最大限度地获得税收优惠，减少关税应纳税额。

2. 递延缴纳时间

纳税人可以利用关税报关及纳税义务发生时间的规定，递延关税纳税时间。

[案例6-16]

递延关税纳税时间的税收筹划

一家进出口公司进口一批货物。若海关从接受申报对货物进行查验到填发税款缴纳证共需两天时间，该公司应如何利用关税纳税时间进行税收筹划?

【解析】

(1) 选择星期一报关。若该公司选择星期一报关，那么星期三海关填发税款缴纳证，从星期四起的纳税期限为7天。这样，该公司最迟应于第二周的星期五缴纳税款，其全部税款的占用时间最多为9天（包括星期六、星期日两天）。

(2) 选择星期二报关。若该公司在报关期限内能够推迟到星期二报关，那么海关就会于星期四填发税款缴纳证，纳税人就应依法从星期五开始的7日之内缴纳关税。这样，最晚纳税时间为第三周的星期一，纳税人全部税款的占用时间就为11天（两个星期六和星期日共4天）。

由此可见，若该公司选择星期二报关，就可以在合法的范围内延长对应纳税款的占用时间。

3. 利用进口原材料及零部件的税收筹划

各国的关税税率大多对产成品和零部件区别对待，原材料和零部件的关税税率最低，半成品的税率次之，产成品的税率最高。因此，跨国公司可以考虑在投资国加工生产进口原材料及零部件，从而节省税款。

[案例6-17]

利用进口原材料及零部件的税收筹划

A公司是一家跨国公司，主要生产销售某种大型机械设备。该公司为了扩大营业规模，经公司高层商讨后决定进入中国市场，向中国输入某种大型机械设备。假定进口该设备的关税税率为25%，进口该设备零部件的关税税率为15%。A公司应如何进行税收筹划?

【解析】

方案一：设立销售公司。

在中国境内设立一家机械设备销售企业作为A公司的子公司，直接进口这种大型机械设备，适用25%的进口关税税率。

方案二：设立总装配公司。

在中国境内设立一家总装配公司作为子公司，通过进口组装这种大型机械设备的原材料及零部件，在国内进行组装，适用15%的进口关税税率。

由此可见，设立总装配公司能够节约更多的税款。

4. 通过转让定价的税收筹划

关税负担的高低与单位完税价格有很大的关系，进（出）口价格越高，应该缴纳的关税就越多；价格越低，应该缴纳的关税就越低。为达到价格下调、节省关税的目的，企业就应在相应国家设立自己的子公司，进行国际转让定价的税收筹划。

[案例6-18]

利用转让定价的税收筹划

M国的A公司是中国B公司的总公司，A公司控制B公司100%的股权。已知A公司对B公司销售一批零件，由B公司加工后在中国出售。A公司零部件的生产成本为100万元，A公司对B公司按正常价格销售产品的收入为200万元，但A公司以150万元的价格将零件卖给B公司。不考虑其他因素，假设该产品适用的关税税率为15%，其售价就是关税完税价格。在这种情况下，A公司能节省多少关税？

【解析】

(1) 在正常价格下A公司应纳关税的计算：

应纳关税＝200×15%＝ 30（万元）

(2) 在转让定价方式下A公司应纳关税的计算：

应纳关税＝150×15%＝22.5（万元）

由上面的计算可知，在转让定价前后，A公司缴纳的关税相差7.5万元（＝30－22.5），即通过转让定价，A公司可少缴纳关税7.5万元。

本章小结

本章介绍了其他税种的筹划，包括土地增值税、资源税、房产税、城镇土地使用税、印花税、车船税、车辆购置税、契税、关税九个税种。

为了便于学习这九个税种，本章在归纳各税种主要法律界定的基础上，总结归纳了各税种的筹划方法，并设计了一些具体案例，以便加强学生对这些税种进行税收筹划的理解和掌握。

关键术语

土地增值税　　超率累进税率　　增值额　　增值率　　资源税

房产税　从价计征　从租计征　投资联营　城镇土地使用税
印花税　车船税　车辆购置税　计税价格　契税
关税

思考题

1. 土地增值税的开发成本与开发费用是如何规定的？如何有效地进行税收筹划？

2. 资源税相关法规规定，纳税人的减税、免税项目，应当单独核算销售额或者销售数量；未单独核算或者不能准确提供销售额或者销售数量的，不予减税或者免税。如何利用这一政策进行税收筹划？

3. 印花税的合同类型不同，其税负高低也不同。如果一个合同涉及若干经济业务，如何进行税收筹划？

4. 举例说明如何有效地降低纳税人的车船税。

5. 车辆购置税的税率是一定的，决定其税负高低的关键因素在于计税价格的高低，如何有效地在实践中进行税收筹划？

6. 能否通过减少流通环节来节约契税？请举例说明。

习　题

1. 位于北京市的A公司为房地产开发企业，其商品房销售收入为5亿元，其中普通住宅的销售额为3亿元，豪华住宅的销售额为2亿元。税法规定的可扣除项目金额为3.6亿元，其中普通住宅的可扣除项目金额为2.6亿元，豪华住宅的可扣除项目金额为1亿元。请问该房地产开发公司应如何筹划，才能使本年度缴纳的土地增值税较少？

2. B公司和C公司为D公司的两家子公司。2015年初，C公司由于业务扩张，急需新的办公场所，B公司正好有一处办公楼处于闲置状态。B公司和C公司经过协商，决定将其自有的闲置办公楼以投资联营的方式提供给C公司使用。该办公楼购置于2010年，原账面价值为5 000万元。现有两套投资方案可供选择。

方案一：B公司向C公司收取固定收入，不承担风险，当年取得的固定收入共计300万元。

方案二：B公司参与投资利润分红，与C公司共担风险，当年取得分红300万元。

已知当地房产原值减除比例为20%，城市维护建设税税率为7%，教育费附加征收率为3%，地方教育附加征收率为2%。请问应该采用哪种投资方案？

时雨课堂

空姐代购逃税：改变的命运①

离职空姐李某因多次携带从韩国免税店购买的化妆品入境且未申报，总计逃税 100 余万元，一审以走私普通罪判处有期徒刑 11 年，罚金 50 万元。后经北京市高级人民法院（以下简称“北京高院”）二审将此案发回重审，最终判决李某有期徒刑 3 年，罚金 4 万元。这一判决彻底改变了李某瑰丽多彩的人生轨迹，令人扼腕叹息！

我国《宪法》第五十六条规定：“中华人民共和国公民有依照法律纳税的义务。”纳税义务具有强制性，每个公民都必须遵守，依法纳税是每个公民应尽的义务。作为新时代的大学生，一定要树立正确的人生观、价值观和职业观，在享受中国经济发展带来红利的同时，应自觉承担起相应的社会责任，自觉遵纪守法，传播正能量。

空姐代购逃税：
改变的命运

① 本阅读材料根据新浪网“空姐海外代购案改判 3 年 被告律师称要上诉到底”以及《三联生活周刊》官网“空姐代购获刑案”的报道改编。

第7章

国际税收筹划

[学习提示] 本章主要介绍国际税收筹划的基本概念和基本方法。在介绍国际税收筹划的内涵与相关核心要素以及当前国际税收筹划面临挑战的基础上，本章重点围绕境外组织架构、境外所得来源地、利润汇回与投资退出模式等国际税收筹划方法展开分析。

案例导入

中国居民企业A公司计划向海外市场销售自主研发的智能手机，它面临多个销售方案的选择：

(1) 通过官网直接向海外市场销售，由中国境内发货。

(2) 通过官网直接向海外市场销售，在市场所在地设立仓库，由当地仓库发货。

(3) 在市场所在地设立销售分公司。

(4) 在市场所在地设立销售子公司。

(5) 在海外设立国际经销服务中心，从中国境内母公司采购手机，并向海外销售分公司或子公司进行分销。

在进行销售方案选择时，除了要考虑业务模式各自的优劣之外，还需要关注不同方案的税负差异。由于未在东道国构成常设机构，因而方案(1)和方案(2)通常不会在东道国产生所得税纳税义务。方案(3)和方案(4)的税负差异主要源于东道国的税率水平以及分公司与子公司的盈利状况等。方案(5)具有中和境外高低税负的作用。方案(4)和方案(5)对子公司税后利润的处理存在递延纳税的税收筹划空间。A公司在考虑税收负担时，不仅需要考虑企业经营利润在东道国的纳税义务，而且需要考虑跨境利润汇回所对应的预提税负担，以及在居住国进行境外税收抵免后的补税负担。

7.1 国际税收筹划概述

7.1.1 国际税收筹划的内涵

国际税收筹划是指纳税人在不违反相关国家（地区）的国内税法、国际税收协定、区域性的税收协调法规以及其他国际税收法律规定的前提下，降低某跨境经济活动的税收负担或其全球税收负担的规划与安排。国际税收筹划并非国内税收筹划的平移延伸，它涉及不同国家（地区）的税收制度以及国际税法规定，因此国际税收筹划在原理、方法等方面与国内税收筹划存在较大差异。简而言之，国际税收筹划不仅需要通过综合设计来降低纳税人的境内外税负，而且需要避免国际重复征税和规避国际反避税风险。

7.1.2 国际税收筹划的核心要素

（1）税收居民身份。税收居民身份是国际税收筹划的基础概念。全球大多数国家（包括我国）或地区同时实施居民管辖权与地域管辖权，即对本国居民的全球所得以及非居民来源于本国的所得征税。因此，税收居民身份的认定非常重要。各国（地区）关于税收居民身份的认定标准通常存在于国内税法体系，不同国家之间存在差异。一般来说，对于自然人税收居民身份的认定，常见的判定依据包括长久居住的主观意愿、实际停留时间的客观事实等，具体体现为住所、居所、停留时间等判定标准。对于法人税收居民身份的认定，常见的判定依据有法律注册地、管理机构所在地、总机构所在地等。

另外，双边税收协定①中的居民条款，可以有效解决缔约国双方居民管辖权冲突造成的双重税收居民身份问题，从而避免相应的国际重复征税问题。以《中华人民共和国政府和新加坡共和国政府关于对所得避免双重征税和防止偷漏税的协定》（以下简称《中新税收协定》）为例，如果一个自然人同时被中国和新加坡认定为本国的税收居民，其身份应按以下规则②确定：①应认为仅是其永久性住所所在缔约国的居民；如果在缔约国双方同时有永久性住所，应认为是与其个人和经济关系更密切（重要利益中心）所在缔约国的居民。②如果其重要利益中心所在国无法确定，或者在缔约国任何一方都没有永久性住所，应认为是其有习惯性居处所在国的居民。③如果其在缔约国双方都有，或者都没有习惯性居处，应认为仅是其国民所属缔约国的居民。④在其他任何情况下，缔约国双方主管当局

① 通常是指两个国家（地区）之间签署的避免所得和财产重复征税的双边税收协定。

② 该判定规则体现了两个国际税收协定范本，即《经济合作与发展组织关于对所得和财产避免双重征税的协定范本》（以下简称《经合组织范本》）和《关于发达国家与发展中国家间双重征税的协定范本》（以下简称《联合国范本》）的加比规则。

应通过协商解决。《中新税收协定》还规定，除个人以外，同时为缔约国双方居民的人，应认为是其实际管理机构所在缔约国的居民。如果其实际管理机构不能确定，应由缔约国双方主管当局通过相互协商解决。该条款适用于一个企业同时被中国和新加坡认定为本国居民企业的情形。

纳税人在进行国际税收筹划时，应特别注意以下三个与税收居民身份相关的问题。

第一，纳税人在跨境经营或投资过程中，若要享受国际税收协定的条款等，重要前提之一为纳税人必须是该协定缔约国一方或双方的税收居民。例如，《中新税收协定》指出，该协定适用于缔约国一方或者同时为双方居民的人。

第二，如果纳税人被同时认定为两国或多国的税收居民，则建议依据国与国之间签署的税收协定，申请明确其唯一的税收居民身份，以避免由居民管辖权冲突造成的国际重复征税。但是，如果国际税收协定网络并未覆盖这些国家，那么纳税人应避免同时成为相互未签署税收协定的国家的税收居民，以避免因为双重税收居民身份而承担双重税负。

第三，纳税人在同时实施居民管辖权和地域管辖权的国家（地区）从事经济活动，如果不想就全球所得向该国（地区）缴税，应避免成为该国（地区）的税收居民。

【知识点提醒】目前，我国对税收居民身份的认定规定如下：

《中华人民共和国个人所得税法》第一条规定：在中国境内有住所，或者无住所而一个纳税年度内在中国境内居住累计满一百八十三天的个人，为居民个人。居民个人从中国境内和境外取得的所得，依照本法规定缴纳个人所得税。

《中华人民共和国企业所得税法》第二条规定：本法所称居民企业，是指依法在中国境内成立，或者依照外国（地区）法律成立但实际管理机构在中国境内的企业。

（2）所得来源地。除了明确税收居民身份之外，还需根据所得类型明确所得的来源地，这对明确非居民的纳税义务非常重要。根据国际惯例，通常所得来源国对来源于本国的所得具有优先征税权，居住国对本国居民的境外所得行使第二征税权。

与“居民”概念相比，大多数国家的国内税法和国际税收协定对“来源地”概念的发展显得相当滞后。大多数国家只是概略地规定了如何判定所得的来源地。《经合组织范本》和《联合国范本》提供了混合性规则，即在多个条款中明确了缔约国双方对该类型所得的征税权。例如，《经合组织范本》和《联合国范本》的经营利润条款均规定缔约国一方企业的利润应仅在该缔约国征税，但该企业通过设在缔约国另一方的常设机构在该国进行营业的除外。

纳税人在进行国际税收筹划时，需要注意与所得来源地相关的问题：

第一，对于一国居民管辖权与另一国地域管辖权冲突造成的国际重复征税问题，纳税人可以根据缔约国双方签署的双边税收协定解决。国际税收协定对避免所得和财产的双重征税问题做出了重要协调。例如，《经合组织范本》关于个人所得的征税协调，具体分为雇用所得、董事费、艺术家和运动员、退休金、政府服务、学生等条款。另外，税收协定中关于投资所得的征税协调，基本是按照来源国与居住国共享税收利益的原则，对于特定类型的投资所得（股息、利息、特许权使用费），来源国按照限定税率征税，给居住国预留一部分征税权。具体的征税权规定详见相关双边税收协定的内容。

需要注意的是，在实践中，来源国通常是按照国内税法行使征税权力，如果纳税人希望享受税收协定的条款规定，需要向来源国税务部门提供其税收居民身份证明，申请适用税收协定条款。

第二，对于同一笔所得，如果两个国家对该所得类型的判定并不一致，而且这笔所得被同时认定为来源于这两个国家，即产生了一国地域管辖权与另一国地域管辖权的冲突，由此导致的国际重复征税问题无法根据这两国签订的双边税收协定解决。纳税人在进行国际税收筹划时，应注意各国国内税法之间的差异，避免出现这种情况。

【知识点提醒】目前，我国关于所得来源地判定的法律规定如下：

《中华人民共和国个人所得税法实施条例》第三条规定，除国务院财政、税务主管部门另有规定外，下列所得，不论支付地点是否在中国境内，均为来源于中国境内的所得：

（一）因任职、受雇、履约等在中国境内提供劳务取得的所得；

（二）将财产出租给承租人在中国境内使用而取得的所得；

（三）许可各种特许权在中国境内使用而取得的所得；

（四）转让中国境内的不动产等财产或者在中国境内转让其他财产取得的所得；

（五）从中国境内企业、事业单位、其他组织以及居民个人取得的利息、股息、红利所得。

（3）税率差异。世界各国（地区）之间的税率差异较大，以企业所得税为例，见表7-1和表7-2。各国税率以及税率结构的差异为纳税人的国际税收筹划创造了空间，通过特定的组织架构与交易安排，纳税人将所得从高税地转移到低税地，可以达到降低全球总税负的目的。

表7-1 2021年企业所得税法定税率最高的20个国家（地区）

国家（地区）	企业所得税法定税率（%）
科摩罗	50
波多黎各	37.5
苏里南	36
阿根廷	35
乍得	35
古巴	35
赤道几内亚	35
几内亚	35
马耳他	35
法属圣马丁	35
荷属圣马丁	35
苏丹	35
赞比亚	35
美属萨摩亚	34
巴西	34
委内瑞拉	34
喀麦隆	33
圣基茨和尼维斯	33
塞舌尔	33
孟加拉国	32.5

资料来源：Tax Foundation 网站。

表 7-2 2021 年企业所得税法定税率最低的 20 个国家（地区）

国家（地区）	企业所得税法定税率（%）
巴巴多斯	5.5
乌兹别克斯坦	7.5
土库曼斯坦	8
匈牙利	9
黑山	9
安道尔	10
波黑	10
保加利亚	10
智利	10
科索沃	10
吉尔吉斯斯坦	10
巴拉圭	10
卡塔尔	10
北马其顿	10
东帝汶	10
中国澳门	12
摩尔多瓦	12
塞浦路斯	12.5
直布罗陀	12.5
爱尔兰	12.5

资料来源：Tax Foundation 网站。

注：不含企业所得税法定税率为零的国家（地区）。

除了表 7-2 列出的低税地之外，全球还存在多个不开征企业所得税的国家（地区），如开曼群岛、英属维尔京群岛、巴哈马、百慕大群岛等。

纳税人利用国别税率差异进行国际税收筹划时，需要注意以下三个问题：

第一，境外低税率只意味着在来源国的低税率，通常纳税人还需要在居住国进行抵免后补税，居住国实施单一地域管辖权的除外。

第二，推迟课税的问题。在一些国家存在推迟课税的规定，对于本国居民公司来源于境外子公司的股息、红利所得在未汇回本国以前可以先不缴纳本国的所得税，当这些境外所得汇回本国时，本国居民公司再就其申报纳税。推迟课税规定的存在，使境外低税率优势得以实现。需要注意的是，我国税法并没有“海外投资利润不汇回不对其征税”的推迟课税规定。①

第三，受控外国公司法规。为了打击跨国公司利用国际避税地长期将利润滞留在海外的做法，很多国家出台了受控外国公司法规，对本国企业控股的外国企业取得的所得征税，无论这些所得是否汇回本国。因此，纳税人应特别关注有关国家的受控外国公司法规，以防范相应的税收风险。

---

① 根据相关法规的规定，来源于境外的股息、红利等权益性投资收益，应按被投资方做出利润分配决定的日期确定收入实现。

【知识点提醒】我国关于受控外国公司的规定主要体现如下。

根据《中华人民共和国企业所得税法》的规定，由居民企业，或者由居民企业和中国居民控制的设立在实际税负明显低于25%的国家（地区）的企业，并非由于合理的经营需要而对利润不作分配或减少分配的，上述利润中应归属于该居民企业的部分，应当计入该居民企业的当期收入。

《国家税务总局关于印发〈特别纳税调整实施办法（试行）〉的通知》（国税发［2009］2号）第八章"受控外国企业管理"做出了具体规定，并指出，中国居民企业股东能够提供资料证明其控制的外国企业满足以下条件之一的，可免于将外国企业不作分配或减少分配的利润视同股息分配额，计入中国居民企业股东的当期所得：

（一）设立在国家税务总局指定的非低税率国家（地区）；

（二）主要取得积极经营活动所得；

（三）年度利润总额低于500万元人民币。

（4）业务模式对应的税收政策的差异性。跨国公司从事国际经济活动，需要关注不同的业务模式所适用的税收政策的差异。例如，在数字经济背景下，在线零售商想要开拓A国市场，将在线零售业务面向A国消费者，它有多种方案可以选择。例如，在线零售商既可以在A国设立子公司专门从事在线零售业务，又可以在A国设立分销商，还可以直接在线为A国消费者提供网络零售服务。不同方案对应的在A国的纳税义务有所不同，此时就需要跨国公司对这一业务目标下不同方案的税务成本进行对比与规划：首先，应尽量避免国际重复征税；其次，应寻找降低东道国税负及跨境整体税负的可行税收筹划方案。

7.1.3 国际税收筹划面临的新挑战

（1）反避税与特别纳税调整。随着全球反避税浪潮的来临，我国在国际税收管理法规体系建设方面取得了显著进展，尤其是不断完善了国内的反避税相关法规，并且结合税基侵蚀与利润转移（以下简称"BEPS"）行动计划的相关成果对我国签订的双边税收协定进行了修订。在新的反避税法规政策环境下，纳税人在进行国际税收筹划时需要深入了解这些政策变化，及时调整筹划安排，以避免不必要的税收风险。与此同时，为了鼓励企业"走出去"，我国也进一步完善了企业对外投资的税收管理规定。例如，《财政部、税务总局关于完善企业境外所得税收抵免政策问题的通知》（财税［2017］84号）修改了企业境外所得税收抵免的相关规定，纳税人应积极了解政策变化，以便充分利用相关政策优势，减少不必要的跨境税收负担。

【知识点提醒】自2009年以来，我国出台的主要反避税法规与国际税收管理规定包括：《国家税务总局关于印发〈特别纳税调整实施办法（试行）〉的通知》（国税发［2009］2号）①、《一般反避税管理办法（试行）》（国家税务总局令2014年第32号）、《国家税务总局关于非居民企业间接转让财产企业所得税若干问题的公告》（国家税务总局公告2015年第7号）、《国家税务总局关于做好居民企业报告境外投资和所得信息工作的通知》（税

① 该文件部分废止。

总函［2015］327号）、《国家税务总局关于完善关联申报和同期资料管理有关事项的公告》（国家税务总局公告2016年第42号）、《国家税务总局关于完善预约定价安排管理有关事项的公告》（国家税务总局公告2016年第64号）、《国家税务总局关于进一步完善税收协定中教师和研究人员条款执行有关规定的公告》（国家税务总局公告2016年第91号）、《国家税务总局关于发布〈特别纳税调查调整及相互协商程序管理办法〉的公告》（国家税务总局公告2017年第6号）、《财政部、税务总局关于完善企业境外所得税收抵免政策问题的通知》（财税［2017］84号）、《国家税务总局关于税收协定中"受益所有人"有关问题的公告》（国家税务总局公告2018年第9号）及《国家税务总局关于税收协定执行若干问题的公告》（国家税务总局公告2018年第11号）等。其中，国家税务总局公告2016年第42号、第64号以及2017年第6号被认为是在充分吸收BEPS成果的基础上，对国税发［2009］2号文的修订。

（2）税基侵蚀与利润转移行动计划。2015年10月，经济合作与发展组织（OECD）和20国集团（G20）发布税基侵蚀与利润转移行动计划最终报告。该报告不仅包含了对现行国际税收规则的多处修改，而且针对如何遏制跨国公司规避全球纳税义务、侵蚀各国税基的行为提出了具体的行动方案，见表7-3。跨国公司的税基侵蚀与利润转移问题已成为当前及未来国际税收领域的核心议题，BEPS行动计划所提出的针对《经合组织范本》以及《金融交易转让定价指南》的修订意见等，对跨国公司的全球经济行为和税收筹划产生了重要影响，也对各国的国际税收管理工作提出了新的目标与挑战。

表7-3 BEPS最终报告所列15项行动计划主题

编号	主题
行动计划1	应对数字经济的税收挑战
行动计划2	消除混合错配安排的影响
行动计划3	制定有效受控外国公司规则
行动计划4	对利用利息扣除和其他款项支付实现的税基侵蚀予以限制
行动计划5	考虑透明度和实质性因素，有效打击有害税收实践
行动计划6	防止税收协定优惠的不当授予
行动计划7	防止人为规避构成常设机构
行动计划8～10	确保转让定价结果与价值创造相匹配
行动计划11	衡量和监控BEPS
行动计划12	强制披露规则
行动计划13	转让定价文档和国别报告
行动计划14	使争议解决机制更有效
行动计划15	制定用于修订双边税收协定的多边协议

资料来源：根据国家税务总局网站相关内容整理。

BEPS行动计划自提出以来，得到了全球多国的积极回应，很多国家都修改了国内税法，或者参与了多边反避税合作，有些国家甚至开征了新的税种（如转移利润税）以应对跨国公司的利润转移行为，BEPS包容性框架的成员也在不断增加。截至2021年11月，全球已有141个国家（地区），包括一些国际知名避税地（比如英属维尔京群岛、开曼群岛、百慕大群岛等）加入了BEPS包容性框架。

2017 年 6 月 7 日，《实施税收协定相关措施以防止税基侵蚀和利润转移的多边公约》（以下简称《BEPS 多边公约》）首次联合签字仪式在法国巴黎的经济合作与发展组织总部举行，包括我国在内的 67 个国家和地区的代表共同签署了《BEPS 多边公约》。《BEPS 多边公约》共设七章三十九条，是第一份在全球范围内协调跨境投资所得税收政策的多边法律文件，实现了国际税收合作的多重目标。《BEPS 多边公约》的主要目的是防止跨国公司滥用税收协定规避税收义务，也为纳税人的跨境经济活动提供了更多税收确定性。截至 2022 年 2 月 28 日，已有 99 个国家（地区）签署了该公约。

在 BEPS 行动计划不断推进的背景下，跨国公司现行的常见筹划方式将受到不同程度的冲击，新的国际税收环境对跨国公司税收筹划的合理性、信息披露等提出了更多要求。

OECD 于 2021 年 7 月发布《关于应对经济数字化税收挑战"双支柱"方案的声明》，正式确定"双支柱"方案的基本架构，10 月 OECD 再次发布声明（以下简称"10 月《声明》"），进一步对剩余利润比例、最低税率水平等问题做出明确规定和补充。"双支柱"方案将于 2023 年正式实施。① 截至 2021 年 11 月 4 日，包括我国在内已有 137 个国家（地区）加入该方案，但 BEPS 包容性框架中仍有个别成员未加入。"双支柱"方案被认为是对现行国际税收规则的最大修订，"支柱一"聚焦于通过修改联结度规则和利润分配规则重新划分征税权，"支柱二"致力于解决遗留的税基侵蚀与利润转移问题。"双支柱"方案对跨国公司的全球税收筹划提出了全新的挑战。

根据 10 月《声明》，"支柱一"包括两类规则，分别针对金额 A 和金额 B。第一类规则是为市场国（地区）提供的新联结度规则，针对全球营业额超过 200 亿欧元且利润率高于 10％的跨国公司群体。当符合上述条件的跨国公司在市场国（地区）的收入达到 100 万欧元②时，市场国（地区）可以根据一定的税基分配公式对金额 A（即跨国公司 25％的剩余利润）征税。第二类规则是对现行独立交易原则的简化与改进，适用于与一般性营销和分销活动相关的所得（金额 B）。

"支柱二"同样包括两类规则。第一类规则为基于国内税法体系的全球反税基侵蚀规则（global anti-base erosion rules，GloBE），具体包括所得纳入规则（income inclusion rule，IIR）和征税不足支付规则（undertaxed payment rule，UTPR），适用于合并集团年收入③达到 7.5 亿欧元的跨国公司。GloBE 规则的核心思想是通过补征税款或者减少税前扣除的方式，将低税负收入的税负提高至 15％。在所得纳入规则下，对上述跨国公司的低税负收入在其母公司层面补征税款至 15％。根据征税不足支付规则，未适用所得纳入规则的低税负收入，其扣除项目或类似税前调整将不被允许。第二类规则是基于税收协定的应税规则（subject to tax rule，STTR）。如果跨国公司跨境支付的款项在来源国（地区）的税负低于该规则下的最低税率（9％），来源国（地区）可以对该款项的支付补征税款，该规则应用于 BEPS 包容性框架成员签订的双边税收协定。应税规则解决的是消极所得在来源国（地区）预提税负过低的问题。

---

① 部分规则将在 2024 年实施。

② 如果市场国（地区）的 GDP 低于 400 亿欧元，该"门槛"降至 25 万欧元。

③ 《经合组织范本》所定义的国际航运收入除外。

(3) 国际税收征管合作。近年来，国际税收征管合作取得了突破性进展。截至2021年12月22日，《多边税收征管互助公约》的签约国（地区）已达144个国家（地区），包括一些国际知名避税地（比如巴拿马、开曼群岛、巴哈马等），全球进入国际税收征管多边合作的新阶段。我国于2013年8月27日签署《多边税收征管互助合约》，自2017年1月1日起正式执行。

2015年12月，我国签署《金融账户涉税信息自动交换多边主管当局间协议》，在多边税收情报交换合作方面迈出了重要一步。2017年5月9日，《非居民金融账户涉税信息尽职调查管理办法》正式发布。2017年7月1日，金融机构开始对新开立的个人和机构账户开展尽职调查。在2017年12月31日前，金融机构完成对存量个人高净值账户（截至2017年6月30日金融账户加总余额超过100万美元）的尽职调查。在2018年5月31日前，金融机构报送信息。2018年9月，国家税务总局与其他国家（地区）税务主管当局第一次交换信息。在2018年12月31日前，金融机构完成对存量个人低净值账户和全部存量机构账户的尽职调查。

2016年，多国还签署了《转让定价国别报告多边主管当局间协议》。在2016年的第十届税收征管论坛（FTA）大会期间，我国与加拿大、印度、以色列和新西兰税务局长一起签署了《转让定价国别报告多边主管当局间协议》。根据该协议，签署国承诺将自动交换跨国企业集团按照各国国内法要求编制的转让定价国别报告。该协议要求全球合并收入超过7.5亿欧元的跨国企业集团，由其母公司向所在国税务机关按年报送集团全球所得、税收和业务活动的国别分布情况及其他指标。在当前国际税收征管多边合作的背景下，纳税人的国际税收筹划面临着来自多边税务当局的征管挑战，纳税人的跨境经济活动信息将更加全面、动态地展现在税务部门面前，跨境税收风险防范不可忽视。

7.2 境外组织架构的税收筹划

7.2.1 企业组织形式的选择

(1) 筹划原理。当纳税人到境外开展投资经营活动时，其境外组织架构的设计非常重要。在组织形式方面，有分公司与子公司两种基本选择。在国际税收筹划问题中，常设机构是一个非常重要的概念，分公司是常设机构的常见形式。

1) 常设机构的认定。常设机构的认定对于纳税人在东道国取得的经营所得的税负至关重要。常设机构的概念常见于各种国际税收协定，也存在于一些国家的国内税法，主要用于确定一国对另一国企业利润的征税权，即判定来源国是否对非居民的经营所得具有征税权。例如，当A国企业在B国构成常设机构时，B国就有权对A国企业通过其常设机构在B国取得的经营所得征税。例如，《中新税收协定》第七条“营业利润”规定，缔约国一方企业的利润应仅在该缔约国征税，但该企业通过设在缔约国另一方的常设机构在该缔约国另一方进行营业的除外。如果该企业通过设在该缔约国另一方的常设机构在该缔约国另一方进行营业，其利润可以在该缔约国另一方征税，但应仅以属于该常设机构的利润为限。

《〈中华人民共和国政府和新加坡共和国政府关于对所得避免双重征税和防止偷漏税的协定〉及议定书条文解释》指出，在处理常设机构与其他相关条款关系时，通常应遵循常设机构条款优先的原则。例如，若据以支付股息（第十条）、利息（第十一条）或特许权使用费（第十二条）的股权、债权、权利或财产等与常设机构有实际联系，有关所得应该归属于常设机构的利润征税。

税收协定中的常设机构条款对常设机构的定义、常见形式、特殊形式（建筑工地型常设机构、劳务型常设机构①）、否定目录、代理人是否构成常设机构、母子公司是否构成常设机构等问题进行了说明。常设机构的特殊形式、否定目录及代理人是否具有独立性通常存在税收筹划的空间。例如，建筑工地型常设机构的认定与工程持续时间有关，通过合理规划工程时间，可以在东道国构成常设机构或不构成常设机构。再如，劳务型常设机构与劳务活动的持续时间有关，通过合理规划劳务服务时间，可以在东道国构成常设机构或不构成常设机构。自然人的活动同样有可能构成常设机构，这与该代理人的独立性有关。一般来说，子公司并不构成母公司的常设机构。

常设机构的否定目录相当于一项豁免条款。如果常设机构仅从事特定的准备性或辅助性活动，即便构成常设机构的物理形式，也不被认定为常设机构，因此设立该常设机构的公司无须就其经营所得向常设机构所在国缴税。

常设机构的相关规定

需要注意的是，BEPS 最终报告提出对《经合组织范本》中常设机构条款进行修订，防止纳税人通过佣金代理人、拆分合同等方式人为规避在东道国构成常设机构。《经合组织范本》已体现出 BEPS 成果的相关内容，对常设机构条款等内容进行了修订。

【知识点提醒】 我国对非居民在我国构成机构、场所的征税规定如下。

《中华人民共和国企业所得税法》第三条规定：非居民企业在中国境内设立机构、场所的，应当就其所设机构、场所取得的来源于中国境内的所得，以及发生在中国境外但与其所设机构、场所有实际联系的所得，缴纳企业所得税。“常设机构”并非我国企业所得税法中的概念，是我国对外签署的国际税收协定中的概念，不等同于我国国内税法中的“机构、场所”，两者的应用情形有所差异。一般在实践中，我国税务部门通常按照“机构、场所”的相关规定对非居民的经营所得征税。如果非居民申请适用我国与其居住国之间签署的国际税收协定，那么税务部门将按照协定中常设机构的相关规定行使征税权。

2）分公司与子公司的主要税收区别。分公司是与总公司相对应的一个概念，子公司是与母公司相对应的法律概念。很多国家将外国公司设立在本国的分公司视为独立法人实体，并对其征税。在国际税收筹划中，分公司与子公司的税收区别主要体现在四个方面：

第一，分公司在东道国取得利润，相当于总公司有来源于东道国的经营所得（来自境外的所得），作为非居民需要向分公司所在国缴纳企业所得税。子公司作为独立法人实体，就企业利润向所在国缴纳企业所得税，税后利润向境外的母公司分配股息。

① 《经合组织范本》不包括劳务型常设机构的内容。

第二，境外分公司的经营所得汇回总公司，通常无须向分公司所在国缴纳预提税，但东道国开征分支机构利润税[①]的除外。境外子公司向母公司分配股息时，通常需要在子公司所在国缴纳股息预提税，但东道国国内税法规定免征股息预提税、符合欧盟母子公司指令条件的欧盟成员国企业之间免征股息预提税、税收协定中股息预提税为零等情形除外。

第三，根据总公司所在国的国内税法或签署的双边税收协定，总公司通常可以在计算境外所得（即分公司在东道国取得的所得）在其居住国的纳税义务时进行税收抵免（或享受免税政策）。母公司同样可以进行类似的税收抵免（或享受免税政策），不过母公司在计算境外所得抵免时与总公司不同：有些国家的国内税法或税收协定规定只能进行直接抵免，即只能对在境外缴纳的股息预提税进行抵免；有些国家的国内税法或税收协定规定了直接抵免和间接抵免，也就是母公司还可以对其间接负担的境外子公司企业所得税进行间接抵免。若考虑到某些税收抵免的特殊规定，那么设立分公司和子公司可能就会产生较大的税负差异。

第四，子公司可以对税后利润不做股息分配，或者虽进行了股息分配但不汇回股息[②]，从而达到递延税负的效果。另外，设立中介子公司可以起到将境外分国抵免转为综合抵免，中和境外高低税负的作用。与子公司不同，分公司与总公司之间通常可以共摊成本与费用，甚至根据一些国家的规定，境外亏损可以与境内盈利相抵减，因而存在企业通过以上途径降低其在高税国应纳税所得额的可能性。

（2）筹划要点。一般来说，企业在投资前应充分了解居住国和东道国的税收政策、两国之间签订的税收协定，选择最优的组织架构形式。企业应考虑的要素包括两国企业所得税的税率（包括预提税税率）、税收优惠政策、征税方式、对常设机构的认定、是否可以直接抵免或间接抵免、是否开征分支机构利润税、亏损的处理规定、是否有推迟课税以及其他影响企业税负的规定等。

1）常设机构的安排。基本思路为纳税人充分了解东道国税法或双边税收协定中关于常设机构的认定标准，尽量不在东道国构成常设机构，以避免在东道国缴纳企业所得税。特别是当东道国税率高于本国税率时，这一筹划安排就显得很有必要。在东道国税率不高于本国税率且境内外都为盈利时，境内外的总税额等于抵免限额，是否构成常设机构的结果差异不大。但是，纳税人仍需进一步关注东道国对经营利润税前扣除范围的相关规定。

2）分公司与子公司的选择。

① 东道国税率与居住国相同且境外预计产生亏损，则可以考虑设立分公司。在境外设立分公司的优势在于，一些国家规定境外分公司的亏损可以与总公司或其他境外分公司的盈利进行抵减，从而降低总公司在居住国的应缴税额。

【知识点提醒】我国税法并不允许用境外分公司的亏损冲减境内总公司的利润。《中华

① 分支机构利润税是指分公司所在国对外国分公司向境外总公司汇回的税后利润征收一道预提税，或者对外国分公司的税后利润征收一道预提税，无论这笔利润是否汇回境外总公司。一些国家开征此税，旨在平衡分公司、子公司在向境外汇出利润时的税负差异，类似于子公司向境外母公司分配股息时征收的股息预提税。开征分支机构利润税的国家有印度尼西亚（20%）、巴基斯坦（15%）、泰国（10%）、哈萨克斯坦（15%）等。一些开征分支机构利润税的国家（如印度尼西亚、哈萨克斯坦）同时规定，如果有可以适用的双边税收协定，则协定的规定优先。

② 利用的是一些国家的推迟课税规定。

人民共和国企业所得税法》第十七条规定：企业在汇总计算缴纳企业所得税时，其境外营业机构的亏损不得抵减境内营业机构的盈利。另外，我国税法规定，境外一国分支机构的亏损不能抵减另一国分支机构的应纳税所得额。

② 东道国税率低于居住国税率且境外预计产生盈利，则可以考虑设立子公司，并进行递延纳税筹划。由于东道国税率低于居住国，因此子公司在东道国缴纳税款之后，还需要向居住国补缴税款，但如果子公司不做利润分配，通常无须再向母公司所在国补缴税款，从而达到递延纳税的目的。需要注意的是，如果境外子公司不做利润分配，则需关注母公司所在国的受控外国公司法规。特别地，一些居住国有推迟课税的规定，因此境外子公司即便做了利润分配，只要境外股息不汇回居住国，就无须向居住国缴税。

【知识点提醒】《财政部、国家税务总局关于企业境外所得税收抵免有关问题的通知》（财税［2009］125号）规定，来源于境外的股息、红利等权益性投资收益，应按被投资方做出利润分配决定的日期确定收入实现。

［案例7-1］

选择分公司与子公司的税收筹划（1）

某国有一家制药公司，打算向国外开拓药品销售业务。假设某纳税年度总公司本部实现利润1 000万元，其在甲国实现利润100万元，在乙国产生亏损150万元，该公司所在国的企业所得税税率为20%，甲国企业所得税税率为30%，乙国企业所得税税率为10%。该国和甲、乙两国分别签订的国际税收协定中均包括直接抵免和间接抵免的条款，并规定股息预提税限定税率均为10%。该国实行分国抵免法，并规定企业境外分支机构的亏损可以与其境内盈利相抵减。甲国、乙国均未开征分支机构利润税。

请分析如下方案的税负情况并指出最优税负方案（只考虑企业所得税）。

方案一：该制药公司根据海外市场的销售情况，不在当地设立销售机构，直接向海外客户销售产品。

方案二：该制药公司在甲国和乙国分别设立分支机构A和B，分支机构取得的利润要汇回该制药公司。

方案三：该制药公司在甲国和乙国分别设立全资子公司C和D，子公司的税后利润全部向母公司分配股息。

【解析】

方案一：由于在境外未构成常设机构，企业所得税全部在该国缴纳。

该制药公司来自全球的总所得＝1 000＋100－150＝950（万元）

该制药公司应缴企业所得税＝950×20%＝190（万元）

方案二：应纳税额的计算如下。

甲国分支机构A应缴企业所得税＝100×30%＝30（万元）

抵免限额＝100×20%＝20（万元）＜30（万元）

乙国分支机构B应缴企业所得税＝0

该制药公司来自全球的总所得＝1 000＋100－150＝950（万元）

该制药公司应缴企业所得税＝950×20％－20＝170（万元）

合计缴纳所得税＝30＋170＝200（万元）

方案三：由于子公司是一个独立的法人实体，因而子公司向所在国缴纳企业所得税之后的税后利润，在向母公司分配股息时需要缴纳预提税。

甲国子公司C应纳企业所得税＝100×30％＝30（万元）

税后利润＝100－30＝70（万元）

由于母公司对该子公司完全控股，子公司的税后利润全部向母公司分配。

母公司在甲国应缴预提税＝70×10％＝7（万元）

母公司直接和间接缴纳的甲国税额＝30＋7＝37（万元）

母公司来自子公司C的全部应税所得＝70＋30＝100（万元）

抵免限额＝100×20％＝20（万元）＜37（万元）

乙国子公司D应缴企业所得税＝0

母公司来自全球的总所得＝1 000＋100＝1 100（万元）

母公司应缴企业所得税＝1 100×20％－20＝200（万元）

合计负担所得税＝30＋7＋200＝237（万元）

从所得税的角度来看，方案一缴纳的企业所得税数额最少。对比方案二和方案三，由于该制药公司的境外亏损可以与其境内盈利相抵减，且甲国税率较高，相比设立子公司而言，设立分公司的优势得以体现出来。整体来看，由于境外盈利产生国的税率高于境内，应避免在高税国构成常设机构以规避高税负。

［案例7－2］

选择分公司与子公司的税收筹划（2）

中国某外贸公司在M国设立了一家全资子公司，中国的企业所得税税率为25％，M国的企业所得税税率为15％，股息预提税税率为10％。某年度该外贸公司在中国实现利润600万元，在M国的子公司实现利润250万元。子公司将税后利润的70％汇回母公司，剩余30％自用。

请计算母公司在中国的应纳企业所得税并提出税收筹划建议。

【解析】

子公司在M国应纳企业所得税＝250×15％＝37.5（万元）

子公司的税后利润＝250－37.5＝212.5（万元）

母公司分得的毛股息＝212.5×70％＝148.75（万元）

母公司在M国应纳预提税＝148.75×10％＝14.875（万元）

母公司间接负担的子公司的企业所得税＝37.5×70％＝26.25（万元）

母公司在M国直接和间接缴纳的税额＝26.25＋14.875＝41.125（万元）

母公司来自M国的全部应税所得＝148.75＋26.25＝175（万元）

抵免限额=175×25%=43.75（万元）>41.125（万元）

母公司应补缴企业所得税=43.75-41.125=2.625（万元）

母公司境内所得应纳企业所得税=600×25%=150（万元）

母公司来自全球所得在中国的应纳企业所得税=150+2.625=152.625（万元）

筹划建议：由于母公司适用的企业所得税税率高于子公司的企业所得税税率，在不影响母公司现金流的情况下，可通过允许子公司尽可能高比例地留存收益用于再投资经营，使子公司暂不分配利润，从而实现递延纳税。

7.2.2 国际中介公司架构

（1）筹划原理。跨国公司通过设立国际中介公司来统筹海外业务，并在此过程中进行国际税收筹划，这是一种常见做法。国际中介公司的常见形式包括国际中介控股公司、国际中介贸易公司、国际中介金融公司、国际中介许可公司等[①]，对应于不同的业务模式。跨国公司设立国际中介公司，旨在通过组织架构设计对海外所得和相应的税务成本进行分配协调，从而降低整体税负。

（2）筹划要点。利用国际中介公司进行税收筹划主要遵循以下三方面思路。

第一，尽可能降低东道国的所得税负。主要关注：是否在东道国构成常设机构；设立在东道国的分支机构所缴纳的企业所得税（还包括分支机构利润税）；设立在东道国的公司所缴纳的企业所得税；东道国对非居民征收的预提税，比如股息预提税、利息预提税、特许权使用费预提税等。

第二，尽可能降低向中介公司所在国缴纳的所得税负。跨国公司通常将中介公司设立在实施单一地域管辖权或者所得税税率较低的国家（地区），以降低中介公司缴纳的企业所得税。如果中介公司所在国的企业所得税税率并不低，应尽可能使中介公司的收入与支出相差不大，以实现较低的应纳税所得额。此外，还要注意降低母公司向中介公司所在国缴纳的预提税税负。需要注意的是，如果中介公司所在国实施“双支柱”方案，那么“支柱二”的应税规则将使跨国公司在中介公司所在国的预提税税负最低为9%。

第三，尽可能降低向居住国补缴的税款，主要通过境外受控公司不做利润分配，或虽做利润分配但不汇回股息来实现，后者需要与居住国的推迟课税规定联系起来。但是，如果该企业属于“双支柱”方案所覆盖的大型跨国公司，且在境外的实际税负低于15%，则将面临在居住国补税至15%税负水平的风险。

在实践中，跨国公司可能会设立单个或多个国际中介公司的组织架构，并通过安排产品、服务、知识产权、资金等在集团内部的分配与流动，在服务业务发展需求的同时实现利润的转移、所得类型的转换等，将利润尽可能留在低税地，从而有效降低预提税负，最终达到降低全球总税负的目的。

【知识点提醒】考虑到国际中介架构中的预提税问题，如果中介公司设在税收协定网

① 朱青．国际税收．9版．北京：中国人民大学出版社，2018.

络丰富且协定限定税率较低的国家和地区，或者国内税法对预提税规定较为优惠的国家和地区，则有利于实现上述税收筹划目标。从实践来看，欧洲国家（如荷兰、爱尔兰、卢森堡等）都是较为可行的区位选择。

7.3 境外所得来源地的税收筹划

7.3.1 低税地的选择

（1）筹划原理。利用境外低税国（地区）的税制特点，将收入来源尽可能地安排在低税负的国家（地区），是国际税收筹划的基本思路之一。纳税人在选择境外所得来源地时，不仅要注意名义税率，而且要注意实际税率。具体说来，有以下常见情形。

1）企业所得税税率较低的国家和地区。一些国际知名避税地未开征所得税，如英属维尔京群岛、百慕大、开曼群岛、巴哈马等。另一些国家和地区虽然开征了所得税，但在多数情况下的企业所得税税率为零，如根西岛、泽西岛等。

2）实际税负较低的国家和地区。例如，中国香港的利得税（企业所得税）税率为8.25%和16.5%两档累进税率，但中国香港不对股息所得、资本利得、多数类型的利息等消极所得征税，并且中国香港实施单一地域管辖权，仅对来源于香港境内的所得征税。例如，新加坡的企业所得税税率为17%，但新加坡实行非常丰富的减免税政策，大大降低了企业实际税负，并且新加坡居民的境外所得在汇回新加坡时才需要向新加坡缴税。欧洲很多国家对专利收入实行非常优惠的所得税减免政策，极大地降低了专利收入的实际税负。另外，从实践来看，爱尔兰、卢森堡等欧洲国家的税务部门与一些跨国公司达成的事先税收裁定在很大程度上降低了企业的实际税负。

（2）筹划要点。利用低税地进行国际税收筹划的基本方法为，将利润由高税地转移到低税地，并且尽量将利润留在低税地。如何实现这一转移，主要依靠转让定价筹划或其他类似方法。从形式上看，转让定价是指企业通过内部定价的方式进行利润转移，从而实现税负转移；从实践来看，主要表现为关联企业之间的交易定价，其中的一种高级形式为企业之间的成本分摊协议。

纳税人运用转让定价方法将利润转移到低税地的税收筹划，需要注意以下问题。

第一，纳税人设在低税地的控股公司是否受到居住国受控外国公司法规的约束。如果居住国的受控外国公司法规较为严格，那么设在低税地的受控公司利润仍要向居住国缴税，低税地的税负优势将难以体现出来。

第二，实施单一地域管辖权的国家和地区适合作为国际中介控股公司所在地，用于筹划纳税人海外所得的整体税负。可以考虑将跨国公司的海外所得集中于实施单一地域管辖权的国家和地区的中介控股公司。

第三，纳税人通过转让定价方法转移利润时，还需要关注居住国和来源国的转让定价法规。通常说来，在税制较为成熟的国家和地区，转让定价法规可能更为严格、全面，而在税制较为落后的国家和地区可能就不存在转让定价法规。利润转移的税收筹划必须遵守相关国家的转让定价法规，否则可能会面临税务机构的调查。由于转让定价调整造成的国际重复征税问题，通常较难协调解决。因此，转让定价的国际税收风险不容忽视。我们可以预期，《转让定价国别报告多边主管当局间协议》的执行将对跨国公司的国际税收筹划行为产生重大冲击。为了更好地应对相应的税收风险，纳税人应更多地关注自身采用转让定价方法的合理性与合法性。

(3)“支柱二”全球反税基侵蚀规则下的税收筹划风险。如果跨国公司的合并集团年收入达到7.5亿欧元，将适用全球反税基侵蚀规则，由母公司所在国对其在境外实际税负低于15%的所得补征税款至15%的税负水平。如果母公司所在国不补征税款，则由境外受控公司所在国通过限制税前扣除的方式，使其实际税负达到15%。因此，在利用低税地进行税收筹划时，需要密切关注居住国和境外受控公司所在国是否实施全球反税基侵蚀规则，以防范上述税收风险。

7.3.2 充分利用国际税收协定网络

(1) 筹划原理。国际税收协定是国与国之间签订的关于所得税和财产税事项的法律条约。从法律效力来看，一般来说，国际税收协定的法律地位高于国内税法。国际税收协定主要发挥两方面作用：

第一，避免所得税和财产税的国际重复征税，对缔约国双方的征税权给予明确规定。例如，协定中关于股息、利息、特许权使用费等限定税率的条款通常被认为是协定的优惠条款。其中，相互协商程序条款为纳税人解决跨境税收争议问题提供了依据和途径。由于可以有效地解决国际重复征税问题，纳税人在国际税收筹划中应充分了解并适用国际税收协定的相关内容。一方面，纳税人通过申请适用的协定条款来解决跨境经济活动的国际重复征税问题；另一方面，纳税人可以充分利用协定中关于限定税率的优惠条款，以降低预提税税负。

第二，防止纳税人的跨境偷逃税活动。国际税收协定中包括税收情报交换等内容，预计《BEPS多边公约》的签署将极大地增强国际税收协定在国际反避税方面的作用。因此，纳税人在中长期的国际税收筹划过程中，还要积极防范税收协定方面的反避税风险。

【知识点提醒】截至2021年12月，我国已与109个国家（地区）签订双边税收协定。内地（大陆）也与港、澳、台地区签订了税收安排或协议。在多边税收协定方面，我国签署了《多边税收征管互助公约》《金融账户涉税信息自动交换多边主管当局间协议》《实施税收协定相关措施以防止税基侵蚀和利润转移的多边公约》。我国与巴哈马、英属维尔京群岛等10个国家或地区签订了税收情报交换协定。这些国家或地区基本未开征所得税或财产税；或者虽然开征了所得税或财产税，但税率较低。具体协定信息与内容详见国家税务总局网站。

(2) 筹划要点。利用国际税收协定网络进行税收筹划的要点在于：第一，有效规避或有效解决国际重复征税。第二，尽可能降低股息预提税税负。

1）有效规避或有效解决重复征税问题。在国际税收筹划过程中，纳税人首先需要关注国际重复征税问题，应充分了解税收协定网络的覆盖情况、税收协定条款内容的差异，积极申请适用相应的国际税收协定条款。

2）尽可能降低股息预提税税负。两国在签订税收协定时往往会对股息预提税提供一个优惠的限定税率，比如我国对外签订的多数税收协定都将股息预提税税率限制为10%。而在荷兰、爱尔兰等欧洲国家对外签订的税收协定中，股息预提税零税率较为常见。另外，在区域性的税收协调方案中，也有关于股息预提税的优惠。例如，欧盟母子公司指令规定，欧盟成员国居民企业之间支付的股息，只要满足一定条件就可以免征股息预提税。

[案例7-3]

降低股息预提税的税收筹划（1）

我国一家居民企业ZC公司计划收购“一带一路”沿线电力企业的部分股权。现在有两个方案可供选择。

方案一：收购I国一家电力企业（以下简称“IC公司”）10%的股权。

方案二：收购M国一家电力企业（以下简称“MC公司”）10%的股权。

我国未与I国签订双边税收协定，I国电力企业适用的企业所得税税率为15%，股息预提税税率同样为15%。

我国与M国签订了双边税收协定，其中规定：“如果股息受益所有人是缔约国另一方居民，则所征税款：（一）在受益所有人是公司（合伙企业除外），并且直接拥有支付股息的公司至少25%的资本、持股金额至少达8万欧元（或等值的其他货币）的情况下，不应超过股息总额的5%；（二）在其他情况下，不应超过股息总额的10%。”M国电力企业所适用的企业所得税税率为20%，股息预提税税率同样为20%。

假设IC公司和MC公司每年的税前利润均为2 000万美元，税后利润全部用于向股东分配股息。

请问你会建议ZC公司选择哪个方案？

【解析】

方案一如下。

ZC公司取得的来自IC公司的股息，应向I国缴纳15%的股息预提税。

IC公司应就税前利润向I国缴纳企业所得税：

2 000×15%=300（万美元）

IC公司应就税后利润向ZC公司分配股息：

(2 000−300)×10%=170（万美元）

ZC公司应向I国缴纳的股息预提税（由IC公司代扣代缴）：

170×15%=25.5（万美元）

ZC公司从IC公司取得的净股息：

170−25.5=144.5（万美元）

方案二如下。

MC 公司应就税前利润向 M 国缴纳企业所得税：

2 000×20%=400（万美元）

MC 公司应就税后利润向 Z 公司分配股息：

(2 000−400)×10%=160（万美元）

ZC 公司应向 M 国缴纳的股息预提税（由 MC 公司代扣代缴）：

160×20%=32（万美元）

ZC 公司从 MC 公司取得的净股息：

160−32=128（万美元）

如果 ZC 公司申请适用我国与 M 国签订的双边税收协定，ZC 公司取得的来自 MC 公司的股息应向 M 国缴纳 10%的股息预提税。

ZC 公司应向 M 国缴纳的股息预提税（由 MC 公司代扣代缴）：

160×10%=16（万美元）

ZC 公司从 MC 公司取得的净股息：

160−16=144（万美元）

对比方案一和方案二的结果，如果 ZC 公司未申请适用税收协定条款，方案二中的 ZC 公司在 M 国缴纳的股息预提税税额高于方案一中的 ZC 公司在 I 国缴纳的税额，方案二中的 ZC 公司取得的净股息也明显更低，两者相差 16.5 万美元。如果 ZC 公司申请适用税收协定的股息预提税条款，方案一中的 ZC 公司应向 I 国缴纳的股息预提税税额则高于方案二中的 ZC 公司在 M 国缴纳的税额，此时两种方案下 ZC 公司取得的净股息仅相差 0.5 万美元。

需要注意的是，《企业所得税法》规定居民企业应就境内外所得向我国缴税，企业取得的下列所得已在境外缴纳的所得税税额，可以从其当期应纳税额中抵免，抵免限额为该项所得依照规定计算的应纳税额。考虑到 I 国和 M 国的税率均低于我国，且持股比例未达到 20%（只有达到 20%才可进行间接抵免，本例中只能进行直接抵免），所以 ZC 公司进行境外股息预提税直接抵免之后，还需要向我国补缴税款，这最终使得方案一和方案二的税后投资收益差异仅源于东道国企业所得税税率的差异。

实行方案一，ZC 公司应就股息所得向中国补缴税款：

170×(25%−15%)=17（万美元）

补税后的净收益=144.5−17=127.5（万美元）

实行方案二且未申请适用税收协定条款，ZC 公司应就股息所得向中国补缴税款：

160×(25%−20%)=8（万美元）

补税后的净收益=128−8=120（万美元）

实行方案二且申请适用税收协定条款，ZC 公司应就股息所得向中国补缴税款：

160×(25%−10%)=24（万美元）

补税后的净收益=144−24=120（万美元）

在中国补税后，方案一的净收益高于方案二 7.5 万美元（=127.5−120）。

【知识点提醒】对于股息来源地的判定，国际上通常将分配股息公司的居住国所在地作为来源地。因此，在选择股权收购对象时，应密切关注东道国的企业所得税税率、股息预提税税率、东道国与居住国是否签订双边税收协定以及协定中股息预提税的限定税率，并且充分利用协定中的预提税限定税率优惠。

[案例 7-4]

降低股息预提税的税收筹划（2）

承接案例 7-3。假设 ZC 公司选择收购 MC 公司 10%的股权，有方案三：由 ZC 公司直接 100%持股的中国香港子公司（以下简称“HC 公司”）收购 MC 公司 10%的股权。

假定 HC 公司没有其他收入。根据中国香港的税法，对股息所得免税。这笔所得可用于境外其他投资项目。根据 M 国与中国香港之间签订的税收协定，持股比例在 15%以上的，股息预提税的限定税率为 5%，其他情形为 10%。

请对该方案的税负进行分析。

【解析】

如果实行方案三，MC 公司向 HC 公司分配股息，则适用于 M 国与中国香港税收协定 10%的股息预提税税率。在 M 国的缴税结果与方案二申请适用税收协定条款的结果相同。

如果 HC 公司暂不做股息分配，而是继续用于海外再投资，就无须向我国补缴企业所得税。因此，方案三与方案二申请适用税收协定条款的主要税负差异就在于，方案三无须向中国补缴 24 万美元的税款，可以节税 24 万美元。

另外，HC 公司取得的来自 M 国的股息所得同样无须向中国香港缴税。因此，与方案二相比，并未产生额外的税额。

综合比较三个方案可以发现，方案三的税负更低。

需要注意的是，方案二和方案三都利用了 M 国对外签订的双边税收协定，享受了协定中 10%的股息预提税限定税率。如果未享受该优惠，则需要向 M 国缴纳 20%的股息预提税。如果 ZC 公司想进一步对收购方案进行税收筹划，则可以考虑增加收购股份比例。如果达到 15%，即可在方案三下将适用的 M 国股息预提税税率降至 5%，从而进一步节税 8 万美元。纳税人在申请适用国际税收协定时，还需要注意协定条款中关于“受益所有人”的规定，只有符合受益所有人的认定，才可以享受协定中限定税率的优惠。另外，HC 公司不做股息分配需要有合理的经营需要，不可忽视我国对受控外国公司管理的相关规定。

3）尽可能降低利息（特许权使用费）预提税税负。纳税人在开展跨境借贷或跨境无形资产许可活动时，应注意充分利用国际税收协定中关于利息和特许权使用费的限定税率，降低在东道国的预提税税负。在利用税收协定中关于利息限定税率的优惠条款时，可以同时结合资本弱化的税收筹划方式，以降低企业融资环节的税收负担。

【知识点提醒】我国对外签订的税收协定（或安排、协议）规定了较低的利息（特许权使用费）预提所得税税率，纳税人可以申请适用税收协定（或安排、协议）规定的税率，并且需要注意受益所有人的认定。

《国家税务总局关于税收协定中“受益所有人”有关问题的公告》（国家税务总局公告2018年第9号）做出了具体规定。一般来说，下列因素不利于对“受益所有人”身份的判定：

（1）申请人有义务在收到所得的12个月内将所得的50%以上支付给第三国（地区）居民，“有义务”包括约定义务和虽未约定义务但已形成支付事实的情形。

（2）申请人从事的经营活动不构成实质性经营活动。实质性经营活动包括具有实质性的制造、经销、管理等活动。申请人从事的经营活动是否具有实质性，应根据其实际履行的功能及承担的风险进行判定。

申请人从事的具有实质性的投资控股管理活动，可以构成实质性经营活动；申请人从事不构成实质性经营活动的投资控股管理活动，同时从事其他经营活动的，如果其他经营活动不够显著，不构成实质性经营活动。

（3）缔约对方国家（地区）对有关所得不征税或免税，或征税但实际税率极低。

（4）在利息据以产生和支付的贷款合同之外，存在债权人与第三人之间在数额、利率和签订时间等方面相近的其他贷款或存款合同。

（5）在特许权使用费据以产生和支付的版权、专利、技术等使用权转让合同之外，存在申请人与第三人之间在有关版权、专利、技术等的使用权或所有权方面的转让合同。

需要注意的是，《国家税务总局关于认定税收协定中“受益所有人”的公告》（国家税务总局公告2012年第30号）和《国家税务总局关于如何理解和认定税收协定中“受益所有人”的通知》（国税函［2009］601号）已全文废止。

（3）《BEPS多边公约》和“支柱二”应税规则下的税收筹划风险。针对跨国公司滥用税收协定优惠的行为，《BEPS多边公约》提供了“一键式”修订完善双边税收协定的途径。跨国公司需要密切关注《BEPS多边公约》的内容及在各国（地区）的生效执行情况，如果该公约已在当地生效，那么跨国公司的税收筹划行为将受到该公约的约束，其过度利用税收协定优惠条款的方案有可能无法持续。

另外，如果跨国公司的跨境款项支付属于“支柱二”应税规则的约束范围，则将适用9%的最低预提税税率。需要注意的是，这里的应税规则并未将适用对象限定为大型跨国公司。

7.4 投资汇回与投资退出的税收筹划

7.4.1 利润汇回安排

（1）筹划原理。将利润滞留在海外低税地不做利润分配或根据推迟课税规定不汇回股息、红利，实际上都只是将税负暂时递延，如果母公司需要回收投资收益，那么就要对利润汇回进行税收筹划。例如，利润汇回的主体、时间、比例等都存在税收筹划的可能性。

（2）筹划要点。通过税收筹划安排利润汇回环节实现节税，发挥高税负地区在利润汇回（分配股息）环节的税负抵减作用。[①] 将来源于高税负地区和低税负地区的所得进行中和，在同一纳税年度汇回母公司，从而达到降低税负的效果。如果母公司所在国实施分国抵免法，可以考虑建立中介控股公司，将来源于高税负地区和低税负地区的所得集中于该中介控股公司，一并向母公司分配股息，从而实现综合抵免的效果。

[案例 7-5][②]

利用利润汇回的主体和比例进行税收筹划

我国一家居民企业A公司，在中国香港设立子公司（H公司），该子公司持有泰国T公司、新加坡S公司的股权。我国的居民企业A公司要求H公司在某年末分配股息400万元。预计在该年，T公司和S公司的税前利润均为1 000万元。现有三种方案可供选择。

方案一：T公司、S公司在年末各自分配股息200万元。

方案二：T公司在年末分配股息400万元，S公司不分配股息。

方案三：T公司不分配股息，S公司在年末分配股息400万元。

泰国的企业所得税税率为20%，新加坡的企业所得税税率为17%。在本例中，T公司、S公司分别适用泰国、新加坡免征股息预提税的规定。中国香港不对股息所得征税。

请比较以上三种方案的所得税税负。

【解析】

（1）方案一。

T公司分配股息200万元。在泰国缴纳企业所得税200万元（＝1 000×20%），税后利润为800万元（＝1 000－200），向中国香港H公司汇回股息200万元，无须在泰国缴纳股息预提税，该股息间接负担的泰国企业所得税税额为50万元（＝200÷800×200）。

S公司分配股息200万元。在新加坡缴纳企业所得税170万元（＝1 000×17%），税后利润为830万元，向中国香港H公司汇回股息200万元，无须在新加坡缴纳股息预提税，该股息间接负担的新加坡企业所得税税额为40.96万元（＝200÷830×170）。

中国香港H公司将取得的股息继续分配给A公司，在中国香港不产生税负。

我国居民企业A公司取得中国香港H公司分配的股息400万元，间接负担的境外所得税税额共计90.96万元（＝50＋40.96），还原为境外税前应税所得为490.96万元（＝400＋90.96），抵免限额为122.74万元（＝490.96×25%）。由于已缴纳的境外所得税税额低于抵免限额，我国居民企业A公司需要补缴企业所得税：

122.74－90.96＝31.78（万元）

① 来源于高税地的所得，通常无须向居住国补缴税款，或者补缴的税款相对较少。

② 该案例参见曹明星，于海，李娜．跨境所得的国际税收筹划与管理——以中国现行税法体系为基础．北京：中国税务出版社，2014。

(2) 方案二。

T公司分配股息400万元。在泰国缴纳企业所得税200万元(=1 000×20%),税后利润为800万元(=1 000−200),向中国香港H公司汇回股息400万元,无须在泰国缴纳股息预提税,该股息间接负担的泰国企业所得税税额为100万元(=400÷800×200)。

S公司的税前利润为1 000万元,在新加坡缴纳企业所得税170万元(=1 000×17%)。S公司不分配股息,因此无须在中国补缴企业所得税。

中国香港H公司将取得的股息继续分配给A公司,在中国香港不产生税负。

我国居民企业A公司取得中国香港H公司分配的股息400万元,间接负担的泰国企业所得税税额为100万元,还原为税前所得为500万元(=400+100),抵免限额为125万元(=500×25%)。由于已缴纳的境外所得税税额低于抵免限额,因而我国居民企业A公司需要补缴企业所得税:

125−100=25(万元)

(3) 方案三。

S公司分配股息400万元。在新加坡缴纳企业所得税170万元(=1 000×17%),税后利润为830万元(=1 000−170),向中国香港H公司汇回股息400万元,无须在新加坡缴纳股息预提税,该股息间接负担的新加坡企业所得税税额为81.93万元(=400÷830×170)。

T公司的税前利润为1 000万元,在泰国缴纳企业所得税200万元(=1 000×20%)。T公司不分配股息,因此无须在中国补缴企业所得税。

中国香港H公司将取得的股息继续分配给A公司,在中国香港不产生税负。

我国居民企业A公司取得中国香港H公司分配的股息400万元,间接负担的新加坡企业所得税税额为81.93万元,还原为税前所得为481.93万元(=400+81.93),抵免限额为120.48万元(=481.93×25%)。由于已缴纳的境外所得税税额低于抵免限额,因而我国居民企业A公司需要补缴企业所得税:

120.48−81.93=38.55(万元)

通过比较三种方案可以发现,由于三种方案下T公司、S公司和H公司在境外实际缴纳的税额没有差别,所以方案二补缴的税额最少,成为税负最低的方案。主要原因在于计算税收抵免时,泰国的税率高于新加坡,所以向我国补缴的税额较低。方案一的税负水平居于方案二和方案三之间,是因为每年将高、低税负地区的利润汇总后进行股息分配,利用抵免限额来降低需要补缴的企业所得税,起到中和境外高低税率的作用。

如果考虑A公司间接负担的境外子公司企业所得税,那么将这一间接负担税额与在我国补缴的税额加总起来,则会出现相反的结果,即方案二的总税负为125万元,方案一的总税负为122.74万元,方案三的总税负为120.48万元。

在本例中,由于所适用的股息预提税均为零,A公司并未在境外直接缴纳税款,因此可以只关注A公司在我国的纳税义务。

【知识点提醒】利润汇回的安排与境外所得来源地的筹划思路重点完全相反，前者是利用境外高税地，后者是利用境外低税地。另外，纳税人还可以通过协调不同纳税年度的股息分配比例进行税收筹划，以达到减少向母公司所在国补缴税款，从而降低境内外总税负的目的。与此同时，纳税人需要关注利润汇回过程中可能产生的股息预提税负担。

7.4.2 直接转股或间接转股的税收筹划

（1）筹划原理。在投资决策中，股权转让可分为直接转股和间接转股两种方式。直接转股是指直接转让目标公司的股权，主要涉及纳税人股权转让所得应向东道国缴纳的企业所得税、进行境外税收抵免之后应向居住国补缴的企业所得税。间接转股是指纳税人由中介公司转让目标公司股权，或者转让（持有目标公司股权的）中介公司股权，以实现股权的间接转让。在第一种间接股权转让方式下，主要涉及中介公司就股权转让所得应向东道国缴纳的企业所得税、中介公司进行境外抵免之后向其居住国补缴的所得税、中介公司向该纳税人分配股息时在中介公司所在国代扣代缴的股息预提税、纳税人就该股息所得进行境外抵免之后向其居住国补缴的税款。在这种模式下，如果中介公司不做利润分配或不将分配的股息汇回（如果居住国实施推迟课税规定），即可实现递延纳税的筹划效果，从而使得间接股权转让存在较大的税收筹划空间。在第二种间接股权转让方式下，主要涉及纳税人就股权转让所得向中介公司所在国缴纳的企业所得税、进行境外税收抵免之后应向居住国补缴的企业所得税，以及可能来自目标公司所在国税务机关对非居民间接转让股权的反避税调查。如果境外目标公司所在国股权转让所得税率高于居住国，但并未出台关于非居民间接股权转让的法律法规且征管并未关注这一问题，即可通过第二种间接股权转让方式实现降低境外税负的目的。

【知识点提醒】我国股权转让相关税收法规包括：《国家税务总局关于加强非居民企业股权转让所得企业所得税管理的通知》（国税函［2009］698号）、《国家税务总局关于非居民企业股权转让适用特殊性税务处理有关问题的公告》（国家税务总局公告2013年第72号）、《国家税务总局关于非居民企业间接转让财产企业所得税若干问题的公告》（国家税务总局公告2015年第7号）及《国家税务总局关于印发〈非居民企业间接转让财产企业所得税工作规程（试行）〉的通知》（税总发［2015］68号）。

（2）筹划要点。企业在进行股权转让税收筹划时，可以利用特殊中介公司进行间接股权转让，将转让所得留存在中介公司所在地，并且尽可能降低在中介公司所在国缴纳的税款，从而递延应向居住国缴纳的企业所得税，达到整体税负更低的效果。但是，无论是直接转股还是间接转股，未在被转让股权所在国按照相关规定缴税，可能会受到被转让股权所在国税务机关的反避税调查与调整。在实践中，一些纳税人在国际避税地搭建多层空壳中介公司架构，同时目标公司所在国实施较为严格的间接股权转让税收征管，那么实施上述第二种间接股权转让方式，可能就会面临目标公司所在国税务机关的反避税调查。

[案例7-6][①]

直接转股和间接转股方式的税收筹划

我国居民企业AC公司打算出资6 000万美元，收购B国的BC公司10%的股权，预计3年以后将该股权转让给第三方，预计取得股权转让收入7 000万美元，用于海外其他项目的投资。我国居民企业AC公司在中国香港设立了100%控股的子公司HC公司。

根据B国法律规定，股权转让所得应缴纳10%的企业所得税。中国香港不对资本利得、股息所得征税，也不对汇出的股息征收预提税。假定这3年间BC公司未分配股息。

现有以下三种方案可供选择：

方案一，AC公司直接收购BC公司10%的股权，3年后转让给第三方，然后将收入投资于其他项目。

方案二，AC公司向HC公司注资6 000万美元，由HC公司收购BC公司10%的股权，3年后AC公司将HC公司股权转让给第三方，然后将收入投资于其他项目。

方案三，AC公司向HC公司注资6 000万美元，由HC公司收购BC公司10%的股权，3年后HC公司将BC公司的股权转让给第三方，收入不做股息分配汇回AC公司，直接由HC公司投资其他项目。

请比较三种方案的税负情况。

【解析】

方案一：

AC公司直接转让BC公司的股权，预计取得股权转让收入7 000万美元，扣除股权投资成本6 000万美元，则股权转让所得为1 000万美元，AC公司在B国缴纳企业利得税100万美元（=1 000×10%）。因此，AC公司实际取得股权转让所得为900万美元（=1 000－100），抵免限额为250万美元（=1 000×25%）。由于已缴纳的境外所得税额（100万美元）低于抵免限额（250万美元），所以需要在我国补缴150万美元的企业所得税。

方案一的境内外税额共计250万美元。

方案二：

AC公司将HC公司的股权转让给第三方，实现对BC公司股权的间接转让。AC公司取得股权转让收入7 000万美元，扣除成本6 000万美元，应纳税所得额为1 000万美元，应纳税额为250万美元（=1 000×25%）。由于中国香港不对这笔利得征税，因此AC公司应向我国补缴税款250万美元。

方案二只涉及我国境内税额，共计250万美元。

方案三：

HC公司将BC公司的股权转让给第三方，取得股权转让收入7 000万美元，成本为

① 该案例参见曹明星，于海，李娜．跨境所得的国际税收筹划与管理——以中国现行税法体系为基础．北京：中国税务出版社，2014。

6 000 万美元，取得股权转让所得 1 000 万美元，由 HC 公司在 B 国缴纳企业所得税 100 万美元（=1 000×10%）。HC 公司取得实际股权转让所得 900 万美元（=1 000−100），中国香港不对 HC 公司的这笔资本利得征税。HC 公司暂不对这笔所得进行股息分配汇回 AC 公司，而是用于投资其他项目，因此不涉及向我国补税的问题。

方案三只涉及境外税额，仅为 100 万美元。

比较这三种方案，方案三利用中国香港中介公司进行间接股权转让，这种税收筹划模式所产生的税负明显更低。在方案二中，如果 B 国税务机关将 HC 公司认定为导管公司，对这笔间接股权转让进行反避税调查，可能还需要在 B 国补缴税款。

需要注意的是，如果要求中国香港公司将股权转让所得全部汇回 AC 公司，虽然无须向中国香港缴纳股息预提税，但仍需就这笔股权转让所得在我国补缴税款 150 万美元（=1 000×25%−100），境内外税额共计 250 万美元。此时，方案三不再具有特殊优势。

【知识点提醒】 特殊中介公司的选址要求所在国不对股权转让的资本利得征税，典型的国家和地区有新加坡、中国香港等。另外，在 BEPS 行动计划的背景下，间接股权转让的税收筹划同样面临较大的挑战，主要是来自实际被转让股权所在国的税务风险。

本章小结

国际税收筹划主要基于各国国内税法以及国际税收法规开展。税收居民身份、所得来源地、税率差异、业务模式都是国际税收筹划的核心要素。国际税收筹划也面临着反避税与特别纳税调整、税基侵蚀与利润转移行动计划、国际税收征管合作三方面的挑战。

国际税收筹划主要包括境外组织架构的税收筹划、境外所得来源地的税收筹划、投资汇回与投资退出的税收筹划。具体筹划方法包括常设机构的认定、分公司与子公司的选择、国际中介公司架构设计、充分利用国际税收协定网络的设计、利润汇回方案的设计，以及直接转股与间接转股的选择等。

关键术语

居民企业	国际税收协定	税基侵蚀与利润转移行动计划	国际中介公司
常设机构	所得来源地	利润汇回	股权转让
递延纳税	“双支柱”方案	全球反税基侵蚀规则	应税规则

思考题

1. 国际税收筹划与国内税收筹划的主要区别有哪些?
2. 国际税收筹划的核心要素有哪些?
3. 常设机构、分公司与子公司有何区别?
4. 境外所得来源地的选择应考虑哪些税收因素?
5. 境外投资汇回应考虑哪些税收因素?
6. 境外投资退出应考虑哪些税收因素?
7. 我国企业在进行国际税收筹划时应注意哪些税法规定?
8. “双支柱”方案给国际税收筹划带来了哪些全新挑战?

习 题

我国某居民企业直接持有一家印度公司和一家中国香港公司各100%的股权。目前,该居民企业计划开发一项技术,开发成本为200万美元,并计划将此技术许可给该印度公司使用。结合本章内容,请查阅相关税法规定以及国际税收协定规定,给出相应的税收筹划方案。

时雨课堂

中国税收营商环境改革发展成效

“一带一路”税收征管合作机制秘书处近日发布了《中国税收营商环境改革发展研究报告(2016—2020)》(以下简称《报告》),聚焦中国税收营商环境改革发展,从税收法治、简政便民、减税降费、优化服务、开放共享五个方面,全面系统地介绍了中国优化税收营商环境的做法和取得的成效。

近年来,中国税务部门全面落实中国政府关于优化营商环境的决策部署,2016—2020年中国新增减税降费规模超过7.6万亿元,减税降费政策红利持续释放。

《报告》指出,中国深入推进法治国家、法治政府和法治社会一体化建设,税收立法驶入“快车道”。2016—2020年8部税收法规被修订并上升为法律。中国税务部门坚持税收法定原则,税收法治体系不断完善,法治基础不断夯实,税收执法更加规范,为构建法治化税收营商环境提供坚实保障。

《报告》显示,中国税务部门通过取消税务审批事项、精简涉税资料报送、强化部门高效协作等一系列简政便民举措,最大限度激发市场活力。2016—2020年税务行政审批事项减少 93%，纳税人报税资料压减 50%，年度纳税时间压减超过 57.5%，出口退税时间压缩至 8 个工作日内，市场主体获得感和满意度持续增强。

《报告》指出，中国税务部门深度参与全球税收治理，持续提升国际税收合作，推动建立“一带一路”税收征管合作机制、金砖国家税务合作机制等，积极参与国际税收信息交换机制，促进国际化税收营商环境建设。2016—2020 年中国税务部门与有关国家（地区）税务主管当局开展双边协商 500 例（次），为跨境企业消除重复征税 152 亿元。

《报告》提出，中国税务部门将按照 2021 年 3 月中国政府印发的《关于进一步深化税收征管改革的意见》，进一步优化执法方式，以数字手段赋能税收治理，以智能技术提升纳税服务，以协同机制构筑发展格局，为优化税收营商环境提供更多中国经验。

“一带一路”税收征管合作机制秘书处相关负责人表示，“一带一路”税收征管合作机制将持续推荐和展示理事会成员、观察员和其他相关者的交流意见和经验分享，为其他国家（地区）改善税收环境提供参考。

资料来源：国家税务总局办公厅．《中国税收营商环境改革发展研究报告（2016—2020）》发布．国家税务总局网站，2021-11-19.

第8章 税收筹划综合案例与解析

8.1 税收筹划咨询案例

8.1.1 案例背景

中美远大集团是一家中美合资企业，股东为美国的 Lotus 公司（占 49%的股份）和中国的京创股份有限责任公司（占 51%的股份），于 2000 年在北京注册成立，是中国的居民企业，经营范围包括产品制造、商业贸易、仓储、高新技术开发、房地产开发等。

中美远大集团在中国的关联企业的基本情况见表 8-1。

表 8-1 中美远大集团及其子公司的情况

公司名称	成立日期	注册地址	企业类型	股权比例	经营范围
远大日化	2005 年 4 月	大连	中外合资	100%	化妆品生产
远大商贸	2006 年 5 月	北京	中外合资	100%	商业批发、零售
远大高新	2007 年 12 月	北京	中外合资	100%	高新技术开发
远大节能	2014 年 1 月	上海	中外合资	100%	节能产品生产
远大机械	2008 年 5 月	成都	中外合资	100%	机床生产
远大部件	2009 年 8 月	东莞	中外合资	100%	零部件生产
远大地产	2008 年 8 月	北京	中外合资	100%	房地产开发

注：以上公司均为一般计税方法纳税人。

(1) 远大日化公司（以下简称“远大日化”）是一家从事高档化妆品生产的企业，

市场占有率一直居于前列，其产品除了销往国内各大城市外，一部分还出口美国市场。远大日化所有的销售业务都通过公司内设的销售部进行，包括产品的批发、零售以及出口。

(2) 远大商贸有限责任公司（以下简称“远大商贸”）是中美远大集团成立后在中国较早设立的一家子公司，主要从事大型商业批发、零售及售后商品的安装业务，由于其严格的经营管理和优质的服务，自成立以来一直保持良好的经营业绩。随着这几年大型外资零售企业纷纷进入中国市场，远大商贸面临着前所未有的竞争态势。为应对竞争，远大商贸的领导班子会同财务人员提出了以下经营策略。

1) 远大商贸在销售其商品的过程中负责安装，因此其销售收入包括商品销售收入和安装收入两部分。根据税法的规定，商品销售与安装业务构成混合销售，一并按销售货物征收增值税。因此，远大商贸决定走专业化发展的道路并建立专业服务公司，从而进一步满足消费者对服务越来越高的需要，同时降低公司的税收负担。

2) 远大商贸下属的日用品零售部门为吸引被其他同行分流出去的新老顾客，欲采用以下两种促销方式（假设该部门的商品销售利润率为40%，即销售100元商品，其成本为60元，购货均能取得增值税专用发票，以下价格均为含税价格）。

① 将商品以7折销售，即顾客购物时，按照商品所标价格的7折付款。

② 凡是购物满100元者，均可获赠价值30元的商品（成本为18元）。

(3) 中美远大集团下属的远大机械厂（以下简称“远大机械”）和远大部件厂（以下简称“远大部件”）均由中美远大集团控制。远大部件生产的零部件是远大机械的主要原材料。目前，由于远大机械生产的机械产品畅销非洲及南美地区，远大机械处于盈利期，而远大部件一直亏损。集团正在考虑如何利用远大部件的亏损达到节税的目的，希望减少远大部件的亏损并降低远大机械的利润。财务人员建议通过提高远大部件销售给远大机械的产品的价格，以提高远大部件的主营业务收入，降低远大部件的亏损，同时增加远大机械的主营业务成本，以降低远大机械的盈利，从而达到节税的目的。

远大机械及远大部件2020年度的利润情况（见表8-2）及远大部件的资产负债情况（见表8-3）如下所示。

表8-2　利润表

项目	远大机械	远大部件
职工人数（人）	1 000	100
主营业务收入（万元）	500 000	8 000
主营业务成本（万元）	400 000	7 500
管理费用（万元）	1 000	500
财务费用（万元）	500	100
营业费用（万元）	2 000	400
利润总额（万元）	6 500	—500
企业所得税税率	25%	
企业所得税（万元）	1 625	

表 8-3 资产负债表（远大部件） 单位：万元

项目	账面价值	公允价值
存货	120	120
应收账款	600	600
固定资产	1 000	1 150
无形资产	200	300
其他资产	550	800
应付账款	150	150
其他负债	100	100
净资产	2 220	2 720

(4) 远大机械有两个重要的合作伙伴：一是锦德钢铁厂，该厂是远大机械主要的原材料供应商；二是实达机械厂，该厂是远大机械重要的产品销售客户。锦德钢铁厂与实达机械厂均为一般计税方法纳税人。截至目前，实达机械厂共欠远大机械货款 1 500 万元，远大机械欠锦德钢铁厂货款 1 000 万元，而且实达机械厂由于经营不善，正面临破产。远大机械、实达机械厂、锦德钢铁厂就债务偿还问题拟签订以下两个合同。

合同甲：

实达机械厂就偿还远大机械 1 500 万元货款一事与远大机械达成以资抵债的协议。双方协议以实达机械厂的厂房、办公楼，以及厂房、办公楼占用土地的使用权作价 1 300 万元（含税）抵偿远大机械的债务，另外 200 万元债务以现金偿付。实达机械厂的厂房及土地使用权的购入原值为 500 万元，办公楼及土地使用权的购入原值为 400 万元。（假设实达机械厂取得土地使用权所支付的金额与厂房、办公楼的评估价格之和等于厂房、办公楼及土地使用权的购入原值 900 万元。）

合同乙：

中美远大集团就远大机械偿还锦德钢铁厂的债务一事达成以下协议。以远大机械的一栋厂房及土地使用权作价 800 万元（含税）抵偿债务，另外 200 万元以存货中的产成品偿付。远大机械的厂房及土地使用权的购入原值为 600 万元。（假设远大机械取得土地使用权所支付的金额与厂房的评估价格之和等于厂房及土地使用权的购入原值 600 万元。）

(5) 目前，中美远大集团为远大节能提供一些服务项目，主要有咨询服务和信息技术服务。咨询服务具体是指在财务、税收、法律、内部管理、业务运作和流程管理等方面为远大节能提供信息或者建议，每年收取服务费 100 万元（不含税），咨询服务的成本为 50 万元，可以抵扣的增值税进项税额为 3 万元；信息技术服务具体是指中美远大集团利用自己拥有的一套网络信息系统，对本行业的最新信息进行收集、处理、加工、存储、运输并提供信息服务，远大节能通过互联网进入该系统取得相关信息，中美远大集团每年收取信息技术服务费用 50 万元（不含税），每年发生信息维护费用 10 万元，可以抵扣的增值税进项税额为 1 万元。

远大高新为远大节能提供技术转让及技术服务项目，年收费金额为 300 万元，技术服务成本为 50 万元。

(6) 中美远大集团还将从美国的 Lotus 公司派遣 1 名技术总监科夫勒前往远大高新提

供一段时间的技术支持。

科夫勒是美国公民。2020 年 7 月，Lotus 公司将科夫勒调派到其在中国的高新技术企业远大高新担任技术总监，负责某项目的实施。科夫勒将在中国持续工作至年底，其间回国探亲一次，时间不超过一周。

由于科夫勒同时负责 Lotus 公司在中国香港的一个项目（Lotus 公司可以提供科夫勒在中国香港公司工作的证明），因此科夫勒每个月会到中国香港出差一次，但其在中国香港的逗留时间每次均不超过 15 天，见表 8-4。

科夫勒调到北京以后，Lotus 公司将负担其每月的工资 4 000 美元，远大高新额外提供其在北京的生活补助（每月 24 000 元）。此外，科夫勒每月还会取得 6 000 元的奖金，见表 8-5。

表 8-4　科夫勒预计 2020 年度在中国内地的工作天数

时间	境内居住天数
2020 年 7 月	11 天
2020 年 8—12 月	每月 16 天
合计	91 天

表 8-5　科夫勒的收入明细表

时间	工资、薪金收入		月度奖金（远大高新支付）
	Lotus 公司支付	远大高新支付	
2020 年 7 月起	4 000 美元/月	24 000 元/月	6 000 元/月

注：假设美元兑人民币的汇率均为 1 美元=7 元。

（7）远大房地产有限责任公司（以下简称“远大地产”）是北京市著名的房地产企业。2019 年 7 月，远大地产通过拍卖方式竞得一块商业用地，并取得土地使用权证。2019 年 8 月，远大地产与北京市另一家企业（即天跃科技开发公司，以下简称“天跃科技”）签订了合作开发该地产的意向书。该项目以远大地产的名义立项，委托其他建筑施工企业进行建设，建设费用支出由远大地产支付，项目建成后由天跃科技购买该地块上的全部商业地产。

（8）中美远大集团的财务人员对下属公司未来的涉税事项给出了以下提议：

1）远大节能计划在未来五年内购置节能型专用设备，但企业应尽早购置，以取得固定资产折旧的抵税效应。

2）远大节能将符合加速折旧的固定资产在计税时加速折旧，以减少需要缴纳的企业所得税。

3）远大机械的存货计价方法应首选“后进先出法”，以应对通货膨胀的冲击，从而降低应纳税所得额。

4）提高各公司缴付的住房公积金、医疗保险、基本养老保险的比例，让员工得到实惠，既可免缴企业所得税，又可免缴个人所得税。

5）远大高新单独成立一个研发部门，以享受研发费用加计扣除的税收优惠政策。

6）由集团总部中美远大集团成立技术开发中心，其开发成果供下属公司无偿使用，以提高下属公司的盈利能力。

7）集团总部决定进行公益捐款 5 000 万元，捐赠额由集团公司及其下属子公司平均分担，以便尽量发挥捐赠支出的抵税效应。

8.1.2 咨询事项

如果你是中美远大集团聘请的税务顾问，请对中美远大集团以下经营策略所涉及的税务问题提出自己的看法及建议。（已知城市维护建设税税率为 7%，契税税率为 3%，暂不考虑地方教育附加，所涉及的纳税人均为一般计税方法纳税人。）

（1）针对远大日化的销售方式，财务总监提出了以下建议：

1）远大日化可以设立一家非独立核算的门市部，由生产厂将产品先卖给这家门市部，再由门市部销售给客户，这样做可以节省增值税和消费税。

请问这种安排是否可以实现节税目标？你有什么更好的建议吗？

2）远大日化目前采取的是自营出口方式，财务总监建议设立一家外贸子公司，将出口产品全部销售给外贸子公司，然后由该外贸子公司出口。

远大日化的财务数据显示，其生产化妆品所需的原材料全部在国内采购，并且均能取得增值税专用发票。2019 年，内销产品取得不含税销售收入 8 000 万元，自营出口产品取得销售收入 5 000 万元，全年可以抵扣的增值税进项税额为 1 900 万元。增值税税率为 13%，退税率为 10%，消费税税率和退税率均为 15%，无上期留抵税额。如果单独设立一家外贸子公司，假设远大日化先以 4 000 万元的销售价格（不含税）将产品出售给外贸子公司，并开具增值税专用发票，外贸子公司再以 5 000 万元的价格出口。

请结合上述资料从税收的角度谈谈这种建议是否合理。

（2）请对远大商贸成立专业安装公司的经营策略进行评价，并对促销方案进行比较，选出你认为最优的方案。（比较促销方案时暂不考虑城市维护建设税、教育费附加和地方教育附加。）

（3）请对财务人员提出的“通过提高远大部件销售给远大机械的产品的价格，以提高远大部件的主营业务收入”的建议的可行性进行评价，并提出自己的税收筹划建议和主张。

（4）对于远大机械、实达机械厂、锦德钢铁厂三者之间的合同，请考虑以下问题：

1）远大机械、实达机械厂、锦德钢铁厂在履行合同甲、合同乙的过程中需要承担的税收有哪些（企业所得税除外）？

2）从税收的角度看，对于合同甲、合同乙所涉及的事项应该如何安排更为合理？

（5）分析中美远大集团为远大节能提供的服务项目以及远大高新为远大节能提供的服务项目所涉及的税收问题，并提出你的税收筹划方案。

（6）请问科夫勒先生 2020 年度在中国应缴多少个人所得税？作为税务规划师，你对科夫勒先生有何税收筹划建议？

（7）请分析远大地产与天跃科技合作开发商业地产过程中涉及的税收问题，并考虑是否有减轻远大地产税负的房产交易方案。

（8）请针对中美远大集团的财务人员对下属公司未来涉税事项所做的提议进行评价。

8.1.3 答复及解析

(1) 针对财务总监的建议，答复如下。

1) 远大日化设立一家非独立核算的门市部的建议。

① 从消费税方面考虑，不能节省消费税。根据《国家税务总局关于印发〈消费税若干具体问题的规定〉的通知》(国税发［1993］156号) 第三条第五款的规定，纳税人通过自设非独立核算门市部销售的自产应税消费品，应当按照门市部对外销售额或者销售数量征收消费税。财务总监建议远大日化设立一家非独立核算的门市部，其不是一个独立核算的销售部门，在计算缴纳消费税时应按照其对外销售额征收消费税。

② 从增值税方面考虑，不能节约增值税。从增值税的计税原理看，它是对增值额进行征税，只要产品最后的售价相同（即增值额相同），该产品所缴纳的增值税就是相等的。按照财务总监的建议，他只是把原先的销售过程一分为二，先由生产厂按照出厂价格销售给门市部，再由门市部按照对外销售价格销售给客户。在这种情况下，此举只会引起增值税纳税环节的变化，即先按出厂价格由生产厂在生产地缴税，再按对外销售价格由门市部在销售地缴税（此时，在生产地所缴的增值税可以作为进项税额进行抵扣），而计算缴纳的增值税总额相等，不会节省增值税，仅会带来时间性差异。需要注意的是，在确定生产厂的出厂价格时，一定要有充分合理的理由，以防止因价格偏低且无正当理由而被税务机关核定计税价格。

③ 如果想达到节约税款的目的，远大日化可以设立一家实行独立核算的门市部，这样就能规避国税发［1993］156号文的约束，不需要按照门市部对外销售额计算缴纳消费税。当然，远大日化也可以成立一家专门从事销售的子公司或者分公司，该子公司或者分公司在财务上独立核算，这样就能规避国税发［1993］156号文可能带来的税务风险。需要注意的是，不管是设立独立核算的门市部，还是设立子公司或者分公司，节约的只是消费税，增值税税负保持不变。

消费税是在生产出厂环节按照出厂价格计算缴纳，并且实行一次征收制，当独立核算的门市部或者销售子公司、分公司再对外销售时，不再计算缴纳消费税。因此，与原方案相比，这一方案的销售价格高于出厂价格差额的部分没有产生消费税纳税义务，从而节省了消费税税款。需要注意的是，在确定生产厂的出厂价格时，一定要有充分合理的理由，防止出现关联企业之间的转让定价问题。

2) 关于设立外贸子公司。自营出口和通过外贸公司出口需要考虑的税务因素有退税方式、退税率、征税率、出口售价以及消费税的退税方式。

① 两种方式下应退增值税的比较。

第一，采用自营出口的方式，即不单独设立外贸子公司，远大日化适用免、抵、退税办法，即免征出口环节的增值税，相应的进项税额抵减应纳增值税税额（不包括适用增值税即征即退、先征后退政策的应纳增值税税额），未抵减完的部分予以退还。增值税免、抵、退税的计算过程如下：

当期不得免征和抵扣税额抵减额＝当期免税购进原材料价格×（出口货物适用税率－出口货物退税率）＝0

当期不得免征和抵扣税额＝当期出口货物离岸价×外汇人民币折合率×（出口货物适用税率－出口货物退税率）－当期不得免征和抵扣税额抵减额＝5 000×（13%－10%）－0＝150（万元）

当期应纳税额＝当期销项税额－（当期进项税额－当期不得免征和抵扣税额）

＝8 000×13%－（1 900－150）＝－710（万元）

当期免、抵、退税额抵减额＝当期免税购进原材料价格×出口货物退税率＝0

当期免、抵、退税额＝当期出口货物离岸价×外汇人民币折合率×出口货物退税率－当期免、抵、退税额抵减额

＝5 000×10%－0＝500（万元）

按照税法的规定，如果当期期末留抵税额≥当期免、抵、退税额，则当期应退税额＝当期免、抵、退税额。

远大日化2019年应退税额＝当期免、抵、退税额＝500（万元）

结转下期的留抵税额＝210（万元）

第二，如果单独设立一家外贸子公司，远大日化先以4 000万元的价格（不含税）将产品出售给外贸子公司，并开具增值税专用发票，外贸子公司再以5 000万元的价格出口。这样一来，外贸子公司出口产品可以适用免、退税办法，即免征出口环节的增值税，并退还相应的进项税额。按照税法的规定，外贸企业出口委托加工、修理修配劳务以外的货物的应退税额计算公式为：

增值税应退税额＝增值税退（免）税计税依据×出口货物退税率

其中，增值税退（免）税计税依据为购进出口货物的增值税专用发票上注明的金额或海关进口增值税专用缴款书上注明的完税价格。

需要注意的是，在远大日化将出口产品销售给外贸子公司的环节，远大日化仍然需要按照不含税销售价格计算增值税销项税额，进而计算当期应缴增值税税额。在考虑单独设立一家外贸子公司的税收筹划方案时，需要将这一环节应缴纳的增值税税额与外贸企业出口环节取得的应退税额综合起来考量。相应的计算过程如下：

远大日化的增值税应纳税额＝（8 000＋4 000）×13%－1 900＝－340（万元）

外贸子公司出口产品的增值税应退税额＝4 000×10%＝400（万元）

远大日化结转下期的留抵税额＝340（万元）

从上述计算过程可以看出，远大日化自营出口能够获得的增值税应退税额为500万元，而单独设立一家外贸子公司后能够获得的增值税应退税额为400万元，也就是单独设立外贸子公司获得的增值税出口退税数额小于自营出口获得的增值税出口退税数额。但从留抵税额来看，设立外贸子公司后，远大日化的留抵税额大于自营出口方式的留抵税额。

② 两种方式下应退消费税的比较。采用自营出口的方式，即不单独设立外贸子公司，远大日化出口化妆品不需要缴纳消费税。

如果单独设立一家外贸子公司，远大日化先以4 000万元的价格（不含税）将产品出

售给外贸子公司，外贸子公司再以5 000万元的价格出口。在这种出口方式下，远大日化将化妆品出售给外贸子公司的时候需要按照规定缴纳消费税600万元（=4 000×15%）；由外贸子公司将购进的化妆品出口时，免征出口环节的消费税，并申请退还前一环节已征的消费税600万元（=4 000×15%）。

因此，这两种方式下获得的消费税退税额相同，损失的只是消费税税款的时间价值。

（2）远大商贸成立专业安装公司及促销方式。

1）远大商贸成立专业安装公司的建议正确。根据增值税法律制度的规定，一项交易行为如果涉及不同税率，则为混合交易。从事货物的生产、批发或者零售的单位和个体工商户的混合交易行为，按照销售货物缴纳增值税；其他单位和个体工商户的混合交易行为，按照销售服务缴纳增值税。因此，在原营销方式下，企业的安装收入应属于混合交易，按照13%的税率一并缴纳增值税，而独立后的安装收入按9%的税率缴纳增值税。所以，将从事安装服务的部门从商贸公司中独立出来，是一个降低税收负担的正确选择。

需要注意的是，企业应采用适当的组织形式，组建具有独立法人资格的专业服务公司，在财务上实行独立核算、独立纳税，在业务上与生产厂商直接挂钩，与商贸公司配套服务。与此同时，完善经济业务关系，将原来生产厂商与商贸公司的双重业务关系改为单纯的货物买卖经销关系，生产厂商与专业服务公司的关系是委托安装服务的关系。与此同时，企业的拆分需要取得中美远大集团的同意。

按照此思路，该专业服务公司接受委托提供安装服务的收入由缴纳13%的增值税转变为缴纳9%的增值税，从而降低了集团总体的应纳税额。

2）促销方案的比较。

方案1属于折扣销售，按照税法的规定，如果销售额和折扣额在同一张发票的“金额”栏中分别注明，可将折扣后的余额作为销售额计算增值税。该方案的增值税、企业所得税和税后净利润的计算如下所示：

$$应纳增值税=\frac{100\times70\%}{1+13\%}\times13\%-\frac{60}{1+13\%}\times13\%=1.15（元）$$

$$公司利润额=\frac{100\times70\%}{1+13\%}-\frac{60}{1+13\%}=8.85（元）$$

公司应缴企业所得税=8.85×25%=2.21（元）

税后净利润=8.85−2.21=6.64（元）

方案2，销售100元货物时公司应纳增值税①：

$$\frac{100}{1+13\%}\times13\%-\frac{60}{1+13\%}\times13\%-\frac{18}{1+13\%}\times13\%=2.53（元）$$

① 根据《四川省国家税务局关于买赠行为增值税处理问题的公告》（四川省国家税务局公告2011年第6号）第一条的规定，“买物赠物”方式是指在销售货物的同时赠送同类或其他货物，并且在同一项销售货物行为中完成，赠送货物的价格不高于销售货物收取的金额。对纳税人的这种销售行为，按其实际收到的货款申报缴纳增值税，但应按照《国家税务总局关于确认企业所得税收入若干问题的通知》（国税函［2008］875号）第三条的规定，在账务上将实际收到的销售金额，按销售货物和随同销售赠送货物的公允价值的比例来分摊确认其销售收入，同时应将销售货物和随同销售赠送的货物品名、数量以及按各项商品公允价值的比例分摊确认的价格和金额在同一张发票上注明。

公司的利润额为[①]：

$$\frac{100}{1+13\%}-\frac{60}{1+13\%}-\frac{18}{1+13\%}=19.47\text{（元）}$$

公司应缴企业所得税为：

$$19.47\times25\%=4.87\text{（元）}$$

税后净利润＝19.47－4.87＝14.60（元）

两个方案的相关数据见表 8-6。

表 8-6　两个方案的相关数据　　单位：元

应缴税金	方案 1（7 折销售）	方案 2（赠送商品）
增值税	1.15	2.53
企业所得税	2.21	4.87
税后净利润	6.64	14.60

根据上述计算结果可以看到，虽然方案 2 应缴纳的增值税和企业所得税都高于方案 1，但方案 2 的税后净利润要大于方案 1 的税后净利润。从追求税后净利润最大化的目标出发，方案 2 优于方案 1。

（3）关于财务人员提出的"通过提高远大部件销售给远大机械的产品的价格，以提高远大部件的主营业务收入"的建议。

1）财务人员的建议不可行。根据《中华人民共和国企业所得税法》第四十一条的规定，企业与其关联方之间的业务往来，不符合独立交易原则而减少企业或者其关联方应纳税收入或者所得额的，税务机关有权按照合理方法调整。

企业与其关联方共同开发、受让无形资产，或者共同提供、接受劳务发生的成本，在计算应纳税所得额时应当按照独立交易原则进行分摊。

根据《中华人民共和国企业所得税法实施条例》第一百零九条、第一百一十条、第一百一十一条的规定，关联方是指与企业有下列关联关系之一的企业、其他组织或者个人：

① 在资金、经营、购销等方面存在直接或者间接的控制关系。

② 直接或者间接地同为第三者控制。

③ 在利益上具有相关联的其他关系。

独立交易原则是指没有关联关系的交易各方，按照公平成交价格和营业常规进行业务往来遵循的原则。

调整的合理方法包括：

① 可比非受控价格法，是指按照没有关联关系的交易各方进行相同或者类似业务往来的价格进行定价的方法。

② 再销售价格法，是指按照从关联方购进商品再销售给没有关联关系的交易方的价格，减除相同或者类似业务的销售毛利润进行定价的方法。

---

① 根据《国家税务总局关于确认企业所得税收入若干问题的通知》（国税函［2008］875 号）第三条的规定，企业以买一赠一等方式组合销售本企业商品的，不属于捐赠，应将总的销售金额按各项商品的公允价值的比例来分摊确认各项的销售收入。

③ 成本加成法，是指按照成本加合理的费用和利润进行定价的方法。

④ 交易净利润法，是指按照没有关联关系的交易各方进行相同或者类似业务往来取得的净利润水平确定利润的方法。

⑤ 利润分割法，是指将企业与其关联方的合并利润或者亏损在各方之间采用合理标准进行分配的方法。

⑥ 其他符合独立交易原则的方法。

根据以上规定，由于远大部件和远大机械同属中美远大集团，两者属于关联企业，如果提高远大部件的产品销售价格，就会面临税务机关的纳税调整。

2）筹划建议。

① 实行企业之间的合并。由于远大部件是远大机械的上游企业，因此可将两个公司合并为一家居民企业。根据相关规定，企业重组同时符合下列条件的，适用特殊性税务处理规定：

第一，具有合理的商业目的，且不以减少、免除或者推迟缴纳税款为主要目的。

第二，被收购、合并或分立部分的资产或股权比例符合规定的比例。

第三，企业重组后的连续 12 个月内不改变重组资产原来的实质性经营活动。

第四，重组交易对价中涉及的股权支付金额符合规定的比例。

第五，企业重组中取得股权支付的原主要股东，在重组后连续 12 个月内，不得转让所取得的股权。

此外，根据《财政部、国家税务总局关于促进企业重组有关企业所得税处理问题的通知》（财税［2014］109 号）的规定，对 100％直接控制的居民企业之间，以及受同一或相同多家居民企业 100％直接控制的居民企业之间按账面净值划转股权或资产，凡具有合理商业目的，不以减少、免除或者推迟缴纳税款为主要目的，股权或资产划转后连续 12 个月内不改变被划转股权或资产原来实质性经营活动，且划出方企业和划入方企业均未在会计上确认损益的，可以选择按以下规定进行特殊性税务处理：一是划出方企业和划入方企业均不确认所得。二是划入方企业取得被划转股权或资产的计税基础，以被划转股权或资产的原账面净值确定。三是划入方企业取得的被划转资产，应按其原账面净值计算折旧扣除。

首先，远大部件是远大机械的上游企业，两公司实施合并，可以解释为远大机械的市场战略，具有合理的商业目的。其次，远大部件与远大机械同属于中美远大集团，属于同一控制下的企业。与此同时，企业合并后应保持重组资产原来的实质性经营活动，以保证其符合特殊性税务处理的条件。

在合并当年，合并不能给企业带来应纳税额的减少。但是，如果远大部件的经营状况没有改观，以后的每一年度，合并都将使集团应纳税额减少 125 万元（＝500×25％）。

② 远大机械将一部分生产功能转入远大部件。远大部件从事远大机械委托的加工业务，根据公平交易原则，按合理成本加成率向远大机械收取加工费。在两个独立企业的交易中，按照一定的利润率收取加工费属于正常的交易行为；与此同时，这一行为也给远大部件带来了利润，并且远大机械由于生产功能的减少而降低了盈利额。

需要注意的是，远大机械在将一部分生产功能转入远大部件时，确保远大部件的年度应纳税所得额不超过小型微利企业适用优惠税率的标准；与此同时，远大部件由于增加新的生产功能而需要购置的设备资产总额不得超过2 530万元（=5 000−2 470），职工人数符合小型微利企业标准。如果需要新生产功能的技术支持，可以以远大机械派驻技术人员的形式进行，以符合《企业所得税法》规定的小型微利企业的条件，使其适用20%的优惠税率。

根据《企业所得税法》第二十八条的规定，符合条件的小型微利企业，减按20%的税率征收企业所得税。

根据《企业所得税法实施条例》第九十二条的规定，符合条件的小型微利企业，是指从事国家非限制和禁止行业，并符合下列条件的企业：①工业企业，年度应纳税所得额不超过30万元，从业人数不超过100人，资产总额不超过3 000万元。②其他企业，年度应纳税所得额不超过30万元，从业人数不超过80人，资产总额不超过1 000万元。财税[2019] 13号文进一步放宽了小型微利企业的标准，扩大了小型微利企业的覆盖面。小型微利企业是指从事国家非限制和禁止行业，同时符合年度应纳税所得额不超过300万元、从业人数不超过300人、资产总额不超过5 000万元三个条件的企业。

对小型微利企业引入超额累进计算方法，年应纳税所得额不超过100万元的部分，减按12.5%计入应纳税所得额，按20%的税率缴纳企业所得税；对年应纳税所得额超过100万元但不超过300万元的部分，减按25%计入应纳税所得额，按20%的税率缴纳企业所得税。

（4）关于远大机械、实达机械厂、锦德钢铁厂三者之间的合同。

1）综合考虑各税种的计算。

① 实达机械厂因履行合同甲而需要缴纳增值税、城市维护建设税及教育费附加、印花税和土地增值税。

$$\begin{array}{l}\text{转让厂房、办公楼及}\\\text{土地使用权应纳增值税}\end{array}=(1\,300-500-400)\div(1+5\%)\times5\%=19.05\text{（万元）}$$[①]

应纳城市维护建设税及教育费附加=19.05×(7%+3%)=1.91（万元）

一般计税方法纳税人转让其2016年4月30日前取得（不含自建）的不动产，可以选择适用简易计税方法计税，以取得的全部价款和价外费用扣除不动产购置原价或者取得不动产时的作价后的余额为销售额，按照5%的征收率计算应纳税额。

转让厂房、办公楼及土地使用权应纳印花税：

1 300×0.05%=0.65（万元）

转让厂房、办公楼及土地使用权应纳土地增值税：

增值额=1 300−500−400−19.05−1.91−0.65=378.39（万元）

增值额与扣除项目金额的比率为：

$$\frac{378.39}{500+400+1.91+0.65}\times100\%=\frac{378.39}{902.56}\times100\%=41.92\%<50\%$$

应纳土地增值税=378.39×30%=113.52（万元）

① 建议该企业选择简易计税方法。

② 远大机械因履行合同甲而需要缴纳印花税和契税。

以偿债方式取得的厂房、办公楼及土地使用权应纳印花税[1]：

1 300×0.05%=0.65（万元）

以偿债方式取得的厂房、办公楼及土地使用权应纳契税：

(1 300−19.05)×3%=38.43（万元）[2]

远大机械因履行合同乙而需要缴纳增值税、城市维护建设税及教育费附加、印花税、土地增值税。

以厂房及土地使用权抵债应纳增值税：

(800−600)÷(1+5%)×5%=9.52（万元）[3]

以厂房及土地使用权抵债应纳城市维护建设税和教育费附加：

9.52×(7%+3%)=0.95（万元）

以厂房及土地使用权抵债应纳印花税：

800×0.05%=0.4（万元）

以厂房及土地使用权抵债应纳土地增值税的增值额：

800−600−9.52−0.95−0.4=189.13（万元）

增值额与扣除项目金额的比率为：

$$\frac{189.13}{600+0.95+0.4}\times100\%=\frac{189.13}{601.35}\times100\%=31.45\%<50\%$$

应纳土地增值税：

189.13×30%=56.74（万元）

以产成品抵债应纳增值税：

$$\frac{200}{1+13\%}\times13\%=23.01\text{（万元）}$$

以产成品抵债应纳城市维护建设税及教育费附加：

23.01×(7%+3%)=2.30（万元）

产成品抵债合同应纳印花税：

200×0.03%=0.06（万元）

③ 锦德钢铁厂因履行合同乙而需要缴纳印花税和契税，如果能够取得远大机械用产成品抵债的增值税专用发票，还能抵扣增值税进项税额 23.01 万元。

以偿债方式取得厂房及土地使用权、产成品应纳印花税[4]：

800×0.05%+200×0.03%=0.4+0.06=0.46（万元）

以偿债方式取得的厂房及土地使用权应纳契税：

(800−9.52)×3%=23.71（万元）

---

① 如果合同上注明的是不含税价格，则以不含税价格作为印花税的计税依据。如果合同上注明的是含税价格，则以含税价格作为印花税的计税依据。

② 计征契税的成交价格不含增值税。

③ 建议企业选择简易计税方法。

④ 如果合同上注明的是不含税价格，则以不含税价格作为印花税的计税依据。如果合同上注明的是含税价格，则以含税价格作为印花税的计税依据。

2）筹划建议。由锦德钢铁厂与实达机械厂签订企业产权转让协议，并由锦德钢铁厂承接实达机械厂的资产及债务，然后由锦德钢铁厂以现金形式偿还远大机械债务余额500万元。在产权转让过程中，实达机械厂不用计算缴纳增值税、城市维护建设税、教育费附加以及土地增值税，同时免去了远大机械缴纳税款的义务。

根据《财政部、国家税务总局关于全面推开营业税改征增值税试点的通知》（财税［2016］36号）的规定，在资产重组过程中，通过合并、分立、出售、置换等方式，将全部或者部分实物资产以及与其相关联的债权、负债和劳动力一并转让给其他单位和个人，其中涉及的不动产、土地使用权转让行为属于不征收增值税项目。

根据《财政部、国家税务总局关于企业改制重组有关土地增值税政策的通知》（财税［2015］5号）第二条的规定，按照法律规定或者合同约定，两个或两个以上企业合并为一个企业，且原企业投资主体存续的，对原企业将国有土地、房屋权属转移、变更到合并后的企业，暂不征土地增值税。

（5）中美远大集团为远大节能提供的服务项目以及远大高新为远大节能提供的服务项目所涉及的税收问题及筹划方案。

1）中美远大集团为远大节能提供的服务项目应纳税情况为：根据“营改增”税收政策的规定，中美远大集团为远大节能提供的咨询服务和信息技术服务应当缴纳增值税，适用税率为6%，同时需要缴纳城市维护建设税、教育费附加和企业所得税。

应缴纳增值税＝(100＋50)×6%－(3＋1)＝5（万元）

应缴纳城市维护建设税及教育费附加＝5×(7%＋3%)＝0.5（万元）

应缴纳企业所得税＝(100＋50－50－10－0.5)×25%＝22.375（万元）

2）远大高新为远大节能提供技术转让及技术服务项目取得的收入免征增值税，取得的技术转让所得250万元（＝300－50），未超过500万元，免征企业所得税。

根据《财政部、国家税务总局关于将铁路运输和邮政业纳入营业税改征增值税试点的通知》（财税［2013］106号）的规定，纳税人提供技术转让、技术开发和与之相关的技术咨询、技术服务，免征增值税。

技术转让是指转让者将其拥有的专利和非专利技术的所有权或使用权有偿转让给他人的行为。技术开发是指开发者接受他人委托，就新技术、新产品、新工艺或者新材料及其系统进行研发的行为。技术咨询是指就特定技术项目提供可行性论证、技术预测、专题技术调查、分析评价报告等。

与技术转让（技术开发）相关的技术咨询、技术服务是指转让方（或受托方）根据技术转让（或开发）合同的规定，为帮助受让方（或委托方）掌握所转让（或委托开发）的技术而提供的技术咨询、技术服务业务，并且这部分技术咨询、技术服务的价款与技术转让（或开发）的价款是开在同一张发票上的。

根据《中华人民共和国企业所得税法》第二十七条的规定，企业的下列所得，可以免征、减征企业所得税：①从事农、林、牧、渔业项目的所得；②从事国家重点扶持的公共基础设施项目投资经营的所得；③从事符合条件的环境保护、节能节水项目的所得；④符合条件的技术转让所得等。根据《中华人民共和国企业所得税法实施条例》第九十条的规定，符合条件的技术转让所得免征、减征企业所得税，是指一个纳税年度内，居民企业技术转让所得不超过500万元的部分，免征企业所得税；超过500万元的部分，减半征收企业所得税。

3）筹划方案。

① 中美远大集团提供的网络信息技术服务作为一项公共服务，可以免费提供。这样既可以少缴增值税、城市维护建设税、教育费附加，又可以少缴企业所得税。对于远大节能来说，由于免费使用信息技术服务会比原方案减少50万元的费用支出，但由于其处于免税期，费用支出的减少并不影响企业所得税。即使处于减半征收企业所得税期间，其费用的抵缴企业所得税效应也下降了50%。税收筹划前与筹划后的税负比较如下所示。

第一，在正常纳税年度。

远大节能50万元费用支出可抵缴所得税：

$$50\times25\%=12.5\text{（万元）}$$

中美远大集团50万元的收入共计缴纳税费为：

$$(50\times6\%-1)\times(1+7\%+3\%)+[50-10-(50\times6\%-1)\times(7\%+3\%)]\times25\%=12.15\text{（万元）}$$

综合税负：

$$12.15-12.5=-0.35\text{（万元）}$$

第二，在减半纳税年度。

远大节能50万元费用支出可抵缴所得税：

$$50\times25\%\times50\%=6.25\text{（万元）}$$

中美远大集团50万元的收入共计缴纳税费12.15万元。

综合税负：

$$12.15-6.25=5.9\text{（万元）}$$

第三，在免税年度。

由于远大节能50万元费用支出不抵税，而中美远大集团50万元的收入共计缴纳税费12.15万元，所以综合税负为12.15万元。

根据《中华人民共和国企业所得税法实施条例》的规定，《企业所得税法》所称符合条件的环境保护、节能节水项目，包括公共污水处理、公共垃圾处理、沼气综合开发利用、节能减排技术改造、海水淡化等。项目的具体条件和范围由国务院财政、税务主管部门商国务院有关部门制定，报国务院批准后公布施行。

企业从事前款规定的符合条件的环境保护、节能节水项目的所得，自项目取得第一笔生产经营收入所属纳税年度起，第一年至第三年免征企业所得税，第四年至第六年减半征收企业所得税。

但是，此处的免费提供服务未必可行，除非保证其提供的免费服务是面向全社会的，而且对社会具有意义。由于远大节能被中美远大集团控制，属于关联企业，除非中美远大集团可以提供证据证明该项服务的受益者并非只有远大节能，还有社会上一定数量的非关联企业，否则有可能被认定为中美远大集团单独向远大节能免费提供服务，并被税务机关认定为转让定价而进行特别纳税调整。

② 远大高新为远大节能提供技术转让及技术服务项目，年收费金额为300万元，技

术转让及技术服务的成本为50万元，可适当提高其收费金额，当远大节能处于非免税年度时可享受费用抵税的税收收益。

（6）科夫勒先生个人所得税的计算及筹划建议。

1）科夫勒先生预计2020年度的个人所得税纳税情况如表8-7所示。

表8-7 个人所得税情况表（1）

时间	工薪收入（元）	应税收入（元）	费用扣除（元）	应纳税所得额（元）	税率（%）	速算扣除数（元）	应纳个人所得税（元）
2020年7月	58 000	39 935.48	5 000	34 935.48	25	2 660	6 073.87
2020年8月	58 000	44 451.61	5 000	39 451.61	30	4 410	7 425.48
2020年9月	58 000	44 933.33	5 000	39 933.33	30	4 410	7 570.00
2020年10月	58 000	44 451.61	5 000	39 451.61	30	4 410	7 425.48
2020年11月	58 000	44 933.33	5 000	39 933.33	30	4 410	7 570.00
2020年12月	58 000	44 451.61	5 000	39 451.61	30	4 410	7 425.48
合计	348 000	263 156.97	30 000	233 156.97	—	—	43 490.31

注：根据《财政部、国家税务总局关于非居民个人和无住所居民个人有关个人所得税政策的公告》的规定，在一个纳税年度内，在境内居住累计超过90天但不满183天的高管人员，其取得的工资、薪金所得，除归属于境外工作期间且不是由境内雇主支付或者负担的部分外，应当计算缴纳个人所得税。当月工资、薪金收入额计算适用下述公式。

$$\text{当月工资、薪金收入额}=\text{当月境内外工资、薪金总额}\times\left(1-\frac{\text{当月境外支付工资、薪金数额}}{\text{当月境内外工资、薪金总额}}\times\frac{\text{当月工资、薪金所属工作期间境外工作天数}}{\text{当月工资、薪金所属工作期间公历天数}}\right)$$

2）对科夫勒先生个人所得税的筹划方案。

筹划方案1：科夫勒先生不任技术总监，不在境内公司任职，而作为技术顾问来华工作，则其2020年度在华的纳税情况如表8-8所示。

表8-8 个人所得税情况表（2）

时间	工薪收入（元）	应税收入（元）	费用扣除（元）	应纳税所得额（元）	税率（%）	速算扣除数（元）	应纳个人所得税（元）
2020年7月	58 000	20 580.65	5 000	15 580.65	20	1 410	1 706.13
2020年8月	58 000	29 935.48	5 000	24 935.48	20	1 410	3 577.10
2020年9月	58 000	30 933.33	5 000	25 933.33	25	2 660	3 823.33
2020年10月	58 000	29 935.48	5 000	24 935.48	20	1 410	3 577.10
2020年11月	58 000	30 933.33	5 000	25 933.33	25	2 660	3 823.33
2020年12月	58 000	29 935.48	5 000	24 935.48	20	1 410	3 577.10
合计	348 000	172 253.75	30 000	142 253.75	—	—	20 084.09

注：由于科夫勒先生改变了其技术总监的高管身份，根据《财政部、国家税务总局关于非居民个人和无住所居民个人有关个人所得税政策的公告》的规定，在一个纳税年度内，在境内累计居住超过90天但不满183天的非居民个人，取得归属于境内工作期间的工资、薪金所得，均应当计算缴纳个人所得税；其取得归属于境外工作期间的工资、薪金所得，不征收个人所得税。当月工资、薪金收入额的计算公式如下：

$$\text{当月工资、薪金收入额}=\text{当月境内外工资、薪金总额}\times\frac{\text{当月工资、薪金所属工作期间境内工作天数}}{\text{当月工资、薪金所属工作期间公历天数}}$$

筹划方案2：科夫勒先生不任技术总监，不在境内公司任职，而作为技术顾问来华工作；与此同时，调整在华工作时间（推迟或提前离开），使其在华时间不超过90天。假设科夫勒先生7月推迟一天来华，即7月在华时间减为10天，这使得科夫勒先生2020年度在华时间减为90天，则2020年度科夫勒先生的个人所得税情况如表8-9所示。

表8-9 个人所得税情况表（3）

时间	工薪收入（元）	应税收入（元）	费用扣除（元）	应纳税所得额（元）	税率（%）	速算扣除数（元）	应纳个人所得税（元）
2020年7月	58 000	9 677.42	5 000	4 677.42	10	210	257.74
2020年8月	58 000	15 483.87	5 000	10 483.87	10	210	838.39
2020年9月	58 000	16 000.00	5 000	11 000.00	10	210	890.00
2020年10月	58 000	15 483.87	5 000	10 483.87	10	210	838.39
2020年11月	58 000	16 000.00	5 000	11 000.00	10	210	890.00
2020年12月	58 000	15 483.87	5 000	10 483.87	10	210	838.39
合计	348 000	88 129.03	30 000	58 129.03	—	—	4 552.91

注：由于科夫勒先生缩短了2020年度在华居住时间，根据《财政部、国家税务总局关于非居民个人和无住所居民个人有关个人所得税政策的公告》的规定，在一个纳税年度内，在境内累计居住不超过90天的非居民个人，仅就归属于境内工作期间并由境内雇主支付或者负担的工资、薪金所得计算缴纳个人所得税。当月工资、薪金收入额的计算公式如下：

$$当月工资、薪金收入额=当月境内外工资、薪金总额\times\frac{当月境内支付工资、薪金数额}{当月境内外工资、薪金总额}\times\frac{当月工资、薪金所属工作期间境内工作天数}{当月工资、薪金所属工作期间公历天数}$$

筹划方案3：科夫勒先生不任技术总监，不在境内公司任职，而作为技术顾问来华工作；与此同时，调整在华工作时间（推迟或提前离开），将在华时间控制在90天，并且奖金不是按月支付，而是年终一次支付。科夫勒先生的个人所得税情况如表8-10所示。

表8-10 个人所得税情况表（4）

时间	工薪收入（元）	应税收入（元）	费用扣除（元）	应纳税所得额（元）	税率（%）	速算扣除数（元）	应纳个人所得税（元）
2020年7月	52 000	7 741.94	5 000	2 741.94	3	0	82.26
2020年8月	52 000	12 387.10	5 000	7 387.10	10	210	528.71
2020年9月	52 000	12 800.00	5 000	7 800.00	10	210	570.00
2020年10月	52 000	12 387.10	5 000	7 387.10	10	210	528.71
2020年11月	52 000	12 800.00	5 000	7 800.00	10	210	570.00
2020年12月	52 000	12 387.10	5 000	7 387.10	10	210	528.71
年终奖	36 000	17 608.70		17 608.70	3	0	528.26
合计	348 000	88 111.94	30 000	58 111.94	—	—	3 336.65

注：非居民个人一个月内取得数月奖金，单独按照规定计算当月收入额，不与当月其他工资、薪金合并，按6个月分摊计税，不减除费用，适用月度税率表计算应纳税额。在一个公历年度内，对每一个非居民个人，该计税办法只允许适用一次。相应的计算公式如下：

$$当月数月奖金应纳税额=(数月奖金收入额\div6\times适用税率-速算扣除数)\times6$$

无住所个人取得的数月奖金或者股权激励所得按照规定确定所得来源地：无住所个人在境内履职或者执行职务时收到的数月奖金或者股权激励所得，归属于境外工作期间的部分，为来源于境外的工资、薪金所得；无住所个人停止在境内履约或者执行职务，在离境后收到的数月奖金或者股权激励所得，对属于境内工作期间的部分，为来源于境内的工资、薪金所得。具体计算方法为：数月奖金或者股权激励乘以数月奖金或者股权激励所属工作期间境内工作天数与所属工作期间公历天数之比。

税收筹划效果的比较见表 8－11。

表 8－11 个人所得税纳税情况比较表 单位：元

方案	原方案	策划方案 1	策划方案 2	策划方案 3
应纳个人所得税	43 490.31	20 084.09	4 552.91	3 336.65
比原方案节约个人所得税	—	23 406.22	38 937.4	40 153.66

(7) 远大地产与天跃科技合作开发商业地产涉及的税收问题及税负分析。

1) 涉及的税收问题。

① 印花税。根据《财政部、国家税务总局关于印花税若干政策的通知》(财税[2006] 162 号) 第四条的规定，对商品房销售合同按照产权转移书据征收印花税。因此，在天跃科技购买建成后的地产时，远大地产与天跃科技要按 0.05%的税率缴纳印花税。

远大地产与其他建筑施工企业签订建筑安装工程承包合同时要按 0.03%的税率缴纳印花税。

② 增值税。远大地产在转让商业房产时，需要按 9%的税率计算缴纳增值税，还要按照实际缴纳的增值税税额缴纳城市维护建设税、教育费附加和地方教育附加。

③ 土地增值税。远大地产将商业地产转让给天跃科技的行为还需要缴纳土地增值税。计算土地增值税应注意以下问题。

扣除项目金额包括：取得土地使用权所支付的地价款、房地产开发成本 [包括土地征用、拆迁补偿费，规划、设计等前期工程费，建筑安装工程费，道路、供水、供电、供气、排污、通信等基础设施费，公共配套设施费，直接组织、管理、开发项目发生的费用(比如工资、职工福利费、折旧费、修理费、办公费、水电费、劳动保护费、周转房摊销等)]、房地产开发费用 (包括管理费用、财务费用以及销售费用)、与转让房地产有关的税金以及财政部规定的其他扣除项目。

财务费用中的利息支出，凡能够按转让房地产项目计算分摊并提供金融机构证明的，允许据实扣除，但最高不能超过按商业银行同期同类贷款利率计算的金额。其他房地产开发费用，按取得土地使用权所支付的金额与房地产开发成本计算金额之和的 5%以内计算扣除。

凡不能按转让房地产项目计算分摊利息支出或不能提供金融机构证明的，房地产开发费用按取得土地使用权所支付金额与房地产开发成本计算金额之和的 10%以内计算扣除。

根据土地增值税法律制度的有关规定，对从事房地产开发的纳税人可按取得土地使用权所支付的金额与开发土地的成本之和，加计 20%扣除。

④ 企业所得税。转让收入减去所有成本与费用及转让过程所涉及税金后的余额为应纳税所得额，据以计算应缴纳的企业所得税。

2) 筹划建议。

建议一：

由远大地产将已取得的土地使用权转让给天跃科技，然后以天跃科技的名义立项。由于天跃科技无房地产开发经验，可再与远大地产签订委托代建房合同，远大地产只收取代建管理费收入，建设费用支出由天跃科技直接支付给施工单位。该方案与原方案相比，可产生以下节税效果。

①减少增值税。原方案以转让不动产的收入作为计算增值税的计税依据，而本方案只就转让土地使用权的收入和代建管理费收入分别计算、缴纳增值税。

②减少土地增值税。本方案只就土地使用权的增值部分计算缴纳土地增值税，而代建管理费收入无须缴纳土地增值税。

③减少印花税。土地使用权转移合同及代建合同金额低于不动产转移合同金额，因此可节约印花税。

建议二：

远大地产以土地使用权、天跃科技以现金形式投资入股成立新的股份公司，从事该房地产项目的开发。待项目完成后，远大地产把所持的新股份公司的股权转让给天跃科技，从而取得股权转让收入。该方案与原方案相比，可产生以下节税效果。

①减少增值税。根据《财政部、国家税务总局关于全面推开营业税改征增值税试点的通知》（财税［2016］36号）的规定，在资产重组过程中，通过合并、分立、出售、置换等方式，将全部或者部分实物资产以及与其相关联的债权、负债和劳动力一并转让给其他单位和个人，其中涉及的不动产、土地使用权转让行为属于不征收增值税项目。而股权转让收入只需要以6%的税率计算增值税。

②递延缴纳企业所得税。根据《财政部、国家税务总局关于非货币性资产投资企业所得税政策问题的通知》（财税［2014］116号）的规定，居民企业以非货币性资产对外投资确认的非货币性资产转让所得，可在不超过5年的期限内，分期均匀计入相应年度的应纳税所得额，按规定计算、缴纳企业所得税。其中，非货币性资产是指现金、银行存款、应收账款、应收票据以及准备持有至到期的债券投资等货币性资产以外的资产。非货币性资产投资限于以非货币性资产出资设立新的居民企业，或将非货币性资产注入现存的居民企业。因此，远大地产以土地使用权投资入股成立新的股份公司，按土地使用权评估后的公允价值扣除计税基础后的余额确认为非货币性资产转让所得，可以在不超过5年的期限内分期均匀计入相应年度的应纳税所得额计算缴纳企业所得税，获得递延缴纳税款的好处。

（8）关于中美远大集团财务人员对下属公司未来涉税事项提议的答复。

1）不正确。根据《中华人民共和国企业所得税法实施条例》的规定，企业从事符合条件的环境保护、节能节水项目的所得，自项目取得第一笔生产经营收入所属纳税年度起，第一年至第三年免征企业所得税，第四年至第六年减半征收企业所得税。企业购置并实际使用《环境保护专用设备企业所得税优惠目录》、《节能节水专用设备企业所得税优惠目录》和《安全生产专用设备企业所得税优惠目录》规定的环境保护、节能节水、安全生产等专用设备的，该专用设备投资额的10%可以从企业当年的应纳税额中抵免；当年不足抵免的，可以在以后五个纳税年度结转抵免。因此，企业购置设备的时间应避免在减免税年度。由于远大节能前三年处于免税期，不能享受购置固定资产税额抵免的优惠，所以应尽量推迟购置年度。

2）不正确。由于远大节能目前处于"三免三减半"的税收优惠期，因此加速折旧会导致正常纳税年度可税前抵扣的折旧减少，进而增加企业的所得税税负。

3）不正确。根据《中华人民共和国企业所得税法实施条例》第七十三条的规定，企业使用或者销售的存货的成本计算方法，可以在先进先出法、加权平均法、个别计价法中选用一种。计价方法一经选用，不得随意变更。因此，《企业所得税法》限定了企业不能采用后进先出法。

4）不正确。根据《中华人民共和国企业所得税法实施条例》第三十五条的规定，企业依照国务院有关主管部门或者省级人民政府规定的范围和标准为职工缴纳的基本养老保险费、基本医疗保险费、失业保险费、工伤保险费、生育保险费等基本社会保险费和住房公积金，准予扣除。

企业为投资者或者职工支付的补充养老保险费、补充医疗保险费，在国务院财政、税务主管部门规定的范围和标准内，准予扣除。与此同时，《财政部、国家税务总局关于补充养老保险费、补充医疗保险费有关企业所得税政策问题的通知》（财税［2009］27 号）规定，自 2008 年 1 月 1 日起，企业根据国家有关政策规定，为在本企业任职或者受雇的全体员工支付的补充养老保险费、补充医疗保险费，分别在不超过职工工资总额 5%标准内的部分，在计算应纳税所得额时准予扣除；超过的部分，不予扣除。

根据税法的规定，企业和个人按照国家或地方政府规定的比例提取并向指定金融机构实际缴付的住房公积金、医疗保险、基本养老保险，不计入个人当期工资、薪金收入，免予征收个人所得税。

因此，对于企业超过国家或地方政府规定的比例缴付的住房公积金、医疗保险、基本养老保险，应将其超过部分并入个人当期的工资、薪金收入，计征个人所得税。与此同时，超过部分不能在企业所得税前扣除，需要进行纳税调增，多缴企业所得税。

5）正确。根据《中华人民共和国企业所得税法实施条例》第九十五条的规定，企业发生的研究开发费用，未形成无形资产计入当期损益的，在按照规定据实扣除的基础上，按照研究开发费用的 75%①加计扣除；形成无形资产的，按照无形资产成本的 175%摊销。

6）不正确。根据《财政部、国家税务总局关于全面推开营业税改征增值税试点的通知》（财税［2016］36 号）的规定，纳税人提供技术转让、技术开发和与之相关的技术咨询、技术服务，免征增值税。

根据《中华人民共和国企业所得税法实施条例》第九十条的规定，符合条件的技术转让所得免征、减征企业所得税，是指一个纳税年度内，居民企业技术转让所得不超过 500 万元的部分，免征企业所得税；超过 500 万元的部分，减半征收企业所得税。

由于技术开发中心的收入既可以免征增值税，又可以免征企业所得税，因此该技术开发中心应通过适当定价向关联企业收取技术费，以增加关联企业的费用支出，降低关联企业的应纳税所得额，减少所得税。

7）不正确。根据《中华人民共和国企业所得税法》第九条的规定，企业发生的公益性捐赠支出，在年度利润总额 12%以内的部分，准予在计算应纳税所得额时扣除。根据《中华人民共和国企业所得税法实施条例》第五十一条的规定，公益性捐赠是指企业通过公益性社会组织或者县级以上人民政府及其部门，用于符合法律规定的慈善活动、公益事

① 制造业、科技型中小企业研发费用的加计扣除比例提升至 100%。

业的捐赠。

因此，企业集团在捐赠时，应首先考虑通过公益性社会组织或者县级以上人民政府及其部门进行捐赠，避免直接捐赠。其次，把捐赠支出放在正常纳税子公司（而非享受减免税优惠的子公司及发生亏损的子公司，如远大高新、远大节能及远大部件等），以充分发挥捐赠支出的抵税效应。最后，除了税法明确规定可以全额税前扣除的捐赠支出以外，在正常纳税企业分配捐赠金额时，应考虑12%的利润额限额规定，使各子公司的捐赠额尽量控制在利润额的12%以内。

8.2 网络游戏公司并购与重组税收筹划案例

8.2.1 案例背景

（1）并购方简介。2010年10月，A科技股份有限公司（以下简称“A公司”）成立，2012年5月在深圳证券交易所创业板上市。A公司的主营业务为信息服务（包括增值电信中的信息服务业务和互联网信息服务业务）、互联网游戏产品的经营和出版、手机游戏的出版等。

历经若干年的业务发展后，A公司已成为全国知名度很高的跨平台终端游戏以及互联网游戏开发商和运营商。2014年，A公司抓住了移动终端游戏的市场机遇，在加强游戏自主开发的同时，积极拓展国内的发行渠道，并与日本、韩国，以及港、澳、台等地区的发行商建立了合作关系。

目前，A公司根据自己的发展战略，希望能够通过并购B公司和C公司实现规模效应及协同效应，逐步凸显矩阵优势，实现集团化布局。A公司的相关财务报表见表8-12和表8-13。

表8-12　A公司的资产负债表　　单位：万元

项目	2013年12月31日	2014年12月31日	2015年12月31日
资产总额	192 000	502 000	508 000
负债总额	40 000	100 000	96 000
所有者权益总额	152 000	402 000	412 000

表8-13　A公司的利润表　　单位：万元

项目	2013年度	2014年度	2015年1—3月
营业收入	38 000	77 000	21 700
利润总额	17 000	37 000	9 500
净利润	15 000	33 000	7 800

（2）被并购方简介。B网页游戏开发公司（以下简称“B公司”）成立于2013年3月，

2013 年是 B 公司的起步阶段，在网页游戏开发和定位方面积累了丰富的经验，2014 年是其快速发展阶段，研发重点由网页游戏逐步调整为移动游戏，并经历了上线测试和收费测试环节，目前已正式运营，累计玩家超过 2 000 万，充值金额为 15 亿元，B 公司的相关财务报表见表 8－14 和表 8－15。

表 8－14　B 公司的资产负债表　　单位：万元

项目	2013 年 12 月 31 日	2014 年 12 月 31 日	2015 年 12 月 31 日
流动资产合计	410	1 740	14 000
非流动资产合计	10	85	200
资产总计	420	1 825	14 200
流动负债合计	150	1 000	3 300
非流动负债合计	0	700	800
负债合计	150	1 700	4 100
所有者权益合计	270	125	10 100

表 8－15　B 公司的利润表　　单位：万元

项目	2013 年度	2014 年度	2015 年 1—6 月
营业收入	340	770	8 000
营业成本	355	1 390	4 000
营业利润	－15	－620	4 000
利润总额	－15	－620	4 000
净利润	－15	－620	4 000

C 公司 2012 年 12 月由自然人股东刘明和赵五出资设立，注册资本为 500 万元。刘明出资 450 万元，持有 90%的股权；赵五出资 50 万元，持有 10%的股权。刘明是手机游戏行业的代言人，个人影响力等无形资产难以估价，目前 C 公司估值 1 亿元左右。

8.2.2　选择并购重组目标的税收筹划

（1）并购享受税收优惠企业 B 公司的涉税情况分析。

B 公司的账面价值为 10 000 万元，按照市场法评估的公允价值为 34 000 万元，A 公司拟收购其 100%的股权，具体情况见图 8－1。

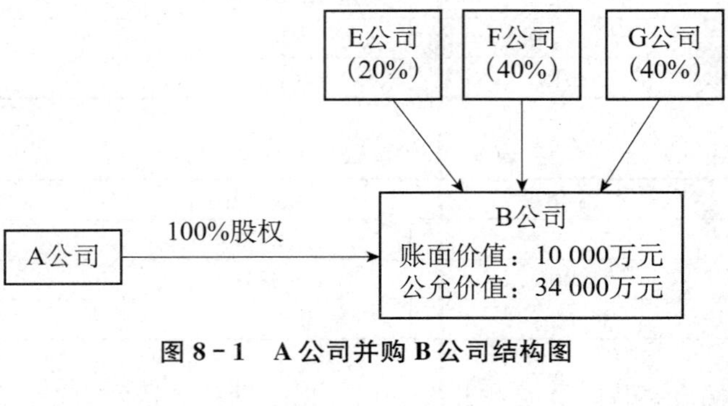

图 8－1　A 公司并购 B 公司结构图

B公司和其两款游戏产品在2014年分别取得了北京市经济和信息化委员会发布的软件企业认定证书和软件产品登记证书，具体认证情况见表8-16。

表8-16 B公司的相关证书

名称	证书名称	证书编号	发证机关	发证日期
B网页游戏开发公司	软件企业认定证书	京R-2014-M	北京市经济和信息化委员会	2014-05-12
游戏产品1	软件产品登记证书	京DGY-2014-N		2014-07-30
游戏产品2		京DGY-2014-O		2014-05-12

根据B公司取得的相关证书，其适用的税收优惠政策如下：

1）软件产品增值税即征即退。根据×区国家税务局通知，自2014年9月1日起，B公司开发的两款游戏软件产品可以适用增值税即征即退政策。

2）软件企业所得税“两免三减半”。根据财税［2012］27号文①的规定，B公司从获利年度开始（2017年12月31日前）适用“两免三减半”的税收优惠，由B公司的利润表可见，其获利年度为2015年。

如果A公司选择B公司作为并购重组目标，则B公司享受的税收优惠政策可以在一定程度上降低集团增值税和企业所得税的税负。

（2）被并购企业为自然人股东C公司的涉税情况分析。

A公司以7 000万元价格收购C公司70%的股权，具体情况见图8-2。

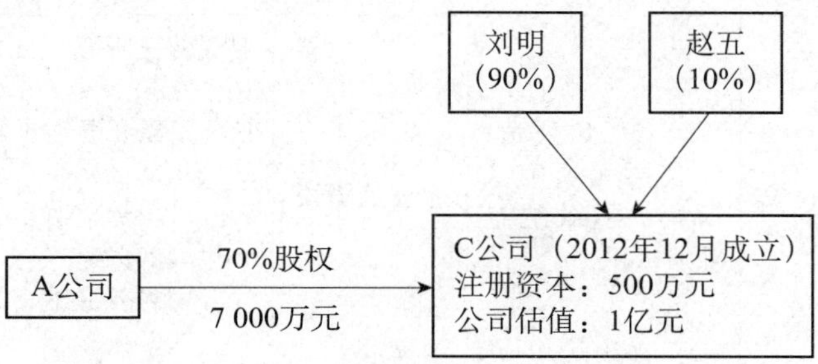

图8-2 A公司并购C公司结构图

为何一个注册资本500万元的公司，可以以1亿元的价格被收购？

其原因如下：

第一，刘明作为手机游戏行业的代言人，个人影响力等无形资产难以估价。

第二，刘明和赵五承诺了2016—2020年的净利润，即2016年不低于1 000万元，此后每年递增15%；若不能达标，刘明和赵五将用现金补足未完成的部分。

根据财税［2015］41号文的规定，个人非货币性资产投资产生的“财产转让所得”应当在应税行为发生次月15日内申报纳税，一次性缴纳有困难的，可以分摊至5个纳税年度。因此，刘明需要缴纳的个人所得税为1 260万元（=7 000×90%×20%），赵五需

① 《财政部、国家税务总局关于进一步鼓励软件产业和集成电路产业发展企业所得税政策的通知》第三条规定，我国境内新办的集成电路设计企业和符合条件的软件企业，经认定后，在2017年12月31日前自获利年度起计算优惠期，第一年至第二年免征企业所得税，第三年至第五年按照25%的法定税率减半征收企业所得税，并享受至期满为止。

要缴纳的个人所得税为 140 万元（=7 000×10%×20%），虽然可以在 5 个纳税年度分摊缴纳，但对刘明和赵五而言，仍是较重的负担，因此 A 公司在选取支付方式时应当考虑自然人股东的支付能力，可选取一定比例的现金支付。

8.2.3 股权支付方式的税收筹划

（1）并购 B 公司支付方式的税收筹划。A 公司以 34 000 万元价格收购 B 公司 100%的股权，我们首先假定其股权支付比例为 100%，经过表 8-17 的判定，此次并购重组能够适用特殊性税务处理，相关股权的计税基础见表 8-18。

表 8-17 A 公司并购 B 公司特殊性税务重组的判定

合理的商业目的？	满足
收购股权比例？	满足（100%，大于 50%）
连续 12 个月不改变原来的实质性经营活动？	可以满足
股权支付比例？	满足（100%，大于 85%）
重组后 12 个月内不转让股权？	可以满足

表 8-18 相关股权计税基础

<table>
<tr><th></th><th colspan="2">特殊性税务处理</th><th colspan="2">一般性税务处理</th></tr>
<tr><td rowspan="2">B公司取得股权</td><td>计税基础</td><td>34 000 万元*</td><td>计税基础</td><td>34 000 万元</td></tr>
<tr><td>企业所得税</td><td>E公司、F公司、G公司无须确认所得，不缴纳企业所得税</td><td>企业所得税</td><td>股权转让所得=24 000 万元（=34 000−10 000）
E公司需要缴纳 1 200 万元（=24 000×20%×25%）
F公司需要缴纳 2 400 万元（=24 000×40%×25%）
G公司需要缴纳 2 400 万元（=24 000×40%×25%）</td></tr>
<tr><td rowspan="2">A公司取得股权</td><td>计税基础</td><td>10 000 万元</td><td>计税基础</td><td>34 000 万元</td></tr>
<tr><td>账面价值</td><td>34 000 万元</td><td>账面价值</td><td>34 000 万元</td></tr>
</table>

* 假定 A 公司此部分股权的原有计税基础为 34 000 万元。

如果从 B 公司的角度考虑，并且选用特殊性税务处理，则 B 公司无须确认所得 24 000 万元，其股东 E 公司、F 公司、G 公司的股权支付部分暂时无须纳税；如果股权支付比例达到了 100%，则其股东应纳税额为零，起到了递延纳税的效果。从 A 公司的角度考虑，如果选用 100%股权支付的方式，则既不用付出大额现金，没有现金流的压力，又无须担心股权被稀释（100%的股权收购后，B 公司很可能成为 A 公司的子公司或分公司）。

由此可见，假如不考虑其他方面的因素，A 公司和 B 公司很容易就支付方式达成一致意见，即选取 100%股权支付的方式，适用特殊性税务处理。

（2）并购 C 公司支付方式的税收筹划。A 公司以 7 000 万元的价格收购 C 公司 70%的股权，我们首先假定其股权支付比例为 100%，经过表 8-19 的判定，此次并购重组能够适用特殊性税务处理，相关股权的计税基础见表 8-20。

表 8-19 A公司并购C公司特殊性税务重组的判定

合理的商业目的?	满足
收购股权比例?	满足（70%，大于50%）
连续12个月不改变原来的实质性经营活动?	可以满足
股权支付比例?	满足（100%，大于85%）
重组后12个月内不转让股权?	可以满足

表 8-20 相关股权的计税基础

	特殊性税务处理		一般性税务处理	
C公司取得股权	计税基础	7 000万元*	计税基础	7 000万元
A公司取得股权	计税基础	350万元（=500×70%）	计税基础	7 000万元
	账面价值	7 000万元	账面价值	7 000万元

* 假定A公司此部分股权的原有计税基础为7 000万元。

从A公司的角度考虑，按照一般性税务处理，A公司取得C公司70%股权的计税基础可由350万元变为7 000万元，如果A公司之后再转让该部分股权，不考虑资金的时间价值，相当于节约企业所得税1 662.5万元［=(7 000−350)×25%］，因此A公司会选用一般性税务处理。

从C公司的角度考虑，这两种税务处理取得股权的计税基础没有差异。如前所述，刘明需要缴纳的个人所得税均为1 260万元，赵五需要缴纳的个人所得税均为140万元，而一定的现金支付比例还可以为缴纳个人所得税提供资金支持，因此能够判定，C公司也会选用一般性税务处理。

由此可见，A公司和C公司很容易就支付方式达成一致意见，即A公司以不少于1 400万元（=7 000×20%）的现金支付，满足C公司股东个人所得税的资金来源，其余部分用股权支付，适用一般性税务处理，A公司和C公司取得股权的计税基础均为7 000万元。

8.2.4 并购重组后企业组织形式的税收筹划

在税收筹划方案中，并购重组后B公司组织形式的选择也至关重要。

A公司的税率为25%，B公司于2015年开始适用“两免三减半”的税收优惠政策（2015—2016年免税，2017—2019年减半征税）。A公司和B公司在并购重组完成后每年的预计净利润见表8-21。［假设年利率为10%，$(P/F, 10\%, 1)=0.909$，$(P/F, 10\%, 2)=0.826$，$(P/F, 10\%, 3)=0.751$，$(P/F, 10\%, 4)=0.683$。］

表 8-21 A公司、B公司并购后的预计净利润　　单位：万元

预计净利润	2015年	2016年	2017年	2018年	2019年
A公司	35 000	41 800	45 960	52 400	58 600
B公司	8 000	10 000	13 000	16 500	19 000
合计	43 000	51 800	58 960	68 900	77 600

方案一：让A公司和B公司整体运营。

两者合并纳税，则

$$5\text{年应纳税额现值}=43\,000\times25\%+51\,800\times25\%\times(P/F,10\%,1)+58\,960\times25\%\times(P/F,10\%,2)+68\,900\times25\%\times(P/F,10\%,3)+77\,600\times25\%\times(P/F,10\%,4)=60\,882.97\text{（万元）}$$

方案二：让B公司作为分公司运营，因为总、分公司应汇总纳税，适用税率为25%。5年应纳税额现值亦为60 882.97万元。

方案三：让B公司作为子公司运营，两者分别纳税，B公司可以继续适用“两免三减半”的税收优惠。

$$A\text{公司}5\text{年应纳税额现值}=35\,000\times25\%+41\,800\times25\%\times(P/F,10\%,1)+45\,960\times25\%\times(P/F,10\%,2)+52\,400\times25\%\times(P/F,10\%,3)+58\,600\times25\%\times(P/F,10\%,4)=47\,583.84\text{（万元）}$$

$$B\text{公司}5\text{年应纳税额现值}=13\,000\times12.5\%\times(P/F,10\%,2)+16\,500\times12.5\%\times(P/F,10\%,3)+19\,000\times12.5\%\times(P/F,10\%,4)=4\,513.31\text{（万元）}$$

$$\text{两者合计纳税}=47\,583.84+4\,513.31=52\,097.15\text{（万元）}<60\,882.97\text{（万元）}$$

因此，选择让B公司作为子公司运营更有利。

8.3 YL实业集团股份有限公司并购税收筹划案例

8.3.1 案例背景

（1）YL实业集团股份有限公司简介。YL实业集团股份有限公司（以下简称“YL集团”）既是全国乳品行业的龙头企业之一，又是国家520家重点工业企业和国家八部委首批确定的全国151家农业产业化龙头企业之一，它与联想电脑、贝雅诗顿化妆品、阿里巴巴网络、海尔电器等都是行业的顶级品牌，也是中国最具价值品牌之一。从2003年至今，YL集团始终以强劲的实力领跑中国乳业，并以极其稳健的增长态势成为持续发展的行业代表。如今，YL雪糕、冰激凌的产销量已连续16年居全国第一，YL超高温灭菌奶的产销量连续多年在全国遥遥领先，YL奶粉、奶茶粉的产销量自2005年起就跃居全国第一位。20××年，YL集团的营业收入超过603亿元。

1996年3月，YL股票在上海证券交易所挂牌交易。自上市以来，YL股票一直被评为上证30指数样本股和“中证·亚商中国最具发展潜力上市公司50强”。YL集团在2000年实现全国同行业利税第一。YL股票凭借良好的业绩和高速的成长性已成为证券市场上公认的蓝筹绩优股。20××年，YL集团的总资产达到392.6亿元，20××年实现营业总收入606.9亿元，较前一年同期增长0.41%，实现净利润56.69亿元，较前一年同期增长 21.80%。

（2）SM 高科牧业有限公司简介。SM 高科牧业有限公司（以下简称“SM 高科”）于 2009 年 10 月成立，公司总部设在内蒙古呼和浩特市金山开发区，注册资本为 26 880 万元。SM 高科以精品奶源基地建设为基础，利用内蒙古巴彦淖尔的资源优势，打造世界级全程沙草有机奶产业基地，致力于造就中国高端乳品的领先品牌。作为中国最大的有机乳品公司，SM 高科是中国唯一符合欧盟有机标准的有机乳品公司；与此同时，它也是中国唯一提供 100%由自有认证有机牧场生产的品牌有机乳制品的乳品公司。SM 高科在环境严酷的沙漠中成功地开创了中国乃至世界唯一的沙漠有机产业体系，创造了沙漠绿洲的奇迹。SM 高科开创了全球最大规模的沙漠有机产业体系，是中国乃至世界领先的有机乳品公司，享有多项行业桂冠。SM 高科是同时符合欧盟及中国有机标准的有机乳品公司。

20××年，SM 高科实现销售收入 34.66 亿元，同比增长 11.8%；但由于原奶价格下滑，导致净利润同比下滑 15%，即 6.8 亿元。

（3）截至并购时，YL 集团拥有的总资产达到 396.2 亿元，在 20××年实现营业收入 603.12 亿元，实现净利润 56.69 亿元；20××年，SM 高科取得营业收入 34.66 亿元，净利润为 6.8 亿元。YL 集团在对 SM 高科进行并购时，对 SM 高科的资产进行了估值，详细情况见表 8-22。

表 8-22　SM 高科的资产评估表

单位：万元

资产项目	账面价值	评估价值
厂房及楼宇	710 556.70	894 261.10
土地使用权	94 138.10	158 489.96
机械及设备	754 399.20	821 876.22
其他资产	—	—

资料来源：由 YL 集团和 SM 高科的财务报表整理而得。

8.3.2　并购支付方式的税收筹划

企业并购的支付方式主要包括现金支付方式、债务承担支付方式、股权支付方式以及综合债券支付方式。不同的支付方式会使企业产生不同的涉税问题。

（1）采用现金支付方式的涉税问题分析。YL 集团和 SM 高科应缴纳的税负如下。

1）契税。《关于进一步支持企业事业单位改制重组有关契税政策的通知》（财税［2015］37 号）第三条规定，两个或两个以上的公司，依据法律规定、合同约定，合并为一个公司，且原投资主体存续的，对合并后公司承受原合并各方土地、房屋权属，免征契税。

2）增值税。

$$821\,876.22\times\frac{13\%}{1+13\%}+(894\,261.10-710\,556.70+158\,489.96$$

$$-94\,138.10)\times\frac{9\%}{1+9\%}=115\,033.84\text{（万元）}$$

3）城市维护建设税和教育费附加。

115 033.84×(7%+3%)=11 503.38（万元）

4）印花税。

(894 261.10+158 489.96+821 876.22)×0.05%=937.31（万元）

5）土地增值税。

(894 261.10−710 556.70+158 489.96−94 138.10−11 503.38−937.31)×30%=70 684.67（万元）

6）企业所得税。

(894 261.10−710 556.70+158 489.96−94 138.10+821 876.22−754 399.20−11 503.38−937.31−70 684.67)×25%=58 101.98（万元）

7）并购双方总税负。

115 033.84+11 503.38+937.31×2+70 684.67+58 101.98=257 198.49（万元）

（2）采用股权支付方式的涉税问题分析。

YL 集团和 SM 高科应缴纳的税负如下。

1）契税。《关于进一步支持企业事业单位改制重组有关契税政策的通知》第三条规定：两个或两个以上的公司，依据法律规定、合同约定，合并为一个公司，且原投资主体存续的，对合并后公司承受原合并各方土地、房屋权属，免征契税。

2）增值税和土地增值税。根据增值税相关法律制度的规定，增值税的征税范围不包括非上市企业的股权转让行为；根据土地增值税相关法律的规定，转让国有土地使用权、地上的建筑物及其附着物并取得收入的单位和个人，为土地增值税的纳税义务人，应当依照规定缴纳土地增值税。单位和个人只有转让房地产才属于土地增值税的征税范围，转让股权并非土地增值税的征税范围。本次交易属于股权转让，不属于土地增值税的征税范围。

3）印花税。

(894 261.10+158 489.96+821 876.22)×0.05%=937.31（万元）

4）企业所得税。

(894 261.10−710 556.70+158 489.96−94 138.10+821 876.22−754 399.20−937.31)×25%=78 648.99（万元）

并购双方总税负：

78 648.99+937.31×2=80 523.61（万元）

综合上述计算分析，YL 集团选择并购支付方式的相关税负情况见表 8-23。

表 8-23　YL 集团选择并购支付方式的相关税负情况　　单位：万元

税种	方案 1	方案 2
增值税	115 033.84	0
城市维护建设税和教育费附加	11 503.38	0
土地增值税	70 684.67	0
印花税	937.31	937.31
企业所得税	58 101.98	78 648.99
总税负	257 198.49	80 523.61

单纯从税收的角度考虑，方案 2 股权支付方式所承受的税收负担较轻，所需缴纳的税收最少，既避免了支付大量的现金，又可以减轻企业的税收负担，同时不会导致负债比例过高。但当企业真正进行并购时，往往会根据并购双方的实际情况（如近期的股价及未来业绩的预测等），综合各方面的原因（包括各种非税收因素），选择其中一种或综合运用两种方式。

8.3.3 并购中融资方式的税收筹划方案

并购时可供选择的融资方式有很多种：一是内部融资方式，包括企业的内部留存收益；二是外部融资方式，包括权益融资、金融机构信贷融资、发行债券融资、杠杆收购融资等。

YL 集团计划融资 46 亿元，现有三种融资方案可供选择。

方案一：完全以债务资本融资。

方案二：完全以权益资本融资。

方案三：债务资本与权益资本的融资比例为 70∶30。

已知企业贷款利率为 5%，企业所得税税率为 25%。

YL 集团的融资方案对比情况见表 8-24。

表 8-24 YL 集团的融资方案对比表

单位：亿元

	方案一 (100∶0)	方案二 (0∶100)	方案三 (70∶30)
权益资本	0	46.0	13.8
息税前利润	66.55	66.55	66.55
利息	2.300	0	1.610
税前利润	64.25	66.55	64.94
企业所得税税额	16.062 5	16.637 5	16.235
税后利润	48.187 5	49.912 5	48.705

注：括号中为债务资本与权益资本的融资比例。

通过上述分析可以看出，负债越高，企业所缴纳的企业所得税越少，所以单从税收的角度考虑，YL 集团选择方案一更能减轻企业的税收负担，即方案一是最佳的选择方案。需要注意的是，方案一全部靠负债来融资，可能会增大企业的负债比率，增加企业的资产负担，将对企业的还债能力造成很大压力，还可能引起外界对企业还债能力的怀疑，并引发一系列不利于企业发展的情况。

从税后净利润来看，方案二的净利润最大，但由于增加了权益资本，会影响到每股净收益。

8.3.4 并购后企业组织形式的税收筹划

为了使并购企业和被并购企业在并购后能够高度契合，需要对企业进行组织整合，这就要求对被并购企业的组织机构及制度进行调整和重建。企业并购后成立什么样的组织形式，将会对其以后的税收负担产生重大影响。

YL 集团成功并购 SM 高科后主要有四种组织形式，即个人独资企业、合伙企业、分公司和子公司。

（1）成立个人独资企业或合伙企业。以个人独资企业和合伙企业形式成立的公司不是企业所得税的征税对象，不缴纳企业所得税。从税收筹划的角度分析，YL 集团的规模大、管理规范、生产环节复杂，有可能适用35%的个人所得税税率。

（2）成立分公司或子公司。根据《公司法》的规定，当分公司出现法律上的问题时，总公司需要承担相应的法律后果，因为分公司是以总公司的名义依法设立并进行生产经营的。虽然子公司受母公司的控制，但子公司是独立核算的企业法人，因为子公司的生产经营、财务管理等是自己控制的。分公司与子公司税收影响因素的比较见表8-25。

表 8-25　分公司与子公司税收影响因素的比较

项目	分公司	子公司
企业所得税	与总公司合并缴纳企业所得税	作为企业法人，独立缴纳企业所得税
税率	与母公司相同	根据公司实际情况确定税率
亏损弥补	分公司的经营亏损可以冲减总公司的应纳税所得额	子公司的经营亏损不能冲减母公司的应纳税所得额
税收优惠	不是独立的企业法人，不单独享受各种优惠待遇	是独立的企业法人，可以享受作为纳税主体的优惠

第一，企业所得税。由于分公司不具有独立法人资格，没有资格独立纳税，所以应与总公司合并缴纳企业所得税；与此同时，分公司因经营而获得的利润可以在缴纳给总公司时不交预提税。子公司是一个完整的、独立的公司，具有独立的法人地位。子公司全权负责缴纳按照自身适用的税率计算的企业所得税，并对自身活动产生的一切后果承担法律责任，而母公司按照自身适用的税率缴纳企业所得税和承担相应的法律后果。

第二，税率。如果总公司适用的税率低于分公司适用的税率，分公司可以与总公司一起以总公司适用的税率缴纳企业所得税，这样分公司和总公司所缴纳的企业所得税会相应减少；如果母公司适用的税率高于子公司适用的税率，子公司可以按适用的税率缴纳企业所得税，这样也可以使子公司和母公司所缴纳的企业所得税相应减少。由于 YL 集团和 SM 高科都是公司制企业，都属于乳业行业，不存在税率的差异，所以不需要考虑税率的影响。

第三，亏损弥补。分公司没有资格独立纳税，应与总公司一起纳税。若采用分公司的形式，当分公司需要总公司所获得的利润来弥补亏损时，分公司和总公司可以少缴纳很多企业所得税；若采用子公司的形式，当子公司出现亏损时，母公司不可以用自身利润来弥补，因为子公司具有独立的法人地位，需要全权负责缴纳按照自身适用的税率计算的企业所得税。因此，如果 SM 高科由于经营不善而资不抵债，YL 集团应在并购 SM 高科后把

SM高科设立成自身的分公司；如果SM高科的资金运行良好、盈利大于亏损，YL集团应在并购SM高科后把SM高科设立成自身的子公司。

第四，税收优惠。由于分公司不具有独立法人资格，没有资格独立纳税，应与总公司合并缴纳企业所得税，因此分公司不用考虑税收优惠政策。子公司是一个完整的、独立的公司，具有独立的法人地位，可以全权负责缴纳按照自身适用的税率计算的企业所得税，并对自身活动产生的一切后果承担法律责任。由于YL集团和SM高科在税收优惠政策方面待遇相同，所以这方面也不用考虑。

根据上面的分析可知，企业并购后对被并购企业采取子公司的企业组织形式还是分公司的企业组织形式，各有优点和缺点。由于SM高科是从事有机奶业务的专业公司而且企业运营良好，所以YL集团并购SM高科后将保留SM高科的独立运营平台，而且未来可以将其自身的有机奶业务并入SM高科，由SM高科的平台统一操作，把SM高科发展成更加国际化的有机奶企业。

8.4 房地产公司的融资方式与组织架构税收筹划案例

8.4.1 案例背景

(1) 公司基本情况。BGY房地产公司是全国知名的综合性商业集团，于1992年成立于广东顺德，其主要业务为房地产开发与销售，其他业务包括房屋内部装潢、房地产物业管理、旅游酒店开发与管理等一系列房地产开发的附属业务。全部业务在公司内部形成了房地产项目运营的完整生态链。自1997年开展房地产开发业务以来，BGY房地产公司已经在国内外超过300个城镇开发了自己的地产项目。BGY房地产公司于2007年在中国香港上市，2015年的销售额约为1 402亿元，年纳税额超过140亿元，并荣获2015年中国房地产公司品牌价值前10位、中国民营企业百强第22位、2015年物业管理综合实力百强企业等荣誉。

BGY房地产公司通过优秀的建筑质量、精致的园林景观和专业的物业管理，已经在国内消费者中形成了良好口碑。

(2) BGY房地产公司涉税状况分析。BGY房地产公司开展的业务包括房地产开发的全部环节，目前涉及的税种主要包括土地增值税、增值税、企业所得税等。

土地增值税是针对房地产销售产生的增值额，即以房产销售价格减去扣除项目金额为税基所征收的增值税。我国税法规定土地增值税实行超率累进税率，增值额分级节点为20%、50%、100%和200%，主要发生于项目开发的销售阶段。

增值税主要针对BGY房地产公司的房屋销售价款、房屋装修价款和物业管理费用。

企业所得税是针对BGY房地产公司项目开发全部所得征收的一种税，需要在房屋销售结束之后，扣除全部的开发成本和销售费用，按最终所得进行结算，主要发生于房地产的销售阶段和保有阶段。

8.4.2 BGY 房地产公司的筹划业务

(1) 融资方式。20××年，BGY 房地产公司在 SY 市郊区开发了一个住宅小区，需要支付的土地价格总额为 500 万元，开展项目所需要的一系列费用为 2 000 万元。此时，BGY 房地产公司的运营成本过高，导致资金周转出现了问题，现有两种融资方式可供 BGY 房地产公司选择：一种是债券融资的方式，另一种是股票融资的方式。假设借贷利息为 5%，该地方法规规定利息按照项目开发成本与取得土地使用权所支付金额总和的 10%进行计算。如果 BGY 房地产公司使用债券融资的方式，那么 BGY 房地产公司需要支付的利息费用为 200 万元；如果 BGY 房地产公司使用股票融资的方式，则需要支付的利息成本为 40 万元。

从土地增值税的角度进行方案的比较与选择。

(2) 组织架构。BGY 房地产公司在市区销售一批主打教育概念的学区房，计划售价 25 000 元/平方米，一共 6 000 平方米，包含各类成本和费用的可扣除总金额为 10 637 万元（以上价格均为不含增值税价格）。

请设计更为节税的组织架构。

8.4.3 BGY 房地产公司筹划业务方案比较与选择

(1) 融资方式的筹划思路及筹划方案选择。

1) 筹划思路。房地产行业在进行融资时，产生的利息费用可在计算土地增值税时进行扣除，土地增值税相关法律制度规定，在房地产企业能够提供金融机构贷款证明的前提下，利息支出按转让的房地产进行分摊，允许扣除一部分房地产开发费用以抵销利息支出，即

扣除额度＝利息费用＋(土地使用权成本＋房地产开发成本)×5%

若房地产企业不能提供贷款证明或利息支出不能按转让房地产进行分摊，则

扣除额度＝(土地使用权成本＋房地产开发成本)×10%

采取哪一种利息扣除方式对企业更有利?

将 BGY 房地产公司融资产生的利息费用设为 M，土地使用权成本和房地产开发成本设为 C_1 和 C_2。

当 $M+(C_1+C_2)\times5\%>(C_1+C_2)\times10\%$ [即 $M>(C_1+C_2)\times5\%$] 时，BGY 房地产公司应选择按照转让房地产项目计算分摊利息支出，并通过提供金融机构贷款证明的方式来计算可扣除的利息费用。

当 $M+(C_1+C_2)\times5\%<(C_1+C_2)\times10\%$ [即 $M<(C_1+C_2)\times5\%$] 时，BGY 房地产公司应选择不提供金融机构贷款证明或不将利息费用按房地产转让计算分摊，这样可为企业带来更大的利益。

2）BGY 房地产公司在不同融资方式下的税负比较。

BGY 房地产公司的利息扣除临界点＝(500＋2 000)×5%＝125（万元）

方案一：债券融资。

在该方案中，BGY 房地产公司需要支付的利息高达 200 万元，已经超过了利息扣除临界点。如果按转让房地产项目计算分摊利息支出，并且提供金融机构的贷款证明，那么可以扣除的房地产开发费用为 325 万元［＝200＋(2 000＋500)×5%］，如果不按转让房地产项目计算分摊利息支出或不提供金融机构的贷款证明，此时 BGY 房地产公司允许扣除的房地产开发费用为 250 万元［＝(2 000＋500)×10%］。

由此看来，选择按转让房地产项目计算分摊利息支出的方案可以比不按转让房地产项目计算分摊利息支出的方案多扣 75 万元（＝325－250）。此时，BGY 房地产公司选择扣除利息费用对自身比较有利。在具体操作上，BGY 房地产公司应向税务主管部门提供金融机构的贷款证明，并在会计处理上按转让房地产项目计算分摊利息支出。

方案二：股票融资。

在该方案中，BGY 房地产公司需要支付的利息为 40 万元，此时远远没有达到利息扣除临界点。如果 BGY 房地产公司不按转让房地产项目计算分摊利息支出，并且不提供贷款证明，则允许扣除的房地产开发费用为 250 万元［＝(500＋2 000)×10%］；如果 BGY 房地产公司按转让房地产项目计算分摊利息支出，并且提供金融机构的贷款证明，此时房地产公司允许扣除的房地产开发费用为 165 万元［＝40＋(500＋2 000)×5%］。

由此看来，选择不按转让房地产项目计算分摊利息支出的方案比按转让房地产项目计算分摊利息支出的方案多扣 85 万元（＝250－165）。

综上所述，BGY 房地产公司在选择利息扣除的方式时，应先计算利息扣除的临界点，当 $M>(C_1+C_2)\times 5\%$ 时，应选择扣除开发费用比例较高的方式；当 $M<(C_1+C_2)\times 5\%$ 时，应选择扣除开发费用比例较低的方式。这样，针对不同的情况都可以节约利息支出、减少外部成本，BGY 房地产公司也获得了更高的利润。

（2）企业组织架构的税收筹划方案。

1）在目前的组织架构下，BGY 房地产公司的纳税情况及净利润计算如下：

BGY 房地产公司的销售收入＝2.5×6 000＝15 000（万元）

BGY 房地产公司应纳土地增值税＝(15 000－10 637)×30%＝1 309（万元）

BGY 房地产公司应纳增值税＝(15 000－10 637)×9%＝392.67（万元）

BGY 房地产公司应纳城市维护建设税及教育费附加＝392.67×(7%＋3%)

＝39.267（万元）

BGY 房地产公司的利润＝15 000－10 637－1 309－39.267＝3 014.733（万元）

BGY 房地产公司应纳企业所得税＝3 014.733×25%＝753.683 25（万元）

BGY 房地产公司的净利润＝3 014.733－753.683 25＝2 261.049 75（万元）

2）筹划方案。设立独立核算的子公司 B 房地产销售公司（以下简称“B 公司”），BGY 房地产公司先将该项目以 20 000 元/平方米的价格销售给 B 公司，B 公司再以 25 000 元/平方米的价格对外销售。由于 B 公司是 BGY 房地产公司设立的独立核算的子公司，所以 BGY 房地产公司和 B 公司要分别计算税费。

① BGY 房地产公司的纳税情况及净利润计算如下：

BGY 房地产公司的销售收入＝2×6 000＝12 000（万元）

BGY 房地产公司应纳增值税＝(12 000－10 637)×9%＝122.67（万元）

BGY 房地产公司应纳城市维护建设税及教育费附加＝122.67×(7%＋3%)
＝12.267（万元）

BGY 房地产公司的利润＝12 000－10 637－12.267＝1 350.733（万元）

BGY 房地产公司应纳企业所得税＝1 350.733×25%＝337.683 25（万元）

BGY 房地产公司的净利润＝1 350.733－337.683 25＝1 013.049 75（万元）

需要注意的是，BGY 房地产公司的土地增值额未超过 20%，免征土地增值税。

② B 公司的纳税情况及净利润计算如下：

由于 B 公司是非房地产公司，所以它不能享受 20%的加计扣除优惠政策，也不能享受普通住宅增值率 20%的免税政策。

B 公司应纳增值税税额＝(2.5×6 000－2×6 000)×9%＝270（万元）

B 公司应纳城市维护建设税及教育费附加＝270×(7%＋3%)＝27（万元）

B 公司应纳土地增值税＝(2.5×6 000－2×6 000－270－27)×30%＝810.9（万元）

B 公司的企业利润＝2.5×6 000－2×6 000－27－810.9＝2 162.1（万元）

B 公司应纳企业所得税＝2 162.1×25%＝540.525（万元）

B 公司的净利润＝2 162.1－540.525＝1 621.575（万元）

BGY 房地产公司与 B 公司的合计净利润＝1 013.049 75＋1 621.575
＝2 634.624 75（万元）

由上述结果可知，在方案一下，BGY 房地产公司的净利润为 2 261.049 75 万元；在方案二下，BGY 房地产公司和 B 公司的合计净利润为 2 634.624 75 万元。在进行税收筹划后，BGY 房地产公司的净利润增加了 373.575 万元（＝2 634.624 75－2 261.049 75）。

8.4.4 应该注意的问题

企业在税收筹划中要增强风险意识，所有的税收筹划测算都是先于实际业务进行的，预期的税收筹划效果是基于对经济发展形势、行业发展趋势、市场变化状况等的假设得到的。因此，BGY 房地产公司在进行税收筹划工作时，要充分考虑潜在的风险。

涉及的风险主要来自以下几个方面：

(1) 宏观经济风险，即未预期的国家经济形势变化和随之而来的对市场的冲击。企业对于这种风险并没有有效的对冲方式，只能在合理预期的基础上保留足够的资金来消化风险。

(2) 政策变化和政策执行风险，即税收政策发生了变化，而税收筹划方案与之不匹配或已经制定好的方案得不到税务主管部门的认可，双方对税法细节条目理解不同，从而造成税收筹划方案达不到预期效果的风险。

(3) 企业运营风险，即企业在实施税收筹划方案时，由于操作失误，如合约制定不合理、与客户缺乏沟通等情况，造成意外损失的情况。

（4）税收筹划能力不足的风险。若BGY房地产公司的税收筹划人员能力不足，则会导致税收筹划方案不合理。税收筹划工作对相应工作人员的综合能力要求较高，他们既要掌握企业的业务经营状况，又要基于此来匹配我国的税法要求，同时要根据法律条文的变化不断学习、调整税收筹划方案。

8.5 苹果公司税收筹划案例

8.5.1 案例背景

2016年8月30日，欧盟委员会宣布了一项裁决，认定爱尔兰政府对苹果公司提供了非法国家援助，要求爱尔兰政府向苹果公司补征130亿欧元的税款。欧盟委员会认为，爱尔兰政府与苹果公司间的税收裁定违反了欧盟国家援助制度。对于欧盟委员会的这项裁决，爱尔兰政府与苹果公司都不予认可，并提起上诉。欧盟法院于2020年7月做出判决，认定欧盟委员会做出的这项裁决无效，爱尔兰政府与苹果公司胜诉。

8.5.2 争议焦点

欧盟委员会认为，爱尔兰税务局与苹果公司间的税收裁定不符合独立交易原则，构成对苹果公司的特定优惠，违反了欧盟法律，属于不当政府补贴。因此，欧盟委员会要求爱尔兰政府向苹果公司追征2003—2013年间130亿欧元的税款。

1991年，苹果公司和爱尔兰政府达成一项税收裁定，规定苹果公司在爱尔兰注册成立的苹果运营欧洲公司（AOE）的净利润应按照运营费用的20%～65%（如果运营费用高于6 000万～7 000万美元）这一比例范围计算，苹果销售国际公司（ASI）在爱尔兰的净利润按运营费用的12.5%（排除再销售的材料）计算。这一协议一直执行到2007年。2007年，重新修订的税收裁定将净利润认定为AOE运营费用的10%～20%、知识产权收入的8%～9%，将ASI的净利润认定为其在爱尔兰运营费用的8%～18%。

这里的税收裁定是一国税务部门与本国的企业就其与境外关联企业进行受控交易所使用的转让定价方法达成的协议，即对该企业的纳税义务进行提前核定，从而明确企业的税收风险，减少企业的纳税成本以及税务部门的征管成本。爱尔兰政府与苹果公司签订了事先税收裁定，即对苹果公司的内部转让定价方法进行了事前协商认定。在爱尔兰设立的ASI、AOE与其他关联公司之间的内部定价只要符合该税收裁定的认定范围，就被爱尔兰税务机关认为是合理的，不作为反避税调查的对象。

欧盟委员会之所以做出上述裁决，是认为该税收裁定对苹果公司转让定价的实际税率认定明显偏低，即苹果公司关联企业之间的转让定价不符合独立交易原则，苹果公司享受到了其他公司无法享受的低税优惠。而爱尔兰税务机关对相关转让定价方法和实际低税率给予认可，实际上为苹果公司提供了特殊的税收优惠待遇，构成《欧盟运行条约》第 107 条第 1 款所述的“非法国家援助”，因此要求爱尔兰政府向苹果公司补征税款。

欧盟法院否定了欧盟委员会的调查逻辑与结论。欧盟法院指出，尽管爱尔兰政府与苹果公司签订的税收裁定存在一定问题，但是欧盟委员会未能提供充足的证据证明其构成“非法国家援助”，因此认定欧盟委员会做出的补税裁决无效。

8.5.3 苹果全球税收筹划核心框架①

自 1980 年开始，美国苹果公司在爱尔兰设立了多家受控公司，最核心的是以下几家公司。美国苹果公司设立的第一家公司被称为苹果运营国际公司（AOI），其全部股权由美国苹果公司直接或间接控制。AOI 也是苹果公司设在爱尔兰等国关联企业的控股公司，持有 AOE 等子公司的股权。AOE 持有 ASI 的股权。

苹果公司税收筹划的基本思路主要分为四方面：

第一，构建“双重非居民”身份，避免在美国和爱尔兰构成税收居民，从而规避大量海外所得在美国和爱尔兰的纳税义务，仅需就来源于美国和爱尔兰的所得向这两个国家缴税。

第二，通过成本分摊协议，进一步将核心利润的来源地由美国转移到爱尔兰。

第三，通过事先税收裁定，使得苹果公司在爱尔兰的应纳税所得额远远低于其实际利润额，从而实现在爱尔兰缴纳较低的税额。

第四，充分利用美国税法中的“推迟课税”“打钩规则”，避免爱尔兰关联公司受到美国受控外国公司法规的约束，从而最终实现大量海外所得只要不汇回美国就无须向美国缴税的税收筹划结果。

具体的苹果公司税收筹划关键点如下。

（1）爱尔兰公司的双重非居民身份。AOI 的注册地在爱尔兰，但其管理和控制机构在美国。爱尔兰判断企业居民身份主要采取管理和控制机构标准，同时采用注册地标准。但是，在爱尔兰注册成立的公司被判定为居民企业有严格的限定条件，利用这一特殊规定，就可以通过将管理和控制机构所在地设立在爱尔兰境外，从而避免成为爱尔兰的税收居民身份。美国税收居民身份的认定采用单一注册地标准，因此这些注册在爱尔兰的企业也不构成美国的税收居民。根据爱尔兰税法和美国税法，AOI 既不是爱尔兰的税收居民，也不是美国的税收居民，实现了“双重非居民”的身份，仅需要就来源于爱尔兰、美国的所得分别向爱尔兰和美国缴税，而来源于爱尔兰和美国以外国家或地区的所得（苹果公司的大多数所得）则无须向这两个国家缴税。除此之外，ASI 及其母公司 AOE 等公司也是“双重非居民”的税收身份。

（2）成本分摊协议。美国苹果公司与设立在爱尔兰的 ASI 签订了研发活动的成本分摊协议。成本分摊协议是指参与方共同签署的对开发、受让的无形资产或参与的劳务活动享有受益权并承担相应的活动成本的协议。苹果公司内部的成本分摊协议实际上是内部转让

① 该案例参考朱青．国际税收．9 版．北京：中国人民大学出版社，2018。

定价的一种常见形式。

根据该协议，美国苹果公司享有所开发产品的所有权以及北美和南美市场的营销权，而 ASI 享有苹果公司产品在欧洲、中东、非洲和亚洲市场的营销权。通过成本分摊协议，美国苹果公司使爱尔兰的 ASI 凭借市场营销权获取了大量利润，将很大一部分本应由美国苹果公司取得的利润转移到爱尔兰关联公司的账上。通过成本分摊协议，美国公司虽然是知识产权法律意义上的所有人，但只获得 40%的经济收益；爱尔兰公司虽然不是法律所有人，但可以取得 60%的经济收益。由于涉及技术等无形资产的研发与定价问题，税务机关较难判定无形资产的合理价值，因此美国苹果公司在成本分摊协议的内容制定上具有较大的自主权。通过成本分摊协议，美国苹果公司与爱尔兰苹果公司之间可进行成本和收益的分配与转移，从而将大量利润由美国转移到爱尔兰，以避免在美国缴纳较高的所得税。

(3) 与爱尔兰税务机关签订的事先税收裁定。通过爱尔兰与 ASI、AOE 在 1991 年和 2007 年签署的事先税收裁定（2015 年这两个公司进行组织架构调整，该事先税收裁定已终止），可只根据运营费用核定利润率，因而完全放任了 ASI 将大部分利润分配到其拥有的一个神秘“总部公司”，从而规避了在爱尔兰的税负。

(4) 美国税法的相关规定。因为美国的企业所得税税率相对较高，苹果公司还需要避免海外所得在美国的纳税义务，它在实践中主要利用了以下规定：

1）“推迟课税”的规定。美国居民企业从海外子公司分得的利润，如果不汇回，则不用缴纳美国的企业所得税。这一规定被认为是美国苹果公司可以将大量利润滞留在海外的主要依据。

2）受控外国公司法规。对于企业利用推迟课税规定进行避税，美国出台了受控外国公司法规以抑制这一行为。美国税法中的受控外国公司法规（即 F 分部）规定：一旦海外基地公司取得的所得被认定为 F 分部所得，那么即使这些所得不汇回美国母公司，也需要向美国申报纳税。根据受控外国公司法规，美国苹果公司设立在爱尔兰的这些企业需要按照受控外国公司法规向美国缴税。

3）打钩规则。美国允许居民公司为其受控外国公司选择组织形式，可以选择公司，也可以选择无形实体。当选择无形实体时，爱尔兰公司的所得性质就发生了改变，能够使本案例中的爱尔兰公司不再受到受控外国公司法规的约束，因而无须向美国缴税。打钩规则使受控外国公司法规对苹果公司的海外受控公司已不具有实际约束力。

8.5.4 苹果公司全球税收筹划面临的全新挑战

(1) 单边反避税风险与挑战。苹果公司的全球税收筹划面临着来自欧盟、爱尔兰、美国以及其他相关国家的税收法规调整风险。在国际反避税的强大压力下，2014 年爱尔兰通过了一项财政法案，规定 2015 年以后在爱尔兰新注册成立的企业均被视为爱尔兰居民企业，此前注册成立的企业从 2021 年 1 月起也要适用这个规则。BEPS 第 8～10 项行动计划中也包含了多项针对成本分摊协议、转让定价调整、无形资产定价的反避税建议，这些都与苹果公司的税收筹划方案密切相关。英国、澳大利亚等国针对苹果、谷歌等跨国公司的避税行为开征了“转移利润税”。

从居住国角度来看，美国是苹果集团总部所在地，特朗普税改不仅将美国境外子公司历年累积的境外收益视同汇回进行征税，而且修改了受控外国公司法规，修改后的法规对美国境外子公司的超额利润（超过企业资产的10%）征收10.5%的税收（从2026年起升至13.125%）。特朗普税改引入了境外无形所得制度，美国公司从境外供应方取得的销售或服务所得中与知识产权相关的部分，适用13.125%的税率征税（自2026年起升至16.406%）。除此之外，美国还新开征了反税基侵蚀税，以限制美国企业通过向境外关联方支付款项避税。

(2) 多边反避税风险与挑战。自BEPS行动计划提出以来，在国际反避税领域取得了诸多进展和成果。特别是2021年确定的应对数字经济征税挑战的“双支柱”方案，给苹果公司原有的国际税收筹划架构带来了前所未有的巨大冲击，无论是在居住国还是在东道国，无论取得的是积极所得还是消极所得，苹果公司都可能面临更多的税收负担，这将有效抑制长期以来苹果公司过于激进的税收筹划行为。

【小思考】欧盟对苹果公司的这项裁决是否合理？爱尔兰最新出台的企业税收居民身份法律规定可能会对苹果公司的全球架构和税收筹划产生怎样的影响？在BEPS行动计划背景下，已经在一些国家落地的反避税政策以及“双支柱”方案可能会对苹果公司的全球架构和税收筹划产生怎样的影响？

参考文献

1. 中国注册会计师协会．2019 年注册会计师全国统一考试辅导教材・税法．北京：中国财政经济出版社，2019.

2. 全国税务师执业资格考试教材编写组．2019 全国税务师执业资格考试教材・税法（Ⅰ）．北京：中国税务出版社，2019.

3. 全国税务师执业资格考试教材编写组．2019 全国税务师执业资格考试教材・税法（Ⅱ）．北京：中国税务出版社，2019.

4. 朱青．国际税收．9 版．北京：中国人民大学出版社，2018.

5. 曹明星，于海，李娜．跨境所得的国际税收筹划与管理——以中国现行税法体系为基础．北京：中国税务出版社，2014.

6. Brian J. Arnold. International Tax Primer（Third Edition）. Wolters Kluwer，2016.

图书在版编目（CIP）数据

税收筹划/梁俊娇主编；王怡璞，王文静副主编
. --10 版 . --北京：中国人民大学出版社，2022.9
普通高等学校应用型教材 . 财税
ISBN 978-7-300-30925-5

Ⅰ. ①税… Ⅱ. ①梁… ②王… ③王… Ⅲ. ①税收筹划—高等学校—教材 Ⅳ. ①F810.423

中国版本图书馆 CIP 数据核字（2022）第 155225 号

普通高等学校应用型教材 · 财税
税收筹划（第十版）
主　编　梁俊娇
副主编　王怡璞　王文静
Shuishou Chouhua

出版发行	中国人民大学出版社		
社　　址	北京中关村大街 31 号	**邮政编码**	100080
电　　话	010－62511242（总编室）		010－62511770（质管部）
	010－82501766（邮购部）		010－62514148（门市部）
	010－62515195（发行公司）		010－62515275（盗版举报）
网　　址	http://www.crup.com.cn		
经　　销	新华书店		
印　　刷	北京密兴印刷有限公司	**版　　次**	2009 年 7 月第 1 版
规　　格	185 mm×260 mm　16 开本		2022 年 9 月第 10 版
印　　张	21.75	**印　　次**	2022 年 11 月第 2 次印刷
字　　数	506 000	**定　　价**	54.00 元

芸窗数字教材平台资源说明

芸窗数字教材平台是中国人民大学出版社汇聚教学名师、优秀教材和优质资源全力打造的“内容+平台”一体化的数字化教学产品，提供与传统教学紧密衔接、可扩展、智能化的数字化教学方案。

芸窗数字教材资源

★ 电子教材：对应纸质教材页码，划重点、做笔记，教学和学习可多终端同步

★ 教学课件：每章均配有PPT课件，提供给教师作为教学参考

★ 教学大纲：名师权威大纲，提供给教师作为教学参考

★ 教学指南：本章重难点分析、本章提要、教学目标、学习目的与要求、考核目标与具体要求

★ 教学案例：对重点内容进行案例分析

★ 关键词解析：对知识点下的关键词做一个深入解释

★ 扩展阅读：每章均配有多个课外阅读材料，方便对本章知识进行延伸学习

★ 知识点库：以知识点为主线串联所有习题以及部分教学资源，便于考核学生对知识点的掌握情况，用于教师和学生的课前备课与预习、课堂教学与课后复习、测评等

★ 教学题库：配有填空题、单选题、多选题、判断题、简答题、计算题等多种题型，所有习题均匹配对应知识点、答案、难易程度，可做智能化作业和测试

资源获取方式：翻开教材封二位置获取数字卡，刮开卡上涂层获得序列号，扫描对应二维码，激活随书附赠的数字卡，登录即可获得课程内容资源。

芸窗数字教材平台
使用说明

芸窗数字教材平台
登录入口

芸窗数字教材特色

1. 全部免费：登录平台即可使用。

2. 亮点试题库：教师可在平台轻松实现布置作业、组卷考试、统计分数；学生可在学习宝典实现自主练习。

3. 在线授课：教学模式创新，便于教学评奖。

4. 全本电子教材：电子教材中特别添加了每章重点知识点、关键词解析、教学课件、教学指南和教学案例，教师、读者和学生均可使用。

5. 可做批注：教师可在电子教材上做批注，学生可看到；学生可在电子教材页面上进行标注、做笔记和添加书签等操作。

如您在使用过程中需要帮助，请联系我们：

芸窗平台教师服务群（QQ）：758989849

人大社税收教师交流群（QQ）：119667851

客服1：010-62515969　QQ：3382421809

客服2：010-62511532　QQ：2292205778

教学支持说明

1. 教辅资源获取方式

为秉承中国人民大学出版社对教材类产品一贯的教学支持，我们将向采纳本书作为教材的教师免费提供丰富的教辅资源。您可直接到中国人民大学出版社官网的教师服务中心注册下载——http://www.crup.com.cn/Teacher。

如遇到注册、搜索等技术问题，可咨询网页右下角在线 QQ 客服，周一到周五工作时间有专人负责处理。

注册成为我社教师会员后，您可长期根据您所属的课程类别申请纸质样书、电子样书和教辅资源，自行完成免费下载。您也可登录我社官网的"教师服务中心"，我们经常举办赠送纸质样书、赠送电子样书、线上直播、资源下载、全国各专业培训及会议信息共享等网上教材进校园活动，期待您的积极参与！

2. 高校教师可加入下述学科教师 QQ 交流群，获取更多教学服务

经济类教师交流群：781029042

财政金融教师交流群：182073309

国际贸易教师交流群：162921240

税收教师交流群：119667851

3. 购书联系方式

网上书店咨询电话：010－82501766

邮购咨询电话：010－62515351

团购咨询电话：010－62513136

中国人民大学出版社经济分社

地址：北京市海淀区中关村大街甲 59 号文化大厦 1506 室　100872

电话：010－62513572　010－62515803

传真：010－62514775

E-mail：jjfs@crup.com.cn